U0915644

贵州师范大学法学文库

GUIZHOU SHIFAN DAXUE FAXUE WENKU

监察法适用研究

李运才　主编

厦门大学出版社 国家一级出版社
XIAMEN UNIVERSITY PRESS 全国百佳图书出版单位

图书在版编目(CIP)数据

监察法适用研究/李运才主编.—厦门:厦门大学出版社,2021.4

ISBN 978-7-5615-7998-5

Ⅰ.①监… Ⅱ.①李… Ⅲ.①行政监察法—法律适用—中国—文集
Ⅳ.①D922.114.4—53

中国版本图书馆 CIP 数据核字(2020)第 238710 号

出 版 人 郑文礼
责任编辑 甘世恒
封面设计 李嘉彬
技术编辑 许克华

出版发行 厦门大学出版社
社 址 厦门市软件园二期望海路 39 号
邮政编码 361008
总 机 0592-2181111 0592-2181406(传真)
营销中心 0592-2184458 0592-2181365
网 址 http://www.xmupress.com
邮 箱 xmup@xmupress.com
印 刷 厦门集大印刷厂

开本 720 mm×1 000 mm 1/16
印张 16.25
插页 2
字数 242 千字
版次 2021 年 4 月第 1 版
印次 2021 年 4 月第 1 次印刷
定价 70.00 元

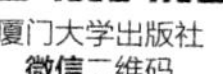

厦门大学出版社
微博二维码

序

2018年3月20日，第十三届全国人民代表大会第一次会议通过的《中华人民共和国监察法》（以下简称《监察法》），以立法的形式将实践证明是行之有效的反腐败做法和经验上升为法律，将监察体制改革的成果固定化、法制化，通过制度设计补上行政监察范围过窄的短板，真正把所有公权力都关进制度的笼子里，体现依规治党与依法治国、党内监督与国家监察的有机统一，探索出一条党在长期执政条件下实现自我净化的有效路径，将制度优势转化为治理效能，推进治理体系和治理能力现代化。监察法立法工作由中共中央纪律检查委员会牵头抓总，监察法在文字表述上不仅政治性、政策性强，而且体现了强烈的时代特色，具有很大的创新性。因此，对监察法相关规定的理解与适用，不能采取惯性思维、路径依赖。例如，监察法赋予了监察委员会更多职责权限和调查手段，用留置取代了"两规"措施就是典型例证，但是，监察委员会不是司法机关，监察法亦不是刑事诉讼法的补充。对这些程序性规定，不能简单套用刑事诉讼法和刑事司法程序，而需要根据推进党风廉政建设和反腐败斗争的新理念进行全面准确把握。同时，即使监察法中的有些概念与其他法律中的概念并无实质区别，但在表述上亦并非一一对应，需要进行深入有效的衔接。例如，《监察法》第11条第2项赋予监察委员会对职务犯罪的调查职责，并列举了7类主要的职务犯罪行为，但是，其中的"权力寻租""利益输送""浪费国家资财"等行为与刑法规定的犯罪行为缺乏对应，在监察委员会移送人民检察院审查起诉时，对这些职务犯罪行为的罪名确定，需要实现精准的"法法衔接"。另外，作为监察机关监督执法基本规范的《监察法》仅69条，既规定了监察机关的产生和职责，又规定了监察工作的领导体制、监察范围和管辖、监察程序、监察权限、反腐败国际合作、法律责任等内容，具有组织法、实体法、程序法等的特征，多数条文属于原则性、概括性规定，需要制定相应的配套法律法规予以细化具体化。中央纪委、国家监委先后制定了《国家监察委员会管辖规定（试行）》《监察机关监督执法工作规定》等对监察法相关规定予以细化，刑事诉讼法等国家法律也开展了配套修正。但是，实践充分证明，法律法规的制定不可能对所有问题进行详尽明确的解答；与之相反，特别是疑难问题的解决更需要理论界与实务部门共同研究，提供可行方案。

为此，2018 年 6 月 28 日，贵州省纪检监察学会与贵州师范大学廉政文化理论研究中心共同举办了“《中华人民共和国监察法》理论与实务专题研讨会”，120 余位全国各地的专家学者、反腐一线的同志应邀参会，对监察法的热点、难点问题进行深入研讨。与会专家学者一致认为，监察法的规定对行使公权力的公职人员进行监督、调查职务违法和职务犯罪、开展廉政建设和反腐败工作，有利于加强党对党风廉政建设和反腐败斗争的统一领导，形成工作合力，推进标本兼治，夺取反腐败斗争压倒性胜利，必将进一步增强人民群众对党的信心和信任，厚植党执政的政治基础。此次研讨会共收集论文 50 余篇，围绕《监察法》的法理基础、条文理解、适用机制等进行全面、系统、深入的研究，不乏真知灼见。经过认真梳理，精选监督体系构建、监督体制改革、“法法衔接”机制、监察法溯及力、监察对象界定、职务违法与职务犯罪界分、留置措施的适用等方面的文章，进行编辑出版，希冀对监察法的理解与适用提供参考，对推动监察法深入研究提供借鉴。需要特别说明的是，本论文集收录的文章均是相关专家学者对监察法、监察体制改革等方面问题的一些思考，不一定是所谓的标准答案，希望读者朋友客观对待。

最后，衷心感谢厦门大学出版社领导对本书出版的大力支持，感谢责任编辑甘世恒对本书的认真编辑。正是他们的鼎力支持和辛勤付出，得以使本书精美地出版。

李运才 谨识

2020 年 6 月

目　录

监察对象：法律规定、存在问题与对策建议

任建明 *

摘　要：监察对象及其范围是监察法中的重要内容。法律就监察对象以及范围作出了较为明确、具体的规定。监察法在实现对“公职人员”监督“全覆盖”上取得了一些进展，但在范围上还存在较大缺漏。首先，主要是缺漏了公职人员以外的数量和规模更大的潜在腐败人员；其次，在公职人员内部，也缺漏了国有企事业单位中的一般工作人员。在未来修法中，围绕腐败定义这个关键因素，应跳出“公权力”或“公职人员”的限制，而基于委托权力，将所有可能腐败的人员均纳入监察对象，从而真正实现监督全覆盖的目标。

关键词：国家监察体制改革；国家监察法；监察对象；反腐败

2018 年 3 月 20 日，第十三届全国人民代表大会第一次会议正式通过了《中华人民共和国监察法》（以下简称《国家监察法》或《监察法》。为区别于原来的《行政监察法》，下文也称新监察法或新法）。同日，该法由第三号主席令公布，立即生效。监察法颁布实施标志着用时约一年半的国家监察体制改革主体任务的完成。新法颁布只是新制度设计和施工任务的完成，改革的成效究竟如何，还有待未来的实践提供最终的检验或评判。

国家监察体制改革是一项十分重大的改革，变革幅度非常大。尽管经历了三个省市的试点和全国推广，仍很难保证改革一次性就能达到完美的程度。尽管改革在顶层设计层面是很好的，但在中观和微观层面，一定还存在这样那样的问题或不足。本文就选择其中一个重要内容，即监察对象及其范围，基于理论和规范分析，对新法所取得的进展以及存在的问题予

* 任建明，北京航空航天大学教授、博士生导师。

以分析，并针对所存在的问题提出解决的思路和建议。

一、法律中规定的监察对象及其范围

首先有必要说明的是，基于传统和习惯，《国家监察法》和此前的《行政监察法》都使用了“监察”一词。按照学理概念，监察就是监督，或权力监督的意思。除了监督，监察术语并没有其他特别的含义。由此来看，监察对象及范围也就是监督对象或范围。

在《监察法》中，主要有三个条款跟监察对象及其范围有关。第 15 条具体规定了六类监察对象。前两类对应刑法类法律中规定的“国家机关工作人员”①；三四类是国有企事业单位人员，但仅限于“管理”人员；第五类是“基层群众性自治组织中从事管理的人员”；最后一类是例外的“公职人员”。第 1 条和第 3 条对监察对象进行了归纳，统一使用了一个新的“公职人员”术语②，即“所有行使公权力的公职人员”。也可以这么看，第 15 条中的六类监察对象，也就是本法所称的“公职人员”的具体化。

尽管法律条文已经对监察对象予以明确的规定，但实际上，监察对象及其范围应当由国家监察机关的职能或职责来确定。如此看来，除了上述三个条款，《监察法》中第 6 条、第 11 条，以及第 1 条和第 3 条中的与监察职责有关的内容，也都与监察对象及其范围有关。这将在后续部分予以具体讨论。

仅就监察对象及其范围方面的规定来看，新法取得了重要的进展。这个进展归结为一句话，就是第 1 条中的目标性规定，即“加强对所有行使公权力的公职人员的监督，实现国家监察全面覆盖”。这个目标性规定还可以且应当简称为“监督全覆盖”。正因为如此，特别是与原来的行政监察相比，国家监察的监察对象及范围都有了很大的扩展。据新华社报道，“改革后，北京市监察对象达到 99.7 万人，较改革前增加 78.7 万人（增加了 3.7

① 参见《最高人民检察院关于渎职侵权犯罪案件立案标准的规定》（以下简称《规定》）附则中的定义。该《规定》于 2005 年 12 月 29 日由最高检第十届检察委员会第四十九次会议通过，自 2006 年 7 月 26 日起施行。

② 刑法中的类似术语是“国家工作人员”。监察法使用“公职人员”可能是国家法律中的首次。

倍）；山西省监察对象达到 131.5 万人，较改革前增加 53 万人；浙江省监察对象达到 70.1 万人，较改革前增加 31.8 万人”。[①] 甚至北京市有一个区，监察对象由原来的 4000 多人增加到 3 万多人，规模扩大了 7 倍多。

很显然，在评判监察对象数量的变化上，仅比照原来的行政监察，是不够合理的，也有夸大改革成效之嫌。因为国家监察体制改革，是对原有的 5 个机构进行横向整合，因此，在评判国家监察的监察对象变化上，应当与之前 5 个机构监督对象的总和相比较。如果是这样，监察对象的数量和规模就不会增加那么多，甚至在某些监督对象类型上，还有所减少。这将在后面予以介绍和分析。

二、存在的主要问题及其原因

本部分关注的核心问题是：法律规定的监察对象及其范围究竟怎么样？是正好、大了还是小了？抑或是在有的方面大了（造成所谓的“误伤”）、有的方面小了？基于一定的准则，经过细致辨识后发现，新监察法在监察对象及其范围的规定上，存在的主要问题是小了。具体地说，监察对象还很不全面，缺漏的比例还很大。

正如前面所述，监察对象及其范围应当主要由监察机关的职能或职责来决定。归纳起来，监察机关有两大职责：一是，公权力监督职责。二是，反腐败职责。无论是在《中共中央关于在北京市、山西省、浙江省开展国家监察体制改革试点方案》（以下简称《方案》）中，还是在新监察法中，都同样规定了这两项职责。关于公权力监督职责，在《方案》中有两处涉及：一是，新监察机构要“实现对行使公权力的公职人员监察全面覆盖”。二是，新监察机构是“行使国家监察职能的专责机关”[②]。有鉴于此，可以把该职责归纳为公权力监督职责。或许有人认为应当把该项职责归纳为“国家权力监督职责”，但这个归纳是有问题的。在中国特殊的体制下，单独使用“国

① 《积极探索实践形成宝贵经验国家监察体制改革试点取得实效——国家监察体制改革试点工作综述》，http：//news.xinhuanet.com/2017-11/05/c_1121908387.htm，下载时间：2017 年 11 月 5 日。

② 《中共中央关于在北京市、山西省、浙江省开展国家监察体制改革试点方案》，http：//www.xinhuanet.com/politics/2016-11/07/c_1119867301.htm，下载时间：2016 年 11 月 7 日。

家权力”可能不包括“执政党权力”，更不包括国家权力以外的其他公权力，所以，基于《方案》的原意，还是使用“公权力”比较准确。关于反腐败职责，在《方案》中有三处涉及：一是，在改革目标部分，《方案》明确“深化国家监察体制改革的目标，是建立党统一领导下的国家反腐败工作机构”。二是，新的机构应“整合反腐败资源力量”。三是，新的机构“履行反腐败职责，深入推进党风廉洁建设和反腐败斗争……”这三方面的指向是高度一致的，即新成立的国家监察机关就是一个反腐败机构，而且是集中的、专门的反腐败机构。这意味着，新监察机构的重要职责之一就是反腐败。鉴于新监察法中关于监察机关职责的规定与《方案》高度一致，因此就不再赘述。

毫无疑问，基于监察机关的两大职责，将分别形成两类监察问题以及监察对象。一个重要的问题是，这两类问题和监察对象之间分别是什么关系，有什么异同。为了清晰地分析并回答这些问题，有必要将问题和对象区分开来分别讨论。

其一，分析监察问题。基于公权力监督职责，对应问题的范围是很广的。公权力行使中的不当问题会有很多，远不止腐败问题。例如，党纪和政纪中就规定了很多不属于腐败的问题，甚至包括道德问题。在监察法中使用了公职人员“职务违法”和“职务犯罪”（见第 3 条）。无论是职务违法还是职务犯罪[①]，范围都大于腐败犯罪。基于反腐败职责，对应的问题当然就只有腐败问题。分析的结论就是，基于公权力监督职责所形成的监督问题集合[②]，要远大于基于反腐败职责所形成的问题集合，两者是包含关系，即前者包含后者。

其二，分析监察对象问题。毫无疑问，公权力监督职责所对应的监察对象就是所有行使公权力的公职人员。而反腐败职责所对应的监察对象则是所有有可能腐败的各类人员。公职人员有可能腐败，这已成为常识。但有可能腐败的人员却远不只是公职人员。从数量和规模上来说，公职人员

① 根据刑法，职务犯罪包括三大类型犯罪，分别是：贪污贿赂罪、（国家机关工作人员）渎职罪和（国家机关工作人员）侵权罪。而相比于职务犯罪，职务违法对应问题的范围要更广。

② 这里的集合是数学上的集合概念。

以外的潜在有可能的腐败人员要比公职人员大得多。以我国为例，公务员人数是 700 万，加上事业单位人员大致是 3000 万，而受雇于其他各种组织的工作人员则是以亿计，完全不是一个数量级。为什么要把这么多人员都纳入潜在的腐败人员范围？会不会造成大面积“误伤”呢？答案是不会的。后面将予以解释。分析的结论就是，基于反腐败职责所形成的监察对象集合，要远大于基于公权力监督职责所形成的监察对象集合，两者同样是包含关系，即前者包含后者。

尽管讨论监察问题也很重要，但本文仅集中讨论监察对象问题。从监察对象视角来看，新监察法在规定的对象和范围方面，缺漏的幅度是很大的。主要有两种缺漏情形：一是，公职人员以外的有可能腐败的各类人员都缺漏了。这部分缺漏的数量和规模是相当大的，甚至远大于公职人员。例如大量在民营企业、外国企业、各类社会组织包括民间组织中工作的人员就都被排除在外了。二是，仅就公职人员来看，新法的规定也是有缺漏的。缺漏主要发生在第 15 条中的第三、第四两类公职人员上。法律规定仅限于“管理人员”。难道国有企事业单位中的其他非管理人员就不会腐败吗？就不需要监督、监察或监管吗？实际情况显然不是这样的。例如，国有企业普通员工、大学普通教师、医院普通医生就早都有腐败的案例。事实上，基于刑法有关国家工作人员贪污贿赂罪的规定，就包括国有企事业单位的所有工作人员，而不区分是否为管理人员。新监察法相对于刑法，范围是缩小了。一个危险就是在国家监察体制改革前，基于刑法可以受到监督[①]的国有企事业单位一般工作人员，在新监察法颁布之后，却失去了监督。

总之，新监察法所设定的监察“全覆盖”目标或原则是十分正确的，但只限于“公职人员”，事实上也没有涵盖所有公职人员，确实是一大问题。因此，“全覆盖”目标也只能待未来修法时，通过解决上述问题才能完全、彻底地实现。

之所以造成这个问题，根本原因是在腐败定义上占主导的传统观念和

① 特指腐败问题的监督。

认知局限。尽管在局部有所努力和突破[①]，迄今为止，我国在腐败定义上，占主导的看法依然是局限于公权力，认为只有公权力或公职人员才可能腐败。另外，在很多人的头脑中还有一个偏见就是：只有官员才是腐败分子。甚至置行贿官员的各色人等于不顾。

基于工业文明以来的大量新事实，以及经济学的委托——代理理论，就绝不应当把腐败定义局限在公权力上，而应当扩展到委托权力（entrusted power）。为什么要实施这个调整，笔者曾在相关研究成果中给予了充分的讨论和解释。[②]公权力只是委托权力中的一种类型。基于委托权力的腐败定义，就意味着，所有代理人或机构工作人员或雇员，就都有可能腐败。甚至，腐败是源于委托权力，腐败行为一旦发生，所有参与腐败的人员就都是腐败分子，而不只限于代理人。例如，因为政府采购、行政审批等事项而行贿官员的企业或企业人员以及其他人员都是腐败分子；医生开单提成是受贿，给医生回扣的医药企业或医药代表是行贿，也是腐败行为；导游拿回扣是腐败行为，给导游回扣的商家也是腐败行为，凡此等等。

三、解决问题的思路和建议

基于上述关于问题及原因的分析和讨论，解决问题的思路和办法就是清晰的。最理想的办法是在未来修法时，将反腐败职责所对应的监察对象扩展到所有工作人员，甚至不加工作人员限制，而扩展到任何有可能腐败的人员。要实施此项修改，就必须同时修改第 15 条、第 1 条、第 3 条。在第 15 条中，可增加第七类人员，即“其他所有可能腐败的人员”。鉴于这个类别所涉及的人员范围甚为广大，可以再行列举。例如，民营企业工作人员、外国企业工作人员、其他社会组织工作人员（包括民间组织工作人员），在国境外实施腐败的中国公民，以及牵涉上述工作人员腐败中的其他各类可能人员。对于第 1 条和第 3 条的修改，则是在“公职人员”之后增加半句，

① 例如，2006 年官方实施的“治理商业贿赂专项行动”，近些年来“两高”加大行贿打击力度的努力，党的十九大报告明确“坚持受贿行贿一起查”等。

② 任建明、马喆：《廉洁政治：概念与目标》，载《理论与改革》2017 年第 5 期。

即“以及其他所有可能实施腐败的人员”。

考虑到新法刚刚颁布实施，修法在短期内不大可能提上日程，因此，短期内，可以采取其他一些补救措施，以部分克服上述问题。例如，通过法律解释等途径，将刑法中规定的国有企事业单位一般工作人员腐败犯罪，甚至其他腐败人员的监督职责归于新的监察机关。

监察对象的界定研究

周兰曲[*]　涂龙科[**]

"苟利于民，不必法古；苟周于事，不必循俗。"[①] 在全面深化改革的历史背景下，监察体制改革是建设风清气正的良好政治生态的重要内容。《中华人民共和国监察法》(以下简称《监察法》)的出台，是自 2016 年底推行国家监察体制改革的法治重大成果，也是习近平新时代中国特色社会主义思想的重要体现。国家和地方各级监察委员会成立，全方位行使监察权，是国家反腐体系化、法治化的客观需要，也是推动国家治理体系、治理能力现代化的战略举措。《监察法》的立法目的，是建立集中统一、权威高效、全面覆盖的监督制约体制。全面覆盖是我国监察立法的一大特色，即将原有检察机关反贪污渎职部门，行政机关监察部门、审计部门等整合到监察委，监察对象为"所有行使公权力的公职人员"，既包括公务人员也包括部分从事公共事务的其他人员。由此，上至中央领导，下到村委干部、区县医院的管理人员，均要受到《监察法》的制约，理论上实现了监察对象全覆盖。但是，《监察法》自颁布以来，经过几个月的实践检验，立法上有关监察对象的规定仍有不完善、不明确之处，需要从学理上加以探讨。

一、单位是否为监察的对象

《监察法》第 3 条规定，各级监察委员会依照本法对所有行使公权力的公职人员进行监察；第 15 条明确指出监察范围是公职人员和有关人员。这意味着《监察法》的监察对象是自然人而非机关、单位。然而，在贪污贿赂

* 周兰曲，上海社会科学院法学所硕士研究生。

** 涂龙科，上海社会科学院法学所研究员、法学博士。

① 文子：《通玄真经·上义》。

犯罪中，包括对有影响力的人行贿罪、私分罚没财物罪在内的涉及多个罪名的主体涵盖单位，监察委的监督、调查、处置是否涵盖单位，《监察法》有所疏漏，引起了学界的讨论。

目前，存在否定说和肯定说[①]两种看法。否定说认为，《监察法》不包含单位犯罪。首先，法无明文规定即禁止，《监察法》没有规定单位犯罪的监察问题，那么监察对象只能是自然人，并不包括有关机关和单位。其次，单位犯罪的根源是个人犯罪，进行犯罪活动的决策者和执行主体都落实在个人，监察工作的最终目的也是追究犯罪人的责任。对监察工作来说处罚单位显得不必要。最后，刑法对单位犯罪进行处罚均采用罚金制，单位作为社会主义公有制下面的各级机关、组织、人民团体，具有公权力的属性，由国家财政拨款进行支援，罚金的背后还是国家的财政支出。[②]肯定的观点认为，单位必然包含在监察主体内。根据目的解释，立法的本意是实现监察对象全覆盖，监察对象理应包括自然人、机关、单位。有些时候，即使公职人员没有过错，也可能出现公权力组织未依法行使公权力的现象，若没有对公权力组织的监察，国家监察也是不全面的。而事实上，我国《行政监察法》已经明确将对行政机关的监察纳入监察的范围之中。[③]

本文认为，监察对象涵盖单位犯罪是不容置疑的。理由如下：第一，涵盖单位是监察全覆盖的应有之义。2017 年 1 月 9 日，中央纪委副书记、国家监察委员会副主任肖培在国务院新闻办召开的新闻发布会上指出，我国监察体制改革的核心目的是组建新的国家监察机关，加大党对反腐工作的集中统一领导，把当下分散在监察部、国家预防腐败局和检察院的反贪、反渎以及预防职务犯罪的职权集中在一处，落实对行使公权力的公职人员的监察无死角。[④]既然《监察法》的力度扩大到了监察对象全覆盖，因此单位必然包含在《监察法》的管辖范围内。第二，单位包含在监察对象之内具有

① 马怀德：《国家监察体制改革的重要意义和主要任务》，载《国家行政学院学报》2017 年第 1 期。

② 周乐军：《对人监察还是对事监察》，载《时代法学》2018 年第 1 期。

③ 蔡乐渭：《国家监察机关的监察对象》，载《环球法律评论》2017 年第 2 期。

④ 《十八届中央纪委七次全会精神新闻发布会览要》，http://fanfu.people.com.cn/GB/n1/2017/0123/c64371-29043760.html，下载时间：2018 年 5 月 23 日。

一系列现实基础和历史渊源。第一，监察对象若不包括单位将导致法理不能。若按照“监察机关监察对象是自然人而不是单位、机关团体”这一逻辑推论，谁来监管单位犯罪？若认为单位犯罪从此不复存在，相关规定成了一纸空文，则更不符合立法者本意，也不符合现实情况。第二，在《行政监察法》废止之前，其中第15条已经明确规定“国务院监察机关对下列机关和人员实施监察”，可见监察对象包括机关单位存在历史依据。第三，涵盖单位是和刑法相衔接的要求。《刑法》第30条明确规定，公司、企业、事业单位、机关、团体实施的危害社会的行为，法律规定为单位犯罪的，应当负刑事责任。权力需要分立、制衡，没有监督的权力必然导致腐败，上述条文都表明，国家机关也是接受人民、法律监督的主体，将单位纳入监察范围，将更好地体现刑法精神。

二、集体所有制企业的管理人员是否为监察对象

集体所有制企业，是指部分劳动群众集体拥有生产资料的所有权，共同劳动并实行按劳分配的经济组织。[①] 集体所有制企业作为一种特殊的公有制企业形式，包括农业生产合作社、农村信用合作社等由乡村农民集体举办的企业，也包括城镇劳动者劳动联合和资本为主的股份合作等企业。国家利用行政系统实现对乡村集体组织的间接控制，在这种情况下，乡村集体组织既是行政单位又是一个经济组织。[②]家庭联产承包责任制的实施，使集体经济一方面既代表着农民集体组织的利益，也在另一方面代表社会公权力行使职权。这种双重身份，使得乡村集体组织具备了调动和配置大量社区资源的可能。例如，镇政府下设立的资产管理公司或者村集体资产企业中的管理人员，很多镇集体企业资产高达数十亿元，其行使的权力和作用不容小觑。

在此之前，由于集体企业管理人员不属于贪污受贿罪的主体，也不归反

① 《中华人民共和国城镇集体所有制条例》第4条，1991年9月9日国务院令第88号发布。

② 程长羽、宋学文：《从制度变迁看乡镇集体企业的发展趋势》，载《河北大学学报》2003年第28卷第2期。

贪部门侦查，一般以职务侵占罪、挪用资金罪等进行定罪量刑。根据《监察法》第15条，监察委的调查对象是公职人员及其有关人员。在监察范围全覆盖的背景下，集体所有制企业的管理人员在法律上并未纳入《监察法》的监察对象范围内，需要加以明确。这些管理人员是否应划入公职人员范围中，首先应对公职人员明确界定。

关于公职人员的界定标准，理论上存在以下几点看法：（1）身份论。所谓公职人员，即根据宪法和法律具有主体资格并从事公务的工作人员。这种说法强调腐败主体具有特定的身份，在实践中可以有效认定主体范围，便于司法操作。然而，《监察法》颁布之前，主要由政府行政监察机构行使对行政机关自身和其公职人员的内部监督；人民检察院的反贪污贿赂总局对国家机关及其公职人员的守法活动进行监督；党的纪律监察机关对全体党员的违规违纪行为进行监督。我国反腐败对象主要集中在党员[①]、公务员[②]和国家工作人员[③]三类群体范围内。由此，身份论的缺点也显而易见。由于法律规定了固定的主体边界，只能在法律列举的范围内进行监督，界定的腐败主体范围不能随意变化，无法有效全面地打击犯罪。（2）公务论。这种观点认为，无论是否具有国家工作人员身份，只要执行的事务属于公务行为，就可以认定为国家工作人员。因此，判断公职人员的界限为“从事公务”。从事公务，是指依照法律法规代表国家机关、国有公司、企业事业单位、人民团体等履行组织、领导、监督、管理等职责的职权活动。[④]公务最

① 党员是指根据《中国共产党章程》规定的入党条件和程序加入中国共产党的工人、农民、军人、知识分子和其他社会阶层的先进分子。

② 公务员是指，依法履行公务、纳入国家行政体制，由国家财务负担工资待遇的工作人员。

③ 根据《刑法》第93条，国家工作人员包括下列四类人员：第一，国家机关工作人员，包括宪法规定的各级权力机关、行政机关、司法机关、监察机关、军事机关及党委各级机关中从事公务的人员。第二，国有公司、企业、事业单位、人民团体中从事公务的人员。第三，国家机关、国有公司、企业、事业单位委派到非国有公司、企业、事业单位、社会团体从事公务的人员。第四，其他依照法律从事公务的人员。典型例子是人大代表、人民陪审员。根据相关司法解释，村民委员会等村基层组织人员协助人民政府从事下列行政管理工作，属于刑法规定的“其他依照法律从事公务的人员”：（1）救灾、抢险、防汛、优抚、扶贫、移民、救济款物的管理；（2）社会捐助公益事业的款物的管理；（3）国有土地的经营和管理；（4）土地征收、征用补偿费用的管理；（5）代征、代缴税款；（6）有关计划生育、户籍、征兵工作；（7）协助人民政府从事其他行政管理工作。

④ 赵秉志：《论国家工作人员范围的界定》，载《刑法问题与争鸣》，中国方正出版社1999年版，第336页。

重要的特征是——“依法履行公职”。表现为管理国家财产、领导公共事务、行使国家公权力或者社会公权力的工作活动。相比上一种观点，这种观点有效地扩大了公职人员的范围，但易把职务侵占罪与贪污罪相混淆。（3）公权力财政论。公权力是国家权力或社会权力的总称，是法律法规规定的特定主体基于维护公共利益的目的对公共事务管理行使的强制性支配力量。马怀德教授认为，公职人员身份的认定标准是以行使公权力为核心，辅以财政供养。[①] 公权力是存在于公共领域，受公众委托行使的权力，存在于公共领域便是公共服务性的体现，而受公众委托行使便是职权性的集中体现。行使公权力从本质上讲，是一种从事公共事务的权利与职权的结合体。[②] 这种观点有一定的接纳性，但我们也要意识到，财政供养和公权力行使不是简单相加，而是有机结合，具体情况具体分析，例如国家参股公司二次委派到其他机构内的职工是否算作国家工作人员？这需要我们综合其公司性质、工作职权、人事管理体制具体问题具体分析。（4）双标准论。一是，判断该人员的具体的职业身份是否属于第 15 条规定的监察人员范围；二是，如果该人员不在监察范围内，其从事的某些工作行为是否涉及公权力的行使。这种“身份职业性”和“公务性”共同判断的双标准模式，有效覆盖了监督对象与纪法之间的法律空白点，如某公立医院的主任医师，论职务其不属于管理人员，本不包括在监察范围之内，但若在参加某药品评审委员会的过程中收受贿赂，也应受到《监察法》的管辖。再如某国有企业的财务人员、会计，虽不属于管理人员，但由于职务的特殊性，他们的岗位具有监督、管理国有资产的重要职能，因此也属于第 15 条第 3 款的“国有企业管理人员”[③]。可见，实践中判断是否属于监察对象，关键在于他的公务性，即工作过程中是否行使了公权力。一些没有行政管理职责的专业技术人员临时参加了与其职权相联系的管理事务，包括依法组建的评标委员会、

---

① 马怀德：《通过修法完善监察体制》，载《学习时报》2016 年 7 月 14 日。

② 范克欣：《论国家出资企业中国家工作人员的认定》，载《城市》2016 年 8 月刊。

③ 作为第三类监察对象，国有企业管理人员主要包括两大群体：一是国有独资企业、国有控股企业（含国有独资金融企业和国有控股金融企业）及其分支机构的领导班子成员；二是对国有资产负有经营管理责任的国有企业中层和基层管理人员。《你是监察对象吗？国有企业管理人员有哪些？》，http://v.ccdi.gov.cn/2018/05/18/VIDEceeJYaqhHQ6SYnFu31Xg180518.shtml，下载时间：2018 年 5 月 26 日。

竞争性谈判采购中谈判小组、询价采购中询价小组的组成人员，在该项目范围内，行为人属于监察对象。①

本文赞成双标准论。根据《监察法》第15条规定，监察对象是所有行使公权力的公职人员和有关人员，并将六类行使公权力、履行公职的人员统一纳入监察范围，并设置了兜底条款，实现监察对象的全覆盖。公职人员既包括中国共产党机关、人大机关、行政机关、政协机关、监察机关、审判机关、检察机关、民主党派机关和工商业联合会机关的人员，也包括法律法规授权委托、国有企业或公办教育、基层群众性自治组织中从事管理的人员。从上述范围我们可以看出，以上人员在职能上，具有占有公共资源、进行公共管理、提供公共服务的特征；在国家权力分工中，具有一定的监督、领导、管理性质；具体表现上，均为“行使公权力”。判断行使公权力要把握两个标准，即公共职权性和公共服务性。只有同时具备两个特性，才可以被认定为公职人员。综上，我们能看出，首先以工作性质为表现的公权力性是判定公职人员的首要标准。其次，职务与工作不同，《刑法》第382条贪污罪的规定中，采用了下定义的方式对贪污罪进行解释，其中利用职务上的便利，是该罪主体与其他罪名相区别的界限。职务背后包含着权力的成分，包括领导、组织、监督、管理、经营集中表现方式，工作单位所代表的职务性是判定是否为公职人员的重要补充。有学者认为，由于国家公权力及社会公权力来源于全体社会成员或者国家公民的公意，公职人员只是公权力之下最末端的执行者，依从于国家行政管理体制，对国家权力服从性是对其的基本要求，在此前提之下其享有有限的自主性和能动性。②

本文认为，村、镇的集体资产管理企业，既不是国家机关、事业单位，也不属于辅助人民政府从事行政管理，该集体企业的性质决定了工作人员本应不在国家工作人员范围内，在集体企业负责资产管理或统筹管理的人员，不具有“身份职业性”的特征。然而，集体经济作为公有制经济的重要组成部分，在集体所有制企业里从事管理活动的人员，他们从事的职务是管理

① 王希鹏:《监察对象辨析》,载《中国纪检监察报》2018年4月11日。

② 董鑫:《浅析公务员概念的内涵与外延》,载《齐鲁学刊》2007年第1期。

村镇的集体资产，集合了一定的权力，代表一定规模的人民群众并依照规章履行职责。占有集体资源、对集体财产进行管理，为村县集体提供服务，具有行使社会公权力的特征。在现实情况下，很多地区的村镇集体资产高达数十亿元，管理层人员位高权重，掌握了大量的社会公共权力及财政资源。若在履责过程中发生了侵吞、窃取、骗取集体财产的情况，根据双标准论，他们在职务上不具有国家工作人员的资格，除了协助政府从事特定的税款征收、土地经营等工作的，才可能构成受政府委托从事公务的人员。但根据其工作性质，他们往往手握集体资产，从事的是管理集体资产、为集体经营提供公共服务的行为，具有“公务性”的特征。其工作性质决定了这些企业的管理人员、财务人员都应被《监察法》覆盖。所以，对于他们在工作中发生的以权谋私、浪费国家资财等行为，应由监察机关调查。在监察改革之前，这类行为往往被认定为职务侵占罪、挪用公款罪等罪名，而由于这类罪名缺少有效的监督主体，给了很多不法分子大量的脱罪空间，导致应受处分而没有受到相应的处分，不能完全体现公平正义。另外，在集体企业从事资产管理的会计、出纳，由于其负责资金收付工作，对集体的资金负有管理、监督责任，也应纳入监察范围，实现监察对象的全覆盖。

三、城管人员是否为监察的对象

城管的全称是城市综合管理执法局，负责实施市政管理、治理和维护城市秩序。由市、区政府自主设立，主要负责名称上看似与行政机关的名称类似，但其实不是政府的职能部门。城管作为国家行政机关的一线人员，是行政法规的执行者。城管执法机构的职权，是以相对集中的行政处罚权为核心的。在不同的城市，城管人员一般分为三类：第一种是公务员。在综合执法局中主要占据领导层，人数较少，权力大，主要负责下达命令。第二种是事业编制人员，这种是通过地方事业单位考试正规录取的，文化程度较高，除了查处违章建筑之外，一般不会到现场执法。第三种是城市协管员，采取聘用制，他们的文化素质普遍较低，属于随时可以招的临时工，成为地方政府综合执法局的主力军。因此，我们能够看出，城管执法人员作为一线行政人员，流动性大，变更频繁，人员编制混乱随意，正式员工与非正式员工同时存在，在司法实践中对于这类主体的性质、行为效力等问题缺乏明确规定。

城管是推进行政管理体制改革、依法治市、促进可持续社会发展的重要产物。良好的城市秩序需要城市治理人员的辅助，市容市貌的展现、社会矛盾的调节、文明创新的建设，城市治理人员发挥着不可或缺的作用。由于城市管理行为具有大量自由裁量的性质，作为工作在一线和前沿的执法队伍，城管与社会联系最紧密，其执法行为直接影响着公民法人的权利和义务，群众往往将其执法行为与政府行政能力挂钩，并作为评价政府行政水平的尺度。[①] 城管人员是否具有监察主体身份，本文认为，其属于依法履行公职的人员，具有监察主体的身份。

（一）城管人员的身份特征

由于城管属于市、区自主设立的执行机构，每个政府对城管人员的资格主体定位较为混乱。有的城市将全体城管人员纳入行政执法编制，全部实行公务员管理[②]，目前，城管执法人员更多的是依据合同进行工作的编外人员。事业机关单位原则上不允许使用临时工作人员，而大部分城管中的主力军——执法人员与单位签订合同，属于编制外的工作人员，即“临时工”。其原则上不具有行政执法资格，不符合公职人员的身份资格性特征。

（二）城管人员工作的公务特征

根据双标准论，是否受监察委员会监督，关键在于履行的职责性质是否属于行使公权力。城管行政执法处于这个城市治理的末端，承担的是政府执法职能中最艰难的部分。[③]其在执法过程中以公权力执行者的角色出现，执法对象对执法者的管理有服从义务，执法行为会影响到大量社会成员的利益，是相关利益主体与国家公权力的执行者进行博弈的过程中的集中表现点。城管拥有的行政处罚权，作为一种国家强制权，依照法定职权和程

① 尚芬：《论城管在城市管理中的地位和价值作用》，载《城市管理与科技》2013 年第 6 期。

② 《广州城管变身公务员　网友质疑难改“打手”形象》，http://www.hinnews.cn，下载日期：2018 年 6 月 14 日。

③ 吴永生：《我国警务监督管理理论研究》，中国人民公安大学出版社 2012 年版，第 185 页。

序对违反行政法规范，尚未构成犯罪的相对人给予行政制裁的具体行政行为。城管执法时行使的是社会公权力，其作出的处罚决定对特定共同体成员的具体权利义务具有影响力，与社会成员具有密切关系。综上，无论是从城管执法机构的职能，还是从城管执法机构的职权，以及城管执法机构的社会管理任务等方面，都可以明确，城管执法机构的职能任务属于典型的政府职能，只能由政府机关执掌和行使。[①] 那么，城管人员既然属于政府行使公权力的执行者，其履行的是管理社会秩序的公务，非党员公务员之外的其他执法人员，承担社会国家管理任务，履行国家机构的职能，也符合监察委员会在监察具体工作中对公职人员的界定，在履行工作过程中可以看作“受国家临时委托行使公权力的公职人员”。若在执法过程中出现涉嫌利益输送、滥用职权的情况，监察机关应及时采取调查，并移送相关部门处理。

四、辅警是否为监察的对象

辅警，一般被定义为协助公安机关开展警务工作的各种社会治安人员，包括治安辅警（协警）、文职辅警、勤务辅警等。在我国目前的辅警地方规定中，公安机关通过笔试、面试、政审、体检等方式招录并与之确定劳动关系，其不享有公安机关专项编制，不具有执法主体资格，其权力的行使依赖于背后的行政机关，行使公权力的法律后果也由背后的行政机关承担。

（一）辅警的身份特征

辅警受聘于国家机关，协助警察以国家或集体的名义处理涉及公众权益的事务，因此，辅警在从事公务的过程中，具有国家工作人员的本质特征。辅警与公安机关之间为基于劳动合同而构建的关系。2017 年，国务院办公厅印发《关于规范公安机关警务辅助人员管理工作的意见》，明确了辅警的法律地位和岗位职责，厘清了执法的模糊地带。各地方公安机关通过借助社会力量来协助工作，招录辅警，使之成为公安机关执行警务工作的

① 杨小军：《城管执法机构性质与城管执法体制》，载《行政管理改革》2010 年第 4 期。

重要辅助力量。[①]辅警工作本身就与行政权力行使具有千丝万缕的联系，辅警人员在维护安全和秩序中与行政警务人员有相同的功能定位。[②]

（二）辅警职务行为的公务性

目前辅警概念缺乏明确的法律依据，社会定位模糊，导致违法乱纪行为时有发生。而群众又将其视为警，因而影响了公安机关执法规范化建设，损害了公安队伍的社会形象。[③]关于辅警的行为性质，学界有不同的看法。（1）行政辅助行为。有学者认为，辅警是一种基于私法关系的行政助手行为。辅警不是公务员，也不属于事业编制人员，辅警的产生是与公安机关之间基于劳动合同而构建的聘用合同关系，依意思表示一致而订立，并依照合同约定履行相关职责和义务。由于只有行政主体才能行使执法权，他们在履行公务的过程中，若没有警察在场，就没有权限单独行使警察所具有的作出指挥或管理治安的权力，并且协助的尺度和分寸均受制于公安机关。所以，这种辅助行为仅相当于一个“助手”的性质，只承担相对的、助手性的警察任务，他们没有独立的活动空间，其行为视为行政机关的延伸，履行职责可以看作是一种行政辅助行为。在《苏州市警务辅助人员管理办法》中，就明确规定了辅警的行政辅助人的地位，即没有独立主体资格，只能以公安机关的名义履行职责，其行为后果亦由公安机关承担，而且规定了辅警行为时只能在人民警察的统一指挥和监督之下。[④]（2）委托代理行为。该观点认为，辅警属于行政受托人或者代理人，在警察的带领下，履行一定职责，行使一定公共权力，有少量自主性，可以行使有限的行政执法权。在辅助警察执法时，其履行职务的行为可被视为执行公务，具有“准国家工作人员”的性质。由于行政权只能由行政机关及其公务人员行使，公安机关与辅警人员实际上是一种公法意义上的委托代理关系。但其不具有执法主体资格，其权力的行使和效力直接归属于委托方。（3）行政协助行

① 李华：《我国辅警制度改革和发展初探》，载《武汉公安干部学院学报》2017年第4期。

② 郭震：《我国警务辅助人员执法权问题研究》，载《决策论坛——决策理论与方法研究学术研讨会论文集（上）》，2016年12月，第53页。

③ 政工言：《建设正规化辅警队伍若干问题探讨》，载《公安研究》2008年第9期。

④ 郑晓萍：《创新社会治理下的辅警法制化问题探析》，载《天津法学》2016年8月刊。

为。行政协助是指，为了一定的行政管理目标，不具有独立主体资格的个人或组织在行政机关的控制范围下接受其下达的任务给予协助，该活动仍然属于行政机关的行为。该种观点认为，首先，辅警是警察的助手；其次，辅警协助公安机关及其人民警察执行警务活动的行为是公安机关职能活动的组成部分；最后，辅警协助履行的法律后果由公安机关承担。[①] 协助行为的产生依据一定的合同关系而成立。这一观点说明了辅警履职的非独立性特点，其履职必须依附于公安机关。

对于上述三种观点，笔者不同意委托代理的观点。首先，委托代理需要法律的明确规定，但纵观我国法律法规，没有一部法律法规对辅警的性质及行为作出规定，只有公安部在2008年修订的《交通警察道路执勤执法工作规范》中有关于交通协管员的规定，同时第一次以部门规章的形式明确指出：交通协管员不得从事其他执法行为，不得对违法行为人作出行政处罚或者行政强制措施决定。[②] 首先，由于社会的快速发展，想制定一部关于行政委托的规定，实际操作性不强；其次，从辅警与行政机关的关系上看，公安机关放弃一部分权力交由没有行政主体资格的辅警的可能性不大；最后，由于辅警多由社会人员组成，文化素质较低，如果赋予辅警一定的执法权，那么必定会导致辅警权力的滥用膨胀，从而侵犯公民、法人或其他组织的合法权益。

笔者也不赞同辅警的行为性质是一种行政协助。行政协助，是指行政机关原则上各有所司，在其职权范围内独立行使其职权、执行其职务，以共同达成国家行政目的，必要时，赋予行政机关请求其他机关予以职务上协助的权利，课予行政机关之间在职务上相互协助的义务。[③] 我们可以看出，行政协助具有以下特征：两个以上行政主体行使同一行政职权；被请求协助的事项基于法律上或者事实上的原因；效果由双方共同负责或者各自对自己的行为负责。辅警在辅助公安机关执法时，并不是与公安机关共同行使同一职权，其与公安机关的关系是服从与命令的关系，辅警作为辅助人

① 刘显峰：《新时期辅警制度的现实困局与探索路径》，载《北京警察学院学报》2015年第3期。
② 吴穹：《辅警行为的法律规制》，华中师范大学硕士学位论文，2014年。
③ 胡建森：《行政法学》，法律出版社2010年版，第140页。

员，没有执法权，不具有行政主体的权力，不符合行政辅助行为的根本特征。在职权行使过程中，在法律后果承担上，辅警也没有独立的承担能力，其行为责任都归属于背后的行政机关。

（三）辅警应当为监察对象之证成

本文认为，辅警在执法过程中的行为是一种行政辅助行为。行政辅助人产生的前提是合同的订立，行政主体为了实现行政管理的目的，从社会上招聘符合条件的相关人员，经双方当事人意思表示一致并订立合同，行政辅助人按照合同的约定履行相关的职责、义务，行政主体依据合同对行政辅助人进行监督、指导。行政辅助人本质上属于公民，没有执法权、侦查权等警察权，没有独立活动的空间进行自主裁量。辅警作为行政机关之外的独立自然人，与行政机关基于聘用合同产生劳务关系，该类聘用合同可视为委托合同，即行政机关将某项公共事务管理职能委托给他们行使；[①] 从事公共事务管理工作，他们的工资和福利待遇均依靠行政机关的财政收入，符合辅助人的性质特征。

从法律规范意义上说，不具有明确法律授权和委托的主体是无法以警察名义执行法律的，只有在公安机关的掌控、同意之下，作出有限制的执法行为，该种行为可以认定为公务。[②] 法律通常会明确规范执法主体的权责、程序等要素，也会明确执法方式和手段。警察辅助力量即使没有行政主体地位，也不能彻底剥离其主体性的特征。[③] 近期，很多城市对辅警的定位进行探索与努力，赋予辅警一定的执法权。[④] 因此，辅警在职务上虽不属于行政机关的公务人员，但由于其在某些程度上涉及行政执法，辅助公安机关维护社会秩序，具有行使公权力的特征，属于履行公务行为，因此应该纳入监察对象的范围。在不少地区，辅警的权力已扩大到人民警察的权力范畴

① 谢春龙：《授权和委托类监察对象范围初探》，载《特区实践与理论》2011 年 11 月刊。

② 马顺成、于群：《辅警的主体定位、行为性质及职责范围探讨》，载《江西警察学院学报》2015 年第 3 期。

③ 张洪波：《辅警的主体定位及规范》，载《法学》2011 年第 9 期。

④ 例如深圳市人大常委会办公厅发布了《深圳经济特区警务辅助人员条例（草案）》将辅警定性为公安机关“工作人员”；赋予辅警一定的执法权限，禁毒、疏导交通、治安巡逻、维护现场等八类工作辅警可独立执行等。

中。他们常常和警察一样行使执法权、侦查权等警察权，由于其不是警察，也就没有警察作为行政机关人员的相应责任，使得其行为不受严格拘束，违法受贿行为频频发生。[①]因此，将辅警人员纳入监察范围，显得十分必要。

结　语

孟德斯鸠曾说，“一切有权力人都容易滥用权力，这是万古不易的一条经验，有权力的人们使用权力一直到遇到有界限的地方才休止”[②]。为避免任性权力之洪水决堤危害群众，就必须加固堤坝的薄弱环节。深化国家监察体制改革，实现对所有行使公权力公职人员监察全覆盖，从某种意义上讲，是对监督堤坝的堵漏补弱、加固筑牢，有利于破解基层权力监督困局。以前的《行政监察法》规定的监察范围有限，常常出现同一案件由于当事人“身份”不同，而结局不同的情况。目前的《监察法》，摒弃了原本以“吃财政饭”或者依法律规定具有公职才纳入监察范围的司法惯例，判断一个人是否为公职人员，不受是否取得录取资格的限制，关键看他是否行使公权力、履行公务。在监察全覆盖的编织大网下，“编外人员”“临时工”“协管员”“非党员”这种原来监督不到的主体，也被列入监察范围，彰显监督织网严密、不留死角的震慑作用，这无疑对监察队伍办案在数量、质量上提出了更严的要求。明确监察范围只是监察改革的第一步。如何完善监察制度，促进纪检监察干部队伍融合，在监察范围大大增加的背景下对相关违法行为进行全面监督并作出有效甄别认定，是我们接下来亟待解决的问题。监察格局之改革才刚刚拉开帷幕，长路漫漫，蹄疾而步稳，愿监察改革之大旗持续拥有继往开来的魄力，不忘初心，继续前进。

---

① 俞楠：《论行政辅助人》，中国政法大学硕士学位论文，2006 年。

② ［法］孟德斯鸠：《论法的精神》，彭盛译，当代世界出版社 2011 年版，第 87 页。

浅析监察对象的界定

白林文[*]

摘　要:《监察法》的制定是我国新时期政治体制改革的一项重要举措，监察对象的界定是实施《监察法》的前提条件，关系着监察体制能否进一步适用。监察法把行使公权力的公职人员作为监察对象，涉及我国公职人员的范围包括各级党的机关、人大机关、政府机关、监察机关、审判机关、检察机关、政协机关、民主党派机关、工商联机关的公务员(广义的公务员，包括政府官员、监察官、法官和检察官等)，以及参照公务员法管理的人员，经授权或委托从事公务的人员，国有企业管理人员，公办教育、科研、文化、医疗卫生、体育等单位从事管理的人员，基层群众性自治组织中从事管理人员(如居民委员会主任、村民委员会主任和村支书等)，其他依法履行公职的人员。

关键词：监察对象；公务人员；界定

制定《中华人民共和国监察法》(以下简称《监察法》)是现阶段弥补我国现行监察制度不足的必然要求，是实现反腐制度化、法制化的本质要求，也是全面推进依法治国，实现国家治理体系和治理能力现代化的重要举措。党的十八届四中全会通过的《中共中央关于全面推进依法治国若干重大问题的决定》指出，必须以规范和约束公权力为重点，加大监督力度。我国宪法规定一切权力属于人民，公权力是国家权力与公共权力的总称，是法律法规规定的特定主体，是基于维护公共利益的目的而对公共事务管理行使的强制性支配力量。马克思、恩格斯在早年的经典论述中指出，一切公职人员必须“在公众监督之下进行工作”，以防止人们“去追求升官发财和追

---

*　白林文，贵州师范大学廉政文化理论研究中心科研人员，博士。

求自己的特殊利益”。列宁也在《国家与革命》中指出，对一切公职人员“毫无例外地实行选举制并可以随时撤换，把他们的薪金减低到普通的工人工资水平”[①]。所以从马列经典著作关于公职人员的论述中得知，公职人员手中的权力不是私有物，而是人民给予的职责，手中的权力来自于人民，是人民的勤务员，是人民的公仆。毛泽东也一直讲党员干部“从群众中来到群众中去”，把“为人民服务”作为中国共产党的革命宗旨。党的十九大确立了习近平新时代中国特色社会主义思想作为党的指导思想，开启了各项事业的新征程，而设立国家监察委员会就是新时期政治体制改革的一项重要举措。

从2016年下半年起，中央先后在山西、浙江和北京三个政区试点了监察体制改革，经过一年多的试点，证明中央设立国家监察委员会，各地方相应设立监察委员会的效果是好的，2018年3月20日第十三届全国人民代表大会第一次会议通过了《监察法》。制定、实施《监察法》的目的之一是加强对所有行使公权力的公职人员的监督，实现国家监察全覆盖。《监察法》规定的监察对象范围，直接决定了“实现国家监察全面覆盖”之立法目的能否实现。有鉴于此，明确国家监察机关的监察对象，就成了极为必要与迫切的问题，因此监察对象界定对于实现国家监察法的法律效力具有十分重要的意义。《监察法》规定监察对象的范围是所有行使公权力的公职人员，而要明确监察对象，首先应当对公权力与公职人员进行界定，根据《监察法》第15条的相关规定，现分析监察对象的界定如下：

一、行使公权力的公职人员的界定

（一）公权力的界定

所谓公权力，是由一定的人类共同体（国家、社会等）依一定的规则和一定的程序授予的，由共同体组织管理机构（国家机关、社会组织等）依一定的规则和程序行使的，能对内、对外作出影响其相对人权利义务的一定

① 列宁：《国家与革命》，人民出版社2015年版，第33页。

行为的职权和职责的总称。[①] 一国之内，公权力可分为国家公权力和社会公权力。国家公权力是作为实现国家职能的手段而由各国家机关行使的公权力；社会公权力是在国家公权力之外，共同体为满足公共事务的需要，由共同体机关行使的公权力。“公权力”应包括国家公权力和社会公权力，还是仅包括国家公权力？在国家公权力与社会公权力可作相对划分的假设之下，行使国家公权力的公职人员因其行使的公权力是“国家”的公权力，他们属于国家监察对象乃是应有之义。值得探讨的是行使社会公权力的人员是否应作为国家监察对象的问题。本文认为，为保证社会公权力的依法公正行使，有必要将行使者纳入国家监察对象范围。首先，就性质而言，社会公权力尽管不同于国家公权力，但它仍然属于公权力，对特定共同体成员具有影响力，因此，通过一定形式进行监督是必要的；其次，在我国的特定情境之下，国家公权力与社会公权力之界限并非泾渭分明，有些时候社会公权力非常接近于国家公权力，甚至难以进行界分；最后，在实践中，许多社会公权力的行使对公民、法人和其他组织的权利义务具有重要的影响，如足协、律协等行业组织，甚至可决定其成员可否继续拥有从业资格。但是，将社会公权力行使者纳入监察对象范围须符合以下条件：其一，该社会公权力对社会公众或其成员的权利义务可能产生重大的影响；其二，该社会公权力与国家公权力有着相对密切的关系；其三，该社会公权力的行使涉及公共资源或资金的运用。若不符合上述三项条件，则相应的社会公权力行使者不应是国家监察对象。根据《监察法》的规定，监察对象目前还主要是行使国家公权力的人员，对于行使社会公权力的人员是否纳入监察的对象可能在将来会有相应的变化。

（二）公职人员的界定

《监察法》第 3 条规定的“对所有行使公权力的公职人员进行监察”和第 15 条规定的监察对象范围，首次以立法的方式对“公职人员”这一法律概念，以及以“公职人员”为主要范围的监察对象，包括对公职人员职务违

① 蔡乐渭：《界定公权力边界的法律问题研究——法律视角下的公权力边界》，载《领导科学》2013 年第 7 期。

法和职务犯罪调查等进行法律界定，具有重要意义。明确作出法律界定，体现我国反腐败立法的重大进步。在我国立法中，虽然在公务员法、原行政监察法和其他相关法律中，已有了“公务员”的法律概念，但“公职人员”作为法律概念却一直没有在基本法律条文中体现出来。在我国主要法律中，一般以“国家工作人员”或“国家机关工作人员”指代“公职人员”。如《刑法》第93条规定，“本法所称国家工作人员，是指国家机关中从事公务的人员。国有公司、企业、事业单位、人民团体中从事公务的人员和国家机关、国有公司、企业、事业单位委派到非国有公司、企业、事业单位、社会团体从事公务的人员，以及其他依照法律从事公务的人员，以国家工作人员论”。对公职人员的“渎职犯罪”行为也仅限定于“国家机关工作人员”，如《刑法》第397条规定的滥用职权罪、玩忽职守罪。尽管监察法并未对“公职人员”进行具体解释或定义，但结合该法第3条的立法精神，“所有行使公权力”的人员都可以理解为“公职人员”，具体包括该法第15条所规定的各类人员。相比较而言，公职人员法律概念的内涵性、科学性和法律性均比国家工作人员或国家机关工作人员更强，也比一般意义上的公务员范围更广。一般而言，“所有行使公权力的公职人员”具有从事公共职能、社会管理职能或提供公共服务的基本特性，具体包括从事党政事务、立法与司法事务、监察事务、政协事务等党和国家管理事务，或提供公共服务，或者经授权管理公共事务、管理公共财物等人员。《监察法》第15条规定的公职人员范围，是迄今为止我国法律界定的最为广泛的法律调整对象。

在国际立法中，“公职人员”的提法也是国际社会和各国通行的做法。如《联合国反腐败公约》第2条第1项规定，“公职人员”指：无论是经任命还是经选举而在缔约国中担任立法、行政、行政管理或者司法职务的任何人员，无论长期或者临时，计酬或者不计酬，也无论该人的资历如何；依照缔约国本国法律的定义和在该缔约国相关法律领域中的适用情况，履行公共职能，包括为公共机构或者公营企业履行公共职能或者提供公共服务的任何其他人员；缔约国本国法律中界定为“公职人员”的任何其他人员，即可以指依照缔约国本国法律的定义和在该缔约国相关法律领域中的适用情况，履行公共职能或者提供公共服务的任何人员。《联合国打击跨国有组织犯罪公约》第 8 条第 4 款界定的“公职人员”，为“任职者任职地国法律所界定的且适用于该国刑法的公职人员或提供公共服务的人员”。《美洲国家组织反腐败公约》将公职人员、政府官员和公务员的定义等同，该公约第 1 条规定：“公职人员”“政府官员”或“公务员”是指国家及其机构的任何官员或雇员，包括被挑选、任命或选举的，在任何级别以国家名义或为国家服务时执行公务或职能的人员。上述国际公约中，虽然“公职人员”定义和含义各不相同，范围也不完全一样，但“履行公共职能或者提供公共服务”的基本特性，与我国法律界定的“公职人员”特性一致。上述公约规定的“公职人员”的范围，以《联合国反腐败公约》第 2 条第 1 项规定的范围最广，除包括担任立法、行政、行政管理或者司法职务的任何人员外，公约还认可了各国法律界定的“履行公共职能或者提供公共服务”的其他人员。

再者，在各国有关立法中，对公职人员所下定义和确定的范围均采取宽泛态度。在美国，公职人员包括公务员和政党职员，其中“公务员”是指政府官员或者雇员，包括议员、法官和陪审员、顾问、咨询员或者以其他身份参与政府职能运转的人。“政党职员”，指在美利坚合众国内政党中以选举或者任命方式担任一定职位，不论职责大小，凭借该职位指挥、实行或者参与指挥、实行政党事务的人。在法国，行使公安司法权力的人或者负责公共服务事业的人、公共财务会计人员、公共财产保管人或者其下属人员，都可定义为公职人员。在意大利，公职人员除在立法、司法或行政方面行使公共职能的人员外，还包括受委托从事公共服务的人员以任何名义提供公共服务的人员。在日本，公职人员包括依法从事公务的职员，以及依法从事“准公务”的人，包括官吏、公吏，依法令从事公务的议员、委员及其他职员。根据芬兰法律，公职人员被定义为在国家、市、市政当局协会或者根据市、议会制定的公法建立的合作机构、国有公司、基督教路德福音教派教堂、东正教教堂或者其教区、教区之间的合作体、阿兰德省、芬兰银行、社会保险机构、职业卫生机构、市养老机构、市担保中心或市劳动力市场办公室服务人员和在上述机构中处于类似地位的人员。可见，各国反腐败立法对公职人员都采取广义的定义方式，即尽可能将惩治公职人员腐败行为的范围扩大。无疑，我国目前监察法规定以“行使公权力的公职人员”为监察对象，与世界上其他法治国家的监察体制是接轨的。但是根据我国的国情，从《监察法》的条文来看，实际上是采用狭义的公职人员概念并进行相应的变通。

二、监察对象的界定

按以上行使公权力的公职人员的界定，再根据《监察法》第 15 条对监察对象的总体框架设定，结合我国的基本国情，监察对象应当包括：一是公务员和参公管理人员；二是法律、法规授权或者受国家机关依法委托管理公共事务的组织中的从事公务的人员；三是国有企业的管理人员；四是公办的教育、科研、文化、医疗卫生、体育等单位从事管理的人员；五是基层群众自治组织中从事管理的人员；六是其他依法履行公职的人员。即我国公职人员的范围包括各级党的机关（包括组织部、宣传部、统战部等）、人大机关、政府机关、监察机关、审判机关、检察机关、政协机关、民主党派机关、工商联机关的公务员（广义的公务员，包括政府官员、监察官、法官和检察官等），以及参照公务员法管理的人员（即参公人员，包括工会、共青团和国家事业单位工作人员），经授权或委托从事公务的人员（如履职人大代表、政协委员），国有企业管理人员（如国有公司董事长、总经理和财会人员等），公办教育、科研、文化、医疗卫生、体育等单位从事管理的人员（如公立学校校长、研究所所长、文化馆馆长、医院院长、体育官员等），基层群众性自治组织中从事管理人员（如居民委员会主任、村民委员会主任和村支书等），其他依法履行公职的人员（如国家机关某专项工作聘请的专业技术人员，包括律师、审计师、鉴定人员等）。下面是具体对各类监察对象进行分析：

（一）公务员和参公管理人员

《监察法》第 15 条第 1 项规定监察对象是公务员和参公管理人员，这是监察对象的关键与重点。根据《中华人民共和国公务员法》（以下简称

《公务员法》)的相关规定，公务员是指依法履行公职、纳入国家行政编制、由国家财政负担工资福利的工作人员[①]，根据我国党政机关的基本情况而详细分析此类被监察对象，大体应当如下：(1)中国共产党机关公务员。包括中央与地方党委、纪律检查委员会的领导人员；中央与地方各级党委工作部门、办事机构和派出机构的工作人员；中央与地方各级纪律检查委员会机关派出机构的工作人员；街道、乡、镇党委机关的工作人员。(2)人民代表大会及其常务委员会机关公务员。包括县级以上各级人民代表大会常务委员会领导人员；乡、镇人民代表大会主席、副主席；县级以上各级人民代表大会常务委员会工作机构和办事机构的工作人员；各级人民代表大会专门委员会办事机构的工作人员。需要说明的是，按我国人民代表大会制度的规定，以上所称的"工作人员"需要作广义的理解，即不仅包括人大工作人员，也包括人大代表。人大机关工作人员因其本身属于公务员，自然在监察对象范围之内。但是人大代表有时具有多重身份，但无论具有何种身份，在其担任人大代表期间，对与代表职务相关的行为，监察机关可进行监察。当然，由于人大代表身份和职务具有特殊性，对其实施监察时，还应遵循严格的程序限制。(3)人民政府公务员。包括各级人民政府的领导人员；县级以上各级人民政府工作部门和派出机构的工作人员；乡、镇人民政府机关的工作人员。(4)监察委员会公务员。包括各级监察委员会的组成人员；各级监察委员会内设机构和派出监察机构的工作人员；派出的监察专员等。(5)人民法院公务员。包括最高人民法院、地方各级人民法院的法官、审判辅助人员；最高人民法院和地方各级人民法院的司法行政人员。(6)人民检察院公务员。包括最高人民检察院和地方各级人民检察院的检察官、检察辅助人员；最高人民检察院和地方各级人民检察院的司法行政人员等。(7)中国人民政治协商会议各级委员会机关公务员。包括中国人民政治协商会议各级委员会的领导人员，中国人民政治协商会议各级委员会工作机构的工作人员。(8)民主党派机关与工商业联合会机关公务员。包括中国国民党革命委员会中央和地方各级委员会、中国民主同盟中央与

① 《中华人民共和国公务员法》，中国法制出版社 2017 年版，第 3 页。

地方各级委员会、中国民主建国会中央与地方各级委员会、中国民主促进会中央与地方各级委员会、中国农工民主党中央和地方各级委员会、中国致公党中央和地方各级委员会、九三学社中央和地方各级委员会、台湾民主自治同盟中央和地方各级委员会的公务员，以及中华全国工商业联合会和地方各级工商联等单位的公务员。因为以上民主党派是参政议政的国家单位，其工作人员行使的权力也是国家公权力，而且部分工作人员本身是公务员，是按公务员法的相关规定经过有关机关审核、审批及备案等程序，登记、录取或者调任为公务员，所以也是监察的对象。

参照《公务员法》管理的人员，即所谓平时称谓的“参公”人员，是指根据公务员法规定，法律、法规授权的具有公共事务管理职能的事业单位中除了工勤人员以外的工作人员，经过批准参照公务员法进行管理的人员。比如中国证券监督管理委员会，就是参照公务员法管理的事业单位，这些单位的工作人员都应当是监察法监察的对象之一。

根据《监察法》的规定，法律、法规授权或国家行政机关依法委托的具有公共事务管理职能的组织中的包括工勤人员在内——只要是从事公务的人员，均属于监察对象，但该规定并未对国家行政机关中的工勤人员是否属于监察对象作出明确规定，故这类人不属于监察对象。对此，我们认为，国家行政机关中的工勤人员如具体从事行政管理工作，表明其工作已经国家行政机关审核同意，他们与国家行政机关聘用履行行政执法职责的合同工、临时工并无实质性不同，此时，这类工勤人员相当于国家行政机关任命的人员，可作为监察对象。然而，对那些未具体从事行政管理工作的工勤人员，则不宜作为监察对象。

（二）法律、法规授权或者受国家机关依法委托管理公共事务的组织中从事公务的人员

《监察法》第 15 条第 2 项规定，主要指除参公管理以外的其他管理公共事务的事业单位，比如疾控中心等的工作人员。在我国，事业单位人数众多，分布比较广，由于历史原因和国情的情况，在一些地方和领域，法律、法规授权或者受国家机关依法委托管理公共事务的事业单位工作人员，其

数量甚至还大于公务员的数量。由于这些人员也是行使公权力，为实现国家监察法的全覆盖，有必要将其纳入监察对象范围，由国家监察机关对其进行监督、调查、处置。这里有一个问题，有些学者认为，在《监察法》未出台以前，根据《公务员法》第106条、《行政监察法》第50条规定，参照公务员法管理的事业单位具有法律、法规授权的公共事务管理职能，其工作人员应属于监察对象。对此，根据《行政监察法》第2条以及中共中央、国务院《参照〈中华人民共和国公务员法〉管理的单位审批办法》和中央组织部《关于事业单位参照公务员法管理工作有关问题的意见》的有关规定，参照公务员法管理所应具有的法律、法规授权的公共事务管理职能，不仅包括政府系统具有的行政管理职能，还包括党委系统担负的党的领导机关工作职能。其中，具有行政管理职能的事业单位的工作人员属于监察对象，而担负党的领导机关工作职能的事业单位的工作人员则不属于监察对象，如中央党校中从事教学管理的人员经批准可参照公务员法管理，但这类人不属于监察对象。但《监察法》第15条第1项已明确参公管理的公务员，也是监察对象。而且规定只要是行使国家公权力的工作人员，就列为监察对象。《监察法》的出台就是为了进一步对公务人员监督，实行对公务人员监督的全覆盖，而且监察法也规定了不只是公务员是监察对象，其事业单位的工作人员也是监察对象。

（三）国有企业的管理人员

《监察法》第15条第3项规定监察对象有国有企业管理人员。根据相关的规定和实践需要，作为监察对象的国有企业管理人员，主要是国有独资企业、国有控股企业（含国有独资金融企业和国有控股金融企业）及其分支机构的领导班子成员，包括设有董事会的企业中由国有股权代表出任的董事长、副董事长、董事，总经理、副总经理，党委书记、副书记，纪委书记，工会主席等；未设董事会的企业的总经理（总裁）、副总经理（副总裁），党委书记、副书记、纪委书记、工会主席等。此外，对国有资产负有经营管理责任的国有企业中层和基层管理人员，包括会计、出纳人员等；国有企业所属事业单位领导人员，国有资本参股企业和金融机构中对国有资产负有经营管理责任的人员，也应当理解为国有企业管理人员的范畴，他（她）们有涉嫌职务违法和职务犯罪的，监察机关可以依法调查，即他（她）们也是国家监察法监察的对象之一。

（四）公办的教育、科研、文化、医疗卫生、体育等单位从事管理的人员

由中共中央纪律检查委员会、中华人民共和国国家监察委员会法规室编写，中国方正出版社2018年3月出版的《〈中华人民共和国监察法〉释义》指出，作为监察对象的公办的教育、科研、文化、医疗卫生、体育等单位中从事管理的人员，主要是该单位及其分支机构的领导班子成员，以及该单位及其分支机构中的国家工作人员，比如，公办学校的校长、副校长，科研院所的院长、所长，公立医院的院长、副院长等。公办教育、科研、文化、医疗卫生、体育等单位及其分支机构中层和基层管理人员，包括管理岗六级以上职员，从事与职权相联系的管理事务的其他职员；在管理、监督国有财产等重要岗位上工作的人员，包括会计、出纳人员，采购、基建部门人员涉嫌职务违法和职务犯罪，监察机关可以依法调查。此外，临时从事与职权相联系的管理事务，包括依法组建的评标委员会、竞争性谈判采购中谈判小组、询价采购中询价小组的组成人员，在招标、政府采购等事项的评标或者采购活动中，利用职权实施的职务违法和职务犯罪行为，监察机关也可以依法调查。

总体而言，根据前述解释，公办高等学校中监察机关的监察对象，是公办高等学校中从事管理的人员，主要是公办高等学校及其分支机构的领导班子成员，以及公办高等学校及其分支机构中的国家工作人员。有必要指出的是，《刑法》第93条第2款规定：国有公司、企业、事业单位、人民团体中从事公务的人员和国家机关、国有公司、企业、事业单位委派到非国有公司、企业、事业单位、社会团体从事公务的人员，以及其他依照法律从事公务的人员，以国家工作人员论。据此，作为事业单位的公办高等学校中从事公务的人员及其委派到非国有公司、企业、事业单位、社会团体从事公务的人员，才是国家工作人员。《全国法院审理经济犯罪案件工作座谈会纪要》〔法（2003）167号〕指出，从事公务，是指代表国家机关、国有公司、企

业、事业单位、人民团体等履行组织、领导、监督、管理等职责。公务主要表现为与职权相联系的公共事务以及监督、管理国有财产的职务活动。如国家机关工作人员依法履行职责，国有公司的董事、经理、监事、会计、出纳人员等管理、监督国有财产等活动，属于从事公务。那些不具备职权内容的劳务活动、技术服务工作，如售货员、售票员等所从事的工作，一般不认为是公务。高等学校岗位分为管理岗位、专业技术岗位、工勤技能岗位三种类别。因此，从事教学、科研等专业技术和劳务活动的公办高等学校教师、科研人员、工勤技能人员并非国家工作人员，也不是监察机关的监察对象。

在日常工作生活中，公办的教育、科研、文化、医疗卫生、体育等单位中从事管理的人员是一个数量较为庞大、与老百姓生活息息相关的群体。监察法出台前，对于该类单位中非党员管理人员及临时从事与职权相联系的管理事务的人员的监管应该说存在一定的盲区。监察法较为清晰地明确了该类单位中的监察对象，既包括领导班子成员，国家工作人员，中层、基层管理人员及从事与职权相联系的管理事务的其他职员，也囊括在管理、监督国有财产等重要岗位上工作的人员和临时从事与职权相联系的管理事务的人员，真正做到了对教科文卫体单位中行使公权力的公职人员的监察全覆盖。具体而论，公办高等学校中监察机关的监察对象包括：（1）公办高等学校领导班子成员；（2）分支机构中层管理人员——管理岗六级以上职员；（3）从事与职权相联系的基层管理事务人员；（4）在管理、监督国有财产等重要岗位上工作的人员；（5）临时从事与职权相联系的基层管理事务人员。临时从事与职权相联系的基层管理事务人员，主要是指在基层管理事务活动中，从专业技术岗位、工勤技能岗位临时抽调从事与职权相联系的基层管理事务人员。例如，在公办高等学校考试招生、招投标、物资采购等工作中，需要临时抽调专业技术岗位、工勤技能岗位人员参与相关工作，所以应当属于监察机关的监察对象。

（五）基层群众自治组织中从事管理的人员

《监察法》第 15 条第 5 项规定基层群众自治组织中从事管理的人员包括村民委员会、居民委员会的主任、副主任和委员，以及其他受委托从事管理的人员。根据有关法律和立法的解释，这里的从事管理主要包括救灾、抢险、防汛、优抚、扶贫、移民、救济款物的管理；社会捐助公益事业款物的管理；国有土地的经营管理；土地征用补偿费用的管理；代征、代缴税款；有关计划生育、户籍、征兵工作；协助人民政府等国家机关在基层群众自治组织中从事的其他管理工作。以上这些基层自治组织中从事管理的人员，他（她）们或者不具备国家公务人员的性质，但是他（她）们从事的是涉及国家公务的管理工作，所以也属于监察对象之一。

（六）其他依法履行公职的人员

该类人员主要是指除了以上列举的公务员和参公管理人员，法律、法规授权或者受国家机关依法委托管理公共事务的组织中的从事公务的人员，国有企业的管理人员，公办的教育、科研、文化、医疗卫生、体育等单位从事管理的人员，基层群众自治组织中从事管理的人员等以外的参与国家公职管理的人员。比如社会中介组织工作人员，中介组织是按照一定法律法规要求，或根据政府职能、权限让渡而委托建立的，遵循“独立、客观、公正”原则，在社会生活中发挥着服务、协调、沟通、公证、监理等职能，居于政府、市场和社会之间，实施具体的服务性行为、执行性行为和部分监督性行为的社会组织。社会中介组织拥有与国家公权力密切相关的社会公权力，其工作人员是社会公权力的具体行使者，因此也应是国家监察机关的监察对象。因为目前我国《监察法》规定的监察对象主要是指公职人员，所以并不涉及私人的领域。判断一个工作人员是否属于监察对象的标准，主要是看其是否行使了公权力，所涉嫌的职务违法或者职务犯罪是否损害了公权力的廉洁性。

三、监察机关监察对象的完善

（一）国家监察对象与党的纪律检查对象之关系问题

深化国家监察体制改革，成立监察委员会，并与党的纪律检查机关合署办公，代表党和国家行使监督权与监察权，履行纪检、监察两项职权，加强对所有行使公权力的公职人员的监督，从而在我们党和国家形成巡视、派驻、监察三个全覆盖的统一的权力监督格局，形成发现问题、纠正偏差、惩治腐败的有效机制，为实现党和国家长治久安走出一条中国特色的监察道路。从治理能力维度分析，合署办公具有协调党政关系、优化治理体系、增强协同合力、提升治理绩效上的优势。党的纪律检查委员会、监察委员会合署办公也是当前我国的政治与行政现实所决定的，目前，我国公务员队伍中党员比例超过 80%，县处级以上领导干部中党员比例超过 95%[①]，在这种情形下，党的纪律检查与国家监察在很大程度上是重叠的，若单独办公，势必存在浪费公共资源、难以形成监督合力等问题。成立监察委员会作为专门的反腐败工作机构，与党的纪律检查机关合署办公，对行使公权力的公职人员进行监督，对违纪的进行查处，对涉嫌违法犯罪的进行调查处置，这是坚持党管干部原则、加强党的领导的重要体现，是完善坚持党的全面领导体制机制的重要举措。然而，实行合署办公，并不意味着党的纪律检查对象与国家监察对象可以混为一谈。事实上，两者既有重合之处，也存在显著区别。对于党员中的公职人员而言，他们既是党的纪律检查对象，也是国家监察对象。但是，对于公职人员之外的党员，则国家监察机关是不能进行监察的；同样，对非党员的公职人员，党的纪律检查机关也不能直接进行监督，应当由国家监察机关来监察。并且，党的纪律检查的依据是党的规章制度和内部的一些相关纪律规定，而国家监察的依据是国家的法律、法规、规章和相关的规范性文件，依据的是成文法。可见，两者若不加以区别，则会带来党政不分的混乱问题，也与建设社会主义法治国家的大趋势要求相违背。事实上，早在 1986 年，邓小平在中央政治局常委会上就特别加以强调：党要管党内纪律问题，而对于法律范围内的问题应当交由国家和政府来管。因此，从长远来看，随着社会主义民主政治和社会主义法治的不断完善，实行党政分开，进而实行党的纪律检查与国家监察分开应是而且也须慎重考虑的议题。

还应当强调的一个基本问题是，监察机关的首要职责是监督。监察法

① 《〈中华人民共和国监察法〉释义》，中国方正出版社 2018 年版，第 34 页。

规定，监察机关根据监督、调查结果，依法进行处置。监察是个大概念，其范围既包括公职人员的违法行为，也包括公职人员的犯罪行为。因此，监察机关不是单纯的办案机构，监察全覆盖首先是“监督全覆盖”，而不是“办案全覆盖”，监察机关承担着对公职人员的日常监督职责，这与之前检察机关的反贪反渎等职能有着本质区别。纪委监委合署办公，工作内容涉及监督和惩治党员和公职人员“违纪”“违法”“犯罪”三个层面。执纪工作中要把党的纪律挺在前面，监察工作中同样要把监察监督挺在前面，强化对党员干部和公职人员的日常监督监察。

（二）监察对象的进一步明确与完善的相关问题

根据《监察法》第 11 条的规定，监察机关不仅对监察对象涉嫌贪污贿赂、滥用职权、玩忽职守、权力寻租、利益输送、徇私舞弊以及浪费国家资财等职务违法和职务犯罪进行调查，而且需要对监察对象开展廉政教育，对其依法履职、秉公用权、廉洁从政从业以及道德操守情况进行监督检查。同时，监察机关对违法的监察对象依法作出政务处分决定；对履行职责不力、失职失责的领导人员进行问责；对涉嫌职务犯罪的，将调查结果移送人民检察院依法审查、提起公诉；向监察对象所在单位提出监察建议。比如，监察机关对公办高等学校庞大的监察对象队伍履行监督调查处置职责，这势必造成监察委员会“案多人少”的工作局面，导致对公办高等学校中从事管理的人员监督、调查、处置不及时、不到位的问题。而《〈中华人民共和国监察法〉释义》就明确指出，包括公办高等学校在内的公办教育、科研、文化、医疗卫生、体育等单位中具体哪些人员属于从事管理的人员，需要随着实践的发展，不断完善。比如根据高校“去行政化”和高校办学自主权扩大的趋势，应将公办高等学校中监察委员会的监察对象限缩至学校领导班子成员。同时，按照管理权限，不同层级监察委员会可以向本级公办高等学校派驻或者派出监察机构、监察专员，对公办高等学校中其他从事管理的人员履行监督调查处置职责。例如，省监察委员会可以向省属公办高等学校派驻或者派出监察机构、监察专员，市（州）监察委员会可以向省市（州）共管公办高等学校派驻或者派出监察机构、监察专员。

监察对象是所有行使公权力的公职人员。[①]《监察法》第 15 条对此作了明确规定。所以在实践中，判断一个人是不是监察对象，关键看他是否行使了公权力。比如，国有企业的管理人员，公办的教育、科研、文化、医疗卫生、体育等单位中从事管理的人员，如果不是在从事公务活动中违法犯罪，也没有利用自己的职务之便，该行为则不属于监察范围。没有行政管理职责的专业技术人员、科研人员，按《监察法》的相关规定，平时应当不是监察的对象。但是如果他们临时参与职权相联系的公务管理事务，如依法组建的评标委员会、竞争性谈判采购中谈判小组、询价采购中询价小组的组成人员，则在该项目范围内，已行使了国家公权力，则此时的行为人应当属于监察对象。

当然，对监察对象范围的认识和理解，不能脱离法条发散和泛化。公职人员在国家经济、政治和社会生活中行使公共职权、履行公共职责等。判断一个人是不是公职人员，关键看他是不是行使公权力、履行公务，而不是看他是否有公职。监察法规定的各类监察对象，都行使着重要的公权力。比如，公务员承担着管理国家和社会事务的重要职责，法律、法规授权或者受国家机关依法委托管理公共事务的组织中从事公务的人员，在相应的领域责任重大，国有企业管理人员行使国有资产保值[illegible]权力，公办教科文卫体等单位和基层群众性自治组织中从事[illegible]使的公权力与广大人民群众的利益息息相关。监察法对监察[illegible]还设置了“兜底”条款，但是不能无限制地把不应该属于监察[illegible]纳入监察范围，必须从党中央作出深化国家监察体制改革决策的初心出发，聚焦行使公权力这个根本，科学、正确地对监察对象范围加以理解。监察法关于监察对象范围的规定符合中国特色政治体制和文化特征，也有利于深入推进党风廉政建设和反腐败斗争。

结 语

监察法对监察对象范围的规定，涵盖了我国行使公权力的公职人员各

① 《中华人民共和国监察法》，法律出版社 2018 年版，第一章《总则》第一条。

种类型，具有很强的针对性、操作性、权威性和震慑性，在法律层面上实现了监督全覆盖、监察无死角。在我国，党是社会主义各项事业的领导核心，所有行使公权力的国家机关都属于“广义政府”的范畴。在人民群众眼里，无论人大、政协，还是“一府两院”都代表党和政府，都要履行全心全意为人民服务的根本宗旨。党的十八大以来，党内监督得到有效加强，强化了全面从严治党的政治责任，监督对象覆盖了所有党员，这也为促使国家监察覆盖到所有行使公权力的公职人员，做了示范、打了基础。监察法将中国共产党机关、人大机关、行政机关、政协机关、监察机关、审判机关、检察机关、民主党派机关和工商联机关的公务员及参照公务员法管理的人员，法律、法规授权或者受国家机关依法委托管理公共事务的组织中从事公务的人员，国有企业管理人员，公办的教育、科研、文化、医疗卫生、体育等单位中从事管理的人员，基层群众性自治组织中从事管理的人员以及其他依法履行公职的人员，统一纳入监察范围，由监察机关按照管理权限进行监察。这样的规定，符合党中央关于深化国家监察体制改革决策部署的精神，在党的治国理政历史上第一次实现了对公权力的全面监督，必将厚植党的执政基础，对于解决腐败这个我们党的最大挑战和风险、跳出历史周期律，具有十分重大的意义。

关于对国有企业、公办高校及乡镇管理人员监察的思考

梁　建*

摘　要:《中华人民共和国监察法》的颁行为实现国家监察全面覆盖，深入开展反腐败工作，推进国家治理体系和治理能力现代化提供了保障，但在一些特定群体，如国有企业、公办高校、乡镇管理人员的监察问题上，还有待于实践和研究的完善。文章从学理角度对这三个群体的监察权的实现进行了初步探讨。

关键词: 国有企业；公办高校；乡镇；监察权

为深化国家监察体制改革，加强对行使公权力的公职人员的监督，实现国家监察全面覆盖，深入开展反腐败工作，推进国家治理体系和治理能力现代化，十三届全国人大一次会议表决通过了《中华人民共和国监察法》（以下简称《监察法》）。《监察法》为监察工作提供了法律支持，但其作为一部国家大法，在很多方面只作了原则性的规定，一些具体问题的解决方式还有待于研究的进一步完善和实践的不断检验。比如在如何实现对监察对象的有效监察这一问题上，虽然《监察法》明确监察对象是“行使公权力的公职人员”，并且在第15条细化了具体的监察对象：“（一）中国共产党机关、人民代表大会及其常务委员会机关、人民政府、监察委员会、人民法院、人民检察院、中国人民政治协商会议各级委员会机关、民主党派机关和工商业联合会机关的公务员，以及参照《中华人民共和国公务员法》管理的人员；（二）法律、法规授权或者受国家机关依法委托管理公共事务的组织中从事公务的人员；（三）国有企业管理人员；（四）公办的教育、科研、文化、

*　梁建，贵州师范大学廉政文化理论研究中心副教授，博士。

医疗卫生、体育等单位中从事管理的人员;(五)基层群众性自治组织中从事管理的人员;(六)其他依法履行公职的人员。”[①] 但第7条关于监察机关的规定只是提到“中华人民共和国国家监察委员会是最高监察机关。省、自治区、直辖市、自治州、县、自治县、市、市辖区设立监察委员会”[②]。这就出现了一个思考空间,即通过什么样的机构来实现以及如何实现对国有企业管理人员、高校管理人员、乡镇管理人员的有效监察的问题。本文拟在这方面谈一谈自己的粗浅想法。

一、关于国有企业管理人员的监察

国有企业是我国国民经济的支柱和命脉,其管理人员往往掌握着各类资源,也是廉政风险防控的重点区域。虽然有《国有企业领导人员廉洁从业若干规定》《关于进一步推进国有企业贯彻落实“三重一大”决策制度的意见》等文件先后出台,但关于监控的权力来源、组织体系、操作程序等,在现行的法律法规中,均没有非常明确的界定或说明,只在《中华人民共和国行政监察法》(以下简称《行政监察法》)“行政监察若干问题问答”中指出“国有企业、事业单位仍然可以根据需要开展内部监察工作,从需要出发,制定本单位有关监察工作的规章制度”[③]。在实际的工作中,国有企业的内部监察机构虽然在形式上是参照政府机构设立的,但由于其性质与政府机构不同,且法律、法规也没有明确的授权,所以其监察机构的地位和监察力度远弱于政府部门中的监察机构,有些国有企业甚至没有独立的监察机构,其监察机构往往同工会、共青团等组织合署办公,这与国有企业在国家社会经济生活中的地位是严重不相符的。

相对于《行政监察法》监察的对象只涉及行政机关及其工作人员而言,《监察法》的监察对象覆盖面更加广泛,监察对象扩大至“行使公权力的公

① 中共中央纪律检查委员会法规室、中华人民共和国国家监察委员会法规室编写:《〈中华人民共和国监察法〉释义》,中国方正出版社2018年版,第7页。

② 中共中央纪律检查委员会法规室、中华人民共和国国家监察委员会法规室编写:《〈中华人民共和国监察法〉释义》,中国方正出版社2018年版,第4页。

③ 吕艾萍:《国企改制后如何做好纪检监察工作》,载《经理日报》2008年6月17日第C03版。

职人员”。《监察法》第15条也明确把国有企业的管理人员列入了监察对象，但由于各级监察委员会只能由各级人民代表大会选举产生，而国有企业没有人民代表大会，无权成立监察委员会。为了实现对国有企业及其管理人员的监察，《监察法》第12条规定：“各级监察委员会可以向本级中国共产党机关、国家机关、法律法规授权或者委托管理公共事务的组织和单位以及所管辖的行政区域、国有企业等派驻或者派出监察机构、监察专员。监察机构、监察专员对派驻或者派出它的监察委员会负责。”[①] 但关于如何向国有企业派驻监察机构、监察专员，《监察法》没有明确的规定。

针对《行政监察法》执行时期国家对国有企业管理人员监察无法律明确规定，致使针对国有企业管理人员的监察相对比较薄弱的问题，我们可以借《监察法》给予国有企业监察派驻的制度空间，完善对国有企业管理人员的国家监察。关于如何完善，由中共中央纪律检查委员会法规室、中华人民共和国国家监察委员会法规室编写的《〈中华人民共和国监察法〉释义》（以下简称《释义》）已经提供了基本的思路，其在第13条的释义中指出，国有企业的派驻或者派出的监察机构、监察专员的监督对象是国有企业内的所有公职人员，其中重点对象是领导人员。释义以国家监察委员会派驻的监察机构为例，指出其监督的重点对象是驻在机关和部门领导班子、中管干部和司局级干部。监督的内容，主要是公职人员依法履职、秉公用权、廉洁从政从业以及道德操守情况。[②] 在第15条的释义中则进一步对“国有企业管理人员”所指进行了说明，释义解释称，根据有关规定和实践需要，作为监察对象的国有企业管理人员，主要是国有独资企业、国有控股企业（含国有独资金融企业和国有控股金融企业）及其分支机构的领导班子成员，包括设董事会的企业中由国有股权代表出任的董事长、副董事长、董事，党委书记、副书记、纪委书记，总经理、副总经理，工会主席等；未设董事会的企业的党委书记、副书记、纪委书记，总经理（总裁）、副总经理（副

① 中共中央纪律检查委员会法规室、中华人民共和国国家监察委员会法规室编写：《〈中华人民共和国监察法〉释义》，中国方正出版社2018年版，第6页。

② 中共中央纪律检查委员会法规室、中华人民共和国国家监察委员会法规室编写：《〈中华人民共和国监察法〉释义》，中国方正出版社2018年版，第100页。

总裁），工会主席等。此外，对国有资产负有经营管理责任的国有企业中层和基层管理人员，包括部门经理、部门副经理、总监、副总监、车间负责人等；在管理、监督国有财产等重要岗位上工作的人员，包括会计、出纳人员等；国有企业所属事业单位领导人员，国有资本参股企业和金融机构中对国有资产负有经营管理责任的人员，也应当理解为国有企业管理人员的范畴，涉嫌职务违法和职务犯罪的，监察机关可以依法调查。[①] 虽然国有企业的性质与普通政府机构有所不同，但就监察内容而言，与国家机构的公职人员大致应当是相同的，因此其具体的监察派驻形式可以参照政府机关的派驻形式。

但关于国有企业的监察问题，有一个问题值得特别提出，这就是上述第15条释义中列举的监察对象之外的国有企业普通工作人员的监察问题。在《行政监察法》执行时期，虽然国有企业监察机构的设立不具有非常严格的法律依据，但基本也是按国家机关的监察模式运行的，非党员的国有企业工作人员均属于国有企业监察机构的监察对象。现在《监察法》出台后，由于其监察对象仅限于"国有企业管理人员"，那么对于大量非管理人员的监察由谁来执行，这需要未来细化国有企业的监察派驻模式时予以一并考虑。

二、关于公办高校管理人员的监察

对于公办高校管理人员的监察，在《行政监察法》执行时期，其情况与国有企业类似。但从法律层面而言，也没有法律法规对公办高校的监察予以明确规定，其监察根据也是上述《行政监察法》关于"行政监察若干问题问答"中的"国有企业、事业单位仍然可以根据需要开展内部监察工作，从需要出发，制定本单位有关监察工作的规章制度"。各公办高校也据此成立了与中国共产党纪律检查委员会（以下简称"纪委"）合署办公的监察室，公办高校纪委的成立和权力的行使有党章、党规的明确规定，而监察室的成立和权力行使严格说是没有法律依据的。就具体实践而言，各公办高校

① 中共中央纪律检查委员会法规室、中华人民共和国国家监察委员会法规室编写：《〈中华人民共和国监察法〉释义》，中国方正出版社2018年版，第111～112页。

监察室的运行基本上是参照政府机关来做的。

从性质上说，公办高校与国有企业一样，也没有人民代表大会，无权成立监察委员会。但在《监察法》中，也把公办高校管理人员归为监察对象，其第 15 条第 4 款明确把“公办的教育、科研、文化、医疗卫生、体育等单位中从事管理的人员”归入“行使公权力的公职人员”。且在第 15 条释义中明确了公办高校“从事管理的人员”主要是指该高校及其分支机构的领导班子成员，以及该单位及其分支机构中的国家工作人员：学校的校长、副校长等；高校及其分支机构中层和基层管理人员，包括管理岗六级以上职员，从事与职权相联系的管理事务的其他职员；在高校管理、监督国有财产等重要岗位上工作的人员，包括会计、出纳人员，采购、基建部门人员。此外还包括临时从事与职权相联系的管理事务，包括依法组建的评标委员会、竞争性谈判采购中谈判小组、询价采购中询价小组的组成人员。[①]不过，与国有企业不一样的是，《监察法》第 12 条关于各级监察委员会的派出机构和监察专员的设置条款只是规定“各级监察委员会可以向本级中国共产党机关、国家机关、法律法规授权或者委托管理公共事务的组织和单位以及所管辖的行政区域、国有企业等派驻或者派出监察机构、监察专员”。本条并未具体规定各级监察委员会向公办高校等事业单位派驻监察机构和监察专员的问题。

既然《监察法》已经明确高校“从事管理的人员”是监察对象，那么向高校派驻监察机构或监察专员也有相应的法律依据。如前所述，高校设置监察室的时间已经比较长，其运行整体上也较国有企业的监察工作更规范，因此在高校设置监察派出机构或监察专员的困难应当不大。由于公办高校从行政级别来说有部属、省属、市属（地级市）之分，因此在派出机构的设置问题上，可以考虑在各级监察委员会内设分管高校监察的机构，由该机构向高校派驻监察机构或监察专员；或是由各级监察委员会在各级教育主管机构的派驻机构向各高校分派监察机构或监察专员。其监督的内容，也

① 中共中央纪律检查委员会法规室、中华人民共和国国家监察委员会法规室编写：《〈中华人民共和国监察法〉释义》，中国方正出版社 2018 年版，第 112 ～ 113 页。

应当主要是公办高校管理人员依法履职、秉公用权、廉洁从政从业以及道德操守情况。

另外，公办高校的监察也存在与国有企业监察相类似的盲区问题。前述关于《监察法》第15条的释义中列举了属于监察对象的公办高校的各类“管理人员”。但并未涉及除这些监察对象之外的公办高校其他人员的监察问题，比如普通教师。在《行政监察法》执行时期，虽然公办高校监察机构的设立也不具有非常严格的法律依据，但非党员的普通教师明确属于公办高校监察机构的监察对象。而且普通教师与国有企业普通员工的情况还不太一样，按照国家对教师的身份界定，普通教师也属于广义上的国家干部。因此如果未来各级监察委员会向公办高校派驻监察机构或监察专员时，对高校非管理人员类的普通教职员工的监察也要一并考虑。

三、关于乡镇管理人员的监察

《监察法》没有明确如何进行监察的第三个群体是乡镇管理人员。乡镇作为我国四级政权机关中最低一级的政权机关，在《行政监察法》执行时期，关于乡镇管理人员的监察，《行政监察法》第15条明确规定：县级以上地方各级人民政府监察机关的监察对象包括本级人民政府各部门及其公务员；本级人民政府及本级人民政府各部门任命的其他人员；下一级（即乡镇）人民政府及其领导人员；县、自治县、不设区的市、市辖区人民政府监察机关还对本辖区所属的乡、民族乡、镇人民政府的公务员以及乡、民族乡、镇人民政府任命的其他人员实施监察。[①]关于对乡镇管理人员的具体的监察形式，《行政监察法》没有作明确的规定。在实践中，乡镇监察的通常形式是设监察室，与党的纪律检查委员会合署办公。

在《监察法》中，乡镇管理人员仍是重要的监察对象之一。《监察法》第15条第1款规定的监察对象就是“公务员和参公管理人员”，第15条的释义明确指出“公务员和参公管理人员”包括街道、乡、镇党委机关的工作人

① 监察部法规司：《〈中华人民共和国行政监察法〉释义》，中国方正出版社1997年版，第28页。

员；乡、镇人民代表大会主席、副主席；乡、镇人民政府机关的工作人员。[①]但《监察法》第7条关于监察机关的条文则是“中华人民共和国国家监察委员会是最高监察机关。省、自治区、直辖市、自治州、县、自治县、市、市辖区设立监察委员会”[②]。也就是说监察委员会的最低层级是县级，乡镇不设监察委员会。那对于乡镇管理人员如何进行监察？《监察法》提出的解决办法是实行派驻，《监察法》第12条规定：“各级监察委员会可以向本级中国共产党机关、国家机关、法律法规授权或者委托管理公共事务的组织和单位以及所管辖的行政区域、国有企业等派驻或者派出监察机构、监察专员。监察机构、监察专员对派驻或者派出它的监察委员会负责。”[③]这里的行政区域主要是指街道、乡镇以及不设置人民代表大会的地区、盟等区域。在关于本条的释义中，中纪委、国家监察委法规室进一步指出，县级监察委员会向所管辖的街道、乡镇派出监察机构、监察专员，可以每个街道、乡镇单独派出，也可以几个街道、乡镇归口派出，推动国家监察向基层延伸，就近解决群众身边的腐败问题。关于派驻或者派出的组织形式，具体包括监察机构或者监察专员。监察委员会是设置派驻、派出监察机构还是监察专员，应遵循实际需要，根据监察对象的多少、任务轻重而定。一般来说，对于街道、乡镇，可以采取派出监察专员的形式。[④]由于在《行政监察法》执行时期，乡镇的监察工作已经有较为成熟的组织基础和体系，因此对于乡镇监察不论是采取派出监察专员还是派出监察机构的形式，应当都较为容易操作。

本文对《监察法》未及细化的关于国有企业、公办高校、乡镇管理人员的监察问题进行了初步探讨，之所以选择此三者进行分析，主要是因其在国家经济生活、文化教育、基层政权建设中均具有重要影响，探讨如何对

① 中共中央纪律检查委员会法规室、中华人民共和国国家监察委员会法规室编写：《〈中华人民共和国监察法〉释义》，中国方正出版社2018年版，第108～109页。

② 中共中央纪律检查委员会法规室、中华人民共和国国家监察委员会法规室编写：《〈中华人民共和国监察法〉释义》，中国方正出版社2018年版，第4页。

③ 中共中央纪律检查委员会法规室、中华人民共和国国家监察委员会法规室编写：《〈中华人民共和国监察法〉释义》，中国方正出版社2018年版，第6页。

④ 中共中央纪律检查委员会法规室、中华人民共和国国家监察委员会法规室编写：《〈中华人民共和国监察法〉释义》，中国方正出版社2018年版，第97～98页。

它们的管理人员进行有效的监察，对于贯彻落实《监察法》，实现国家监察全面覆盖，深入开展反腐败工作，推进国家治理体系和治理能力现代化具有重要意义。除此之外，在《监察法》规定的六大类监察对象中，还有一些群体比如公办医疗卫生单位管理人员、基层群众性自治组织中从事管理的人员等，对于他们的监察也有待于在实践的基础上进一步探讨、细化和具体化。

监察留置措施的性质及使用规则

戴　燕*

摘　要：十八大之后，中国进入了反腐新常态，在这样的局面之下，法治化应是其基本特征。十九大以后，国家监察委员会设立，与此同时，监察委员会的职能权限能不能在法治化方面取得进步，取决于能否突破法律的正当程序困境以及对国家权力设置的科学化考量。本文仅探讨了国家监察委员会的留置权的权力来源和权力构成，指出西方国家也在提出的“四权”分立模式，重新“武装”“定位”监察机关，使国家监察委员会行使类似刑事侦查的权力应当受到刑事诉讼法的约束，留置与逮捕或指定居所的监视居住有着相同的实质，应依照宪法规定纳入司法权控制的范围。国家监察委员会查办犯罪案件，应当允许律师为被调查人提供法律帮助。

关键词：监察委员会；法治；留置；正当程序

遏制国家公职人员的腐败，使其“不敢腐，不能腐和不愿腐”是一个国家政权稳固、社会进步的必要条件，建立反腐败的长效机制，一直也是大家所关心的问题。国家新的监察体制的创设是建立反腐败长效机制的一部分。如同近年来反贪腐行动一样，我国监察体制最新改革可谓雷厉风行，不过，新监察机构应当如何组建和运作，尚缺乏具体的规范和经验。对于新监察制度的学术研究，亦嫌滞后，与该制度之重要性与实践之迫切性很不相称。2016 年 11 月，中共中央办公厅印发了《关于在北京市、山西省、浙江省开展国家监察体制改革试点方案》(以下简称《方案》)，目标在于“建立党统一领导下的国家反腐败工作机构，实施组织和制度创新，整合反腐

* 戴燕，贵州师范大学法学副教授。

败资源力量，扩大监察范围，丰富监察手段，实现对行使公权力的公职人员监察全面覆盖，建立集中统一，权威高效的监察体系”。此项改革构想，或将在我国的国家机构中，增设一个专门的廉政分支（反腐分支）。这一分支不属于现有的国家权力机关、行政机关、审判机关或者法律监督机关，是一个新的分支。[①]

就当前监察委员会工作的制度安排看，新监察机构之性质定位、权力属性和监察权行使的程序设计，皆存在探讨的必要，其中涉及监察权行使的程序正当性，尤其值得关注的是留置权限。

一、关于监察留置权的性质及定位的两种学说

监察委员会使用的留置权是替代性地解决了原来纪委部门的“双规”“双指”。也有学者认为留置措施的实施，其性质等同于刑事强制措施中的逮捕。[②]通观目前学术界的观点，大致有以下几种。

（一）行政权限说

有学者认为监察留置是监察委员会为保障行使公权力人员能够廉洁守法，而对涉嫌违纪违法人员采取的限制其人身自由以确保调查活动顺利进行的处置行为，监察留置的属性可以归纳为行政性、强制性、主动性和谦抑性四个方面。在采取留置措施的过程中，被调查人员的人身自由受到监察委员会的限制和剥夺，此项措施具有明显的行政性。[③]还有学者认为，监察留置从权能属性上来看，不论是作为普通的调查措施，还是作为刑事侦查措施，都毫无疑问具有行政性，是行政权的一种。[④]

（二）侦查措施说

有学者指出，留置是监察委员会所享有的调查措施中唯一可以限制人

① 林彦：《从“一府两院”制的四元结构论国家监察体制改革的合宪性路径》，载《法学评论》2017年第3期。

② 张翔、赖伟能：《基本权利作为国家权力配置的消极规范——以监察制度改革试点中的留置措施为例》，载《法律科学（西北政法大学学报）》2017年第6期。

③ 王晓：《监察委员会的留置措施论要》，载《北京联合大学学报（人文社会科学版）》2017年第2期。

④ 尹维达：《留置措施初探》，载《太原理工大学学报（社会科学版）》2017年第2期。

身自由的措施，其强度接近于逮捕。由于其可能会对公民合法权益造成限制和侵犯，所以不能因称其为调查而掩盖其侦查的实质。[①]还有学者从职务犯罪侦查权比较研究的视角分析认为，尽管试点方案和试点决定未使用侦查一词，但从规定的具体内容来看，监察委员会实际享有了检察机关原来行使的部分侦查权：一方面，检察机关自侦部门整体转隶必然带动相关职能的移转，这在很大程度上可以理解为职务犯罪侦查权行使主体将从检察机关变为监察委员会；另一方面，从限制人身自由的强度来看，部分监察措施强制程度与严厉程度较高，一般应当视为侦查措施，至少可以视为调查措施与侦查措施的属性并存。[②]

二、留置权的性质

（一）留置的起源

留置一词的具体解释在行政监察法、刑事诉讼法和中国共产党纪律检查各种条例中，都没有明确的规定。仅仅在《警察法》第 9 条第 2 款规定，对被盘问人的留置时间自带至公安机关之时起不超过 24 小时，在特殊情况下，经县级以上公安机关批准，可以延长至 48 小时，并应当留有盘问记录。这里的留置是一种强制措施，具有行政性，是公安机关用于打击违法犯罪活动的措施。从其实施主体的性质来看，具有行政意义。十九大后，留置取代双规，又赋予了留置新的意义，作为一种调查措施，它的本质和警察法中的留置盘问是有区别的。

（二）留置措施的行使主体

第十二届全国人民代表大会常务委员会第三十次会议通过《关于在全国各地推开国家监察体制改革试点工作的决定》，决定在各省、自治区、直辖市、自治州、县、自治县、市、市辖区设立监察委员会，行使监察职权。留置措施是为了开展监察活动实施的措施，其行使主体为各级监察委员会。此外，该决定还将县级以上地方各级人民政府的监察厅（局）、预防腐败局

① 卞建林：《监察机关办案程序初探》，载《法律科学（西北政法大学学报）》2017 年第 6 期。

② 熊秋红：《监察体制改革中职务犯罪侦查权比较研究》，载《环球法律评论》2017 年第 2 期。

和人民检察院查处贪污贿赂、失职渎职以及预防职务犯罪等部门的相关职能整合至监察委员会，这样明确了主体范围，留置措施的实施主体为各级监察委会，包含了机构改革后合并到监察委员会的各职能部门，这样的规定更有利于规范留置的实施。

（三）留置措施的行使对象

《方案》指出试点地区的监察委员会，对本地区所有行使公权力的公职人员依法实施监察。要规范留置措施的行使，第一，需要根据法律规定明确对象，即“行使公权力的公职人员”的具体范围，这一点在《监察法》中用明确列举的方式已经规定。第二，要明确行使公权力公职人员问题严重到什么程度才能被留置，按照《监察法》的相关规定，在如下情况下可以使用留置措施：调查涉嫌贪污贿赂、滥用职权、玩忽职守、权力寻租、利益输送、徇私舞弊以及浪费国家资财等职务违法和职务犯罪行为并作出处置决定；对涉嫌职务犯罪的，移送检察机关依法提起公诉。

（四）监察法制度下的留置措施性质

我们认为，留置措施在现有的立法模式下，其性质既不同于纯粹的行政性，也不是侦查性质，应当是一个独立的权限，具有准司法性。首先，监察机构从其性质上来说，已经从原来隶属于行政机构转变为现在在宪法中所规定的“一府两院一委”这样的一种状态，因此，监察委员会不再是政府领导下的机构，作为其基本的职权，留置的性质也随着机构性质的转变而改变。其次，留置在使用过程中，从使用的范围上来看，《监察法》第 22 条规定：“被调查人涉嫌贪污贿赂、失职渎职等严重职务违法或者职务犯罪，监察机关已经掌握其部分违法犯罪事实及证据，仍有重要问题需要进一步调查，并有下列情形之一的，经监察机关依法审批，可以将其留置在特定场所：（一）涉及案情重大、复杂的；（二）可能逃跑、自杀的；（三）可能串供或者伪造、隐匿、毁灭证据的；（四）可能有其他妨碍调查行为的。对涉嫌行贿犯罪或者共同职务犯罪的涉案人员，监察机关可以依照前款规定采取留置措施。”最后，按照这样的立法规定来看，留置措施的使用是具有在侦查过程中与逮捕的使用条件相差无几的使用情形，并且从试点城市以及现有的监察机构使用情况来看，留置措施具有一定的剥夺被调查人人身自由的权利。而剥夺或暂时性剥夺人身自由权利的机构，按照现代法治的精神来说，应当具有司法属性，因此我们认为留置措施就有准司法功能的性质。

三、留置过程中的注意事项

（一）留置场所要求

由于留置措施是原来“双规”“双指”的替代性措施，按照我们对“双规”“双指”一惯性的理解和使用方式，加上留置措施的使用对象，建议留置的场所采取非看守所进行。理由在于，第一，监察委员会对被调查人员进行统一留置，应当在留置场所设置办公地点，可以随时处理被留置人员在被留置过程中出现的各种问题。第二，在要求被调查人员更快地交代违法犯罪事实的同时加强对人权的保障，选择合理合法的方式留置被调查人员。那么监察委员会的留置场所应按照规定设置标准，包括留置场所本身也要做好防护措施。留置场所应实行 24 小时的全方位视频监控，设置专门的看守人员和具有医疗资格的急救人员，被留置人员出现危害身体健康等情形时，保证留置人员的生命健康权。而我们现在一般的看守所不具有该条件。

（二）留置看管人员及其责任

被留置人在留置期间，为了保障人权，被留置时同时通知其家属，现有的法律规定是 24 小时内在不妨碍调查的情况下通知其家属，我们建议，在不妨碍调查的同时及时最迟在 12 小时内通知其家属，并尽可能在夜间 12 点之前通知。监察委员会应设置专门的执行部门，负责留置的执行和人员看管问题。实行面对面、不间断看管，安排专人巡逻。保证被看管人员的人身安全，预防被留置人员逃脱，或者其他影响调查的情形出现，直到审查结束后与检察机关的交接完成或者被调查人解除留置措施。

（三）留置对象的权利保障

实施留置措施的同时，也要注意保护被调查人员的合法权益。留置期间法律援助人员应当可以介入。从以往“双规”的实践经验来看，被调查人员在双规期间，律师是不可以介入案件的。这样被调查人的权利得不到很好的保护。在留置措施使用的过程中，我们认为，为了人权保障，以及辩护权的很好行使，应结合被调查人员案情，在被调查人本人有意愿聘请律师的时候，规定一定范围内的案件，自被调查人被讯问之日起，由监察委员会决定是否可以许可律师介入，律师在留置期间，享有与刑事诉讼中侦查阶段相当的权益，如，通信和会见的自由，了解被调查的事项和进展情况，如果留置期限届满，能够为当事人申请解除措施等。但是基于留置措施的使用对象的特殊性，一些案件律师的会见通信、阅卷权必须由监察委员会负责人同意之后才能实施，如危害国家安全的犯罪，重大贪污受贿类案件，或者是共同犯罪中其他同案人员在逃的，被调查人会见律师应当由监察委员会许可。

留置期间应能折抵刑期。无论是从执行方式，还是从对被调查人员的强制程度来看，留置措施都与监视居住并且是与指定居所的监视居住有着很大程度上的相似。按照《刑法》《刑事诉讼法》等的规定，有关判处管制的，指定居所监视居住 1 日折抵刑期 1 日，先行羁押 1 日折抵刑期 3 日；判处拘役、有期徒刑的，指定居所监视居住 2 日折抵刑期 1 日，先行羁押 1 日折抵刑期 1 日。那么，留置也应该纳入法治的轨道，遵循《监察法》法律的规定，根据法院判处情况，决定留置折抵刑期的情况。被留置人员涉嫌犯罪移送司法机关后，被依法判处管制、拘役和有期徒刑的，留置 1 日折抵管制 2 日，折抵拘役、有期徒刑 1 日。

合理安排讯问时间。现行《监察法》规定监察机关应当保障被留置人员的饮食、休息和安全，提供医疗服务。讯问被留置人员应当合理安排讯问时间和时长，讯问笔录由被讯问人阅看后签名。我们认为在此处应当结合《刑事诉讼法》的规定，讯问应当在决定留置后，被留置人到达留置场所后最迟不得超过 6 小时进行讯问，连续讯问时间不得超过 12 小时，尽量避免夜间讯问，保障被留置人员的身体健康，应当保障被留置人员的休息，夜间休息应不低于 8 小时，白天的两次讯问应该间隔在 1 小时以上，禁止暴力或变相暴力的实施。在被留置时应当有相应的身体检查，留置期间如果被调查人员报告有身体不适的情形时，应有专业的医护人员进行检查，如确有不能留置或不能接受长时间讯问的情形出现时，应当尊重和保障被调查人员的身体健康，使其能接受相应的治疗，待身体恢复之后，再进行留置的相关措施。在治疗期间可以视情况，由留置执行人员进行看护，以保障调查工作的顺利进行。

对于怀孕或哺乳期妇女的留置措施应当严格限制。对于怀孕或者哺乳期的妇女，一般不建议使用留置措施，尤其是对哺乳期妇女来说，涉及婴儿的喂养，建议在家监视居住。对于怀孕的妇女确有必要使用留置措施的，必须注意这几项要求：第一，留置场所应当有妇科医护人员，便于被调查人员有突发情况时可以得到及时处理；第二，对于普通人来说，讯问的时间建议不超过 12 小时，但是对于怀孕妇女，时间应当不超过 4 小时，或者以被调查人的身体感知为限，一旦在 4 小时内，被调查人员反映身体不适，应当暂停讯问，直至其身体条件被专业人士认为可以接受讯问为止；第三，保证被调查人员的休息和饮食营养，对于怀孕妇女，严格禁止夜间讯问，在留置期间，应该注意怀孕妇女的特殊身份，在营养方面区别对待，也应当注意怀孕妇女正常产检，可以由女性留置执行人员陪同前往医疗机构进行。

结　语

在中国特色社会主义法治社会中，在实践中不断摸索，总结经验，加强监察制度立法，规范监察程序，减少对监察权的干预，同时在监察中加强人权保障，使之符合正当程序，符合习近平新时代中国特色社会主义思想，早日实现依法治国的总目标。

留置措施适用问题研究

宋强[*] 陈義[**]

2016年12月15日，第十二届全国人大常委会第二十五次会议通过《关于在北京市、山西省、浙江省开展国家监察体制改革试点工作的决定》；2017年6月，《中华人民共和国监察法(草案)》提交全国人大常委会初次审核。经过一年多的试点工作和对草案的不断完善，2018年3月20日第十三届全国人民代表大会第一次会议正式通过《中华人民共和国监察法》(以下简称《监察法》)，赋予监察机关"可以采取谈话、讯问、询问、查询、冻结、调取、查封、扣押、搜查、勘验检查、鉴定、留置"12项监察措施。时至今日，留置作为监察工作中唯一一项限制人身自由的措施，因其规定简略，而给理解和适用带来诸多难题，社会各界也广泛关注。本文以《监察法》为立足点，拟对监察机关在适用监察留置措施时可能遇到的问题做进一步探讨。

一、监察留置措施之概念、性质及适用条件

(一)留置措施的概念

党的十九大报告明确强调："制定国家监察法，依法赋予监察委员会职责权限和调查手段，以留置取代'双规'措施"。留置作为《监察法》一项新的特殊措施，在我国并不是第一次出现。最早规定留置的法律为1995年《人民警察法》。《人民警察法》第9条第2款规定，对被盘问人的留置时间自带至公安机关之时起不超过24小时，在特殊情况下，经县级以上公安机

* 宋强，贵州民族大学法学院院长、教授、博士生导师。

** 陈義，贵州民族大学2017级法律硕士研究生。

关批准，可以延长至48小时，并应当留有盘问记录。留置具有强制违法人员到案接受调查的功能，兼具行政性和司法性的双重性质，是公安机关为了打击犯罪，维护社会稳定的一项行政强制措施。留置的时间较短，与刑事强制措施中的拘传有一定的相似性，但它作为一项临时性的初查手段，虽然在一定程度上限制人身自由，并不等同于刑事上的强制措施。而《监察法》中的留置虽然也涉及对人身自由的限制，但它与公安机关的留置又不相同，是在国家行政机关、司法机关之外，另外设置的监察权的一部分。①

根据《监察法》第44条第3款之规定，被监察人员涉嫌犯罪移送司法机关后，被依法判处管制、拘役和有期徒刑的，留置一日折抵管制两日，折抵拘役、有期徒刑一日。可见留置是可以折抵刑期的一项羁押措施。但由于留置是由监察机关决定并自主实施的，并没有经过检察机关的审批决定，这是留置和刑事逮捕最根本的区别之一。笔者认为监察留置就是让被调查人到案接受调查，其实质并不是为了限制人身自由，而是为了便于保存证据和进一步了解案件事实，即留置是监察委员会对涉嫌违法或犯罪的被调查人，根据法定程序，对其在一定期限内限制人身自由，以保障监察委员会调查工作顺利进行的一项临时性保障措施。②

（二）留置措施的性质

监察法规定各级监察委员会是行使监察职能的专门机关，根据党中央关于深化国家监察体制改革的部署，监察机关与党的纪律检查机关合署办公，是实现党和国家自我监督的政治机关，不是行政机关、司法机关。其监察权的行使，并不是之前行政监督、职务侦查的叠加，而是在党的直接领导下，对所有行使国家公权力的公职人员覆盖监督，既调查职务违法行为，也调查职务犯罪行为。因为留置措施的对象既包括职务违法人员，也包括职务犯罪人员，所以该措施既具有刑事侦查措施的属性，也具有行政执法的属性。

① 谭世贵:《监察体制改革中的留置措施：由来、性质及完善》，载《甘肃社会科学》2018年第2期。

② 谭世贵:《监察体制改革中的留置措施：由来、性质及完善》，载《甘肃社会科学》2018年第2期。

（三）留置措施的适用条件

我国《监察法》第22条关于留置措施的规定主要分为三个部分：一是关于留置的要件，即留置的对象需符合的条件；二是关于留置的对象，即何人需要被采取留置措施；三是关于留置的场所、管理与监督，即在何处、如何实施留置措施及如何对留置措施进行监管。①

笔者以为，《监察法》第22条的规定的适用需要注意以下几个方面：

一是其必须具备涉案要件，即被留置人是涉嫌贪污贿赂、失职渎职等严重职务违法或者职务犯罪。此处需注意被留置人的违法犯罪的情节要件，留置作为监察制度中的强制措施，具有区别于行政强制措施与刑事强制措施的独立属性，也就是说，其虽然不属于以上二者，但本质也属强制措施的范畴。就行政强制措施与刑事强制措施而言，被采取以上措施的行为人的行为，其社会危害性需达到一定程度，而留置措施中的被留置人所为的行为的社会危害性同样需要达到严重程度，即可能严重违法而涉嫌犯罪程度才能被采取相关措施。

二是其必须具备证据要件。同我国《刑事诉讼法》中所规定的逮捕措施相同，监察机关在对被调查人采取留置措施时也需要证据要件，即监察机关已经掌握部分违法犯罪事实及证据，且仍有重要问题需要进一步调查。较逮捕措施适用的证据要件而言，留置措施的适用门槛更低。

三是其必须具备《监察法》所规定的四种法定情形的一，方能对被调查人适用留置措施。这些法定情形包括：（1）涉及案情重大、复杂的；（2）可能逃跑、自杀的；（3）可能串供或者伪造、隐匿、毁灭证据的；（4）可能有其他妨碍调查行为的。

上述是对留置措施适用条件的解读，可以看出，留置措施的使用条件与我国《刑事诉讼法》中规定的逮捕与拘留两种刑事强制措施有相似点，但上

① 《监察法》第22条：被调查人涉嫌贪污贿赂、失职渎职等严重职务违法或者作为犯罪，监察机关已经掌握其部分违法犯罪事实及证据，仍有重要问题需要进一步调查，并有下列情形之一，经监察机关依法审批，可以将其留置在特定场所：（一）涉及案情重大、复杂的；（二）可能逃跑、自杀的；（三）可能串供或者伪造、隐匿、毁灭证据的；（四）可能有其他妨碍调查行为的。对涉嫌行贿犯罪或者共同职务犯罪的涉案人员，监察机关可以依照前款规定采取留置措施。留置场所的设置、管理和监督依照国家有关规定执行。

文已述，留置措施是独立于行政强制措施与刑事强制措施的第三种强制措施，其具备独立的属性。要在司法实践中准确适用留置措施，需注意其与相似的刑事强制措施的区别。

（四）留置措施与相关强制措施的区别

1. 与刑事拘留措施的区别

根据我国《刑事诉讼法》关于拘留措施的规定，公安机关对现行犯或重大嫌疑分子具有七种情形之一的可以先行拘留。这七种情形是：（1）正在预备犯罪、实行犯罪或者在犯罪后即时被发现的；（2）被害人或者在场亲眼看见的人指认他犯罪的；（3）在身边或者住处发现有犯罪证据的；（4）犯罪后企图自杀、逃跑或者在逃的；（5）有毁灭、伪造证据或者串供可能的；（6）不讲真实姓名、住址、身份不明的；（7）有流窜作案、多次作案、结伙作案重大嫌疑的。检察机关对符合第4、第5种情形的，可以决定拘留。其中，第4与第5两个条件与留置的适用条件相似，但总体说来，对嫌疑人采取拘留措施之所以规定了七个条件，是因为有可能被采取拘留措施的行为人的社会危害性大于有可能被采取留置措施的被调查人。换言之，对行为人采取拘留措施的适用条件高于留置。除社会危害性因素外，根据我国《监察法》的规定，被采取留置措施的被调查人是国家机关中从事公务的人员，其行为性质包括了违法行为与犯罪行为。另外，留置的使用条件并不包含除4、5两点以外的其余条件，是因为国家公务人员的违法犯罪行为因其自身的特点难以当场发现，也不会出现身份不明、流窜作案等情形。

综上，我国监察委员会的调查范围和调查对象决定了留置的适用条件，也因此区别于刑事拘留措施。

2. 与“双规”“两指”措施的区别

所谓”双规”是指纪检机关在调查违反党纪的案件时，依照规定程序，责令有关人员在规定的时间、规定地点就案件所涉及的问题说明的一项纪律约束和组织检查措施。所谓“两指”，是指行政监察机关调查违反行政纪律行为时，按照规定的程序，责令有违反行政纪律嫌疑的人员在指定的时间、指定的地点就调查事项所涉及的问题做出解释和说明的一项监察措施。

根据中纪发〔2001〕4号《关于正确使用“两指”、“两规”措施的通知》以及其他有关文件的要求，实施“两指”“两规”措施，首先必须注意以下事项：严格把握条件。凡使用“两指”“两规”措施的，必须具备以下条件：（1）已经掌握了违纪案件中涉嫌违反党纪的党员或涉嫌违反政纪的行政监察对象的部分严重违法违纪事实及证据，已具备给予其纪律处分的条件，但仍有重要问题需要使用“两规”措施深入调查的；（2）涉嫌违反党纪的党员或涉嫌违反政纪的行政监察对象有串供、翻供或者外逃的嫌疑，或者可能隐匿、销毁证据，或者有其他妨碍案件调查的行为的。

另外，在查处大案要案中，重要涉案人中的党员不如实提供情况或者有其他严重妨碍案件调查的行为的，可对其使用“两规”措施。

最后，严格使用权限。“两规”措施只能由县级以上（含县级）纪检机关，地市级以上纪工委，中央和省（区、市）纪委的派驻纪检组，中央国家机关各部委纪检组，国有大型企业、厅局级以上（含厅局级）事业单位的纪委使用。乡镇纪委、县（市）直机关纪检组（纪委）、地（市）直机关纪检组（纪委）、国有中小型企业、厅局级以下（不含厅局级）事业单位纪检机构等不得使用“两规”措施。对非党员一律不准使用“两规”措施。如果非党员与案件有重要牵连，确需对其调查取证，而本人拒不配合的，应提请司法机关或有关行政机关协同办理。“两指”措施只能由各级行政监察机关使用。纪检监察机关与其他机关协同办案中经批准使用“两规”“两指”措施的，必须由纪检监察机关的办案人员领导、组织实施。

由于《监察法》的出台，我国检察机关的职务犯罪侦查权与纪委调查权进行了合并，需要适用新的标准和新的条件对被调查人是否需要被采取留置措施进行考量，其性质并非纯粹的刑事犯罪侦查或党内调查，根据当前《监察法》的实施现状来看，其具有自身的独立属性，但也兼具二者的特点。针对《监察法》出台的背景及其目的与宗旨，留置措施的适用条件与适用对象相较于“双规”和“两指”范围更为广泛，这也是《监察法》的立法目的。

3. 与行政拘留措施的区别

根据我国《治安管理处罚法》的规定，行政拘留是一种重要的也是常见的行政处罚的种类。行政拘留是指法定的行政机关（专指公安机关）依法对违反行政法律规范的人，在短期内限制人身自由的一种行政处罚。行政拘留是最严厉的一种行政处罚，通常适用于严重违反治安管理但不构成犯罪，而警告、罚款处罚不足以惩戒的情况。因此法律对它的设定及实施条件和程序均有严格的规定。行政拘留裁决权属于县级以上公安机关；期限一般为10日以内，较重的不超过15日；行政拘留决定宣告后，在申请复议和行政诉讼期间，被处罚的人及其亲属找到保证人或者按规定交纳保证金的，可申请行政主体暂缓执行行政拘留。行政拘留不同于刑事拘留和司法拘留。

根据我国《监察法》的规定，本法的适用对象除了国家机关工作人员外，还包括适用《中华人民共和国公务员法》管理的人员。而对于被调查人不构成犯罪，仅有职务违法行为但情节较轻的公职人员，是依照《中华人民共和国公务员法》对其进行相对应的处分。与的相对比，行政拘留的适用对象是违反《治安管理处罚法》的行为人，二者适用对象不同，使用条件与相应措施也应当有所区分。

二、监察留置适用问题解析

（一）留置决定程序不明确

《监察法》第43条规定：监察机关采取留置措施，应当由监察机关领导人员集体研究决定。设区的市级以下监察机关采取留置措施，应当报上一级监察机关批准。省级机关采取留置措施，应当报国家监察委备案。批准权限上提一级，防止监察机关自行决定，导致留置措施的滥用。但领导集体研究决定的表述并不明确。监察委由主任、副主任、委员若干名组成。集体研究决定是由主任、副主任研究决定，还是由全体委员研究决定？当意见无法达成统一时，是实行少数服从多数的原则？还是实行主任一票否决制？是否会发展成为类似法院的审判委员会的集体？这都需要未来《监察法》进一步细化。

（二）留置场所与强度未予以区别

1. 留置场所未予确定

由于留置措施在一定程度上取代了“两规”“两指”。对于留置的场所，《关于纪检监察机关依法采用“两指”“两规”若干问题的通知》曾要求，“两规”场所不能设置在司法机关的办公、羁押场所，且不能修建用于“两规”和“两指”的专门场所。对于监察委员会的留置是否需要独立设置场所，存在不同的观点，一种观点认为，建立专门场所用于执行包括留置在内的执纪执法措施，可以借鉴检察机关办理职务侦查案件指定居所监视居住的方式；另一种是在看守所执行，交由公安机关具体执行。[①]结合三省试点实际，在试点中将被留置人留置在两类特定场所：一是公安机关看守所专门辟出的留置专区；二是由原纪委“两规”点改造的留置场所。而《监察法》第22条第3款规定，留置场所的设置、管理和监督依照国家有关规定执行。但并没有做出细化规定，也没有指明具体的法律规定。

2. 留置强度未予区分

其一，留置不可避免地将限制、控制人身自由，是一种带有强制力效果的措施。但赋予监察委留置措施，并非为了限制公民人身自由，而是让当事人在规定时间说明事实情况，是为了查清情况，取得相应证据，为司法机关提起公诉打下坚实的法律基础，这是行使监察权力的具体体现。一般认为，留置是监察委对涉嫌职务违法、犯罪的被调查人，根据一定的程序，在一定期限内限制其人身自由，以保障调查工作顺利进行的一项措施。因此，监察委根据法定事由和程序对被调查人采取留置措施，应当将被调查人送交特定场所予以羁押，以防止其发生逃跑、自杀等妨碍调查的行为，保证调查工作的顺利进行。但是，如果监察委采取谈话、讯问、询问、查询、扣押等不具有强制性或者强制程度较轻的措施，能够达到保障调查工作顺利进行的目的，那么便应当尽量减少留置措施的使用，至少是不优先考虑采用留置措施，以最大限度地保护被调查人的人身自由和权利。

① 郭华：《监察委员会与司法机关的衔接协调机制探索——兼论刑事诉讼法的修改》，载《贵州民族大学学报》2017年第2期。

其二，我国是二元制的违法犯罪处罚体系。简言之，在我国法律体系中，违法行为与犯罪行为虽然有质的区别，但二者并非矛盾对立关系，二者相互之间在一定条件下可以转换，而在转换之前应当将二者区别对待。我国《刑事诉讼法》中规定，公安司法机关可以根据犯罪嫌疑人、被告人的社会危害性，对其作出强度不等的强制措施，这是比例原则的体现，也是出于节约司法资源之考虑。虽然监察机关是独立于司法机关与行政机关的国家机关，其行使调查权的本质也是一种执法行为，在监察机关执法过程中，也应当将比例原则与节约国家资源纳入其考量范围。

（三）延长留置时间的条件不明

《监察法》第 43 条规定，留置时间不得超过 3 个月，特殊情况下，可以延长一次，延长时间不得超过 3 个月。“特殊情况”属不确定、模糊表述，何谓特殊情况，不清楚。

三、监察留置措施适用出路之建议

（一）留置场所应按指定监视居住的条件进行设置

《监察法》第 22 条第 3 款所规定的是留置场所的设置、管理和监督，留置是十分重要的调查措施，留置场所的设置、管理和监督需要严谨、细致的制度对其进行规范。当前法律法规对此并无具体规定，故在实践中的适用有一定难度。笔者认为，留置场所的设立可参照指定居所监视居住的场所条件进行设置。理由如下：

其一，指定居所监视居住是当前各种强制措施当中与留置更为相似或接近的一种。笔者之所以不建议将指定居所监视居住或刑事拘留之场所直接设立为留置场所，是因为留置措施与其他两种措施有质的区别。拘留和指定居所监视居住的适用对象是犯罪嫌疑人和被告人。另外，拘留是在看守所中进行，实施拘留的条件也比留置的适用条件更为严苛。换言之，我国各类强制措施施行的重要标准是行为人的社会危害性，若将社会危害性明显较低的对象和社会危害性较高的对象同等对待，有悖于比例原则。

其二，将留置场所的设置区别于其他强制措施也是出于节约司法资源的考虑。拘留和指定居所监视居住属公安、司法机关管辖，其本质是行政权与司法权的行使。作为具备独立属性的监察权，在施行留置措施时不应当利用司法资源而导致司法资源的损耗。

故笔者认为，留置作为独立的一种权利的行使方式，应当设立独立的留置场所。在无独立场所之前也不应当占用司法机关指定居所监视居住的场所，应参照指定居所监视居住的设置条件独立设立留置场所。

（二）留置强度应针对不同对象进行区分

笔者认为，留置措施的执行强度应当针对不同的被调查人而有所区别，这主要体现在执行时间的长短上。诚然，我国《监察法》中规定留置时间不得超过3个月，在特殊情况下，可以延长一次，延长时间不得超过3个月，也规定了省级以下监察机关需要延长的必须经上一级监察机关批准。此款规定看起来并无纰漏，但在实践中效果如何还有待商榷。监察机关的上级兼具领导与监督下级的职责，这会导致监督效果一定程度的弱化。而此时就有必要引入第三方单位对其进行监督。

笔者认为，人民检察院可以提前介入案件，并在留置措施开始实施后对监察机关的留置措施进行监督。所谓监察留置案件提前介入，是指监察机关在对被调查人实施留置措施时，如果尚未按法定程序进入到起诉环节，而检察机关认为有必要参加或参与监察机关正在调查中的一些案件方面相关工作的，可以指派人员在调查尚未终结时即开展刑检工作。①检察机关提前介入侦查，具有充分的法律依据和基础。从我国现行《宪法》和《刑事诉讼法》相关规定可以得出，目前检察机关是法定的法律监督职权机关，有权对有关刑事诉讼进行相应的法律监督。除此之外，根据《人民检察院刑事诉讼规则》第567条的规定："人民检察院根据需要可以派员参加公安机关对于重大案件的讨论和其他侦查活动，发现违法行为，情节较轻的可以口头纠正，情节较重的应当报请检察长批准后，向公安机关发出纠正违法通

① 李复达、文亚运：《〈国家监察法〉留置措施探讨——以检察机关提前介入为切入点》，载《西南石油大学学报（社会科学版）》2018年第2期。

知书。”由于监察机关的留置措施可以视为实质上的刑事强制措施，所以检察机关对留置措施进行检察监督符合《宪法》与《刑事诉讼法》的规定。

人民检察院作为监督机关的提前介入，可以对留置措施进行监督与审查，避免应当采取留置而不采取或不应当采取留置而采取等情形发生。

（三）列举特殊情况的具体情形

根据实践情况，特殊情况通常表现为：案件疑难、复杂，不能在留置期间办理完毕的，被调查人在留置期间患重病的，等等。

四、留置与刑事强制措施的司法衔接

监察机关对被留置人员涉嫌犯罪移送司法机关后，采取的监察措施是否发生转换，就涉及留置措施与刑事强制措施的衔接问题。《监察法》第 47 条规定，对监察机关移送的案件，人民检察院依照《刑事诉讼法》对被调查人采取强制措施。换言之，监察委员会将案件移送检察院审查起诉时，留置措施与刑事强制措施存在转换与衔接问题。可分两种情况讨论。一是符合逮捕条件的，由于检察院依法享有逮捕的审查批准权，对于被移送的采取留置措施的被调查人，由监察委员会提出申请，检察院审查是否批准逮捕。对于符合《刑事诉讼法》第 79 条所列的逮捕条件的。留置直接转化为逮捕。二是对于不符合逮捕条件的，可以按照《刑事诉讼法》第 93 条的规定，应当释放或者转换为取保候审、监视居住。

结　语

留置作为一项限制人身自由的强制措施，将会成为监察委员会调查工作中的主要措施。本文针对现行《监察法》中对于留置措施的规定，从留置的适用程序、留置的场所、留置对象几个方面进行了探讨，但仍有许多与留置措施相关的问题需要进一步研究。随着改革的不断推进、理论研究的不断深入和实践的不断探索，相信留置措施的适用也将更加科学、规范、合理。

留置措施适用若干问题探索

王君祥[*]　林国强[**]

根据《国家监察法》规定，监察委员会在查处职务违法犯罪行为过程中，可以采取谈话、讯问、询问、查询、冻结、调取、查封、扣押、搜查、勘验检查、鉴定、留置等12项措施。由此，监察委员会获得了一项新型调查权力——留置。[①] 在具体制度方面，以留置措施争议最大。本文对《国家监察法》有关留置的规定进行评述，并提出进一步完善的意见和建议，以期更科学和正当地适用留置措施。

一、留置的权力属性

在我国的法律体系中，留置一词出现在《担保法》以及《人民警察法》

---

* 王君祥，河南科技大学法学院副院长、教授、博士。

** 林国强，河南科技大学法学院讲师、法学博士。

① 有观点认为，这12项调查措施，都是实践中正在实际使用、比较成熟的做法，没有增加新的权限。参见佚名：《调查决策要严》中纪委监察部网站，http://www.ccdi.gov.cn/xsjw/series27/201707/t20170723_103382.html，下载日期：2017年10月24日。本文认为，该观点值得商榷。在12项措施中，前11项措施属于转隶前的行政监察机关、预防腐败局及人民检察院查处贪污贿赂、失职渎职，以及预防职务犯罪等部门行使调查权和侦查权时的措施。这些措施法律依据明确，在实践中适用较为规范。而留置在职务违法犯罪调查中从未使用过，毫无疑问属于新型调查措施。还有观点认为，监察体制改革，使行使相应职权的主体和机关发生变化，有关监察措施的名称发生变化，但是并没有创制出新的权力类型，也没有根本改变监察措施的性质。监察机关职务犯罪调查措施的性质是刑事侦查行为，应无疑义；对职务违法行为采取非刑事侦查措施，系行使行政性权力，也不难达成共识。该观点认为，如果留置措施用于调查职务犯罪行为，则其属于刑事侦查行为。本文对此不敢苟同，因为侦查行为应遵守法定化的基本原则，未来应该不会通过修改《刑事诉讼法》增加规定留置措施。因为留置的功能和刑事拘留、逮捕重叠，《刑事诉讼法》强制措施体系中没有留置存在的空间。同时，根据中纪委和监察部网站刊登的有关监察体制改革的文章的观点，监察委员会是由国家权力机关设立的监督机关，与公安、检察机关等执法和司法机关性质完全不同。反腐败针对的职务犯罪区别于一般刑事犯罪，国家监察法也区别于刑事诉讼法；监察机关行使的调查权不同于刑事侦查权，不能简单套用司法机关的强制措施。监察机关调查职务违法和职务犯罪适用国家监察法，案件移送检察机关后适用刑事诉讼法。该网站刊登的文章应该说代表了改革主导者的观点，因此，调查措施不可能纳入刑事诉讼法进行规范。

中，显然，本文所探讨的留置与《担保法》中的留置非同一概念。从剥夺或限制人身自由的角度，《国家监察法》中的留置与《人民警察法》中的留置相似。[①] 在期限上，《人民警察法》中的留置最长为48小时，《国家监察法》规定留置期限为3个月，可以延长3个月。前者的期限远低于后者。从留置权力属性的角度，《人民警察法》中的留置属于行政权，而监察委员会使用的留置在属性上存在争议。关于监察委员会及其权力属性，目前我国学界有三种观点，一是独立权力说，认为其属于现代公共权力的第四权——监察权，[②] 有观点称之为执法监督权。[③] 二是行政权说，若以三权学说划分国家权力，新的监察权仍属于行政权范畴。[④] 三是混合说，即监察委员会针对职务违法行使调查权属于行政权，针对职务犯罪行为行使调查权属于侦查权。[⑤]

根据《国家监察法》，监察委员会由同级人大产生，其地位和“一府两院”平行，不是单纯的行政机关或司法机关，故而，其行使的包括留置在内的调查权亦不是单纯的行政权和司法权。从监察体制改革的内容看，监察委员会整合了党的机构（纪委）、行政机关（监察部门）、司法部门（检察机关）的职权，因此，很难以权力的三分法来界定监察委员会及其行使权力的性质。我国学界关于此问题的见解见仁见智，如果本文亦纠缠于原有分析路径，必然陷入自说自话的境地。因此，对其性质分析应避免以权力分类

① 王岐山同志在参加十二届全国人大四次会议北京代表团的审议时，特别点到了“留置”这个手段，并指出“留置”的意思可以参考公安机关常用的留置执法。李福森：《王岐山两会上说的这三句话值得细思量》，http：//www.china.com.cn/lianghui/news/2017-03/07/content_40421382_2.htm，下载日期2017年9月16日。

② 持此观点的有魏昌东：《国家监察委员会改革方案之辨正：属性、职能与职责定位》，载《法学》2017年第3期；焦洪昌、叶远涛：《监察委员会的宪法定位》，载《国家行政学院学报》2017年第2期。

③ 吴健雄：《监察委员会的职能定位与实现路径》，载《中国党政干部论坛》2017年第2期。

④ 此种观点认为，监察委员会的调查权不仅涵盖了普通的行政性质的调查，还包括刑事侦查。留置措施是监察委员会实施调查的一项重要措施，它同样具有这两种性质。作为普通行政性质的调查措施，留毫无疑问具有行政性质；作为刑事侦查措施的一种，同样属于行政权的一种。尹维达：《置措施初探》，载《太原理工大学学报》2017年第2期；张建伟：《法律正当程序视野下的新监察制度》，载《环球法律评论》2017年第2期。

⑤ 持此观点的有陈越峰：《监察措施的合法性研究》，载《环球法律评论》2017年第2期；秦前红、石泽华：《监察委员会调查活动性质研究——以山西省第一案为研究对象》，载《学术界》2017年第6期。《国家监察法》征求意见公布后，在新媒体上，一些学者亦持此种观点。

的方法直接定性，而应抓住权力的本质。留置和其他 11 类调查手段一起构成我国国家政治体制中一种新的权力划分，监察权。就留置措施而言，其具有以下特性应无争议：公权力、强制性、暂时性、剥夺人身自由。

关于留置究竟是限制人身自由还是剥夺人身自由的问题，学界有一定争议。一种观点认为，留置属于限制人身自由，与指定居所监视居住较为相似，因此在实践中，可参照指定居所监视居住折抵刑期的相关规定予以认定。[①] 另一种观点认为，留置属于剥夺人身自由，应该采用与刑事拘留、逮捕相同的折抵方法。显然，《国家监察法》采用了后一种折抵方法。[②] 应该说，《国家监察法》这一规定是恰当的。习近平总书记在党的十九大报告中专门就留置作了说明，即“用留置取代‘两规’措施”，其就不是仅仅限制人身自由，而是对人身自由的剥夺。被调查人被留置后，在专门的留置场所执行。从留置的实践来看，留置场所是“两规”场所的直接转换。从以往“两规”执行情况看，其是对被“两规”者人身自由的剥夺。在此场所执行留置，被留置人人身自由也必然处于被剥夺状态。另外，留置适用的条件与逮捕、拘留很多相同，留置后通知单位和家属的时间也作了与逮捕和拘留相同的规定，因此，留置应当是一种剥夺被调查人员人身自由的措施。

需要注意的是，我们不能简单地理解为留置是对“两规”的直接移植。国家监察体制改革的目标是在建立集中统一、权威、高效的反腐监察体系的同时，实现反腐的法治化。从实现反腐法治化的角度，留置不应仅仅是“两规”的简单照搬，形式上的改头换面、立法上简单的规定以及单向赋权并非完整意义上的法治化。[③] 所谓法治化，其重在实现权力行使的法治化，即在立法赋权的同时，对权力运行设定科学、正当、有效的程序及监督制约机制。故对《国家监察法》关于留置的相关规定，亦需从权力行使法治化的角度予以审视。

---

① 王晓:《监察委员会的留置措施论要》，载《北京联合大学学报》2017 年第 2 期。

② 即第 44 条第 3 款规定，被留置人员涉嫌犯罪移送司法机关后，被依法判处管制、拘役和有期徒刑的，留置期限应当折抵刑期。留置 1 日折抵管制 2 日，折抵拘役、有期徒刑 1 日。

③ 在国家监察体制改革推进中，有一种观点认为，所谓实现反腐法治化，即只要制定了相关法律，实现了权力的法定化即实现了反腐法治化。本文认为，该种观点片面理解法治化。对公权力而言，法治化不仅仅指权力类型的法定化，还包括权力行使的正当程序和有效监督。

二、关于留置的决定主体

在国家监察体制改革试点时期，学界对此问题有不同观点。有观点认为，留置应分为短期留置与长期留置，短期留置由本级监察委员会决定，长期留置报上级监察委员会批准。①还有观点认为，留置与逮捕有着相同的实质，应依照《宪法》规定纳入司法控制的范围。②从试点地区决定主体的情况看，三个试点地区在此问题上形成两种模式：一种是两级决定模式，即由本级监察委员会审查后报上级监察委员会决定模式；另一种是监察委员会决定加同级党委批准模式，山西采用上级批准模式，北京和浙江两种模式均有采用。③

本文认为，从立法、执法的角度，第二种模式不太妥当。因为立法、执法是国家行为而非政党行为，④故而，《国家监察法》设定的决定主体不应包括党委。⑤《国家监察法》第 43 条第 1 款规定的留置决定主体也采用了上级批准模式。即，省一级监察机关的下一级监察机关决定留置时，都应当报各自的上一级监察机关批准。省一级监察机关的可以由其领导人员集体决定，但要报国家监察委备案。⑥如何评价《国家监察法》这一规定？要回答这一问题，还需回到留置的权力属性上。如前所述，留置是剥夺被调查人人身自由的具有强制性的公权力，且期限最长可达 6 个月之久。剥夺人身自由如此之长的留置措施，如果由负责调查的监察委员会决定，显然不

---

① 尹维达：《留置措施初探》，载《太原理工大学学报》2017 年第 2 期。.

② 张建伟：《法律正当程序视野下的新监察制度》，载《环球法律评论》2017 年第 2 期。

③ 根据《浙江省监察留置措施操作指南》的规定，凡采取留置措施的，需监察委领导人员集体研究、主任批准后报上一级监察委批准，涉及同级党委管理对象的，还需报同级党委书记签批；凡使用、延长、解除留置措施的，市县两级监察机关都需报省级监察机关备案，而省监察委则需报中央纪委备案。北京市相关文件规定“市纪委市监委机关对局级或相当于局级的监察对象采取留置措施的，还需报市委主要领导批准”；“区级纪检监察机关对处级或相当于处级的监察对象采取留置措施的，还需报区委主要领导批准。”

④ 尽管在我国，立法、执法是执政党集广大群众意愿最终转换为国家意志并付诸实施的结果。但在立法、执法理论上，立法只能是国家行为，执行法律的机关也只能是国家机关，而非政党。

⑤ 当然，在实践中可能会出现通过内部程序向同级党委汇报的做法。

⑥ 即第 43 条：“监察机关采取留置措施，应当由监察机关领导人员集体研究决定。设区的市级以下监察机关采取留置措施，应当报上一级监察机关批准。省级监察机关采取留置措施，应当报国家监察委员会备案。”

符合法治原则。《国家监察法》在此点上避免了留置措施的自我决定，具有正当性。上述规定有两点值得研究：

（一）第 43 条表述理解的问题

“设区的市级以下监察机关采取留置措施，应当报上一级监察机关批准”，这里面有两个疑问：设区的市级监察机关可否自行做出留置决定？省直辖的不设区的市级监察机关可否自行做出留置决定？从体系解释的角度来看，这一级监察机关的留置决定也需要上报省级监察机关批准。有两点理由：第一，《国家监察法》没有规定设区的市级和不设区的市级监察机关的留置决定上报省级监察机关批准，也没有规定要备案，而却要求省级监察机关的留置决定还需要上报国家监察委员会备案，从举重以明轻的道理分析，法律没有规定设区的市级和不设区的市级监察机关留置决定的备案制度，那就说明法律对其留置决定有更严格要求，需要批准制度。第二，从《国家监察法》第 43 条第 2 款看，延长留置决定时间的，应当报上一级监察机关批准。因此，从上下法律条文含义分析，留置决定也应当实行批准制度。采用留置决定的审批制度，强化了上一级监察机关对下一级监察机关留置情况的监督，也可以防止下级党委领导或者其他机关干涉办案，从而保障监察机关依法独立办案。

（二）监察机关留置决策审批机制

根据《国家监察法》，监察机关决定留置时，需要领导人员集体决定。在实践中，监察机关领导人员的范围多大？领导人员是仅仅包括主任、副主任、秘书长，还是包括主任、副主任、秘书长和委员？另外，被调查案件是职务违法案件和职务犯罪案件是否在决策审批机制领导人员范围有所区别？在实践中，如果被调查案件重大紧急，需要及时作出留置决定的，领导人员多数不能参加，怎么处理才能算是集体决定？这些问题都需要在监察实践中不断摸索。对于上述留置决策审批机制存在的疑问，本文认为，鉴于留置和刑事诉讼的逮捕具有相同的剥夺人身自由的性质，可以参考批准逮捕的审批机制。即，当上级监察委员会收到下级监察委员会申报的留置材料后，符合留置的，由监察委员会主任决定，案件重大的，由监察委领导集体决定。

（三）由上级监察委员会决定批准是否恰当

本文认为，对涉嫌违法犯罪的被调查者剥夺人身自由达如此之长时间，在我国，唯有刑事诉讼中的逮捕可以与之“相媲美”。作为刑事强制措施的逮捕措施由检察机关批准或由上级检察机关决定，作为对人身自由剥夺严重程度上不亚于逮捕的留置措施，其决定主体也应和逮捕批准的决定主体相似，即应引入第三方审查决定主体。在理论上，第三方审查决定主体应具有中立性，在我国应是法院或检察院。如果赋予法院该权力，则对留置的适用实现彻底司法审查。如果该主体是检察院，由法律监督机关对和逮捕类似的留置行使审查决定权，在我国的法律监督理论框架下能够成立。由上级监察委员会批准决定，尽管避免了留置适用的自我决定，但毕竟上级监察委员会仍然属于监察系统，由其审查批准，无法打消“老子监督儿子”的疑虑，无法摆脱同体监督的弊端。但是，在当下，完全实现由中立第三方审查批准可能可行性不足。从比较法的角度，由法院进行司法审查最为恰当，但在我国还不具备体制和制度空间。由检察机关行使该权力，面临的障碍是留置非刑事强制措施，不受《刑事诉讼法》调整，检察机关的法律监督权无法扩张至非刑事强制措施。而且由法院或检察院行使该权力，还有一个重要因素不得不面对，即在监察委员会监督全覆盖，权力全集中的情况下，法检两院是否能够实质行使该项权力，不无疑问。监察委员会在党内政治地位高，权力厚重，检法和监察委员会在政权体系中所占政法权重失衡，[①] 由此导致检法可能无法有效地行使该权力。同时，站在检法的立场上，他们可能也不愿意承担此项职责，因为，在政法权重失衡的情况下，行使该项权力反而会给自身带来羁绊，陷入困境。因此，采用法院或检察机关审查决定的模式，理论上不存在障碍，但可行性不足。

《国家监察法》采用的模式尽管未能彻底实现由第三方审查批准的目标，但在当下具有相对合理性。一方面留置适用由上一级监察委员会批准

① 童之伟：《对监察委员会自身的监督制约何以强化》，载《法学评论》2017 年第 2 期。

决定，可视为是一种准第三方审查，相较于留置的自我决定，实现了准第三方审查批准，一定程度上体现了异体监督，这和现行的省级以下职务犯罪逮捕决定权上提一级类似。另一方面，中央深化监察体制改革的主要目标是建立统一、高效、权威的反腐体制，与此同时兼顾反腐的法治化。因此，在制度设计上，更多考虑的是如何提升反腐的实效性，具体到留置适用的批准主体，由上一级监察委员会批准更符合深化监察体制改革的主要目标。另外，需要指出，《国家监察法》第 43 条第 1 款后半句规定，省级监察机关决定采取留置措施时，报国家监察委员会备案。本文认为此规定不妥。上级批准模式应一体适用，不应做如此区分。否则，省级监察委员会适用留置即为自我决定模式，未能兼顾法治化的基本要求。

三、留置措施的运行程序

（一）留置的适用条件

任何公权力的行使，特别是剥夺人身自由权力的行使应遵守比例原则。比例原则产生于 19 世纪德国的警察法学。其最初的含义是指警察权力的行使只有在必要时才能限制人民的权利，也即警察在对人民作出任何不利之处分时，都必须以侵犯人民权利最小的方式为之。所以，比例原则在行政法学上又被称为“最小侵害原则”。[①]该原则主张“国家机关行使公权力，其所采行之手段必须是达成目的之妥当或适当之妥适手段与造成最小侵害之必要手段，而且手段与目的，或方法与目标之间，或国家公权力之干预强度与有益于社会公益之间，必须成相当比例。因此，国家之所有措施，必须权衡各种事实状况，以及为达特定目的之妥适性、必要性与相当比例性，而使其干预之方式与程度，不致与事件之重要性以及所欲达成之目的，不成相当比例。[②]后该原则扩张至所有公权力行使领域。比例原则要求执法机关行使公权力时，应注意权力运用的适当性、必要性和相称性（均衡性）。

《国家监察法》第 22 条规定了留置的适用条件，包括三个方面：第一，

① 黄学贤：《行政法中的比例原则研究》，载《法律科学》2001 年第 1 期。

② 陈越峰：《监察措施的合法性研究》，载《环球法律评论》2017 年第 2 期。

被调查人涉嫌贪污贿赂、失职渎职等严重职务违法或者职务犯罪；第二，监察机关已经掌握其部分违法犯罪事实及证据，仍有重要问题需要进一步调查；第三，有下列具体情形之一：涉及案情重大、复杂的；可能逃跑、自杀的；可能串供或者伪造、隐匿、毁灭证据的；可能有其他妨碍调查行为的。从《国家监察法》规定的条件看，本文认为，失之宽泛，不符合比例原则的要求，最终可能导致只要属于严重职务违法或犯罪的被调查人均符合适用留置措施的条件。具体而言分析如下：

其一，用语不够精准，“严重职务违法”无法准确界定。“严重职务违法”和“职务犯罪”之间的界限在何处？是否不构成“职务犯罪”，即构成“严重职务违法”。“严重职务违法”和“非严重职务违法”的界限又在哪里？如某公职人员受贿数额2万元，也没有其他严重情节的，不构成犯罪，那么是否属于严重违法呢？再如，根据我国《刑法》规定，构成玩忽职守罪在后果方面需要达到“致使公共财产、国家和人民利益遭受重大损失”，如果未能达到这一严重后果，即不构成该罪。那么，是否属于“严重渎职违法行为”呢？而且“严重职务违法行为”似乎和列举的四种情形中的第一种“涉及案情重大、复杂”有重复。其二，列举的四种情形直接照搬了刑事拘留的部分情形。这四种具体情形中的后三种可以适用于任何一个涉嫌职务违法犯罪的被调查人。由于该四项情形基本上移植了刑事拘留的条件，那么，通过考察刑事拘留适用率可以预判留置的适用率。有学者曾经选取我国东部、中部、西部各一个地区，对三个地区2013年1月至2014年3月审结的刑事案件进行了调查，统计数据显示：三个地区对犯罪嫌疑人适用刑事拘留的平均比率高达93%，有一个地区甚至高达97%。[①] 由此，可以预判留置的适用率也会很高。

因此，《国家监察法》关于留置的适用条件应进一步完善。本文认为，留置条件的设定应在遵守比例原则的基础上，注意以下方面，一是在所有调查措施中，留置对被调查人权利侵犯最为严重，在有多种措施可以选择

① 孙长永、武晓琳：《〈新刑事诉讼法〉实施前后刑事拘留适用的基本情况、变化及完善——基于东、中、西部三个基层法院判决样本的实证研究》，载《甘肃社会科学》2015年1期。

且均可以达到目的时，应选用其他措施，留置并非首选。二是使用留置措施应与被调查人所涉嫌犯罪的事实、情节、有无妨碍调查进行等具体情况相适应，而非一律适用留置措施。三是决定适用留置措施，也并非必须用足用完留置期限，只要通过留置实现了调查目的即可。

基于上述考虑，在实践中，留置适用条件可以把握以下几个方面：

第一，适用的案件性质限定为涉嫌职务犯罪，仅职务违法行为无采用留置的必要。另外，将职务违法行为排除在留置适用范围之外，还考虑到留置折抵刑期问题。如果留置适用于职务违法行为，将导致留置期限无法在实体处理措施中得以折抵。因为，对职务违法人员而言，对其的实体惩处并无剥夺人身自由的措施。第二，将四种具体情形合并为两类：（1）有证据证明被调查人可能或准备实施逃跑、自杀、串供、毁灭、伪造、转移、隐匿等妨碍调查活动顺利进行的行为的。此处强调"有证据证明"，而非仅仅"可能"这一过于主观的判断，以此避免条件过于宽泛而导致留置的普遍适用；（2）涉及案情重大、复杂，需要采用留置措施进一步查明案件事实和证据的，并进一步明确何为"案情重大、复杂"。[①] 由此，在监察委员会调查案件过程中，如果被调查人员在被立案后积极配合调查工作，主动交代纪检监察机关还未掌握的违纪违法行为，真诚悔罪悔过，主动全额退赃，不存在逃跑、自杀等倾向，不存在反复和翻供的表现，完全可以从提高办案效率考虑而不适用留置。

（二）留置的决定程序

《国家监察法》第43条对留置适用的决定程序作了规定，该规定在具体程序设计上较为简单，应进一步细化。本文建议，作以下程序设计：首先由行使调查权的监察委员会的办案人员制作报请适用留置审批书，提出适用留置的具体理由，由部门负责人审查后提交本监察委员会业务决策机构讨论。[②] 同意适用的，连同案卷材料一并报上一级监察委员会审查，上一级

---

① 本文认为，所谓案情重大、复杂是指案件具有取证困难、人数较多、犯罪数额巨大、情节严重、社会影响恶劣等因素。

② 《国家监察法》规定，留置措施由监察机关领导人员集体研究决定。本文建议，未来监察委员会应成立类似于法院审判委员会和检察院检察委员会的业务决策机构，对是否应当适用留置进行充分讨论。

监察委员会应当在收到报请材料后 7 日内作出是否批准的决定。

（三）留置的执行程序

《国家监察法》关于留置的执行程序仅在第 43 条第 3 款做了规定，[①] 这一规定过于简单，应进一步完善。关于留置的执行程序，本文认为，可以参照《刑事诉讼法》中关于刑事拘留和逮捕的执行程序进行设计。由于《刑事诉讼法》以及相关司法解释对此已有较为详细的规定且较为成熟，本文对此不再赘述，唯再强调以下几点：一是执行留置时，执行人员应持有类似拘留证或逮捕证的决定留置的书面文件，具体名称可称为《留置证》或《留置决定书》，应载明执行留置的理由、留置执行开始的时间、留置的场所等基本内容。二是执行人员向被调查人员当面宣布对其采取留置措施后，由被调查人在留置文书上签字、按指印。之后，立即将被调查人员带至留置场所。该“立即”不适用《刑事诉讼法》中刑事拘留后 24 小时内送往看守所的规定，换言之，被留置人员不得被先带至其他非留置场所后再送至留置场所，以防发生非法取证情况。

《国家监察法》第 44 条第 1 款规定，对被调查人采取留置措施后，应当在 24 小时以内，通知被留置人员所在单位和家属，但有可能毁灭、伪造证据，干扰证人作证或者串供等有碍调查情形的除外。有碍调查的情形消失后，应当立即通知被留置人员所在单位和家属。本文认为，对《国家监察法》这一规定可以做进一步修改，第一，将通知的除外规定修改为“除无法通知外”[②]。因为《刑事诉讼法》关于刑事拘留和逮捕后通知家属的规定，均未作此除外规定，[③] 作为调查措施的留置更不应该有此规定。第二，通知的内容应明确为“涉嫌的罪名”和“被留置的场所”。

（四）留置的解除

留置作为调查措施和刑事强制措施一样均具有临时性，此种临时性体

① 即监察机关采取留置措施时，可以根据工作需要提请公安机关配合。公安机关依法予以协助。

② 所谓“无法通知”可以参考《公安机关办理刑事案件程序规定》的 109 条第 2 款关于“无法通知”的解释。

③ 《刑事诉讼法》关于刑事拘留后通知家属的“有碍侦查”的除外规定仅适用于危害国家安全犯罪和恐怖活动犯罪。逮捕后通知家属的除外规定为“无法通知”。

现在三方面，一是不符合留置条件时及时解除。在留置期间，监察委员会进一步调查后，可能会发现被调查人不再符合留置条件的情形，此时，执行留置的监察委员会应及时报批准决定适用留置的上一级监察委员会解除留置措施。二是留置期满后及时解除。留置到期后应及时解除。三是案件移送审查起诉后解除。案件移送审查起诉时，调查人员应告知被调查人留置措施已被解除。如果需要继续限制或剥夺其人身自由，检察机关可以视情况采用刑事强制措施。在上述三种情况中，监察委员会应制作《解除留置措施通知书》。通知书应当载明解除留置措施的理由、解除留置措施的时间、执行留置措施的期限等事项，由监察委员会主任签署解除意见，[①] 由被调查人员在该通知书上签名，将《解除留置措施通知书》副本交与被调查人员。在未对被调查人采取其他限制或剥夺人身自由措施时，应通知其成年家属或其所在单位将其接回。

四、被留置人的权利保障及救济

《国家监察法》第 49 条、第 60 条通过对监察委员会设定义务的方式对被留置人的权利保障及救济途径作了规定。这些规定对保障被留置人的权利是必要的，但还有进一步完善和改进的空间。

（一）应明确留置期间律师有权介入

《国家监察法》未规定留置期间律师的介入是一大缺憾。留置期间是否允许被调查人聘请律师介入提供法律帮助，试点方案未触及，《国家监察法》亦未规定。在以往纪委采取“两规”以及行政监察调查期间均不允许聘请律师提供法律帮助。但从国家监察体制改革实现反腐法治化的角度，允许人身自由被剥夺的被调查人获得律师帮助是正当程序的基本要素。为了兼顾反腐实效和法治的基本要求，可以对此阶段的律师介入做如下设计：第一，只允许聘请律师介入，律师介入的身份是法律帮助者而非辩护人；第

① 对第一种情形，由于属于不符合留置条件的解除，因此应报批准决定适用留置措施的上一级监察委员会主任签署解除留置的意见，后两种情形，较易判断，由执行留置措施的监察委员会主任签署，并报上一级监察委员会备案。

二，聘请律师的时间为被调查人第一次接受讯问或被留置后；第三，提供法律帮助的内容包括，了解被调查人涉及的罪名、会见、提供法律咨询、帮助提出控告；第四，基于调查实效的考虑，可以考虑借鉴《刑事诉讼法》中侦查阶段会见限制的规定，对涉嫌重大贿赂犯罪的被调查人，律师在会见前应当经过监察委员会许可。留置期间未许可会见的，在调查阶段结束时，应允许会见。

（二）完善被调查人及其近亲属的申诉机制

《国家监察法》第 60 条赋予了被调查人及其近亲属申诉权，该规定基本上照搬了《刑事诉讼法》第 115 条的规定，由此导致后者的缺陷在《国家监察法》第 60 条中继续保留。第一，所列申诉情形涵盖不全。第 60 条第 5 款“其他违反法律法规、侵害被调查人合法权益的行为”需要更进一步明确化，可以考虑包括下列情形：不符合留置条件而留置；留置讯问期间侵犯被留置人的人身权利和人格尊严；[①] 留置期间侵犯被留置人员获得饮食、休息、医疗服务的权利。第二，为避免监察机关对被调查人及其近亲属的申诉请求推诿，应增加规定，对被调查人及其近亲属的申诉，监察机关必须受理，作出处理结果后应告知申诉人。

（三）完善被留置人请求国家赔偿的规定

《国家监察法》第 67 条规定了监察机关及其工作人员行使职权，侵犯公民、法人和其他组织的合法权益造成损害的，依法给予国家赔偿。该规定仅为指引性规定，为落实这一规定，应修改《国家赔偿法》，实现《国家监察法》与《国家赔偿法》的衔接。目前我国《国家赔偿法》设定的赔偿范围是行政赔偿和刑事赔偿，两者无法涵盖监察委员会行使包括留置权力在内的调查措施时侵犯被调查人人身权利和财产权利的国家赔偿问题。由于留置本质上是对人身自由的剥夺，且本文将留置的适用限定在涉嫌职务犯罪领域，因此，对留置侵犯被调查人人身权利获得国家赔偿的条文可以参考《国家赔偿法》第 17 条的规定做如下设定：国家监察机关及其工作人员在行使

① 如对被调查人逼供、诱供，或者侮辱、打骂、虐待、体罚或者变相体罚、疲劳审讯等。

职权时，违反国家监察法的规定对公民采取留置措施的，或者依照国家监察法规定的条件和程序对公民采取留置措施，但是留置时间超过法定的时限，其后决定撤销案件、不起诉或者判决宣告无罪终止追究刑事责任的，应当承担国家赔偿责任。

结 语

在全面从严治党以及全面依法治国的背景下，国家监察体制改革的目标一方面致力于整合反腐力量，提升反腐实效。另一方面将反腐纳入法治轨道，实现反腐的法治化。留置作为新创设的反腐调查措施，其在整个调查措施体系中处于核心地位，是反腐取得实效的利器，亦是体现反腐是否实现法治化的重要表征。可以说，监察体制改革是否具有正当性，能否坚持和发展监察法治，在很大程度上取决于留置措施设置的正当性。[①] 通过前文的分析，可以发现，《国家监察法》关于留置措施的规定在正当性上还有进一步提升的空间。未来，改革者、立法者应秉持法治思维对《国家监察法》相关规定做进一步完善，最终实现留置的法治化、调查措施的法治化、反腐的法治化。

① 陈越峰：《监察措施的合法性研究》，载《环球法律评论》2017 第 2 期。

从粗疏到精密：监察法回避制度的完善

——以犯罪控制模式为视角

彭剑鸣*

摘　要：《监察法》规定的回避制度存在回避申请程序不明确，缺乏回避决定程序、回避复议程序、监察人员是否停止工作的程序性规范、监察机构回避的程序性规范，回避制度的内涵尚有部分内容需要进一步明确的局限。监察法的现行回避制度虽然有利于实现控制、追究职务违法犯罪的效率价值，但却不利于对公正价值的追求。秉承犯罪控制模式的监察法并不排斥且部分体现了对程序正义的追求，因此，为追求社会利益和个人利益的协调推进，保障社会渐变演进，借鉴中国刑事诉讼法律规范回避制度的既有资源和《联合国反腐败公约》的制度倡导，建议对监察法的回避制度在申请程序、回避决定程序、回避复议程序、监察人员停止工作程序性规范、监察机构回避的程序性规范进行制度建构；建议通过法律解释的方式确定监察法现行回避规范中含义容易产生争议的内容。

关键词：监察法；回避；完善

第十三届全国人民代表大会第一次会议于2018年3月20日通过《中华人民共和国监察法》（以下简称《监察法》）并于公布之日起生效。《监察法》是深化国家监察体制改革的成果体现，不仅彰显了中国共产党的反腐决心，且必将引导中国的反腐工作走向深入。为推动《监察法》规范系统的建设，本文对《监察法》的回避制度的完善进行讨论。

* 彭剑鸣，致公党贵州省委专职副主委，法学教授，法学博士。

一、现有研究的归结

“思考和批判是哲学、宗教、道德、政治以及人类一切活动领域内比较健全的思想所不可缺少的。”[①] 对既往研究的回顾是继续前行的阶梯。中国监察制度的研究可以依据《监察法》的颁布区划为《监察法》生效之前的研究和《监察法》生效之后的研究。

（一）《监察法》生效之前的研究

1. 基础性研究

为了推动监察法的制定，研究监察权的属性[②]，监察法制定的必要性以及可行性。[③]

2. 法律系统的结构性研究

主要研究宪法和监察法的关系，以及对宪法确立的国家制度系统进行重构，厘清各种管理权力的划分，为监察法的制定创造基础性条件；而且通过权力的划分，对监察权的内涵进行确定，为监察法的具体调整范围进行厘定。[④]

3. 讨论监察法的各种制度设计

为监察法的成文创造条件。[⑤]

4. 探讨监察法的具体制度

确定监察法具体制度的主要内容。[⑥]

这些研究对监察法制定必要性的共识达成、监察法的立法架构、调整范围的确定具有重要价值。

---

① [美]梯利：《增补西方哲学史》，葛力译，商务印书馆1995年增补修订版，第48页。

② 徐汉明：《国家监察权的属性探究》，载《法学评论》2018年第1期。

③ 任建明、杨梦：《国家监察体制改革：总体方案、分析评论与对策建议》，载《河南社会科学》2017第6期。

④ 姜明安：《国家监察法立法的若干问题探讨》，载《法学杂志》2017第3期；江国华、彭超：《国家监察立法的六个基本问题》，载《江汉论坛》2017第2期。

⑤ 左卫民、安琪：《监察委员会调查权：性质、行使与规制的审思》，载《武汉大学学报（哲学社会科学版）》2018年第1期。

⑥ 陈越峰：《监察措施的合法性研究》，载《环球法律评论》2017第2期。

（二）《监察法》生效之后的研究

1. 实践性研究

监察法生效的时间虽然不长，但已经在实际运行中出现了一些急需解决的问题且正在探索破解方案。

2. 规范建构性研究

监察法生效之后，学者们秉持法律规范需要遵循的一般性规则对监察法的内容进行考量与反思，并在此基础上提出了一些修改建议。这些建议主要体现为：

（1）监察法对职务违法犯罪行为采取违法——犯罪“一元追诉机制”不符合现代法治理念要求，应当改变为违法——犯罪“二元追诉机制”。[①]进而提出监察法的“谈话”措施、调查措施、留置措施应当与刑事诉讼法接轨，并针对这些措施的现状提出完善对策。

（2）讨论监察法现有制度的完善。一是通过监察委员会内部分设刑事犯罪工作部门和违纪行为查处部门的方式，做好监察法和刑事诉讼法的制度衔接工作；二是完善监察法的管辖制度；三是完善监察法系统内的刑事立案制度；四是监察法中的通缉制度应当将对象限制为“犯罪嫌疑人”；五是调查措施的实施准用刑事诉讼法的规定；六是留置措施的适用对象局限为犯罪嫌疑人；七是完善检察院对监察委员会移送案件的逮捕审查制度；八是完善监察委员会展开案件办理工作的制约措施；九是监察委员会对犯罪嫌疑人的调查增设辩护律师介入制度。[②]

（3）探索监察法调查措施的种类完善。有学者建议在监察措施中增设技术侦查权，并对技术侦查的制度进行设计。[③]

3. 现有研究成果的评价

监察法草拟期间即引起学界的广泛关注，学者们对监察法的法律地位及其应然内容进行了广泛探讨；监察法征求意见稿一经面世，针对监察法

---

① 刘玫：《论监察委员会的调查措施》，载《学习与探索》2018 第 1 期。

② 龙宗智：《监察与司法协调衔接的法规范分析》，载《政治与法律》2018 第 1 期。

③ 郑曦：《监察委员会技术侦查权研究》载《学习与探索》2018 第 1 期。

征求意见稿的讨论就如火如荼；监察法刚一通过，针对监察法制度完善和实务操作的讨论便接踵而至。由于历经近四十年法制建设的历程，立法技术已经相对成熟，各种制度已经相对系统，学者们对监察法制度完善的讨论既行云流水又相对深入。

（1）监察法的制度完善和评价的隐含基础是正当程序模式。学者们针对监察法提出的完善措施，隐含的内容即是目前的监察法设置的制度利于查明职务违法犯罪有余而保障当事人诉讼权利不足，故应立足于得到国际社会较为普遍采用的诉讼模式——正当程序模式——对监察法的制度设计进行改良。

（2）监察法的制度完善是基于法律规范的系统性进行考量。现有研究成果的内在逻辑是法律规范系统应当协调一致，而监察法的制度设计与现行法律规范系统限制公权力滥用的趋势存在不协调性，故从法律规范系统建设成本最小化的角度出发，对监察法的制度修正并向现行法律规范系统的制度内容靠拢是相对合理的。

（3）完善监察法制度的一个隐性前提是渐进式清除职务违法犯罪的应然态度。审视监察法的制度设计，可以明显发现其立足基点是以零容忍的态度，高效、强势遏制、查处职务违法犯罪行为。[①] 故确定一个共同的对话平台是完善监察法制度研究的前提与关键。

（4）名同而实异的“法治”是监察法制度完善的对话背景。法治是当代中国社会治理模式的共识，但是，对法治内涵的不同理解却是行动方式分野的内在原因。现行的监察法制度完善研究倾向于在制约公权力以避免其滥用的前提下展开，而监察法的制度架构则立足于用法律规范规制监察行为的精神引领。通过法律规范的明示，充分体现“规则使每个人对别人的行为有了可预测性。这种可预测性所采取的形式是，它告知那些参与互动

① 李建国：《关于〈中华人民共和国监察法（草案）〉的说明》，该说明第一部分“制定监察法的重要意义”中对监察法立法的价值选择和制度设计立场进行的表述，http://www.xinhuanet.com/politics/2018lh/2018-03/14/c_1122532994.htm，下载时间：2018 年 6 月 24 日。

关系的人们的活动或其边界”[①]。意图通过立法向潜在的职务违法犯罪行为人传达职务违法犯罪行为的严厉处遇的信号，从而预防职务违法犯罪行为的发生。

（5）对监察法的制度讨论，目前尚未触及回避制度问题。

二、《监察法》回避制度的审视

《监察法》第58条规定：“办理监察事项的监察人员有下列情形之一的，应当自行回避，监察对象、检举人及其他有关人员也有权要求其回避：（一）是监察对象或者检举人的近亲属的；（二）担任过本案的证人的；（三）本人或者其近亲属与办理的监察事项有利害关系的；（四）有可能影响监察事项公正处理的其他情形的。”它确立了监察法的回避制度，对该规范的理解关乎其正确运用，而该回避制度的完善则关涉监察制度的持续性发展。

（一）《监察法》回避制度存在的局限

1. 回避申请存在局限

现行规范未确定自行回避和申请回避的提出方式，在实践中可能出现多种操作，为同一评价的争议埋下伏笔。

2. 缺乏回避决定程序

回避的提出是权利人的诉讼权利，但诉讼权利行使行为是否适法则需要权力机关进行审查并作出相应的决定，且该审查、决定行为直接关涉权利人诉讼权利的保障和诉讼行为能否继续进行。对回避申请作出决定在本质上具有“裁判”性质，《监察法》却对作出回避决定的主体、期间均没有明确，致使应然的“裁判”行为缺乏裁判规则，以至“裁判”行为的实施失却了“裁判”的形式规则。

3. 欠缺复议程序

“法律用惩罚、预防、特定救济和代替救济来保障各种利益，除此之外，

① ［美］杰佛瑞·布伦南、詹姆斯·M.布坎南：《规则的理由——宪政的政治经济学》，秋风等译，社会科学出版社2004年版，第9页。

人类的智慧还没有在司法行动上发现其他更多的可能性。”[①] 故没有救济措施的权利保障法律规范之于权利人并无切实的价值。监察法虽然规定了自行回避和申请回避的申请，却未明确驳回回避申请之后的权利救济程序，致使回避申请权缺乏相应的保障。

4. 缺乏监察人员是否停止工作的程序性规范

设置回避制度的目的即是保障具体监察行为的公正性，然而该公正性的追求蕴含了与证据获取及时性的内在冲突。在监察对象、检举人等申请回避后，如果监察人员继续工作，则可能导致申请人对其工作的公正性质疑；反之，如果监察人员立即停止工作而等待被决定是否继续工作，则可能贻误调查取证的时间，可能因证据湮没而致追究职务违法犯罪行为出现障碍。在监察人员自行回避时也存在案件办理公正性和证据取得及时性之间的矛盾。故应当对回避决定作出前监察人员是否停止工作作出明确的规定，形式上给予监察人员明确的行动指引，实质上处理好监察行为公正性和及时性的冲突，避免监察人员行动选择失灵及其消极后果出现。

5. 缺乏监察机构回避的程序性规范

《监察法》第 15 条规定，监察委员会监察的对象包括监察委员会的公务员[②]，易言之，当监察委员会的工作人员作为监察对象时，其可能涉及的情形包括：被自己所属的监察委员会监察，被上级监察委员会监察，被同级的其他监察机关监察。“在儒家领导之下，二千多年间，中国人养成一种社会风尚，或民族精神……这种精神，分析言之，约有两点：一为向上之心强，一为相与之情厚。”[③] 这一揭示至今并未失却现实价值。就第一种情形而论，监察对象与其他监察人员是同事关系，在日常生活与工作中难免存在亲疏关系，甚至是利益冲突；就第二种情形而论，在中国现行的制度系统内，上下级之间发生工作联系在所难免，因工作关系而存在关系亲疏也属可能；就第三种情形而论，则是监察对象可能与其他监察人员存在交往关系；此

① ［美］罗斯科·庞德：《通过法律的社会控制》，沈宗灵、楼邦彦译，商务印书馆 2008 年版，第 28 页。

② 《监察法》第 15 条规定：“监察机关对下列公职人员和有关人员进行监察：（一）……监察委员会……的公务员……。”

③ 梁簌溟：《中国文化的命运》，中信出版社 2013 年版，第 63 页。

时，监察人员针对监察系统公务员的监察行为的公正性极易受到第三人和监察对象的诟病。通过立法的方式确定监察机关的行动选择就成为判断监察机关行动适法性的依据。

6. 回避制度的内涵尚有部分内容需要进一步明确

一是回避申请主体中“其他有关人员”的内涵可能因解释主体的立场不同而出现解释结论的差异，尤其是“有关”的内涵的广泛性和不确定性，可能导致法律规范的执行出现争议。二是回避事由中“有可能影响监察事项公正处理的其他情形的”的内涵纯属判断标准，结论可能因判断主体的差异而迥然相异，从而为监察行为的适法性争议埋下伏笔。

（二）监察回避制度缺陷的影响

1. 积极影响

尽管监察法的属性目前仍在讨论之中，但是，监察机构采取调查措施的自决设计、调查阶段确认职务犯罪成立的判断机制无疑表明监察机构具有“裁判权”，而法律规范制度设计上的不明确，暗合了“如果运用法律进行重新分配是困难的，那么让法官将重新分配留给立法机关，自己只关心效率问题就似乎是合理的”①。这一论断，有利于迅速及时地查明案件事实，如果查明的事实是客观的，则实现了“迟到的正义是非正义”的价值判断。同时，“规则提供了他人将如何行动的信息，而我的福利将取决于该人之行为”②。通过回避制度的现行描述，向潜在的被追究者传达了效率价值在监察法系统中的优先性，对遏制职务违法犯罪行为可能具有积极作用。

2. 消极影响

（1）不利于监察人员的行动选择。“把行动从它与实证主义的牵连中摆脱出来，才能最好地利用它对社会科学最有价值的贡献。”③法律规范是公职人员履行公职行为的行动指南，唯有法律规范清晰的表述才可能使公

① ［美］大卫·D. 弗里德曼：《经济学语境下的法律规则》，杨欣欣译，法律出版社2004年版，第11页。

② ［美］杰佛瑞·布伦南、詹姆斯·M. 布坎南：《规则的理由——宪政的政治经济学》，秋风等译，社会科学出版社2004年版，第113页。

③ ［美］T·帕森斯：《社会行动的结构》，张明德、夏遇南、彭刚译，译林出版社2003年版，第75页。

职人员循规范采取行动，否则，在每一个具体的行动中等待公职人员对自己的行动自行判断，则可能在趋利避害的心理支配下选择等待，在信息明确之后再采取进一步的行动。但是，因职务违法犯罪查处的紧迫局势要求，监察人员不得不在没有明确规范指引的状态下循自己的法律素养和良心而采取行动，它或许蕴含了一定的后期评价风险，之于监察人员产生的行动犹豫影响在所难免。

（2）与社会的法文化演进方向未尽适配。“法律是社会道德产物，是社会制度之一，是社会规范之一，它维护着现存的制度，反映着某一历史时期、某一社会的社会结构，简言之，法律与社会的关系极为密切。”[①] 在公众担心公权力滥用、保障被追究对象和相对人诉讼权利以追求程序正义已经成为共识的当下，监察法回避制度的缺陷之于公众产生的不适感较为浓烈。

（3）与法律规范的系统性建构未尽适配。结构主义具有的共同特征为：“一方面，是一个需要具有内在固有的可理解性的理想或种种希望，这种理想或者希望是建立在这样的公设上的：即一个结构是本身自足的，理解一个结构不需要求助于同它本性无关的任何因素；另一方面，是已经取得的一些成就，它达到这样的程度：人们已经能够在事实上得到某些结构，而且这些结构的使用表明结构具有普遍的、并且显然是有必然性的某几种特性，尽管它们是有多样性的。”[②] 法律规范是一种具有典型结构主义特征的认知规范，它要求制度设计不仅有一般性表述，且应具有已经预见到的与制度系统关联的其他内容，否则就可能导致规范系统的断裂。

三、监察法回避制度完善的可行性审视

（一）犯罪控制：监察法的诉讼模式面相

美国学者哈伯特 L. 帕克指出，当代世界存在两种刑事诉讼的模式——犯罪控制模式和正当程序模式，前者以查明犯罪事实为主要任务，而后者则以保护当事人的诉讼权利为主要取向，但是二者都负有查明犯罪事实和

① 瞿同祖：《瞿同祖法学论著集》，中国政法大学出版社 1998 年版，第 4 页。

② ［瑞士］皮亚杰：《结构主义》，倪连生、王琳译，商务印书馆 1984 年版，第 2 页。

保护当事人权利的双重任务。纵观《监察法》的规范内容，可以很清楚地看到，为了查明公职人员的职务违法犯罪行为，监察委员会在享有巨大调查权的前提下、在相对封闭的环境中对公职人员的职务违法犯罪行为进行调查，其倾向于查明犯罪事实的主要取向一目了然①。尽管我们不愿意将《监察法》秉承的诉讼模式简单归结为犯罪控制模式，但是，从其规范所设定的权力内容，以及监察对象的权利内容进行对比就可以发现，监察对象的权利弱化和监察机构的权力扩张昭示了《监察法》秉承犯罪控制模式的面相。

阿克顿勋爵断言"几乎没有什么发现比那些揭示了观念根源的发现更令人恼怒的了"②。一旦发现了《监察法》内在的诉讼模式，那么，对于监察制度的完善，至少在现阶段应当在犯罪控制的模式系统内考量，而不能出离这一宏观背景对监察法采取正当程序模式进行审视并进行系统建构。

（二）犯罪控制模式下对当事人诉讼权利的保障

"关于刑事诉讼制度的价值假定存在着共同基础，这一基础使得对程序问题的连续讨论成为可能。"③该共同基础是犯罪控制价值和正当程序价值。无论是犯罪控制模式还是正当程序模式，都有其相对封闭的系统，且在该系统内存在相应的权力 / 权利配属方式。之于犯罪控制模式而言，强调国家权力机构对涉嫌犯罪的行为采取强有力的侦查措施或者调查措施，相应的，对于当事人的诉讼权利保障就相对弱化；反之，如果采取正当程序模式，就对国家权力机关追究涉嫌犯罪的职务行为予以相对克制，对追究对象的诉讼权利予以强化。

1. 诉讼模式需要考虑当事人利益和国家利益的平衡

① 监察法调整的对象是公务人员已经参照公务员管理的工作人员的"违法犯罪行为"。我国刑法以及关联规范对违法和犯罪有较为严格的区分，但是，以法国刑法典和德国刑法典、日本刑法典作为参照标准就可以看到，这些主要资本主义国家刑法典中确定的犯罪行为比中国刑法典中确定的犯罪行为要宽泛得多。而且，中国刑法理论对犯罪行为采取定性和定量判断的递进判断标准，在西方主要资本主义国家作为犯罪处理的行为，在中国刑法语境中有可能只作为违法处理。例如，比较典型的例证即是，在日本刑法中，公务人员的贪污犯罪包含一切贪污行为，而在中国语境中则要求贪污行为达到一定的数量标准和情节标准，才作为犯罪行为处理。从这一视角考察，《监察法》中调整的公职人员的职务违法犯罪行为，在西方主要资本主义国家中都被视为犯罪行为。

② ［英］弗里德里希·冯·哈耶克：《通往奴役之路》，王明毅等译，中国社会科学出版社 1997 年版，第 10 页。

③ ［美］哈伯特 L. 帕克：《刑事制裁的界限》，梁根林等译，法律出版社 2008 年版，第 159 页。

“哪里存在着一个凌驾一切的共同目标，哪里就没有任何一般的道德或规则的容身之所。”[①] 由于诉讼行为是依据法律规范查明事实并评价被追究行为的过程，这些法律规范本身就是多个利益主体协商一致达成共识的结果，故其价值取向必然具有多重性。

（1）社会是个体权利和社会利益的复合结构。社会不仅是人与人之间的复合型结构，而且是人与人之间、群体和群体之间的交互性结构，其中，“社会利益与个人自由不是完全对立的，社会保护与人权保障也并非势不两立，人既有个体性，也具有社会性，是个体性和社会性的统一，个体权利的实现不可能超出一定社会结构所提供的现实条件，个体主义和整体主义在罪刑法定原则中能够适当地协调和统一起来”[②]。缘于此，对任何人权利的限制都会对其他个人或者机构产生影响，因此，对各种个人权利的设定和社会集体利益的厘定，都必须间隔关联的利益主体，否则就可能因为其中的某一种权利/权力过于强大而对关联的其他利益造成损害。

（2）社会的平稳发展依赖于社会利益和个人利益的兼顾。由于社会的基本组成单位是个人，因此，对个人权利的保护历来为社会所重视、为个人所呼吁，也容易得到公众的认同。“虽然重视个人的基本权利是无可厚非的，但若过分强调个人权利，则不仅会导致个人权利的泛滥，甚至会动摇个人主义或自由主义的根基。”[③] 因为社会利益和社会秩序的建构本身就是立于社会公众认可的基础之上，对社会核心利益的保障是整个社会赖以存在的基础；对个人权利的任何扩张，都可能导致社会公共利益和社会基础的消解。但是，对于社会利益的过度重视，同样可能消解个人的权利而扩张社会的利益和基础，与之相随的则是对个人权利的限制，而且，这种权利限制因社会的交互性而对社会的全体成员产生影响。故应当慎重确定任何一种权利或者社会利益。只有在充分兼顾个人权利和社会利益的前提下，才可能使社会处于较为平稳的状态，方能保障社会的平稳演变。

① ［英］弗里德里希·冯·哈耶克：《通往奴役之路》，王明毅等译，中国社会科学出版社1997年版，第143页。

② 许发民：《刑法的社会学分析》，法律出版社2003年版，第62页。

③ 李海东主编：《日本刑事法学者（下）》，法律出版社1999年版，第282页。

2.《监察法》一定程度上体现了对当事人的诉讼权利保障

“我们的印象是我们的观念的原因，而我们的观念不是我们的印象的原因。”[①] 详观《监察法》，就可以看到，第44条第2款规定：“监察机关应当保障被留置人员的饮食、休息和安全，提供医疗服务。讯问被留置人员应当合理安排讯问时间和时长，讯问笔录由被讯问人阅看后签名。”以及第49条确定的监察对象对监察委员会处理决定不服的复审、复核的请求权，第25条规定的对被查封、扣押、冻结物品的监督权。由此可证，现行监察法并不排斥对当事人诉讼权利的保障。

四、监察法回避制度完善的构想

（一）制度来源

1. 本土资源

中国目前的刑事诉讼法法律已经对回避制度有了较为详细且具有可操作性的规定，这些规定可以借鉴并移植到监察法中，以完备监察法回避制度的建构。

2. 其他法域的资源

《联合国反腐败公约》第7条第4项规定：“各缔约国均应当根据本国法律的基本原则，努力采用、维持和加强促进透明度和防止利益冲突的制度。”对于这一制度的内涵，在监察法的回避制度完善中可以借鉴。

（二）制度内容

1. 回避的提出规范

回避申请应当以书面方式提出，如果申请人以口头方式提出的，监察人员应当记录在案并转交享有决定权的主体。

2. 回避的决定规范

（1）回避的决定主体。监察人员的回避由监察委员会主任决定；监察委员会主任的回避由监察委员会主任会议决定，讨论监察委员会主任的回

① ［英］休谟：《人性论》（上册），关文运译，商务印书馆1980年版，第17页。

避时，监察委员会主任不参加会议，会议由监察委员会副主任主持。(2)监察委员会应当在收到回避申请后3日内作出申请人是否回避的决定。

3. 回避的复议规范

在监察法中明确规定，对于监察机关驳回自行回避申请、申请回避申请的，申请人可以在受到驳回决定后3日内申请复议一次，复议申请向原决定机关提出，复议机关应当在3日内作出是否撤销原决定的复议决定。复议决定应当书面送达给申请人。

4. 回避决定前是否停止工作的规范。

需要明确表述，在回避决定作出之前，监察人员不得停止工作。

5. 监察机构的回避规范

需要明确表述，对监察机关公务员展开调查的，应当由上级监察机关指定与该监察人员所在监察机构同级的其他监察机关实施；国家监察委员会中公务员的监察由国家监察委员会实施。

6. 对回避规范中内涵不明确的规范释法

已解释的方式明确“其他有关人员”和“有可能影响监察事项公正处理的其他情形的”的内涵。

结　语

“社会其实是相互勾连的，对一种权利的任何重新界定都可能牵动整个权利结构和布局的改变。”[①] 对监察法回避制度的完善貌似不利于监察法迅捷惩治职务违法犯罪行为，但却赋予了监察法程序正义的面相，于社会控制的目标实现或许是有利的。

① 苏力:《道路通向城市——转型中国的法治》，法律出版社2004年版，第127页。

论监察对象与职务犯罪主体的“法法衔接”

李运才*

摘　要：在职务犯罪的调查过程中，监察机关需要与检察机关和审判机关建立权威高效、衔接顺畅的工作机制，实现监察法与刑法、刑事诉讼法“法法衔接”。总体而言，相关部门和理论界对监察法与刑事诉讼法“法法衔接”程序问题重视充分，对监察法与刑法“法法衔接”实体问题关注不足。最典型的问题是职务犯罪的主体与监察机关的监察对象之间的衔接不顺畅。解决此问题最好办法在于：赋予国家监察委员会法律解释的抽象职权。同时，国家监察委员会、最高人民法院和最高人民检察院的解释应当保持协调；如果解释有原则性的分歧，应当报请全国人民代表大会常务委员会解释或决定。

关键词：监察对象；职务犯罪主体；“法法衔接”

根据《中华人民共和国监察法》（以下简称《监察法》）的规定，调查行使公权力的公职人员涉嫌职务犯罪，是监察委员会的一项经常性工作。监察机关调查职务犯罪结束后，被调查人涉嫌职务犯罪事实清楚、证据确实充分，需要追究刑事责任的，应当分别制作《起诉意见书》，移送人民检察院依法审查、提起公诉，由人民法院依据国家法律对监察对象作出最终的公正裁决。《起诉意见书》的内容至少应当包括依法查明的犯罪事实和证据清单，被调查人从重、从轻、减轻等情节，以及涉嫌的罪名和法律依据。因此，监察委员会开展职务犯罪调查，既涉及调查程序问题，又涉及性质认定的实体问题。监察机关调查取得的证据、对案件的定性以及对量刑情节的认定，要经得起检察机关和审判机关的审查，经得起历史和人民的检验。如

* 李运才，贵州师范大学廉政文化理论研究中心主任、纪委监察室副主任，教授，法学博士。

果证据不扎实、不合法，案件定性错误或者量刑情节认定失准，就会“煮错了饭，炒错了菜”，轻则被检察机关退回补充调查，影响惩治腐败的效率，重则会被司法机关作为非法证据予以排除，影响案件的定罪量刑。对于侵害当事人权益、造成严重问题的，还要予以国家赔偿。[①] 虽然，监察法采取了综合立法的方式，既具有程序法的特征，又具有实体法和组织法的特征，但是，监察法是监察工作中起统领性和基础性作用的法律，不可能将监察工作中的所有问题，尤其是职务犯罪调查问题，规定得详细具体。众所周知，刑法是规定犯罪及其刑事责任等实体问题的法律规范，刑事诉讼法是规定犯罪侦查、审查起诉、审判等程序问题的法律规范。

正因为如此，在职务犯罪的调查过程中，监察机关必须以监察法、刑法、刑事诉讼法为准绳，与检察机关和审判机关建立权威高效、衔接顺畅的工作机制，实现监察法与刑法、刑事诉讼法“法法衔接”。中共中央纪律检查委员会（以下简称中纪委）、国家监察委员会高度重视监察法与刑法、刑事诉讼法“法法衔接”。据报道，中纪委、国家监察委员会与最高人民检察院联合或单独制定“办理职务犯罪案件衔接办法”“职务犯罪证据收集审查基本要求与案件材料移送清单”“管辖规定”等文件。但是，总体而言，相关部门和理论界对监察法与刑事诉讼法“法法衔接”的程序问题重视有余，对监察法与刑法“法法衔接”的实体问题关注不足。

监察法在文字表述上不仅政治性、政策性强，而且体现了强烈的时代特色，是法言法语的创新，是中国特色社会主义法治道路的体现。[②] 因此，监察法与刑法的表述、概念并不一一对应。例如，《监察法》第 11 条第（2）项规定的权力寻租、利益输送、浪费国家资财等职务犯罪行为与刑法规定的罪名就不是完全一一对应。但是，这些犯罪行为与刑法中贪污贿赂、滥用职权、玩忽职守等职务犯罪行为在本质是一致。[③] 因此，对其认定实现监察

① 中共中央纪律检查委员会法规室、中华人民共和国国家监察委员会法规室编写:《〈中华人民共和国监察法〉释义》，中国方正出版社 2018 年版，第 168 页。

② 中共中央纪律检查委员会法规室、中华人民共和国国家监察委员会法规室编写:《〈中华人民共和国监察法〉释义》，中国方正出版社 2018 年版，第 75 页。

③ 中共中央纪律检查委员会法规室、中华人民共和国国家监察委员会法规室编写:《〈中华人民共和国监察法〉释义》，中国方正出版社 2018 年版，第 92 页。

法与刑法“法法衔接”并非难事。

但是，随着监察体制改革进入“深水区”，由于对有关问题立法理念的不一致，“法法衔接”则显得十分困难。

最典型的问题是职务犯罪的主体与监察机关的监察对象之间的衔接不顺畅。虽然监察法明确使用职务犯罪的表述，但是刑法中并没有职务犯罪的表述，职务犯罪并非刑法的法定概念。[①] 总体而言，刑法中对于职务犯罪的特殊身份是按照“国家工作人员”和“非国家工作人员”加以区分。然而，监察法对监察对象使用的是“行使公权力的公职人员”的概念。根据监察法的规定，监察委员会是行使国家监察职能的专责机关。“专责机关”与“专门机关”相比，不仅强调监察委员会的专业化特征、专门性职责，更加突出强调了监察委员会的责任。[②] 同时，监察委员会是“专责机关”，这就意味着监察委员会只承担国家监察职责，不得履行监察之外的其他职责。[③] 监察委员会只能调查“行使公权力的公职人员”实施的职务犯罪。因此，监察法中“行使公权力的公职人员”与刑法中“国家工作人员”和“非国家工作人员”的范围是否一致，如何衔接？另外，由于监察机关监察的是“公职人员”而非公职人员所在的“机关”，[④] 那么，监察委员会能否对单位受贿罪、单位行贿罪、私分国有资产罪等单位职务犯罪开展调查？如果能够调查，其法理根据是什么？

---

① 有学者指出，在当前我国的法律语境中，职务犯罪并不是一个法律概念，而是一个学理上的概念。在我国“职务犯罪”一词，最开始出现在1994年最高人民检察院的一份内部工作文件中，而职务犯罪的提法普遍使用则是1997年之后。为了适应1997年修订后刑法的需要，在1997年向全国人大的工作报告中，最高人民检察院首次使用“职务犯罪”这一概念。参见闫立国：《职务犯罪的刑事政策研究》（博士论文），武汉大学2014年印，第5页。随后，大量的司法解释使用了职务犯罪的概念，例如，《最高人民法院、最高人民检察院关于办理职务犯罪案件认定自首、立功等量刑情节若干问题的意见》（法发〔2009〕13号）、《最高人民法院、最高人民检察院关于办理国家出资企业职务犯罪案件具体应用法律若干问题的意见》（法发〔2010〕49号）、最高人民法院、最高人民检察院印发的《关于办理职务犯罪案件严格适用缓刑、免予刑事处罚若干问题的意见的通知》（法发〔2012〕17号）等。正因为如此，职务犯罪不仅是一个学理上的概念，也是一个司法实务中的概念。刑事司法实务与刑法理论中的“职务犯罪”，是具备特殊职务身份的主体利用职务便利实施的犯罪。

② 中共中央纪律检查委员会法规室、中华人民共和国国家监察委员会法规室编写：《〈中华人民共和国监察法〉释义》，中国方正出版社2018年版，第63页。

③ 江国华、何盼盼：《中国特色监察法治体系论纲》，载《新疆师范大学学报（哲学社会科学版）》2018年第5期。

④ 《监察的是“人”而不是“机关”》，载《中国纪检监察报》2017年11月13日第1版。

限于篇幅，本文仅讨论监察法中“行使公权力的公职人员”与刑法中“国家工作人员”和“非国家工作人员”的衔接问题。《监察法》第15条第（1）、（2）项中的人员属于《刑法》第93条规定的“国家工作人员”，在理论与实务中并无争议。监察法与刑法衔接的问题突出表现为：（1）监察法中“国有企业管理人员”与刑法中“国有公司、企业中从事公务的人员”的衔接问题。（2）监察法中“基层群众性自治组织中从事管理的人员”“其他依法履行公职的人员”与刑法中“以国家工作人员论的其他依照法律从事公务的人员”的衔接问题。（3）监察人员与刑法中“司法工作人员”的衔接问题。

一、“国有企业管理人员”与“国有公司、企业中从事公务的人员”的衔接问题

根据相关解释，《监察法》第15条第（3）项规定的“国有企业管理人员”，主要是指国有独资企业、国有控股企业（含国有独资金融企业和国有资本控股金融企业）及其分支机构的领导班子成员，包括设董事会的企业中由国有股权代表出任的董事长、副董事长、董事，总经理、副总经理，党委书记、副书记、纪委书记，工会主席等；未设董事会的企业的总经理（总裁）、副总经理（副总裁），党委书记、副书记、纪委书记，工会主席等。此外，对国有资产负有经营管理责任的国有企业中层和基层管理人员，包括部门经理、部门副经理、总监、副总监、车间负责人等；在管理、监督国有财产等重要岗位上工作的人员，包括会计、出纳人员等；国有企业所属事业单位领导人员，国有资本参股企业和金融机构中对国有资产负有经营管理责任的人员，也应当理解为国有企业管理人员的范畴，涉嫌职务违法和职务犯罪的，监察机关可以依法调查。[①]

问题是：国有资本控股、参股企业中领导班子成员，对国有资产负有经营管理责任的人员，是否都属于监察对象？答案是否定的。

① 中共中央纪律检查委员会法规室、中华人民共和国国家监察委员会法规室编写：《〈中华人民共和国监察法〉释义》，中国方正出版社2018年版，第111～112页。

事实上，国有资本控股、参股企业是由国有企业与非国有单位、职工集体或个人共同投资组建的企业，资产由企业、所有企业的全体股东共享，而非出资任何一方所独有。公司法赋予了公司独立的法律人格，特别是公司的财产所有权。以出资者的控制地位来判断公司的性质是否妥当，其他投资主体的地位、出资、权益如何体现，都将成为问题。[①]

同时，国有资本控股、参股企业中所有管理人员（包括领导班子成员），既是对国有资产负有经营管理责任的人员，也是对非国有资产负有经营管理责任的人员。由此，国有资本控股、参股企业中对国有资产负有经营管理责任的人员包括所有国有企业的管理人员。国有资本控股、参股企业中的管理人员既包括国家机关、国有公司、企业、事业单位委派从事公务的人员，也包括非国有单位、职工集体或个人投资方委派的管理人员。随着企业治理体系的健全与完善，企业的董事会成员和总经理均需由股东会选举或者董事会决定（国有独资公司的董事会成员由相关部门直接委派的除外），而国有出资单位依法仅享有提名、推荐权。国有公司、企业改制为国有控股、参股公司后，国家持有部分股份，行为人也持有部分股份，即使是国家机关、国有公司、企业、事业单位委派从事公务的人员，“在改制后企业中任职不仅代表其本人或者他人的意志，同时又代表国有出资主体的意志的双重身份”[②]。从国企改革的角度分析，新一轮的国企改革将国企老总分为国家雇员和企业雇员两种，对前者体现“准公务员”的规则逻辑，而后者则体现市场化的职业经理人的规则逻辑。[③]对“国有企业管理人员”或者“对国有资产负有经营管理责任的人员”不加区分，均纳入监察机关的监察对象，对其涉嫌职务犯罪的均由监察机关调查，似乎与“实现对所有行使公权力的公职人员国家监察全面覆盖”的立法宗旨相违背，亦与“各级监察委员会是行使国家监察职能的专责机关”的职能定位相抵牾。

① 刘为波：《〈关于办理国家出资企业中职务犯罪案件具体应用法律若干问题的意见〉的理解与适用》，载《刑事审判参考》2010 第 6 集，法律出版社 2011 年版，第 79 ～ 98 页。

② 刘为波：《〈关于办理国家出资企业中职务犯罪案件具体应用法律若干问题的意见〉的理解与适用》，载《刑事审判参考》2010 第 6 集，法律出版社 2011 年版，第 79 ～ 98 页。

③ 胡冬阳：《论国家出资企业中“国家委派人员”的适度限缩——兼评〈关于办理国家出资企业职务犯罪案件具体应用法律若干问题的意见〉第 6 条》，载《福建警察学院学报》2015 年第 3 期。

对此，刑事立法进行了明确的限定，刑事司法实务亦积累了广泛的经验和统一的做法，值得监察机关在调查职务犯罪的过程中参考和借鉴。

刑法仅将“国有公司、企业中从事公务的人员”和“国家机关、国有公司、企业、事业单位委派到非国有公司、企业从事公务的人员”以“国家工作人员论”，并对相关职务犯罪规定了较重的法定刑，有利于将国有企业中的腐败犯罪纳入反腐败工作总体格局，依法从严惩处。随后，为明确其具体法律适用，最高人民法院与最高人民检察院相继作出一系列司法解释，对“国有公司、企业中从事公务的人员”中的“从事公务”和“国家机关、国有公司、企业、事业单位委派到非国有公司、企业从事公务的人员”的“委派”进行详细阐释。

2001 年《最高人民法院关于在国有资本控股、参股的股份有限公司中从事管理工作的人员利用职务便利非法占有本公司财物如何定罪问题的批复》对“国家工作人员”进行反面解释，即：“在国有资本控股、参股的股份有限公司中从事管理工作的人员，除受国家机关、国有公司、企业、事业单位委派从事公务的以外，不属于国家工作人员。”

2003 年《全国法院审理经济案件座谈会纪要》指出，“以国家工作人员论”的国有企业管理人员，必须是在特定条件下行使国家管理职能和依照法律规定从事公务。其本质在于，“以国家工作人员论”的国有企业管理人员应当同时具备以下两个特征：一是从事公务；二是具有一定的身份或者资格。同时，该纪要没有对公务的概念作出明确的界定，仅明确“从事公务，是指代表国家机关、国有公司、企业、事业单位、人民团体等履行组织、领导、管理、监督等职责”，强调“公务主要表现为与职权相联系的公共事务以及监督、管理国有财产的职务活动”，并将“那些不具备职权内容的劳务活动、技术服务工作，如售货员、收银员、售票员等所从事的工作”，从公务中予以排除。[①]

2005 年《最高人民法院关于如何认定国有控股、参股股份有限公司中的国有公司、企业人员的解释》强调“以国家工作人员论”的国有企业管理

① 郭清国：《〈全国法院审理经济犯罪案件工作座谈会纪要〉的理解与适用》，载《刑事审判参考》2004 第 4 集，法律出版社 2005 年版，第 178 ～ 199 页。

人员，必须是国有公司、企业委派到国有控股、参股公司从事公务的人员。

2010年《最高人民法院、最高人民检察院关于办理国家出资企业职务犯罪案件具体应用法律若干问题的意见》，对“以国家工作人员论”的“国家机关、国有公司、企业、事业单位委派到非国有公司、企业从事公务的人员”中“委派形式”、“委派主体”和“从事公务”的含义予以说明。即：经国家机关、国有公司、企业、事业单位提名、推荐、任命、批准等，在国有控股、参股公司及其分支机构中从事公务的人员，应当认定为国家工作人员。具体的任命机构和程序，不影响国家工作人员的认定。经国家出资企业中负有管理、监督国有资产职责的组织批准或者研究决定，代表其在国有控股、参股公司及其分支机构中从事组织、领导、监督、经营、管理工作的人员，应当认定为国家工作人员。国家出资企业中的国家工作人员，在国家出资企业中持有个人股份或者同时接受非国有股东委托的，不影响其国家工作人员身份的认定。对于委派的内涵及外延，应从两个方面的特征来加以理解和把握：一是形式特征，委派在形式上可以不拘一格，如任命、指派、提名、推荐、认可、同意、批准等均无不可；二是实质特征，需代表国家机关、国有公司、企业、事业单位在非国有公司、企业中从事组织、领导、监督、管理等公务活动，亦即国有单位意志的直接代表性。区分是否委派的关键不在于行为人管理职位的直接来源，而是在于其管理职位与相关国有单位的意志行为是否具有关联性和延续性。该意见对委派主体作适度扩张解释。公务性意味着，国家出资企业的公务活动主要体现为国有资产的组织、领导、监督、经营、管理活动，企业中的具体事务活动一般不应当认定为公务。①

总体来说，上述的四个司法解释对“以国家工作人员论”的国有企业管理人员的认定是一脉相承的，突出其身份或者资格与从事公务双重特征，强调对国有资产的保护，旨在限制国有企业管理人员中“国家工作人员”的范围。这种限制解释既能防止打击面过宽，又能正视刑法对国有企业中的

① 刘为波：《〈关于办理国家出资企业中职务犯罪案件具体应用法律若干问题的意见〉的理解与适用》，载《刑事审判参考》2010第6集，法律出版社2011年版，第79～98页。

国家工作人员和普通工作人员的差别化对待，能有效实现二者之平衡。从我国刑罚设计来看，法定刑配置从轻到重均有一定的梯度，可以对需要处以较重刑罚的才以国家工作人员论，对其他的可以按照一般涉企犯罪处罚即可，完全可以实现罚当其罪，做到罪责刑相适应。因此，随着企业干部行政化管理体制逐步走向瓦解，特别是十八大三中全会后启动的新一轮国有企业改革，现代企业大多建立企业法人制度，企业治理结构也相对完善，股东会、董事会、监事会相互制衡，政府机关和监察机关无须过多的干预企业发展，这种现实的变化必定带来法律规范的相应调整，在司法认定时应尽量缩小其主体范围。①

国有企业中的管理人员大多属于优秀企业家。企业家是经济活动的重要主体。改革开放以来，一大批优秀企业家在市场竞争中迅速成长，一大批具有核心竞争力的企业不断涌现，为积累社会财富、创造就业岗位、促进经济社会发展、增强综合国力作出了重要贡献。2017 年 9 月 8 日，为营造企业家健康成长环境，弘扬优秀企业家精神，更好发挥企业家作用，对深化供给侧结构性改革、激发市场活力、实现经济社会持续健康发展，中共中央国务院印发了《关于营造企业家健康成长环境弘扬优秀企业家精神更好发挥企业家作用的意见》（以下简称《意见》）。当前，利用刑事手段插手经济纠纷的现象一定程度存在。利用刑事手段插手经济纠纷，是企业家们反映较为突出的问题，直接影响到企业家人身及财产财富安全感，关系到企业家能否真正做到安心经营、放心投资、专心创业。为深入贯彻《意见》的要求，坚决防止利用刑事手段干预经济纠纷，依法保护企业家人身财产权利，对于回应企业家关切，引导企业家预期，激励企业家创新，2017 年 12 月 29 日，最高人民法院专门出台了《关于充分发挥审判职能作用为企业家创新创业营造良好法治环境的通知》（法〔2018〕1 号）。该通知明确指出，严格执行刑事法律和司法解释，坚决防止利用刑事手段干预经济纠纷。坚持罪刑法定原则，对企业家在生产、经营、融资活动中的创新创业行为，只要不

① 胡冬阳:《论国家出资企业中“国家委派人员”的适度限缩——兼评〈关于办理国家出资企业职务犯罪案件具体应用法律若干问题的意见〉第 6 条》,载《福建警察学院学报》2015 年第 3 期。

违反刑事法律的规定，不得以犯罪论处。严格非法经营罪、合同诈骗罪的构成要件，防止随意扩大适用。对于在合同签订、履行过程中产生的民事争议，如无确实充分的证据证明符合犯罪构成的，不得作为刑事案件处理。

综上所述，监察机关应当聚焦主责主业，自觉坚持监察法与刑法及立法解释与司法解释的衔接，开展国有企业管理人员职务犯罪调查。在国有企业管理人员职务犯罪调查过程中，监察机关应当坚持"宽打窄用"的思维，严格按照刑法及立法解释与司法解释的规定，将"国有企业管理人员"限缩解释为"'以国家工作人员论'的国有企业管理人员"，从而进一步营造企业家健康成长环境，更好发挥企业家作用。

二、"基层群众性自治组织中从事管理的人员"与"以国家工作人员论的其他依照法律从事公务的人员"的衔接问题

《刑法》第 93 条没有明确规定基层群众性自治组织中从事管理的人员是否属于"国家工作人员"或者"以国家工作人员论的其他依照法律从事公务的人员"。对于这些人员利用职务上的便利，非法侵占、挪用公共财物，索取、收受他人财物的，应当如何处理，一些部门的意见很不统一。2000 年 4 月 29 日第九届全国人民代表大会常务委员会第十五次会议通过的《全国人民代表大会常务委员会关于〈中华人民共和国刑法〉第九十三条第二款的解释》（以下简称《关于刑法第九十三条第二款的解释》）对此作出专门规定。即村民委员会等村基层组织人员协助人民政府从事下列行政管理工作，属于《刑法》第 93 条第 2 款规定的"其他依照法律从事公务的人员"：（1）救灾、抢险、防汛、优抚、扶贫、移民、救济款物的管理；（2）社会捐助公益事业款物的管理；（3）国有土地的经营和管理；（4）土地征用补偿费用的管理；（5）代征、代缴税款；（6）有关计划生育、户籍、征兵工作；（7）协助人民政府从事的其他行政管理工作。村民委员会等村基层组织人员从事前款规定的公务，利用职务上的便利，非法占有公共财物、挪用公款、索取他人财物或者非法收受他人财物，构成犯罪的，适用《刑法》第 382 条和第 383 条贪污罪、第 384 条挪用公款罪、第 385 条和第 386 条受贿罪的规定。

《监察法》第 15 条第（5）项规定的基层群众性自治组织中从事管理的人员，包括村民委员会、居民委员会的主任、副主任和委员，以及其他受委托从事管理的人员。根据有关法律和立法解释，这里的“从事管理”，主要是指：（1）救灾、抢险、防汛、优抚、扶贫、移民、救济款物的管理；（2）社会捐助公益事业款物的管理；（3）国有土地的经营和管理；（4）土地征用补偿费用的管理；（5）代征、代缴税款；（6）有关计划生育、户籍、征兵工作；（7）协助人民政府等国家机关在基层群众性自治组织中从事的其他管理工作。[①] 可以说，监察法中的“基层群众性自治组织中从事管理的人员”与刑法中属于“其他依照法律从事公务的人员”的村民委员会等村基层组织人员基本上实现了无缝衔接。但是，这种衔接是否恰切，则值得反思。

1. 刑法对属于“其他依照法律从事公务的人员”的村民委员会等村基层组织人员限定的目的

《刑法》第 93 条规定的公务是指国家事务，而不包括集体事务。村民委员会成员不脱离生产，也不享受国家工作人员的工资福利待遇。由于村民委员会等村基层组织担负着从事大量的村集体事务的职责，同时又要协助乡镇基层人民政府的工作。这些基层组织的人员在从事国家事务或者本集体内部事务的过程中，都存在利用职务之便实施违法犯罪活动的可能性，但是其所构成的犯罪的性质和社会危害性又可能完全不同，因此在认定其所从事的公务的性质时，要注意具体问题具体分析，防止任意扩大公务范围的倾向。[②] 正因为如此，村民委员会、居民委员会等农村和城市基层组织人员，只有在协助乡镇人民政府、街道办事处从事行政管理工作时，利用职务上的便利，非法占有公共财物、挪用公款、索取他人财物或者非法收受他人财物，构成犯罪的，方能适用《刑法》第 382 条和第 383 条贪污罪、第 384 条挪用公款罪、第 385 条和第 386 条受贿罪的规定。而村民委员会、居民委员会等农村和城市基层组织人员在从事基层组织内部事务管理过程中，非

① 中共中央纪律检查委员会法规室、中华人民共和国国家监察委员会法规室编写：《〈中华人民共和国监察法〉释义》，中国方正出版社 2018 年版，第 113 ～ 114 页。

② 《全国人民代表大会常务委员会关于〈中华人民共和国刑法〉第九十三条第二款的解释释义》，http：//www.npc.gov.cn/npc/flsyywd/xingfa/2004-10/20/content_337786.htm，下载时间：2019 年 1 月 13 日。

法占有及挪用款物、索取他人财物或者非法收受他人财物，构成犯罪的，应当适用《刑法》第 271 条职务侵占罪、第 272 条挪用资金罪和第 163 条非国家工作人员受贿罪的规定。质言之，村委会人员在从事管理时不属于从事政府性的公务。如果发生侵吞、挪用或者索要、收受财物行为的，不能按照贪污罪、挪用公款罪、受贿罪追究，而应根据情况，分别按照民事侵权行为或者刑法关于侵占、挪用资金罪等规定处理。[①]

2. 监察法对监察机关监察对象的表述歧义与矫正

《监察法》第 15 条关于“监察机关对下列公职人员和有关人员进行监察”的表述，表明“基层群众性自治组织中从事管理的人员”不属于“公职人员”（根据《监察法》第 3 条的规定，“公职人员”就是“行使公权力的公职人员”），而属于“有关人员”。同时，根据《监察法》第 15 条第（6）项的规定，“其他依法履行公职的人员”亦属于监察机关的监察对象。从形式上讲，如前所述，监察法在表述监察机关的监察对象时存在自我矛盾与自我冲突的现象。但是，从实质上讲，“所有行使公权力的人员”而非“所有行使公权力的公职人员”，是监察机关的监察对象。例如，相关权威解释就指出，“公权力是国家权力或公共权力的总称，是法律法规规定的特定主体基于维护公共利益的目的对公共事务管理行使的强制性支配力量。监察对象的范围，是所有行使公权力的公职人员。公职人员在国家的经济、政治和社会生活中行使公共职权、履行公共职责等。但是，判断一个人是不是公职人员，关键看他是不是行使公权力、履行公务，而不是看他是否有公职。”[②]

尽管监察法用语可能出现失误，尽管法条表述可能产生歧义，但是，其用语的真实含义并不意味着仅仅根据文字就可以发现。正因为如此，监察法的适用者应当避免机械地充当法律自动售货机，而是根据立法原意和正义理念，对监察机关的监察对象进行准确界定。公权力包括国家权力和其

① 《全国人民代表大会常务委员会关于〈中华人民共和国刑法〉第九十三条第二款的解释释义》，http://www.npc.gov.cn/npc/flsyywd/xingfa/2004--10/20/content_337786.htm，下载时间：2019 年 1 月 13 日。

② 中共中央纪律检查委员会法规室、中华人民共和国国家监察委员会法规室编写：《〈中华人民共和国监察法〉释义》，中国方正出版社 2018 年版，第 107 页。

他公共权力，是法律法规规定的特定主体基于维护公共利益的目的对公共事务管理行使的强制性支配力量。按照其性质，公共事务可以分为国家事务和集体事务。国家事务是指为了实现国家的政治、军事、经济、文化等职能而进行的组织、领导、监督、管理活动。集体事务是指集体组织内部的事务的组织、领导、监督、管理活动。因此，村民委员会、居民委员会等农村和城市基层群众性自治组织中从事管理的人员，不论是协助乡镇人民政府、街道办事处从事行政管理工作，还是根据宪法、村民委员会组织法等办理基层组织的公共事务和公益事业，都是行使公权力和履行公务。

正因为如此，基层群众性自治组织中从事管理的人员属于监察法中行使公权力的人员，应当作为监察机关的监察对象。因此，中央纪律检查委员会法规室、国家监察委员会法规室编写的《〈中华人民共和国监察法〉释义》（以下简称《释义》），对基层群众性自治组织中从事管理的人员，限定为协助人民政府等国家机关在基层群众性自治组织中从事管理工作的人员，并不恰当。在监察法的适用中，监察机关应当将基层群众性自治组织中从事管理的人员纳入监察对象的范围；基层群众性自治组织中从事管理的人员在从事管理过程中利用职务便利实施相关职务犯罪，应当纳入监察机关调查范围。

据报道，中央纪律检查委员会、国家监察委员会印发的《国家监察委员会管辖规定（试行）》，亦将刑法职务侵占罪、挪用资金罪和非国家工作人员受贿罪等职务犯罪案件行使管辖权。这也说明，村民委员会、居民委员会等农村和城市基层群众性自治组织中从事管理的人员，不论是协助乡镇人民政府、街道办事处从事行政管理工作，还是根据宪法、村民委员会组织法等办理基层组织的公共事务和公益事业，都属于监察机关的监察对象。

综上，对监察法“基层群众性自治组织中从事管理的人员”的界定，采取平议解释即可，而不能参照《关于刑法第九十三条第二款的解释》作出限缩解释。质言之，从监察对象范围的角度，监察法中“基层群众性自治组织中从事管理的人员”的含义与刑法中“以国家工作人员论的其他依照法律从事公务的人员”的含义不需要衔接。监察机关应当对所有“基层群众性自治组织中从事管理的人员"履行监督、调查、处置职责。当然，由于刑事立法、刑事司法对"基层群众性自治组织中从事管理的人员"，根据不同情况分别认定为"国家工作人员"和"非国家工作人员"两种不同身份，从而实施职务犯罪的犯罪性质和罪名也就不同。监察委员会在调查"基层群众性自治组织中从事管理的人员"实施职务犯罪时，需要与刑事立法、刑事司法衔接，准确认定其犯罪性质、罪名和情节。

三、"其他依法履行公职的人员"与"以国家工作人员论的其他依照法律从事公务的人员"的衔接问题

《监察法》第 15 条第（6）项规定的"其他依法履行公职的人员"，是为了防止出现对监察对象列举不全的情况，避免挂一漏万，设定的兜底条款。同样，为防止对"以国家工作人员论"列举不全，《刑法》第 93 条设定"其他依照法律从事公务的人员，以国家工作人员论"的兜底规定。那么，监察法中"其他依法履行公职的人员"与刑法中"以国家工作人员论的其他依照法律从事公务的人员"范围是否一致？如何进行衔接？

"评标委员会和竞争性谈判采购中谈判小组、询价采购中询价小组的组成人员特别是专家成员"是否属于《监察法》第 15 条第（6）项规定的"其他依法履行公职的人员"以及《刑法》第 93 条规定的"以国家工作人员论的其他依照法律从事公务的人员"，就是典型例子。

对于"评标委员会和竞争性谈判采购中谈判小组、询价采购中询价小组的组成人员特别是专家成员"是否属于《刑法》第 93 条规定的"以国家工作人员论的其他依照法律从事公务的人员"，在刑法理论中存在两种不同意见。

一种意见认为，在国家机关或者其他国有单位组织开展的工程建设招标活动和采购活动中，评标委员会和竞争性谈判采购中谈判小组、询价采购中询价小组的组成人员属于在国有单位中从事公务的人员。上述人员在评标和采购活动中，索取他人财物的，或者非法收受他人财物，为他人谋取利益的，依照《刑法》第 385 条的规定，以受贿罪定罪处罚。

另一种意见认为，应按照招标人、采购人代表和随机抽取的专家这种身份进行区别，对于发标人、采购人代表受贿的，按照《刑法》第 385 条受贿罪的规定处理，对于非招标人、采购人代表的专家受贿的，不论其本身身份如何，均按照《刑法》第 163 条规定处理。[①]

对于“评标委员会和竞争性谈判采购中谈判小组、询价采购中询价小组的组成人员特别是专家成员”是否属于《监察法》第 15 条第（6）项规定的“其他依法履行公职的人员”的问题，监察机关采纳了第一种意见。《释义》一书指出，临时从事与职权相联系的管理事务，包括依法组建的评标委员会、竞争性谈判采购中谈判小组、询价采购中询价小组的组成人员，在招标、政府采购等事项的评标或者采购活动中，利用职权实施的职务违法和职务犯罪行为，监察机关也可以依法调查。[②] 即：“评标委员会和竞争性谈判采购中谈判小组、询价采购中询价小组的组成人员特别是专家成员”是否属于《监察法》第 15 条第（6）项规定的“其他依法履行公职的人员”，监察机关是否对其实施的职务犯罪开展调查，取决于招标活动和采购活动组织单位的性质。如果招标活动和采购活动是国家机关或者其他国有单位组织开展的，评标委员会和竞争性谈判采购中谈判小组、询价采购中询价小组的组成人员属于《监察法》第 15 条第（6）项规定的“其他依法履行公职的人员”，监察机关对其实施的职务犯罪可以开展调查。反之则否。

对于“评标委员会和竞争性谈判采购中谈判小组、询价采购中询价小组的组成人员特别是专家成员”是否属于《刑法》第 93 条规定的“以国家工作人员论的其他依照法律从事公务的人员”，司法机关采纳了后一种意见。《最高人民法院、最高人民检察院关于办理商业贿赂刑事案件适用法律若干问题的意见》第 6 条规定：“依法组建的评标委员会、竞争性谈判采购中谈判小组、询价采购中询价小组的组成人员，在招标、政府采购等事项的评标或者采购活动中，索取他人财物或者非法收受他人财物，为他人谋取

① 韩耀元、王文利：《〈最高人民法院、最高人民检察院关于办理商业贿赂刑事案件适用法律若干问题的意见〉有关问题》，载《中国检察官》2009 第 8 期。

② 中共中央纪律检查委员会法规室、中华人民共和国国家监察委员会法规室编写：《〈中华人民共和国监察法〉释义》，中国方正出版社 2018 年版，第 113 页。

利益，数额较大的，依照《刑法》第163条的规定，以非国家工作人员受贿罪定罪处罚。依法组建的评标委员会、竞争性谈判采购中谈判小组、询价采购中询价小组中国家机关或者其他国有单位的代表有前款行为的，依照《刑法》第385条的规定，以受贿罪定罪处罚。”

毋庸讳言，根据上述观点，监察法中“其他依法履行公职的人员”与刑法中“以国家工作人员论的其他依照法律从事公务的人员”范围明显不一致。因此，在职务犯罪调查、审查起诉和审判具体工作中，监察机关与司法机关对此进行“法法衔接”困难重重。

关于上述问题的理解，笔者赞同监察机关的观点。理由在于：“评标委员会和竞争性谈判采购中谈判小组、询价采购中询价小组的组成人员”的主体身份认定，不能以其原有身份性质来判断，而应当以招标活动和采购活动组织单位的性质进行判断。招标活动和采购活动是国家机关或者其他国有单位组织开展的，评标委员会和竞争性谈判采购中谈判小组、询价采购中询价小组的组成人员的评标、谈判、询价行为是协助国家机关或者其他国有单位组织的管理活动，行使的是国家公权力。所以，“评标委员会和竞争性谈判采购中谈判小组、询价采购中询价小组的组成人员”应当属于监察法中“其他依法履行公职的人员”与刑法中“以国家工作人员论的其他依照法律从事公务的人员”；其在招标、政府采购等事项的评标或者采购活动中，利用职务上的便利，索取他人财物的，或者非法收受他人财物，为他人谋取利益的，应当依照《刑法》第385条的规定，以受贿罪定罪处罚。

总之，监察法中“其他依法履行公职的人员”与刑法中“以国家工作人员论的其他依照法律从事公务的人员”的衔接，应当以相关人员是否履行公务为判断标准。对于现行刑事司法解释存在错误的，衔接的最好办法在于：修改完善《全国人民代表大会常务委员会关于加强法律解释工作的决议》，赋予国家监察委员会法律解释的抽象职权，即凡属于监察委员会监察工作中具体应用法律、法令的问题，由国家监察委员会进行解释。国家监察委员会、最高人民法院和最高人民检察院的解释如果有原则性的分歧，报请全国人民代表大会常务委员会解释或决定。

四、监察人员与司法工作人员的衔接问题

十三届全国人大一次会议审议通过的宪法修正案在“国家机构”一章中专门增写“监察委员会”一节，并在其他部分相应调整充实有关监察委员会的内容，确立了监察委员会作为国家机构的法律地位。监察委员会作为行使国家监察职能的专责机关，与党的纪律检查机关合署办公，从而实现党对国家监察工作的领导，是实现党和国家自我监督的政治机关，不是行政机关、司法机关。[①] 监察法不是刑事诉讼法。因此，监察人员亦不是行政执法人员、司法工作人员或者诉讼参与人。

但是，刑法中一些职务犯罪的构成要件要求具备行政执法人员或者司法工作人员的特殊身份。如果行为主体不具备行政执法人员或者司法工作人员的特殊身份，就不成立犯罪，即《刑法》理论中的“真正身份犯”。例如，《刑法》第 247 条刑讯逼供罪、暴力取证罪，第 248 条虐待被监管人罪，第 308 条之一泄露不应公开的案件信息罪及披露、报道不应公开的案件信息罪，第 399 条徇私枉法罪，第 400 条私放在押人员罪、失职致使在押人员脱逃罪，第 402 条徇私舞弊不移交刑事案件罪等。

刑法中还有一些犯罪，虽然特殊身份不影响定罪，但是由于具备司法工作人员身份而影响量刑，即刑法理论中的“不真正身份犯”。例如，第 245 条（非法搜查罪、非法侵入住宅罪）第 1 款规定，非法搜查他人身体、住宅，或者非法侵入他人住宅的，处三年以下有期徒刑或者拘役。该条第 2 款规定，司法工作人员滥用职权，犯前款罪的，从重处罚。再如，第 307 条第 1 款（妨害作证罪）规定以暴力、威胁、贿买等方法阻止证人作证或者指使他人作伪证的，处三年以下有期徒刑或者拘役；情节严重的，处三年以上七年以下有期徒刑。该条第 2 款（帮助毁灭、伪造证据罪）规定，帮助当事人毁灭、伪造证据，情节严重的，处三年以下有期徒刑或者拘役。该条第 3 款规定，司法工作人员犯前两款罪的，从重处罚。

① 中共中央纪律检查委员会法规室、中华人民共和国国家监察委员会法规室编写：《〈中华人民共和国监察法〉释义》，中国方正出版社 2018 年版，第 62 页。

由此产生的疑问是，监察人员在职务犯罪过程中，实施上述犯罪行为，其是否构成相应的罪名或者依照相关规定从重处罚？

相关权威解释似乎对此持否定态度。例如，《释义》一书指出，监察机关及其工作人员泄露调查工作信息，可能构成《刑法》第398条的故意泄露国家秘密罪、过失泄露国家秘密罪。涉及其他滥用职权、玩玩忽职守、徇私舞弊行为的，可能构成《刑法》第397条的滥用职权罪、玩忽职守罪。[①]

事实上，监察机关及其工作人员泄露调查工作信息，仅依照《刑法》第398条的故意泄露国家秘密罪、过失泄露国家秘密罪论处，存在以下问题：（1）国家秘密的认定是非常严肃的工作，许多职务犯罪调查工作信息不符合国家秘密的要求，从而泄露调查工作信息不构成故意泄露国家秘密罪、过失泄露国家秘密罪。但是，泄露职务犯罪调查工作信息具有严重的社会危害性，不仅可能引发串通包庇等问题，更有可能对办案机关依法独立行使调查权、审查起诉权和审判权造成不利影响。（2）《刑法》第398条规定的故意泄露国家秘密罪、过失泄露国家秘密罪的犯罪主体是自然人，即国家机关工作人员。作为单位的国家机关不能构成本罪。正是因为如此，《刑法修正案（九）》在《刑法》第308条后增加了1条作为第308条之一，增设泄露不应公开的案件信息罪及披露、报道不应公开的案件信息罪。根据第308条之一的规定，司法工作人员、辩护人、诉讼代理人或者其他诉讼参与人，泄露依法不公开审理的案件中不应当公开的信息，造成信息公开传播或者其他严重后果的，处三年以下有期徒刑、拘役或者管制，并处或者单处罚金。有前款行为，泄露国家秘密的，依照本法第398条的规定定罪处罚。公开披露、报道第1款规定的案件信息，情节严重的，依照第1款的规定处罚。单位犯前款罪的，对单位判处罚金，并对其直接负责的主管人员和其他直接责任人员，依照第1款的规定处罚。据此，单位可以构成泄露不应公开的案件信息罪及披露、报道不应公开的案件信息罪，但不构成故意泄露国家秘密罪、过失泄露国家秘密罪。

① 中共中央纪律检查委员会法规室、中华人民共和国国家监察委员会法规室编写：《〈中华人民共和国监察法〉释义》，中国方正出版社2018年版，第281～282页。

《监察法》第60条、第63条、第65条等规定的监察机关及其工作人员违法行使职务犯罪调查职权的行为，与上述犯罪的客观行为具有紧密联系。《监察法》第66条明确规定，违反本法规定，构成犯罪的，依法追究刑事责任。习近平总书记指出，如果监察委员会不能够认真地履行好职责，甚至出现滥用权力的情况，就会辜负党和人民的信任。各级监察委员会一定要按照习近平总书记的要求，行使权力慎之又慎，在自我约束上严之又严。[①]因此，对于履行职务犯罪调查职责的监察机关及其工作人员，应当以“司法机关及司法工作人员”论；监察机关及其工作人员行使职务犯罪调查职权的犯罪行为，既可以按照国家机关及其工作人员，也可以按照司法机关及司法工作人员的主体认定，防止放纵监察机关及其工作人员行使职务犯罪调查职权的犯罪行为。如果国家监察委员会、最高人民法院和最高人民检察院对此认识有原则性的分歧，应当报请全国人民代表大会常务委员会解释或决定，予以衔接。

结　语

对监察对象实施的职务犯罪开展调查，是监察法赋予监察委员会的重要职责。作为刑法理论与司法实务中犯罪类型的职务犯罪，刑法根据主体身份的性质差异细化规定不同的犯罪构成并配置不同的法定刑。监察委员会对职务犯罪的性质、情节界定，必须要遵守监察法和刑法的规定。但是，监察法对监察对象的规定与刑法对职务犯罪主体的表述存在差异。为了维护法治的统一性和严肃性，提高反腐败的效率，监察委员会与司法机关需要开展监察法与刑法的“法法衔接”工作。对于监察法对监察对象的规定与刑法对职务犯罪主体存在认识分歧，根据立法目的，结合各自的工作职责，采取扩张解释、限缩解释或者平义解释的方法予以分别认定，从而实现无缝衔接。在《全国人民代表大会常务委员会关于加强法律解释工作的决议》赋予司法机关法律解释权的情况下，亟须修改完善该决议，赋予国家监

① 中共中央纪律检查委员会法规室、中华人民共和国国家监察委员会法规室编写：《〈中华人民共和国监察法〉释义》，中国方正出版社2018年版，第275页。

察委员会法律解释的抽象职权，即凡属于监察委员会监察工作中具体应用法律、法令的问题，由国家监察委员会进行解释。但是，监察机关与司法机关的相关解释应当保持协调。如果监察法与刑法、监察机关与司法机关相关规定存在难以调和的分歧时，应报请全国人民代表大会及其常务委员会解释或决定，实现有效衔接。

监察法视野下职务违法与职务犯罪的界分
——以监察程序的完善为重点

姚建龙* 尹娜娜**

摘 要：监察体制的改革使原有的反腐工作格局发生了较大变动，监察委员会（以下简称监察委）将反腐力量进行了整合，集职务违法与职务犯罪的监督、调查、处置为一体，将反腐工作提到了一个新的高度。职务违法与职务犯罪之间既相互区别，又保有联系，而监察法中两者调查程序的合一性、调查措施的共用性使这种联系又进一步加深，甚至模糊了各自的边界。本文意从两者的概念及根本性质出发，对监察法中职务违法及职务犯罪有关的规定进行探讨，并据此提出完善的方向，以还原职务违法与职务犯罪本来的界限。

关键词：监察法；职务违法；职务犯罪；界限

我国早于2016年底就开始了监察体制改革，《监察法》的出台，不仅是监察体制顶层设计的要求，也是全面依法治国与全面从严治党的有机结合，彰显了我国打击腐败违法犯罪现象、将反腐工作进行到底的决心。《监察法》的颁布实施对我国的反腐工作而言具有里程碑式的意义，一方面首次以立法的方式对“公职人员”这一法律概念作出了明确界定，实现了对履行公务人员的监察全覆盖；另一方面同时将职务违法和职务犯罪行为纳入了监察范畴，体现了对腐败行为的“零容忍”。

职务违法与职务犯罪行为虽同属于监察委的监察范畴，但违法行为与犯罪行为之间还是有着质的区别。明确职务违法与职务犯罪之间的界限，是监察程序顺利进行的必然要求，也是惩罚犯罪与保障人权的共同需要。

---

* 姚建龙，上海政法学院副校长、教授、博士生导师。

** 尹娜娜，华东政法大学硕士研究生。

一、职务违法与职务犯罪的界定标准

职务违法是指行使公权力的公职人员利用职务之便实施的违法行为，这种行为尚未达到刑法关于职务犯罪的追诉标准（数额较大、情节严重等），并不属于职务犯罪，如未达到立案标准的贪污贿赂、徇私舞弊等行为均属于职务违法行为。职务犯罪即国家公职人员利用职权实施的依照刑法应予以刑事处罚的行为，也可以说职务犯罪是触犯了刑法的职务违法行为。

（一）两者之间的关系

职务违法与职务犯罪行为之间联系紧密，职务犯罪从实质上而言也属于职务违法行为。明确职务违法与职务犯罪之间的界限，需先厘清两者之间的关系。

1. 社会危害性的同质性

职务违法行为和职务犯罪行为均具有一定的社会危害性，都是对国家和社会有害的行为，其本质是相同的。其区别就在于职务违法与职务犯罪行为社会危害的程度不同，凡犯罪行为均具有严重的社会危害性，职务犯罪也不例外，而职务违法行为虽也具有社会危害性，但较为轻微，一般不需要承担刑事责任。与一般的违法和犯罪行为相比，职务违法与职务犯罪行为对社会的不良影响更为突出。职务违法与职务犯罪的主体均具有一定的职务、掌握一定的权力，职务意味着责任，意味着管理，他们的一举一动关系着多数人的利益，倘若其徇私枉法、滥用职权，势必会损害人民群众的合法利益，使多数人的生命和财产安全受到威胁；另一方面，国家公职人员代表着政府的形象，贪污贿赂、渎职侵权等行为不仅败坏了党风和社会风气，也使政府在人民群众心中的形象大打折扣，甚至丧失公信力。

职务违法和职务犯罪行为是对整个国家肌体的腐蚀，直接危害国家机关的正常活动，削弱国家的职能，若不立即整治，可能会引发国家和整个社会的动荡。目前，我国的反腐形势依然严峻，《监察法》的出台无疑是我国反腐工作中的一记重锤，必将起到严肃党纪国法、打击贪污腐败等违法犯罪现象的作用。

2. 性质和评价的互异性

职务违法与职务犯罪从性质上而言，是具有本质区别的。职务犯罪是具有严重社会危害性的刑事违法行为，为社会所不能容忍，人们对其持强烈的谴责和反对态度；而职务违法行为只是具有一般社会危害性的行为，并未达到刑法的处罚标准，人们只是对其持否定态度。正是由于两者巨大的差异性，使得社会和公众对两者的评价截然不同。对于社会而言，是违法还是犯罪行为是评价行为严重性与否的标尺，对于公众，特别是犯罪人而言，是违法还是犯罪是他们能否做一个正常公民的条件，直接关乎其利益的增减损益。[①] 性质和评价的差异性决定了人们，尤其是办案机关，在判断一个行为究竟是属于职务违法还是职务犯罪时，一定要慎之又慎。

（二）职务违法与职务犯罪的界分标准

明确职务违法与职务犯罪的界限，是打击犯罪与保障人权的共同需要，也是监察实务工作中的关键一环。区分职务违法与职务犯罪，宜从以下几个角度入手：

1. 客观行为方面

从我国刑法关于职务犯罪的规定来看，大多数条文中都提及“数额较大”或“情节严重”等字眼。如贪污罪的立案标准通常在 3 万元以上，数额在 1 万以上不满 3 万元，涉及其他较为严重情节（用于非法活动、影响恶劣等），也应处罚，挪用公款罪、受贿罪等中也有类似规定；而滥用职权罪的处罚标准则是“致使公共财产、国家和人民利益遭受重大损失”，强调情节的严重性。职务犯罪无论是从数额还是从情节方面都有着更为严格的规定，而职务违法行为是处于合法行为与职务犯罪中间状态的一类行为。一方面行为主体有着贪污贿赂、滥用职权等出格行为，另一方面无论是数额还是违法情节方面均未达到刑法的处罚标准。换句话而言，职务违法行为一般所涉及财产的数额较小、情节轻微，尚未触犯刑法。

2. 行为所造成结果的危害程度

职务违法与职务犯罪之间很重要的一个界分标准就是行为造成的结果

① 高铭暄、孙晓：《行政犯罪与行政违法行为的界分》，载《人民检察》2008 年第 15 期。

是否严重。一般而言，职务犯罪行为所造成结果的严重程度要高于职务违法行为。如《刑法》第397条规定，国家机关工作人员滥用职权或者玩忽职守，致使公共财产、国家和人民利益遭受重大损失的，构成滥用职权罪和玩忽职守罪。刑法明文规定达到“重大损失”才构成犯罪，如果行为人因滥用职权和玩忽职守的行为，并未造成重大损失，则不能认定为犯罪行为，不能对其处以刑罚。而职务违法行为所造成的结果虽然也具有一定的危害性，但并未造成严重的后果，这种不良结果还处于可控制的范围，社会危害性比较轻。反之，职务犯罪行为所造成的结果较为严重，社会危害性比较大，需要刑法进行规制。

3. 行为所违反的法律规范

性质与社会危害程度的差异性决定了规制职务违法与职务犯罪的法律规范也是不同的。职务犯罪行为具有严重的社会危害性，其所违反的刑事法律规范，即《刑法》，需要接受刑罚的处罚。而职务违法行为所违反的是多是行政法律规范，接受的是政务处分。根据中央纪律检查委员会（以下简称中纪委）、国家监察委近期出台的《公职人员政务处分暂行规定》第3条的规定，对职务违法行为进行政务处分的依据主要包括《中华人民共和国公务员法》《中华人民共和国法官法》《中华人民共和国检察官法》《中华人民共和国企业国有资产法》《行政机关公务员处分条例》《事业单位人事管理条例》《事业单位工作人员处分暂行规定》《国有企业领导人员廉洁从业若干规定》以及《农村基层干部廉洁履行职责若干规定（试行）》等。

综合来看，职务违法与职务犯罪之间的差异还是比较大的，判断一个行为属于职务违法还是职务犯罪行为，要从其客观行为表现、行为所造成结果的严重程度及触犯的法律规范等多方面加以考虑，方能作出正确的选择。不能仅靠某一个方面的特征就轻易得出结论，特别是在正式办案过程中，要把握好职务违法与职务犯罪之间的界限，做到罪责相适应。

二、监察法视野下职务违法与职务犯罪的区分

《监察法》的颁布实施给监察工作带来了诸多变化，办案范围的扩张就

是其中之一，体现在案件性质扩张与监察对象的范围扩大两方面。案件性质的扩张主要指监察的范围不仅包括职务犯罪，也包括原来尚未明确规制的职务违法行为。一般而言，基层公职人员多数具有较强的法律意识和违法犯罪后果的预估能力，不会有较严重的犯罪行为发生，但对于违法行为，特别是轻微的违法行为，可能会有认识的误区或存在着犯罪有人管、违法无人问的侥幸心理。[①] 因而职务违法行为的数量要远远多于职务犯罪的数量，将职务违法行为纳入监察范畴是非常有必要的。对象范围的扩大体现在监察法的监察对象为所有行使公权力的公职人员，原职务犯罪查处的对象只限于国家工作人员或国家机关工作人员，将一部分行使公权力的基层公职人员排除出监察的范畴，使其处于监管的空白地带。这样做存在着一个现实悖论，基层公职人员的数量最为庞大，与群众接触最为密切，也最容易出现问题。将这一群体纳入监察范畴，实现对所有行使公权力的公职人员的全覆盖，对于净化基层风气，防止由基层人员贪腐所引发的一系列问题具有重要意义。

从监察法的视野下研究职务违法与职务犯罪的界分，宜围绕监察委监督、调查、处置的三大职能展开：

（一）对职务违法与职务犯罪行为的监督

《监察法》第 11 条第 1 款规定："监察委员会依法对公职人员开展廉政教育，对其依法履职、秉公用权、廉洁从政从业以及道德操守情况进行监督检查。"可以看出，实现对所有行使公权力的公职人员的监察全覆盖，首先是监督全覆盖而不是办案全覆盖，监察委不是一个单纯的办案机构。[②]2015 年 9 月，中央纪委书记王岐山在调研时指出监督执纪的"四种形态"，即让咬耳扯袖、红脸出汗成为常态；党纪轻处分和组织处理要成为大多数；对严重违纪的重处分、作出重大职务调整应当是少数；重违纪涉嫌违法立案审查的只能是极少数。由此可见，监察委的首要职能便是监督，监察法实施后，查办案件移送司法只是一部分，运用监督执纪"四种形态"教育挽救干

① 《国家监察法对于基层反腐的意义》，人民网，http://bbs1.people.com.cn/post/1/1/2/166799660.html。

② 徐怀顺：《监察委首要职责是监督》，载《中国纪检监察报》2018 年 3 月 7 日。

部是非常重要的部分,是监督执纪执法非常重要的职责。[①]

无论是可能出现职务违法与职务犯罪行为的党员干部,还是正常履职的公职人员,都应置于监察委的监督之下。加大对履行公务的公职人员的监督力度,不仅可以实现对职务违法与职务犯罪行为的早发现、早解决,将大多数腐败消灭在萌芽状态,防止事态的严重化,另一方面也能防止其他党员干部陷入腐败的泥沼,起到教育和警醒作用。故在职务违法与职务犯罪的监督方面,两者并没有什么实质上的区别。

(二)对职务违法与职务犯罪行为的调查

《监察法》第 11 条第 2 款规定:"对涉嫌贪污贿赂、滥用职权、玩忽职守、权力寻租、利益输送、徇私舞弊以及浪费国家资财等职务违法和职务犯罪进行调查。"监察委对职务违法和职务犯罪都有调查的权限,两者共用一套调查程序,唯一的区别在于可适用的调查措施不同。根据规定,在职务违法与职务犯罪的调查过程中,监察委可适用以下调查措施:

1. 谈话

谈话作为一项最基本的调查措施,通常用于采取初步核实方式处置问题线索期间,主要针对的是可能发生职务违法的监察对象。监察机关可以直接或者委托有关机关、人员进行谈话或要求说明情况。

2. 讯问

讯问是调查人员为了获取涉嫌职务犯罪的被调查人的陈述、供述和辩解,依照法定程序通过言辞等方式进行提问并加以固定的一种调查措施,针对的是涉嫌贪污贿赂、失职渎职等职务犯罪的被调查人。

3. 询问

询问指调查人员依照法定程序以言词方式向有关人员和证人调查了解情况的一种行为,针对的不是案件当事人,而是与案件有关的证人及其他人员。

① 《深入实践"四种形态"切实履行监察委监督职能》,人民网,http://bbs1.people.com.cn/post/1/1/2/167537806.html。

4. 查询

监察机关在调查严重职务违法或职务犯罪时，可以查询涉案单位和个人的存款、汇款、债券、股票、基金份额等财产。

5. 冻结

在查询的基础上，监察机关可以根据需要冻结涉案人员的财产，以防止当事人转移、抽逃。尤其在涉案金额较大的情况下，冻结措施有利于迅速固定证据，保证办案程序的顺利进行。

6. 调取

调取是监察机关向有关单位和个人收集证据的调查措施，具有很强的针对性，能够快速了解案件情况，掌握关键的书证物证。

7. 查封

查封是对证明被调查人有无职务违法犯罪以及情节轻重的各种财务、文件、资料进行查封，是监察机关重要的调查措施之一。

8. 扣押

监察机关可以根据需要对证明被调查人涉嫌职务违法与职务犯罪及情节轻重的财物、文件、资料等进行扣押，以保全证据。

9. 搜查

监察机关可以对涉嫌职务犯罪的被调查人以及可能隐藏被调查人或者犯罪证据的人的身体、物品、住处和其他有关地方进行搜查。

10. 勘验检查

勘验检查指的是监察机关运用科学技术手段，对与职务违法、职务犯罪有关的场所、物品、人身等进行检验与检查，以发现和固定各种用以证明案件事实的痕迹和物品。

11. 鉴定

监察机关为了查明案情，解决案件中某些专门性的问题，可以提请专业机构的专业人员进行科学鉴别和判断的一种调查措施。

12. 留置

被调查人涉嫌贪污贿赂、失职渎职等严重职务违法或者职务犯罪，监察机关已经掌握其部分违法犯罪事实及证据，仍有重要问题需要进一步调查，并有“涉及案情重大、复杂的；可能逃跑、自杀的；可能串供或者伪造、销毁、转移、隐匿证据的；可能有其他妨碍调查行为的”等情形之一时，经监察机关依法审批，可以将其留置在特定场所。

13. 通缉

若依法被留置的被调查人在逃的，监察机关可以决定在本行政区域内通缉，由公安机关发布通缉令。

14. 技术调查

技术调查针对的是重大贪污贿赂等职务犯罪，并且在有严格的审批条件下才可适用，不可超过三个月。

15. 限制出境

需经省级以上监察机关的批准，可对被调查人员及相关人员采取限制出境措施。

在上述调查措施中，询问、查询、冻结、调取、查封、扣押、勘验检查、鉴定、留置、通缉、限制出境这几类措施既可用于职务违法行为的调查过程中，也可用于职务犯罪的调查过程。讯问、搜查、技术调查这三类较为严苛的调查措施只能用于职务犯罪的调查程序中，而谈话则针对的是职务违法行为。有学者主张对监察委的调查措施予进行阶梯式的划分，即将违纪调查、职务违法调查、职务犯罪调查看作是一个阶梯式的关系，三者之间具有单向性的包容关系，从违纪到职务违法再到职务犯罪，行为范围逐渐变窄，但违法性却逐渐升高，适用措施的严厉性增强，调查措施的适用范围也就越广，职务犯罪处于梯级的顶端，职务违法其次，违纪处于最低端。① 按照这种划分方式，从严厉程度最轻的谈话至严厉程度最高的留置，所有的调查措施都可适用于职务犯罪行为，职务违法行为可适用其中的大多数，而违纪行为则只能适用谈话等最基本的调查措施。

相较于职务犯罪而言，职务违法行为无论是涉案金额还是情节的恶劣程度方面均比较轻微，这种差异在调查措施适用的种类及强度上也应有所

① 马柳颖等:《监察委调查程序设置反思》，载《政法学刊》2018 年 2 月。

体现。但从《监察法》的规定来看，这种差别似乎不是十分明显，不仅职务违法与职务犯罪适用同一监察程序，而且留置、通缉、限制出境这类具有人身强制性的措施也可适用于职务违法人员，这显然是值得商榷的。

（三）对职务违法与职务犯罪行为的处置

职务违法与职务犯罪有着本质上的差异，前者是行政违法行为，接受的是政务处分，而后者属于刑事犯罪行为，必须接受刑法的制裁。《监察法》第45条规定："对有职务违法行为但情节较轻的公职人员，按照管理权限，直接或者委托有关机关、人员，进行谈话提醒、批评教育、责令检查，或者予以诫勉；对违法的公职人员依照法定程序作出警告、记过、记大过、降级、撤职、开除等政务处分决定；对涉嫌职务犯罪的，监察机关经调查认为犯罪事实清楚，证据确实、充分的，制作起诉意见书，连同案卷材料、证据一并移送人民检察院依法审查、提起公诉。"

上述规定将职务违法行为又进行了细化，对于那些虽有职务违法行为但情节较轻的公职人员，可以免于政务处分，仅进行适当的批评教育即可，而对于那些情节较为严重的人才给予政务处分。对于职务犯罪案件，监察机关在调查清楚的基础上，则直接移交人民检察院提起公诉，由人民法院负责定罪量刑。职务违法与职务犯罪处置方面的差异性是由其根本性质决定的，对于职务犯罪而言，虽然其侦查权由检察机构转隶至监察委，但并未改变其触犯刑法的本质，因而必须由检察机关提起公诉，并由法庭进行审判，最终接受刑罚的制裁；而职务违法行为违反的是行政法规，接受的只能是行政方面的处罚——政务处分，而监察体制改革后，监察委即有权直接作出处置决定，不必再移送其他机关。因而可以看出，对于职务违法行为，监察委有权进行调查并作出最终处置，而对于职务犯罪行为，实质上只拥有调查权，其最终处置只能由法院作出。

三、对职务违法与职务犯罪监察程序相关问题的思考

自草案公布至正式实施，各界关于《监察法》的讨论就未曾停止，尤其

是对监察程序设置合理性的讨论一直热度未减。从职务违法与职务犯罪互异性的角度来看，监察程序的设置也存在诸多不合理之处。

（一）职务违法与职务犯罪调查程序设置方面

调查程序的设计是监察程序最核心的部分，但也是《监察法》实施以来为外界诟病最多的之处。主要存在以下几个方面的争议：

1. 职务违法与职务犯罪调查程序合一的探讨

在监察体制改革以前，我国反腐体系可以概括为“三架马车”模式，即党纪委为主导、检察院为保障、政府监察机关为补充，三轨并行、相对独立，分工运作、协调配合。[①] 违反党风党纪等行为由党纪委负责调查处理，政府监察机关负责处理行政违纪行为，而职务犯罪行为则由检察院来负责侦查起诉。监察委的设立将现有的党内巡查、行政监察及职务犯罪的司法侦查进行了整合，形成了全面覆盖国家机关及公务员的国家监察体系。在此基础上，将职务违法行为也纳入了监督调查的范围。

监察委虽不具有司法机关的性质，但可依法行使国家司法机关的某些权限，如搜查、勘验检查等措施及移送审查起诉等司法权利。正是基于此，监察委有启动职务犯罪调查程序的权限，作为监察机关，监察委天然地享有职务违法行为的调查权。监察委虽同时享有职务违法与职务犯罪行为的调查权，但绝不意味着其调查职务违法与职务犯罪行为可以适用同一套调查程序。原因在于职务违法与职务犯罪行为有着本质上的差异，行政处罚程序与司法制裁程序之间有着不可逾越的鸿沟。将两种性质不同的程序糅合在一起，不仅不利于职务违法人员的权利保障，而且还有可能对职务犯罪调查程序造成阻碍，引起一些不必要的争议。

2. 调查措施适用的争议

职务违法与职务犯罪在可适用的调查措施方面原则上应该有一定的区分，严重职务违法与职务犯罪在调查措施的适用方面有诸多重合，但《监察法》对严重职务违法行为并没有一个明确的界定，导致一般职务违法行为与严重职务违法行为的边界不清。关于调查措施适用的争议主要集中在留

① 秦前红：《困境、改革与出路：从“三架马车”到国家监察》，载《中国法律评论》2017 年第 1 期。

置措施方面，具体而言包括对严重职务违法行为与职务犯罪同等适用留置措施是否合理、留置措施适用时间的确定及留置场所的选用等。

（1）严重职务违法行为的判断标准问题

《监察法》将职务违法行为分为轻微职务违法行为与严重职务违法行为，两者可适用的调查措施与最后的处置方式均有不同。在调查措施的适用上，严重职务违法行为与职务犯罪行为有许多相似之处，查询、冻结、留置等强制性调查措施不仅能用于职务犯罪的调查程序中，也可用于严重职务违法行为的调查过程，但却不可用来调查一般的职务违法行为。在调查后的处置上，对轻微职务违法人员仅进行谈话提醒、批评教育、责令检查或者予以诫勉等口头上的批判教育即可，而对于严重职务违法人员，则必须依照法定程序作出警告、记过、记大过、降级、撤职、开除等政务处分。同样是职务违法行为，严重程度不同，调查过程中的强制性及处置结果的严厉性也是迥异的。职务违法与职务犯罪之间的界限原本就比较难以把握，而轻微职务违法与严重职务违法之间的界限就更让人难以捉摸了。

然而在具体的监察办案程序中，无论是职务违法与职务犯罪之间的界限，还是轻微职务违法与严重职务违法之间的界限都应该有一个明确的界定标准，绝不能似是而非，这也是监察工作后续程序顺利开展的前提和保障。

（2）留置措施的适用争议

用留置措施来取代原来的“两规”，是《监察法》颁布实施的亮点之一。“两规”作为纪检监察机关反腐的重要措施之一，虽对被调查人的人身自由有一定的约束性，但不具有法律意义上的强制力，而且在适用中也存在诸多问题，被取代也是大势所趋。留置的实质是将被调查者置于一个与外界隔离、相对比较特殊的场所，以保证调查程序的顺利进行。与其他调查措施不同，留置措施具有限制人身自由的属性，在适用过程中应尽可能地谨慎。从《监察法》关于留置措施的规定来看，目前重点存在以下几个问题：

第一，能否适用于严重职务违法行为。这一问题也是目前留置措施适用中面临的最大争议，解决这一问题的前提是明确留置措施的性质。从

《监察法》的规定来看，监察委可适用讯问、查询、冻结、查封、扣押、鉴定等调查措施，这些调查措施，有的源于已经被废止的《行政监察法》，有的源于现有的《中国共产党纪律检查机关案件检查工作条例》，但源于《刑事诉讼法》的还是居多。虽然官方认为不能简单地将监察委的“调查权”与刑事诉讼中的“侦查权”等同，但是从功能上或实际作用上讲，留置措施完全符合刑事强制措施的所有属性和特征，因而判定留置措施的性质属于刑事强制措施并无不可。[①]当然有的学者则认为，监察委对职务违法与职务犯罪行为都有调查权，“调查”的含义要比“侦查”的含义更为广泛，拥有双重属性，因而可以认为，监察委对职务犯罪案件行使的调查权相当于侦查权，而对职务违法案件行使的调查权则是普通的行政性权力，留置作为调查的一种措施，也同时具有刑事侦查与行政执法的特性。[②]留置性质的定位直接影响其能否适用于严重职务违法行为，若留置属于刑事强制措施，则其当然不得适用于尚未触犯刑法的严重职务违法行为；而若留置具有刑事强制措施与行政权力的双重属性，则其适用于严重职务违法行为并无任何不妥之处。

第二，适用条件模糊。无论留置措施属于何种性质，其具有限制人身自由的强制属性这一点是毋庸置疑的。调查程序设立的主要目的是快速、准确地查明案件情况和事实真相，若用其他调查措施就能达此目的，应尽可能地不用或者少用此类强制性措施，这也是比例原则的要求。而《监察法》第22条规定：“被调查人涉嫌贪污贿赂、失职渎职等严重职务违法或者职务犯罪，监察机关已经掌握其部分违法犯罪事实及证据，仍有重要问题需要进一步调查，并有下列情形之一的，经监察机关依法审批，可以将其留置在特定场所：其一，涉及案情重大、复杂的；其二，可能逃跑、自杀的；其三，可能串供或者伪造、隐匿、毁灭证据的；其四，可能有其他妨碍调查行为的。”在这四类情形中，第二、三种情形确属紧急情况，不适用留置措施可能导致调查程序无法进行。而第一种情形“涉及案件重大、复杂”及第四种情形“可能妨碍其他调查行为”下适用留置则仍有值得商榷之处。首先“案

① 李复达、文亚运：《国家监察法留置措施探讨》，载《西南石油大学学报》2018年3月。

② 谭世贵：《监察体制改革中的留置措施：由来、性质及完善》，载《甘肃社会科学》2018年第2期。

件重大、复杂”这一表述显得过于笼统、抽象，没有明确的判断标准，在具体的调查过程中，不同调查人员对此标准的理解与把握也不同，可能造成同案不同标的现象。另一方面，“可能妨碍其他调查行为”属于口袋式的条文，极易造成留置措施的滥用，在立法技术日益成熟的当今时代，应避免此类条文的出现，使法律条文尽可能地明确、具体。基于人权保障的要求，对留置措施的适用进行监督也是必不可少的。而且为了防止“灯下黑”的现象，在监督方式的选用上不宜选择监察委内部监督的方式，而应由第三方机构来负责监督，确保留置措施适用的必要性及适用过程中的规范性。

第三，留置期限过长。根据《监察法》的规定：“留置时间不得超过三个月。在特殊情况下，可以延长一次，延长时间不得超过三个月。”而根据我国《刑事诉讼法》第 89 条及第 154 条的规定，公安机关对犯罪嫌疑人进行刑事拘留的期限一般最长为 10 日至 14 日（包括检查批准逮捕的时间在内）；对犯罪嫌疑人逮捕后的侦查羁押期限最长不得超过 2 个月，案情复杂、期限届满不能终结的案件，可以经上一级人民检察院批准延长 1 个月。留置作为监察委调查工作中唯一剥夺人身自由的强制措施，带有刑事强制措施的属性，与刑事拘留及逮捕后的羁押对人身自由的剥夺具有相同的强度，但其期限却大大超过刑事拘留及逮捕后的羁押期限，这显然是不太合理的。[①] 另一方面，在留置前，监察机关其实已经掌握其部分违法犯罪事实及证据，也已有了大概的调查方向，而留置又是极具强制性的调查手段，6 个月的时间不仅略显拖沓，而且往往容易造成对被调查人的人身自由及权利的侵犯。

第四，留置场所的选用问题。在留置措施的适用过程中，留置场所的选用也是比较关键的问题之一。在有关留置执行场所的实践中，大概有两种模式，一种是原来纪委办理党员违纪案件审查使用的“两规”场所，现在继续作为留置的场所使用，管理主体是监察委的案件管理室，并借助武警、公安等外界力量；另一种是把公安机关管理的看守所部分设施进行改造，开辟成留置专区，但其性质依旧是留置性质，而不是司法强制措施的性质，虽

① 谭世贵：《监察体制改革中的留置措施：由来、性质及完善》，载《甘肃社会科学》2018 年第 2 期。

然监察委的案件管理室也参与管理，但主要由公安负责监管，由监察委来负责调查。[①]留置场所的设置不仅要保证调查程序的顺利进行，也要保障被调查人员的安全和基本的生活需求，在选用上应当注意两者之间的平衡。

作为一种人身强制措施，留置实质是对被调查人员自身自由的剥夺，应当谨慎适用。另一方面，留置这一措施尚处于设立之初，无论是适用条件还是适用时间、地点等方面均有许多需要完善之处，如果不积极着手实施，极易造成留置措施的滥用。

（3）调查过程中律师的介入问题

在职务违法案件中不存在律师介入的问题，但在职务犯罪案件的调查过程中，律师的介入是非常必要的。职务犯罪调查程序与职务违纪、违法调查程序之间有着本质的区分，主要原因在于职务犯罪调查从本质上而言等同于刑事侦查，在职务犯罪案件的调查中，监察委所拥有的权利及采取的措施与刑事司法程序中的侦查阶段无异。根据我国《刑事诉讼法》第 33 条的规定："犯罪嫌疑人自被侦查机关第一次讯问或者采取强制措施之日起，有权委托辩护人。"可以看出，职务犯罪侦查权转隶前，嫌疑人在侦查阶段就有申请律师帮助的权利，而转隶后，在监察委对职务犯罪的调查过程中，职务犯罪嫌疑人并不享有获得律师帮助的权利。在世界各国普遍重视人权保障的当今时代，立法中的人权保障只能前进，不能倒退，监察体制改革也不例外。而在此次监察立法的修订中，职务犯罪嫌疑人原本所享有的权利却遭到了剥夺，是立法倒退的体现。

对于外界的质疑，监察委表示，职务犯罪行为不同于一般的犯罪行为，保密性非常高，尤其在前期的调查阶段，更要注重其秘密性。之所以不让律师介入，不是怕律师的监督，而是为了防止调查信息的外泄。这一解释，在笔者看来并不具说服力。"被告人有获得辩护的权利"这是我国《宪法》明文规定的，虽然此条款文义看似仅规范刑事案件的审判阶段，但我国《刑事诉讼法》第 33 条已将其范围扩展至包含侦查在内的刑事诉讼全过程，这

① 《留置程序、场所、时间等细节问题，听刘建超权威解答！》，浙江省纪委省监委网，http://www.zjsjw.gov.cn/ch112/system/2018/03/15/030768227.shtml。

是对宪法辩护条款作出的有权解释，也使其符合了相关国际条约与通例。[①]也就是说，职务犯罪嫌疑人从侦查阶段至审判阶段，都有获得辩护的权利，这是宪法赋予其的一项基本权利，而此次《监察法》却公然剥夺了《宪法》赋予职务犯罪嫌疑人的这一权利，这是下位法对上位法的违反，与法治精神不符。秦前红教授认为，国家监察体制改革触动了我国根本政治制度——人民代表大会制度的组织与职权构成，从规范学视角看，这次改革实际上超越了现行宪法的规定。陈瑞华教授也指出，一个普通的犯罪嫌疑人尚能及时委托自己的辩护律师，而有公职的人反而不能，这样的特别法显然有违法治，根据法律面前人人平等的宪法精神，及时委托自己的辩护律师是每个公民应有的权利，不能因为涉嫌犯罪的人是公职人员就不同对待，这也有违宪法精神。[②]

（二）职务违法与职务犯罪处置程序方面

对于职务违法行为，在处置上有轻微与非轻微之分，依据其行为的严重程度，分别给予从谈话提醒、批评教育至撤职、开除等严厉程度不等的处分。对于这样的处置规定，学界并没有太多异议。相反，对于职务犯罪的处置程序，学界讨论较多，最主要的还是监察程序与司法程序的衔接问题。

职务违法案件调查程序及后续的处置与司法程序没有任何关联，而职务犯罪案件却与司法程序有着密不可分的联系。《监察法》第 45 条第 4 款规定："对涉嫌职务犯罪的，监察机关经调查认为犯罪事实清楚，证据确实、充分的，制作起诉意见书，连同案卷材料、证据一并移送人民检察院依法审查、提起公诉。"职务犯罪调查程序形成的材料最后都要移交给人民检察院来提起公诉，实现由监察程序到司法程序的转换。《监察法》第 33 条规定："监察机关依照本法规定收集的物证、书证、证人证言、被调查人供述和辩解、视听资料、电子数据等证据材料在刑事诉讼中可以作为证据使用。"监察委在"双规"调查后将涉嫌职务犯罪的案件移送检察院立案侦查，物证、

① 陈卫东：《职务犯罪监察调查程序若干问题研究》，载《政治与法律》2018 年第 1 期。

② 《中纪委：律师无权介入监察机关正在调查的职务违法和职务犯罪！》，http：//www.360doc.com/content/17/ 0719/17/29807794_672621603.shtm。

书证等实物证据移送后直接适用于侦查阶段，作为诉讼证据使用，而对于询问笔录、证人证言等言辞证据则需由检察院重新收集，并制作笔录，转化为合法的证据材料。[①] 将监察机关收集的言辞证据和实物证据一律规定可以作为诉讼证据使用，虽然看似解决了证据转化问题，但证据的可靠性却大大降低。新成立的监察委虽不同于昔日的纪委监察部门，但其工作体制、基本工作方式并未发生实质性的改变，不能因职务犯罪侦查权的转隶就肯定监察委收集的言辞证据在诉讼中的证据效力。言辞证据的稳定性较差，而且监察委在收集言辞证据时也不受《刑事诉讼法》相关规则的制约，在调查过程中，律师甚至都无法介入，其收集的言辞证据的合法性与真实性无法保障。若将其直接作为诉讼证据使用，势必会影响诉讼的公正性，甚至可能导致冤假错案。

此外，监察措施与刑事强制措施之间如何衔接与转换是职务犯罪监察调查程序与司法程序衔接的另一重要问题。该问题主要涉及持续性措施，主要包括查封、扣押、冻结与留置等，其一是涉及被调查人或犯罪嫌疑人财产权利的查封、扣押、冻结措施，其二是关于被调查人人身权利的留置。[②] 当监察机关将案件移交检察院之后，这些持续性的强制措施究竟该如何实现转换，值得进一步探讨。

四、职务违法与职务犯罪监察程序的法治化完善

从上述分析可以看出，《监察法》颁布实施之初，无论是监察程序设置层面还是办案实践过程，尚有诸多问题亟待解决。而这一系列问题的解决都离不开法治化的思维与方式，即监察程序必须在法治框架内予以完善。

（一）职务违法与职务犯罪调查程序方面的完善

主要围绕职务违法与职务犯罪调查程序分立，以及其调查措施适用的规制与完善等角度展开。

① 陈光中、邵俊：《我国监察体制改革若干问题思考》，载《中国法学》2017 年第 4 期。

② 陈卫东：《职务犯罪监察调查程序若干问题研究》，载《政治与法律》2018 年第 1 期。

1. 推动职务违法与职务犯罪监察程序相分离

有学者曾指出，“程序的对立物是恣意，因而分化和独立才是程序的灵魂”，这里的“分化和独立”，不应当仅指程序内部“权力与权利”的分化与独立，还应当包括法律程序之间的“分化与独立”，当同一主体享有多项不同性质的权力时，也应当贯彻程序分离原则的基本要求。[①]监察委虽同时具有对职务违法与职务犯罪行为的监察权，但职务违法与职务犯罪共用一套监察程序的做法却导致了行政执法程序与刑事侦查程序的混同，违背了程序分离原则的要求。职务违法与职务犯罪调查程序相分离不仅是程序分离原则的要求，也是监察工作顺利开展的现实需要。职务违法与职务犯罪调查程序的分离包含两方面的内容：一是调查主体的区分，二是调查组织机构上的独立性。

（1）调查主体上的区分

职务违法与职务犯罪案件在调查和处置上有较大的差异，对调查人员资质的要求也不同。因而，可以将调查人员分为两类，一类专门负责调查职务违法、违纪行为，而另一类则负责职务犯罪案件的调查。仅有人员上的区分还不够，最重要的是要确保每一类人员都有相应的办案能力，从而确保办案的质量。对于监察委调查人员的资质问题，有学者提出了两种解决方案：一是统一规定，一律要求调查人员具备刑事侦查资格；二是分类规定，要求职务犯罪调查人员具有特定资格，对于违纪、职务违法调查则只需具备一般执法人员资格即可。[②]在笔者看来，第一种方案过于理想化，实际操作起来会有一定的困难，第二种方案更加符合实际。

其一，监察体制改革后，行政监察机构被正式取缔，但其内部人员多数被纳入了监察委中，继续行使监察权。监察委设立之初，在人员配置和机构运转方面还存在着不少问题，原行政监察人员的融入可以很好地缓解这一困境，另一方面，这些人员大都有着丰富的监察工作经验，可以为监察办案活动提供必要的指导。其二，结合我国目前的国情来看，刑事侦查人员

① 冯俊伟：《国家监察体制改革中的程序分离与衔接》，载《法律科学（西北政法大学学报）》2017年第6期。

② 马柳颖等：《监察委调查程序设置反思》，载《政法学刊》2018年2月。

一般都需经过警校等专门学校的培训，合格后方可接触侦查实务，要求较高，而且培养成本也比较大。若要求监察人员均达到此标准，门槛似乎过高，一时难以满足。而采用第二种方案在考量现状的基础上，也能最大限度地保证监察办案的质量。此外，还需要注意职务犯罪与一般的犯罪行为还是有差别的，故职务犯罪的侦查人员除了具备普通侦查人员所应具备的一般能力外，还要熟悉职务犯罪的一些侦查技巧与办案方式，必要时可组织相关方面的岗前培训，合格后再入职。

（2）调查组织机构上的独立性

职务违法与职务犯罪监察程序的分离应从立案阶段开始，而区分的标准便是立案前所收集证据的证明标准。如果初步证据显示被调查者仅涉嫌违纪、行政违法，则调查时采用纪检证据标准或程序、行政违法判断证据标准或程序即可；而若初步证据显示可能涉嫌职务犯罪的，则调查时应采用刑事犯罪的证据标准或程序。①

在确定了行为的性质后，方可开展后续的调查工作。职务违法与职务犯罪监察程序分离的核心在于职务违法与职务犯罪组织机构的独立，这就涉及监察委内部机构的设置问题。对这一问题，目前学界有四种主张：一是主张在监察委内部设立职务犯罪侦查局，并具有一定的办案独立性；二是从监察委履行法律职能的角度出发，主张监察委内部设立综合监察部门、预防腐败部门、审计部门，综合监察部门负责监察工作、后两个部门分别负责预防腐败犯罪和财务监督工作；三是从违纪、违法到犯罪的行为发展过程出发，认为监察委应设立廉政监督部、调查部、预防部、案件管理与审查部等四个业务部门；四是从资源整合的角度出发，认为在调查权行使上不需新增设内部机构，直接赋予各纪检监察室政务违纪违法调查权、职务犯罪侦查权。②从职务违法与职务犯罪程序分立的角度来看，第一、二种主张显然更符合要求。第一种方案在保持监察机关整体稳定的基础上，另设立专门的职务犯罪侦查局，并由其独立办理职务犯罪案件，而第二种方案

① 刘艳红：《监察委员会调查权运作的双重困境及其法治路径》，载《法学论坛》2017 年第 6 期。

② 冯俊伟：《国家监察体制改革中的程序分离与衔接》，载《法律科学（西北政法大学学报）》2017 年第 6 期。

则意味着推翻监察机构现有的设置，重新组建。第二种方案较第一种方案而言改革更为彻底，实现了职务违法与职务犯罪监察程序的完全独立化，但实施起来也更为困难。基于理论与实践方面的综合考虑，笔者认为第一种方案更为适合，既保持了程序方面的适度分离，实施起来也更为方便、快捷。

推动职务违法与职务犯罪监察程序的分立，首要的就是人员配置与组织机构的分离，保持其办案的独立性。在此基础上，可再考虑调查措施等方面的区别，进一步细化。

2. 职务违法与职务犯罪可适用调查措施的规制与完善

（1）明确严重职务违法行为的判断标准

严重职务违法行为可适用的调查措施方面与职务犯罪行为更为相近，但在处置方面却又不似职务犯罪行为那样严厉。在办案过程中，其行为标准很难把握。严重职务违法行为应该是一个区间，有上限和下限之分，其上限应是职务犯罪行为，下限为一般职务违法行为，但均不包括上下限行为本身。

要准确界定严重职务违法行为的上下限，关键是要分别确定其与一般职务违法行为及职务犯罪行为的区别。一般职务违法行为与严重职务违法行为在性质上是相同的，均属违法行为，其区别在于违法程度方面，具体而言就是违法情节与涉案金额等方面；而严重职务违法与职务犯罪之间的界分其实质也就是“违法”与“犯罪”的界分，只不过这里的“违法”较一般违法行为而言程度更高，危害性更大。严重职务违法行为的上限，即职务犯罪行很容易确定，《刑法》等法律法规中都有关于职务犯罪立案标准的详细论述，难点就在于下限——一般职务违法行为的界限较难界定。在笔者看来，一般职务违法行为与严重职务违法行为的区别还是集中在违法情节与违法所涉及的金额上，有权机关可以仿照职务犯罪立案标准的设置形式，详细设定严重职务违法行为在涉案金额上的起算点，对其严重违法情节也要做一个明确限定，以满足监察实务工作的需要。

（2）留置措施的适用规制

留置作为监察程序中最为严厉的强制性调查措施，是反腐工作中的一把利剑。而这把剑却是一把双刃剑，如果运用得当，将会对职务违法犯罪行为造成有力的打击；反之，如果运用不当，则会导致权力的膨胀，人权保障将会成为一句空话。

目前，虽然留置措施在监察办案过程中已经得到了适用，但同时也遇到了一系列的问题与争议，这也说明《监察法》对留置措施的规定还有进一步完善的需要。拟从以下几个方面探讨留置措施的完善思路：

第一，留置措施适用范围的限制。有关留置措施性质的争议，笔者认为留置既然属于监察委调查工作的措施之一，因此与调查工作的性质相同，而职务违法与职务犯罪又同属调查工作范围，由此可以得出，这里的“调查”兼具行政执法与刑事侦查属性，而留置也能适用于严重职务违法行为。但也应该注意，留置与刑事侦查中的所适用的人身强制措施并无任何实质上的差别，是对人身自由的限制与剥夺，而严重职务违法人员的行为并未达此限，其不应承受与职务犯罪嫌疑人强度相同的调查措施。因而有学者提出，留置原则上只适用于涉嫌职务犯罪调查，若违纪与行政违法调查也适用留置，则需具体明确留置多少日或小时。[①]在对严重职务违法行为人是否应适用留置措施的争议面前，这一提议开辟了一条中间道路，是具有可采性的。

早在留置措施适用之前，“双规”“双指”等限制人身自由的措施便已经运用到了违纪与职务违法行为的调查过程中，故对职务违法行为适用限制人身自由的措施本身并没有任何问题。争议的关键在于留置措施较“双规”等限制人身自由方式而言更为严格，且同等地适用于严重职务违法与职务犯罪这两种性质相异的行为，不仅与比例原则不符，而且与人权保障原则也背道而驰。而上述提议完美地解决了这一争议，在肯定对严重职务违法行为适用留置措施的基础上，有区别地进行适用。在具体制度的设计上，可以参照行政拘留时限，以 15 日为一档，对于违纪、行政违法调查一般

① 童之伟：《国家监察立法预案仍需着力完善》，载《政治与法律》2017 年第 10 期。

只能留置15日，在特殊需要情况下，经审批可以延长一次，但最长不超过30日。[①]除此之外，《监察法》规定："被留置人员涉嫌犯罪移送司法机关后，被依法判处管制、拘役和有期徒刑的，留置一日折抵管制二日，折抵拘役、有期徒刑一日。"对职务违法人员而言，若对其判处行政拘留，也可用留置期限来进行折抵。

第二，对留置措施的适用条件予以明确。作为限制人身自由的一项调查措施，相较于其他措施而言，留置的适用条件应更加严格，而且要尽可能地予以明确，防止权力滥用。留置措施适用的时间应是立案后，在立案前的初查阶段，不可采用此措施。立案后留置措施的适用也不是任意的，而要满足一定的条件。《监察法》对留置适用条件的规定中出现了"案情重大、复杂"以及"可能有其他妨碍调查行为"这样的原则性规定和口袋式条文，对于此类含糊不清的规定必须予以明确。对此，笔者建议可以仿照《刑事诉讼法》关于拘留等强制措施适用条件的规定，对于可能出现的情形予以封闭式的列举，实现留置适用条件的法定化，对调查人员的自由裁量空间予以严格限制。满足留置的条件后，在适用前还需经过审批，对于批准的主体，在实践中多采用上一级审批的方式。这种审批方式的弊端在于仍属于监察机关内部的监督，缺乏外部监督。因此，不少学者提出留置的审批权应由外部司法机关行使，可以是检察院，也可以是法院。笔者认为设立监察权的外部监督方式是非常有必要的，由作为司法监督机关的检察院来对留置措施的适用进行审批也未尝不可。

第三，合理确定留置期限。对于严重职务违法行为的留置期限前述已经有所探讨，因而，这里的留置期限特指职务犯罪行为的留置期限。对于职务犯罪嫌疑人的留置期限，笔者认为应参照职务犯罪侦查权转隶前检察院办理职务犯罪案件时的羁押期限。在所参照的羁押期限的选用上宜采用逮捕期限而非拘留期限，原因在于拘留是在紧急状况下所采取的一种临时剥夺人身自由的强制方法，是逮捕前的一种过渡性措施，其与留置的属性显然不同，因而不具有参考价值。

---

① 马柳颖等:《监察委调查程序设置反思》,载《政法学刊》2018年第1期。

根据《刑事诉讼法》的规定，对被告人在侦查中的羁押期限一般不得超过2个月，对于案情复杂，在期限届满前不能终结的，经批准可延长1个月。对于职务犯罪被调查人的留置期限，也应参照此规定确立，即“留置时间不得超过2个月，在特殊情况下，经批准可以延长一次，延长时间不得超过1个月。”还应当注意，此处的批准机关指的是留置措施启动时的原批准机关。

第四，规范留置场所的设置。在留置场所的选用上，笔者认为不宜再将原来纪委和行政监察机关的“两规”“两指”作为留置场所，而应将留置场所设置于看守所内。主要是基于以下两个原因：其一，相较于“两规”“两指”等场所，看守所无论是在制度规范方面还是在硬件设施方面都占有优势。看守所成熟的制度规范可以规制监察委办案人员对其实施的讯问等活动，另一方面，职务犯罪侦查权转隶前，人民检察院办理职务犯罪案件，讯问犯罪嫌疑人时，应对每一次讯问的全过程实施不间断的录音、录像，而此次《监察法》并没有提及对该项措施的整改，因而仍应沿用此项规定。可以利用看守所现有的录音录像设备，实现对监察人员办案过程的监控。其二，将留置场所设置在看守所，可以有效发挥刑事执法检察机构（及监所检察机构）的监督作用，充分保障被调查人的合法权益。[①]规范留置场所的设置，其最终目的是保护被调查人的合法权益不受侵犯。

3. 完善调查程序中的律师介入制度

在监察体制改革中断不能只转权力，不转权利，顾此失彼。[②]获得辩护的权利是《宪法》及《刑事诉讼法》赋予犯罪嫌疑人的一项基本权利，且《刑事诉讼法》明文规定，犯罪嫌疑人自被侦查机关第一次讯问或采取强制措施之日起，便有权委托律师作为辩护人，因而，在职务犯罪调查程序中，嫌疑人已有获得律师辩护的权利，这种权利不可仅仅因职务犯罪的特殊性而被非法剥夺。

有关调查阶段律师介入的时间节点问题，笔者认为既然《监察法》没有关于这方面的特殊规定，还是应该遵循《刑事诉讼法》的规定，即“职务犯

① 汪海燕：《监察与刑诉法的衔接》，载《政法论坛》2017年第6期。

② 熊秋红：《监察体制改革中职务犯罪侦查权比较研究》，载《环球法律评论》2017年第2期。

罪嫌疑人自被监察机关第一次讯问或采取强制措施之日起，有权委托律师作为辩护人。”讯问这一调查措施在《监察法》中已有明确规定，而限制人身自由的留置措施是否能理解为规定中的“强制措施”呢，笔者认为答案是肯定的。留置在性质与效果上与拘留、逮捕等强制措施是相同的，都能起到限制人身自由，保障调查（侦查）顺利进行的效果。故职务犯罪嫌疑人有权在第一次被讯问或被留置时聘请律师作为其辩护人，由律师向其提供法律咨询，代理申诉、控告。为了保障聘请律师权能及时、有效实现，聘请律师的权利还派生出两项相关的权利，即被告知有权聘请律师的权利和无能力聘请律师时免费获得律师帮助的权利。① 这两类权利在我国刑事诉讼法中均已明文规定，监察委在办案时也应当遵循，在第一次讯问或对被调查人采取强制措施时，即告知对方有权委托律师，并在对方无能力聘请律师时为其申请法律援助。

除了有权申请律师为其提供辩护外，侦查阶段犯罪嫌疑人还享有同律师会见的权利，但同时限定，对于特别重大贿赂犯罪案件，律师会见犯罪嫌疑人时需先经侦查机关许可，在监察办案中，这条规定也应当保留。对于除特别重大贿赂犯罪案件（涉案金额 50 万元以上）以外的职务犯罪案件，应当赋予被调查人与律师自由会见的权利，不过为了保障案件信息不被泄露，可以在会见前要求律师填写保密承诺书等材料，督促律师更好地履行保密义务。而对于特别重大的贿赂案件，只有在监察机关同意时才可会见，但若监察机关至调查结束也不同意会见，这条规定就会从根本上剥夺被调查人的会见权。因此，有必要在会见制度的使用上给监察委设置一条底线，即便职务犯罪侦查内在地要求对被调查人权利进行一定的限制，这种限制应以比例原则为限，基于与刑事诉讼法相关解释合理衔接的考量，相关立法可以规定：律师在调查终结前至少有权会见被调查人一次。②

---

① 孙长永主编：《侦查程序与人权保障：中国侦查程序的改革与完善》，中国法制出版社 2009 年版，第 563 页。

② 汪海燕：《监察与刑诉法的衔接》，载《政法论坛》2017 年第 6 期。

（二）完善监察程序与司法程序的衔接机制

首先要解决的就是证据的转化问题。对于监察程序中所收集的物证、书证、视听资料、电子数据等实物证据，可以直接作为诉讼证据使用，而被调查人供述、证人证言等证据则不可直接转换为诉讼证据使用。其实对于司法程序外收集的言辞类证据能否直接作为诉讼证据使用的问题，《刑事诉讼法》第 52 条早已有了规定，“行政机关在行政执法和查办案件过程中收集的物证、书证、视听资料、电子数据等证据材料，在刑事诉讼中可以作为证据使用”，可以看出，《刑事诉讼法》在规定诉讼外证据的转化问题时也将言辞类证据排除在外。故为了提高诉讼证据的可靠性，同时也为了与《刑事诉讼法》规定的一致性，建议《监察法》在修改时，将第 33 条改为“监察机关依照本法规定收集的物证、书证、视听资料、电子数据等证据材料，在刑事诉讼中可以作为证据使用。”同时，由于监察委不属于行政机关，《刑事诉讼法》第 52 条第 2 款也应作出相应修改，即“行政机关、监察委员会在行政执法和查办案件过程中收集的物证、书证、视听资料、电子数据等证据材料，在刑事诉讼中可以作为证据使用。”同时，还需要特别注意的是，“可以作为证据使用”不等同于可以作为“定案证据”使用，其仅指这些证据具有进入刑事诉讼的资格，不需要再次履行取证手续，[①] 其最后是否能成为定案证据，还得经过一系列的审查。

对于冻结、扣押、留置等强制措施的衔接问题，《监察法》第 47 条作了一个概括性的规定，“对监察机关移送的案件，人民检察院依照《刑事诉讼法》对被调查人采取强制措施”，但是对很多细节性的问题并没有进一步地说明，如强制措施之间时间的衔接与计算问题等。考虑到监察程序和刑事程序的差异，检察机关审查立案后，应当对上述程序进行一定的转换，并详细予以规定，使案件利益相关方受到刑事诉讼法的充分保护。[②] 故建议《监察法》在这一问题的规定上进一步细化，严格限制采取强制措施的时间，保

---

① 韩旭：《监察委员会调查收集的证据材料在刑事诉讼中使用问题》，载《湖南科技大学学报》2018 年 3 月。

② 叶青：《监察机关调查犯罪程序的流转与衔接》，载《华东政法大学学报》2018 年第 3 期。

障被调查人的合法权益。

《监察法》作为我国的反腐败立法，对国家监察工作起到了统领性的作用。一方面实现了对所有行使公权力的公职人员的监察全覆盖，另一方面推动反腐工作向制度反腐深入，将党内监督同国家机关监督、司法监督等贯通起来，不断提高党和国家的监督效能。[①] 但同时我们也应意识到，目前我国的监察工作还面临诸多阻碍，不仅包括制度设计层面的因素，也有实践中所遭遇的各类困境。而解决这些问题的关键还是在于《监察法》的修改与完善，处理好监察程序之间，以及监察程序与其他程序之间的分离与衔接，为监察工作的顺利开展提供保障。

① 《监察法是反腐败国家立法》，载《人民日报海外版》2018 年 3 月 14 日。

监察委员会、人民检察院对司法人员渎职侵权犯罪立案管辖权衔接问题刍议

——基于正在进行中的刑事诉讼法修改立法背景

付文利 *

2018 年 4 月 25 日，十三届全国人大常委会第二次会议对《中华人民共和国刑事诉讼法修正案（草案）》（以下简称《修正草案》）进行了一审。《修正草案》第 2 条内容为：将第 18 条改为第 19 条，第 2 款修改为“人民检察院在对诉讼活动实行法律监督中发现司法工作人员利用职权实施的非法拘禁、刑讯逼供、非法搜查等侵犯公民权利、损害司法公正的犯罪，可以由人民检察院立案侦查。对于公安机关管辖的国家机关工作人员利用职权实施的其他重大的犯罪案件，需要由人民检察院直接受理的时候，经省级以上人民检察院决定，可以由人民检察院立案侦查”。该条规定的亮点是：人民检察院在对诉讼活动实行法律监督中发现司法工作人员利用职权实施的非法拘禁、刑讯逼供、非法搜查等侵犯公民权利、损害司法公正的犯罪（以下简称为司法人员渎职侵权犯罪），可以由人民检察院立案侦查。

虽然现有《修正草案》尚处于一审阶段，但结合国家监察体制改革与刑事诉讼法修改精神，笔者认为，这一项对人民检察院侦查权的最新规定，应是刑事诉讼法本轮修改的核心内容之一，虽然成为法律还要经过几道程序，但该条内容最终确定应无悬念。笔者这一观点并非臆想，除了立法程序上的推断外，国家监察委有关管辖的相关文件规定，以及《人民检察院组织法（修订草案）》有关条文，都与《修正草案》这一规定对应。所以，现在讨论监察委员会与检察院之间对司法人员渎职侵权犯罪的职能管辖问题，实际上具有很强的前瞻性与现实意义。

* 付文利，贵州省人民检察院研究室副主任。

一、司法人员渎职侵权犯罪，监察委员会与检察院存在立案管辖交叉问题

根据《监察法》第 11 条第（2）项规定：监察委员会对涉嫌贪污贿赂、滥用职权、玩忽职守、权力寻租、利益输送、徇私舞弊以及浪费国家资财等职务违法和职务犯罪进行调查。

根据《监察法》第 34 条规定：人民法院、人民检察院、公安机关、审计机关等国家机关在工作中发现公职人员涉嫌贪污贿赂、失职渎职等职务违法或者职务犯罪的问题线索，应当移送监察机关，由监察机关依法调查处置。

从以上有关规定可以看出，司法人员渎职侵权犯罪，当然属于监察委员会的职能管辖范围。但另一方面，《修正草案》第 2 条又规定司法人员渎职侵权犯罪，可以由人民检察院立案侦查。所以，在理论上，存在着监察委员会与人民检察院同时对该类犯罪具有侦查管辖权的问题。这个问题如果不妥善解决，将来《修正草案》通过后，在司法实践中监察委员会与人民检察院很可能会对司法人员渎职侵权犯罪的立案产生严重的管辖争议。

二、理论上监察委员会立案管辖权与检察院立案管辖权之间应当存在从属关系

既然对司法人员渎职侵权犯罪，监察委员会与人民检察院都具有立案管辖权，那么必然涉及对两机关管辖权的关系认识问题。笔者认为，严格从《监察法》与《修正草案》条文规定来看，对该类犯罪，人民检察院的管辖权应当从属于监察委员会的管辖权。理由如下：

（一）从法律效力位阶来看

监察法与刑事诉讼法属于同一位阶，刑事诉讼法的规定，不能与监察法的规定相冲突，而《监察法》中已经明确规定司法人员渎职侵权犯罪属于监察委员会立案管辖范围，刑事诉讼法相关条文修改不能突破监察法既有规定。

（二）从具体文本上看

对立案管辖权的不同表述决定了两机关管辖权的从属关系。在以往的刑事诉讼立法当中，对于立案管辖权的归属，都是确定性的表述，格式为“某一类犯罪由某机关侦查（受理）”，不存在两可性，包括《监察法》的有关规定也是如此。但非常罕见的是，《修正草案》对司法人员渎职侵权犯罪，作了“可以”由人民检察院立案侦查的表述。这就带来一个重大的问题，“可以”的主体是谁？谁来决定案件“可以”或“不可以”由人民检察院立案侦查？从逻辑上分析，这个选择权当然不应当由人民检察院来行使。因为如果立法者要赋予人民检察院排他性的管辖权的话，人民检察院就根本不存在选择“可以”或“不可以”的可能。所以，笔者认为这个“可以”的主体，不可能是人民检察院，只可能是其他机关，而这些机关中最具有现实可能性的就是监察委员会。

易言之，笔者认为，《修正草案》中人民检察院对司法人员渎职侵权犯罪立案管辖权的来源，是基于监察委员会立案管辖权的转移。亦即监察委员会如果认为对这类犯罪由人民检察院立案侦查更为合适的话，“可以”决定将具体案件交由人民检察院立案侦查。当然，监察委员会也可以自行对相关案件进行立案调查，而不交给人民检察院侦查。从两机关管辖权关系上看，明显存在从属关系，套用民法上物权取得方式的分类，人民检察院获得对相关案件的立案管辖权，是继受取得而非原始取得。在刑事诉讼管辖理论上，笔者认为这种特殊的管辖权形式可以称之为“委托管辖”或“授权管辖”。

三、在具体操作层面上可能存在的问题及分析

这一管辖权分工模式，笔者认为在理论上属于重大创新，虽然尚未正式实践，但笔者基于个人理解，认为在未来实践操作中很可能面临不少问题，下面试提出相关问题并作简要分析。

（一）个案授权还是类案授权的问题

也就是说，是由国家监察委员会与最高人民检察院出台文件，对司法

人员渎职侵权犯罪，按具体罪名进行概括授权给人民检察院立案侦查，还是由各级监察委员会根据具体个案，一案一授权呢？笔者认为，采取类案授权的方式更加可行，如果采取各级监察委员会一案一授的方式，一是可能造成各地尺度不统一，随意性太大；二是必然造成文牍往来费时，不利于保密与侦查时效；三是还可能造成推诿扯皮的问题。比如说某一检察院不接受或消极接受监察委员会的授权管辖，要予相关规制可能又需要制定很多文件并监督执行，造成司法资源严重浪费；四是还存在两机关关系对等问题。从宪法角度，“一府一委两院”是平行关系，如果进行个案授权管辖的话，实质上就存在着请示与批复的上下级关系，笔者认为并不妥当。事实上，从有关公开信息了解到的情况，监察委员会有关管辖的规范性文件中，监察委员会管辖的具体罪名范围，实际上并不包含司法人员渎职侵权犯罪相关十几个罪名。所以，笔者认为，合理的选择是，检察机关通过概括授权的方式获得对相关具体罪名的立案侦查权，各级人民检察院对于相关犯罪，可以径行立案侦查，无须征求同级监察委员会的同意（但可以通报或备案）。

另外，类案授权管辖并不是说所有涉及司法人员渎职侵权的犯罪都一律由人民检察院立案侦查。笔者认为存在以下两种例外情况：

一是根据《修正草案》规定，可以推导出对非人民检察院在对诉讼活动实行法律监督中发现的司法人员渎职侵权犯罪，比如说是监察委员会在工作中自行发现的，理论上应不属于授权人民检察院可以立案侦查的范围，监察委员会可以直接立案调查。当然，在实践中，监察委员会将这类线索移交给人民检察院，由人民检察院立案侦查的做法，也是合适的。

二是对一些具体个案，各级监察委员会可以决定由自己立案调查而不是由人民检察院立案侦查，这属于授权的应有内容。但在具体操作中，对于人民检察院尚未立案的案件，这么似乎没有问题，但对于人民检察院已经立案侦查的案件，监察委员会还能否决定自行立案调查，在理论上似乎还有较大问题，笔者倾向于不能。

（二）数罪管辖的问题

如果司法人员渎职侵权犯罪仅涉相关一罪，由人民检察院侦查当然没有问题。但在司法实践中，司法人员渎职侵权犯罪嫌疑人往往涉及受贿等其他罪名，这时不可避免会出现人民检察院与监察委员会管辖权冲突的问题。对这个问题，《监察法》第34条第2款已经明确规定："被调查人既涉嫌严重职务违法或者职务犯罪，又涉嫌其他违法犯罪的，一般应当由监察机关为主调查，其他机关予以协助。"可见，这类情形原则上都应当由监察委员会为主调查，检察机关予以配合。但如果照此执行的话，又会带来如下一些问题：

1. 如果嫌疑人被监察委员会留置的话，人民检察院能否进入留置场所对嫌疑人进行讯问

一般来说，如果被调查人既涉嫌严重职务违法或职务犯罪，又涉嫌其他违法犯罪（包括检察机关立案侦查犯罪），由监察委员会为主调查的话，大概率应当会被采取留置措施，否则，难以体现监察委员会为主调查的性质。比如说，检察机关对嫌疑人进行了拘留或逮捕，将人羁押在看守所里面，监察委员会调查人员还需进入看守所对被调查人进行调查，很难说是由监察委员会为主，检察机关配合。但如果监察委员会对检察机关侦查的犯罪嫌疑人进行了留置，带来的问题是检察机关侦查人员能否、如何进入留置场所对嫌疑人进行讯问？因为刑事诉讼法明确规定，犯罪嫌疑人被送交看守所羁押以后，侦查人员对其进行讯问，应当在看守所内进行。这就涉及在刑事诉讼中检察机关侦查人员在监察委员会留置场所进行讯问程序合法性的问题。笔者认为，这种程序理论上是合法的，并且检察机关借用留置场所同步录音录像设备也不存在问题，但需要出台相关规范性文件予以明确。

2. 如果嫌疑人被留置的话，对人民检察院相关刑事诉讼活动期限带来的可能影响

一是如果嫌疑人被监察委员会留置的话，在刑事诉讼法上则意味着嫌疑人未被检察机关采取任何强制措施，则检察机关的侦查活动完全不受刑事诉讼法有关侦查羁押期限的限制，事实上可以借用监察委员会最长达6

个月的羁押时间。另外,《修正草案》在授予人民检察院对司法人员渎职侵权犯罪案件立案侦查权的同时,又取消了人民检察院对嫌疑人指定居所监视居住的权力,可以看出立法者对检察机关侦查活动提出了更高的规范性要求。因此,对于某一犯罪嫌疑人,其仅因一罪而被检察机关立案侦查,相较犯数罪而被监察委员会留置为主调查的情况,在其刑事诉讼权利处遇上,可能存在巨大的差别,这种情况是否合理?对此,笔者认为基于监察法与刑事诉讼法的各自规定,这种情况当然是合法的,也是合理的,但另一方面,检察机关也应当加强自我约束,不得滥用嫌疑人被留置的期限进行侦查活动。二是检察机关侦查、起诉活动受到留置期限限制的问题。比如说,在留置期间,检察机关已经侦查终结,是否仍需等待留置解除,或者等待监察委员会作出相关处置后,再决定移送审查起诉?对此问题,笔者认为按照监察委员会为主调查的原则,理论上检察机关至少应当在留置解除后才可以继续相关诉讼活动。但对于监察委员会解除留置或已经作出相关处置时检察机关侦查仍未终结的,对嫌疑人检察机关完全可以按照刑事诉讼法规定予以拘留、逮捕等强制措施以保证侦查活动顺利进行。

3. 律师介入的问题

当存在某嫌疑人同时被监察委员会留置调查和检察机关立案侦查的情形时,按刑事诉讼法规定,犯罪嫌疑人自被侦查机关第一次讯问或者采取强制措施之日起,有权委托辩护人。辩护律师可以同在押的犯罪嫌疑人、被告人会见和通信。辩护律师持律师执业证书、律师事务所证明和委托书或者法律援助公函要求会见在押的犯罪嫌疑人、被告人的,看守所应当及时安排会见,最迟不得超过48小时。可见,检察机关第一次讯问嫌疑人时,就必须告知并保障其获得律师辩护的权利。但问题是,如果律师要求会见嫌疑人时,应当向谁提出?其是否有权进入监察委员会留置场所与嫌疑人会见和通信?又该由谁决定允许或不允许?对此问题,笔者认为按刑事诉讼法规定,检察机关并未对嫌疑人采取强制措施,当然也未限制其人身自由,因此,不存在检察机关允许不允许会见通信的问题,律师应当向监察委员会提出要求。根据监察法的规定,对于监察委员会立案调查的案件,律师无权介入，但本例中律师涉及的是检察机关侦查的案件，理论上似乎没有理由不允许安排会见，不过也存在如下两个阻却理由：一是因嫌疑人涉嫌监察委员会调查事由，为确保调查不受干扰而拒绝律师会见；二是因留置场所并非刑事诉讼法规定的羁押场所，不适用刑事诉讼法规定而拒绝会见。总之，对律师介入问题如何处理，笔者认为还需要深入研究。

国家监察法实施视角下职务犯罪与违法界限研究

康军[*] 石小玉[**]

一、国家监察法实施后主要问题的解析

第十二届全国人民代表大会（以下简称人大）常委会第二十五次会议通过了《关于在北京市、山西省、浙江省开展国家监察体制改革试点工作的决定》，为了更好地进行反腐工作，加强对公权力的监督，开始进行国家监察体制改革的试点工作。在改革试点的基础上，2017 年 10 月 29 日，中共中央办公厅印发《关于在全国各地推开国家监察体制改革试点方案》，2017 年 11 月 4 日，第十二届全国人大常委会第三十次会议审议通过了《关于在全国各地推开国家监察体制改革试点工作的决定》（以下简称《试点决定》），决定在全国各地开展国家监察体制改革试点工作。《试点决定》规定监察委员会由本级人大产生，可以对本区所有的公职人员进行监察，受本级人大以及上一级监察委员会监督并对其负责。再以《中华人民共和国行政监察法》为基础，形成了关于国家监察制度的基本法律。2018 年 3 月 20 日，十三届全国人大一次会议上《中华人民共和国监察法》（以下简称《监察法》）获表决通过。《宪法》第 123 条规定“中华人民共和国国家监察委员会是最高监察机关，省、自治区、直辖市、自治州、县、自治县、市、市辖区设立监察委员会”，其明确了监察委员会的性质和地位。从宪法规定可知，全国人民代表大会是最高国家权力机关；国务院是最高国家行政机关；最高人民法院是最高审判机关；最高人民检察院是最高检察机关，国家监察

* 康军，贵州大学法学院副教授，贵州大学法学院刑法教研室主任，法学博士。

** 石小玉，女，贵州大学法学院在读刑法学硕士。

委员会是最高监察机关。而且国家监察委员会由全国人民代表大会产生，负责全国监察工作；地方各级监察委员会由本级人民代表大会产生，负责本行政区域内的监察工作；监察委员会依照法律规定独立行使监察权，不受行政机关、社会团体和个人的干涉。同时对于监察委员会的级别划分与行政区划相同，由此可见监察委员会既不隶属于行政机关也不是司法机关，而是独立的监察机关，其性质是一个政治机关，与行政机关、司法机关处于并列的地位。监察委员会行使的监察权，成为了传统模式国家权力“三权”（立法权、行政权、司法权）之外一种新的权力。全国人大下属产生的“一府两院”改为了“一府两院一委”的体制。

《监察法》是党把反腐工作纳入法律轨道上的一大进步，于提升国家治理能力、推进全面依法治国的实现有重大作用和意义。但监察法的通过作为一个新兴起的监察体制的改革，其在实施上仍然存在许多问题，具体从程序和实体两方面来看。

（一）程序法的问题

法律程序能够规范权力的行使，促进权力的分工，防止权力滥用。有学者就说过，从约束公权力的角度出发，程序对于法治有基础性意义。[①]程序有助于保障实体法的实施，但其也有它的独立价值，程序为公权力的行使划定了空间，对公权力的行使形成了外在限制。程序可以限制公权力的恣意乱用，而且程序法本身的实施就体现了法律正义。在不同主体或者同一主体享有、行使多种不同权力时应遵循程序分离原则，属于法律程序运行的基本要求。[②]程序分离原则是指为了保障特定程序目的之实现，不同法律程序应当相互独立，不得出现程序混淆等情形，其实质在于保障权力正确行使、防范权力滥用。

《监察法》第7条规定：“中华人民共和国国家监察委员会是最高监察机关。”从《监察法》的内容来看，无论我国监察权属于何种性质，事实上都

① 冯俊伟：《国家监察体制改革中的程序分离与衔接》，载《法律科学（西北政法大学学报）》2017年第6期。

② 冯俊伟：《国家监察体制改革中的程序分离与衔接》，载《法律科学（西北政法大学学报）》2017年第6期。

形成了由专门反腐败机构对职务犯罪进行调查的制度现实。监察委员会享有政务违纪违法调查和职务犯罪调查的复合性权力。

一方面，监察委员会享有政务违纪违法调查权。监察委员会的设立是为了实现对所有公职人员的全面监督。根据《监察法》的规定，监察委员会享有政务违纪违法调查权。具体包括两方面的调查权：一是政务违纪调查权，是指监察委员会有权调查被监察人是否存在违背依法履职、秉公用权、廉洁从政从业等行为；二是政务违法调查权，是指监察委员会有权调查被监察人“涉嫌贪污贿赂、滥用职权、玩忽职守、权力寻租、利益输送、徇私舞弊以及浪费国家资财等职务违法行为”。在被监察人员的范围上，被监察人员涵盖了国家公职人员、国有企业的管理人员等所有行使公共权力的人员。监察委员会规制的对象主要如下：公务员法视域下的公职人员；经法律授权或政府委托有权行使公共事务的公务人员；国有企业的管理人员；公办科、教、文、卫单位的管理人员；群众、自治组织中的管理人员；其他公职人员。另一方面，监察委员会享有职务犯罪调查权。监察委员会可以“调查”国家公职人员“涉嫌贪污贿赂、滥用职权、玩忽职守、权力寻租、利益输送、徇私舞弊以及浪费国家资财等职务犯罪行为”。

一个主体既有行政方面的监察权，又有刑事侦查权，但监察法并未为其指定分开的程序，如果没有独立的程序将两种监察权予以区分，则会容易产生混淆，使有些本该承担刑事责任的因程序混淆而致承担了行政处分，反之亦然。

（二）实体法的问题

《监察法》的实施中，比较有争议的是其具体职能。第11条规定：“监察委员会依照法律规定履行监督、调查、处置职责：（一）对公职人员开展廉政教育，对其依法履职、秉公用权、廉洁从政从业以及道德操守情况进行监督检查；（二）对涉嫌贪污贿赂、滥用职权、玩忽职守、权力寻租、利益输送、徇私舞弊以及浪费国家资财等职务违法和职务犯罪进行调查。”具体而言，目前监察委员会享有政务违纪违法的调查权是争议不大，争议焦点在于其是否享有或者实际享有职务犯罪侦查权。从学理上分析，陈光中教授指出，

“针对职务犯罪的特殊调查，相当于原来的职务犯罪的刑事侦查”。支持监察委员会享有侦查权的理由如下：

首先，在职能设定上，在《试点决定》中规定，“将试点地区人民政府的监察厅（局）、预防腐败局及人民检察院查处贪污贿赂、失职渎职以及预防职务犯罪等部门的相关职能整合至监察委员会”，且规定暂时停止检察院以及行政监察法所规定的部分内容，从文本解释来看，《试点决定》虽然并没有将行政监察机关、人民检察院的查处贪污贿赂、滥用职权、玩忽职守、权力寻租、利益输送、徇私舞弊等方面的职能划归监察委员会，但其关键点仍是将此类相关职能纳入监察委员会。

其次，在调查权限上，《监察法》第 11 条第 2 款明确规定，监察委员会对涉嫌贪污贿赂、滥用职权、玩忽职守、权力寻租、利益输送、徇私舞弊以及浪费国家资财等职务违法和职务犯罪进行调查，此处使用了“调查”一词而非“侦查”。在中文语境中，“调查”一词被用于描述所有领域调查核实的活动，而“侦查”一词被特定为针对刑事案件的专门调查活动。一些学者的著作中也将刑事侦查称为“刑事调查”。[①]

最后，从调查后可以采取的措施来看，是否有权适用刑事侦查措施，也是辨认相关主体是否享有或实际享有职务犯罪侦查权的重要方面。按照我国刑事诉讼法的规定，只有在刑事立案后，法定主体才可以适用刑事诉讼法上的强制性侦查措施，否则属于违法办案。而《监察法》中明确提到，调查人员可以采取讯问、询问、留置、搜查、调取、查封、扣押、勘验检查以及特殊情况下留置等调查措施。讯问、查封、冻结、搜查、扣押、勘验、检查、鉴定在我国《刑事诉讼法》及相关司法解释上也有所规定。因此，虽然并未使用“侦查”而是使用了“调查措施”，仍然能够看出其具有的刑事侦查权。

（三）国家监察法下划分违法与犯罪的现状

犯罪是具有严重社会危害性的刑事违法行为，行政违法行为则只是具有一般社会危害性的行为。[②]违法并不一定构成犯罪，对犯罪的具体概念中

① 薛钦峰：《警察刑事调查权之滥用》，载《司法改革杂志》1999 年第 2 期。

② 高铭暄，孙晓：《行政犯罪与行政违法行为的界分》，载《人民检察》2008 年第 15 期。

是侵犯了刑法所保护的法益还是由于行为违反了刑法的规定，虽然仍存有争议，但可以明确的是，作为犯罪的行为，一定是违反了刑法的。但违法行为却不一定违反刑法，所以违法与犯罪并不等同，违法行为不一定是犯罪，但犯罪行为一定属于违法行为。

《监察法》第 11 条规定，“监察委员会依照法律规定履行监督、调查、处置职责：(一)对公职人员开展廉政教育，对其依法履职、秉公用权、廉洁从政从业以及道德操守情况进行监督检查；(二)对涉嫌贪污贿赂、滥用职权、玩忽职守、权力寻租、利益输送、徇私舞弊以及浪费国家资财等职务违法和职务犯罪进行调查；(三)对违法的公职人员依法作出政务处分决定；对履行职责不力、失职失责的领导人员进行问责；对涉嫌职务犯罪的，将调查结果移送人民检察院依法审查、提起公诉；向监察对象所在单位提出监察建议”。从条文表述上来看，监察委员会有权对违法行为进行调查，并在其涉嫌犯罪时将其移送，但监察委员会性质上是属于政治机关，其对这种涉嫌职务犯罪的认定，是一种大体上的模糊认定还是一种实质确定的认定？由条文“涉嫌犯罪”这一表述可知，涉嫌只是可能构成犯罪，行为上可能有牵连，但并不一定就构成犯罪，由此监察委员会对于犯罪与违法的区分并不是实质确定的区分。

而且法条对于违法与犯罪行为并未进行具体表述，而是直接表述“涉嫌职务犯罪的”，由此可见对行为是否构成犯罪仍然要根据刑法的标准来进行模糊判断。再结合刑法条文中的规定，例如对于贪污罪的规定就是“贪污数额较大或者有其他较严重情节才以贪污罪论处”，也即在危害程度达到一定程度的时候就作为犯罪处理，尚未达到数额较大或是有其他严重情节的时候只作为一般行政违法行为处理，所以现行的《监察法》对于违法与犯罪的界限是以行为的危害程度来进行把握的。违法轻微未触犯刑法、失职的行为都属于违法行为，但涉嫌职务犯罪的按犯罪处理。监察法对于职务行为违法与犯罪进行了区别处理，即违法行为大致有三种处理方式，第一种是作出政务处分；第二种是进行问责；第三种违法行为同时构成了职务犯罪的，则移送人民检察院，由人民检察院提起公诉。但监察委员会性质上是属于政治机关，其对这种涉嫌职务犯罪的认定是建议性结论，并非确定性决定或者实质性结论。

二、职务违法与犯罪现有法律渊源分析

（一）公务员法

公务员法的对象是公务员，也指依法履行公职、纳入国家行政编制、由国家财政负担工资福利的工作人员，所以其仅规制公务员的职务行为。内容不仅有关于公务员的资格以及奖惩等方面，也有关于职务违法行为的规定。《公务员法》作为一部法律，违反其所规定不能为的行为自然就构成违法，《公务员法》第53条规定了公务员不得为的行为，公务员必须遵守纪律，不得进行散布有损国家声誉的言论，组织或者参加旨在反对国家的集会、游行、示威等活动，组织或者参加非法组织，组织或者参加罢工，玩忽职守，贻误工作……一系列行为，所以公务员如果为以上行为，构成违法行为。第55条规定了相应法律后果，公务员因违法违纪应当承担纪律责任的，依照本法给予处分；违纪行为情节轻微，经批评教育后改正的，可以免予处分。

《公务员法》第101条又有规定，“对有下列违反本法规定情形的，由县级以上领导机关或者公务员主管部门按照管理权限，区别不同情况，分别予以责令纠正或者宣布无效；对负有责任的领导人员和直接责任人员，根据情节轻重，给予批评教育或者处分；构成犯罪的，依法追究刑事责任：（一）不按编制限额、职数或者任职资格条件进行公务员录用、调任、转任、聘任和晋升的；（二）不按规定条件进行公务员奖惩、回避和办理退休的……（七）违反本法规定的其他情形的”。由此可见，公务员法对构成犯罪的行为也是要追究刑事责任的。同时在第104条规定，“公务员主管部门的工作人员，违反本法规定，滥用职权、玩忽职守、徇私舞弊，构成犯罪的，依法追究刑事责任；尚不构成犯罪的，给予处分”。总体来看，《公务员法》对于违法行为有具体的规定，但对于犯罪行为的规定属于强调性规定，并没有实际含义，认定何种行为构成犯罪，仍需要结合刑法进行认定。对于

公务员的职务违法行为多依照本法进行处分，而构成犯罪行为的，依照刑法追究刑事责任。

（二）行政监察法

《行政监察法》是行政机关的一种内部监察，第 18 条第 1 款第 2 项至第 4 项规定了行政监察机关负有受理控告检举、调查处理违法违纪行为、受理不服申诉等职责，体现了廉政监察职能。且在第 45 条至第 49 条规定了违法责任。

第 45 条直接明确规定了被监察的部门和人员违反行政监察法为某些行为要进行问责，“被监察的部门和人员违反本法规定，有下列行为之一的，由主管机关或者监察机关责令改正，对部门给予通报批评；对负有直接责任的主管人员和其他直接责任人员依法给予处分：（一）隐瞒事实真相、出具伪证或者隐匿、转移、篡改、毁灭证据的；（二）故意拖延或者拒绝提供与监察事项有关的文件、资料、财务账目及其他有关材料和其他必要情况的……（六）有其他违反本法规定的行为，情节严重的”。即对于行为人有以上规定这些行为则构成违法。

而第 46 条至第 48 条规定了对于泄露举报事项、举报受理情况以及与举报人相关的信息；对申诉人、控告人、检举人或者监察人员进行报复陷害；监察人员滥用职权、徇私舞弊、玩忽职守、泄露秘密等违法行为，依法给予处分。并在结尾强调对行为能够构成犯罪的，依法追究刑事责任。可见《行政监察法》对于其违法行为有具体规定，但对于犯罪的规定并没有实质含义，而是强调要进行刑事上的判断。

所以，《行政监察法》与《公务员法》都有规定了违法行为类型，且有兜底条款来填补列举式的不足。同时《行政监察法》对于几种较常见易于构成犯罪的职务行为列举了出来，如果仅构成违法行为则给予处分，但对于是否构成犯罪，仍然需要结合刑法进行判断，如果构成犯罪，则按照刑法追究刑事责任。

（三）监察法

在 2018 年 3 月 20 日，第十三届全国人大一次会议表决通过了《监察法》，共有 9 章 69 条，国家主席习近平签署第 3 号主席令予以公布，国家监察法自公布之日起施行，《行政监察法》同时废止。我国大部分公务员和干部是共产党员，接受党纪机关监督。同时，行政机关公务人员接受行政监督。但是，对非行政机关且没有中共党员身份的公职人员的监督，一直以来是一个盲区和空白。依之前的《行政监察法》，其监察对象只是行政机关中的公务员队伍，对非公务员身份的公职人员缺少监督管制，此次新的监察法的对象是所有的公职人员，将国有企业管理人员、基层群众性自治组织中从事管理的人员等纳入监察对象，能够更好地对公职人员的行为进行管理，惩治其违法行为。

根据《监察法》的规定，监察委员会成立后，对涉嫌职务犯罪的行为，监察委员会调查终结后移送检察机关依法审查、提起公诉，由人民法院负责审判。对职务违法行为，监察法进行了较为具体的规定，同时在第 11 条对职务犯罪也进行了规定。处置情况大体可以分为三类。第一类是对有职务违法行为但情节较轻的公职人员，可以进行谈话提醒、批评教育、责令检查，或者予以诫勉。第二类是对滥用职权、玩忽职守、权力寻租、徇私舞弊及浪费国家资财等职务违法，但尚未构成犯罪的公职人员，可作出警告、记过、记大过、降级、撤职、开除等政务处分决定。第三类是对涉嫌职务犯罪的公职人员，移交检察机关提起公诉。但对于第三类这种，构成犯罪的由监察机关移交检察院提起公诉，此处就使得监察机关有了判断某一行为为犯罪行为还是一般的职务违法行为的权利。

（四）刑法及其司法解释

在刑法中对于犯罪的规定是："一切危害国家主权、领土完整和安全，分裂国家、颠覆人民民主专政的政权和推翻社会主义制度，破坏社会秩序和经济秩序，侵犯国有财产或者劳动群众集体所有的财产，侵犯公民私人所有的财产，侵犯公民的人身权利、民主权利和其他权利，以及其他危害社会的行为，依照法律应当受刑罚处罚的，都是犯罪。"同时又但书规定了"但是情节显著轻微危害不大的，不认为是犯罪。"张明楷教授曾提过，只有具备以下三个条件，才能受刑罚处罚：其一，危害社会的行为必须被法律类型化为构成要件，亦即刑法分则或其他刑罚法规明文规定处罚这种行为。其二，危害社会的行为不是情节显著轻微危害不大的行为。其三，仅有危害社会的行为还不能受刑罚处罚，只有根据《刑法》的相关规定，当行为人对危害社会的行为与结果具有故意（《刑法》第 14 条）或者过失（《刑法》第 15 条），行为人达到责任年龄（《刑法》第 17 条）、具有责任能力（《刑法》第 18 条），并且具有期待可能性时（《刑法》第 16 条），才能受刑罚处罚。犯罪与违法是两个不同类的概念，是罪与非罪的区别。职务违法与犯罪也有此区别，职务犯罪行为一定是违法行为，职务违法行为构成犯罪要满足刑法条文中规定的几点：首先是危害社会的行为，其次要应受刑罚处罚，最后还得达到一定严重危害性的程度。我国没有特别刑法，所以构成行为要符合刑法规定才能认定为犯罪行为，对于典型的职务犯罪，在刑法中都有具体规定，例如第八章的贪污贿赂罪和第九章的渎职罪以及职务侵占罪、挪用公款罪等等。

三、国家监察法实施后划分违法与犯罪的方法论问题

上文我们已经进行讨论，监察委员会有两个职能，一个是违法违纪调查权，一个是刑事方面的调查权。也即监察委员会有权依照法律对公职人员进行调查，对于其中违法违纪的可以进行处罚，对于涉嫌刑事犯罪的则移交检察院提起公诉，由此监察委员会对于公职人员的行为是构成普通违法还是犯罪，有一定的判断权限，对于明显严重的犯罪行为以及明显情节较轻的违法行为监察委员会都是容易作出判断从而分类对待的。我国刑法分则对犯罪行为的规定是从定性和定量结合来认定的，犯罪行为是违法行为的严重性达到一定程度，所以在对于某一行为的性质进行认定后，往往是通过“数额”“情节”“后果”等定量因素对其社会危害性抑或是法益侵害性进行判断。当行政违法达到“情节严重”或法律要求的起刑数额，行政违法构成就会转化为犯罪构成，行政违法行为就构成犯罪。[①]但对于一些处于

① 王楚：《行政处罚与刑罚的竞合与衔接研究》，载《行政与法》2011 年第 3 期。

入罪边缘的违法违纪行为同时又有可供考量的一些定量情节时如何进行认定考虑呢？违法行为与犯罪行为是性质完全不同的两个行为，其所承担的法律责任不同，前者承担的是一种行政处分，而后者是刑罚。[①]一律认定为犯罪似乎并不利于刑法改造犯罪人功能的发挥，也不利于人权保障。且考虑到监察法为了加快反腐目的以及监察机关的职能设置，监察法作为一个行政反腐目的的法律，监察机关作为一个党的政治机关，其对一个违法行为的判断要结合党纪、政纪，大部分是行政方面的处理，所以对于监察法下的危害较轻的刚达到入罪门槛的行为应该多考虑作为违法行为行政处分处理。所以本文基本持非罪化态度来进行讨论，具体对于此类行为性质如何进行认定？笔者拟从刑法规定及司法解释、刑法的基础理论、刑事政策三个方面来进行多方考虑。

（一）刑法和相关司法解释的分析

刑法条文中对犯罪的基础定义是行为侵犯了受保护的法益，同时是危害社会的行为，且依照刑法应当受到刑罚处罚才是犯罪行为。同时后半段又但书规定了："但是情节显著轻微危害不大的不认为是犯罪"，将定量的因素添加到了犯罪概念认定中。在这一总则指导下，刑法分则在具体犯罪的罪状部分设置了大量的定量因素，将那些形式上符合具体犯罪构成的定性要件，但其社会危害性尚未达到刑罚处罚程度的行为排除在犯罪的范围之外。[②]刑法的犯罪概念的规定为区分违法与犯罪提供了一个原则性引导。

所以认定是否构成犯罪，要看行为是否侵犯了以上法益同时是刑法规定为犯罪，同时要考虑量上是否达到了足够的危害性。而监察委员会可以对涉嫌贪污贿赂、滥用职权……等职务违法和职务犯罪进行调查，对违法违纪行为进行处分，犯罪行为移送检察院。对于犯罪和违法二者的处理截然不同，所以要把握违法和犯罪的区分界线。以贪污罪为例，贪污罪的定义是国家工作人员利用职务上的便利，侵吞、窃取、骗取或者以其他手段非法

① 高铭暄，孙晓：《行政犯罪与行政违法行为的界分》，载《人民检察》2008年第15期。
② 王志祥：《犯罪构成的定量因素论纲》，载《河北法学》2007年第4期。

占有公共财物的行为。[①]对于贪污罪来说，符合了主体以及客观行为并不一定就成立贪污犯罪，要成立贪污犯罪还需考虑具体数额。《刑法》第 383 条第 1 款第 1 项规定贪污数额较大或者有其他较严重情节才以贪污罪论处。所以对于贪污罪的违法与犯罪的界限是数额较大或有较严重情节，又结合司法解释《关于办理贪污贿赂刑事案件适用法律若干问题的解释》，[②]根据刑法明文规定能够看出达到数额较大的，显然构成了贪污罪；不满 1 万元的贪污行为构成违法，但是不构成贪污罪的，监察机关可以依法进行处分或问责。所以国家工作人员的较轻的贪污行为违法与犯罪的界限是数额和情节的双重考虑。特别是在数额刚刚达到入罪标准，也即 1 ～ 3 万元时，不能直接进行定罪处罚，还要考虑到具体情节，必须符合情节较重时才认定犯罪，如果情节十分轻微，则不认为是犯罪。而受贿罪的处罚，刑法修正案九将其修改为按照贪污罪的处罚规定处理，即也是“数额较大或有其他严重情节”，考虑数额和情节两方面来认定犯罪，在情节轻微时也可以不作为犯罪处理。再以渎职罪中的玩忽职守罪为例，玩忽职守行为是否成立犯罪，刑法中的规定是要达到“致使公共财产、国家和人民利益遭受重大损失”的程度。而具体如何明确这个程度，《渎职罪案件解释一》中规定具有几种情形，则应认定为“致使公共财产、国家和人民利益遭受重大损失”：(1)造成死亡 1 人以上，或者重伤 3 人以上，或者轻伤 9 人以上，或者重伤 2 人、轻伤 3 人以上，或者重伤 1 人、轻伤 6 人以上；(2)造成经济损失 30 万元以上；(3)造成恶劣社会影响的；(4)其他致使公共财产、国家和人民利益遭受重大损失的情形。所以认定是玩忽职守这个行为是一般行政违法行为还是犯罪行为，也要具体考虑在数额、法益侵害等一些定量情节。

由此可见，刑法以及司法解释在一些职务犯罪违法与犯罪的界限上是采取了定性和定量相结合进行判断的方法，行为是否构成犯罪，不仅要看

① 张明楷：《刑法学》，法律出版社 2017 年第五版，第 1182 页。

② 贪污数额在 3 万元以上不满 20 万元的，应当认定为“数额较大”；数额在 1 万以上不满 3 万元的，同时具有以下情形之一的，认定为“其他较重情形”：(一)贪污救灾、抢险、防汛、优抚、扶贫、移民、救济、防疫、社会捐助等特定款物的；(二)曾因贪污、受贿、挪用公款受过党纪、行政处分的；(三)曾因故意犯罪受过刑事追究的；(四)赃款赃物用于非法活动的；(五)拒不交代赃款赃物去向或者拒不配合追缴工作，致使无法追缴的；(六)造成恶劣影响或者其他严重后果的。

行为客观上是否符合构成要件，同时要满足了一定的“量”的要求。刑法分则具体罪状的描述，主要是通过数额、情节、后果等定量因素体现行为的社会危害性。[①] 而这些定量因素是由各个罪名具体情况具体分析得来，针对不同的罪名确定不同的标准。为了控制将情节较为轻微的危害行为盲目犯罪化，刑法及司法解释规定需要达到一定严重情节。由此监察机关从刑法及司法解释角度进行是否为犯罪判定时首先可以判断行为是否符合构成要件，在符合构成要件后，要对这些刑法及司法解释所规定的影响因素进行考虑，对于处于界限边缘的行为如果未有刑法及司法解释规定的严重情节，则不作为犯罪处理。这一点也限定了监察机关不得滥用权力。

（二）刑法基础理论中的分析方法

监察法实施后，规定了监察机关有权对公职人员进行监督、调查、处置，且“对涉嫌职务犯罪的，将调查结果移送人民检察院依法审查、提起公诉”。对于违反监察法的行为，即监察法实施后，监察机关对于公职人员的行为是一般违法行为还是犯罪有一定的判断权限。同时由于行为要构成犯罪必须要符合刑法规定，所以对其性质要如何进行判断仍然还需要结合刑法来看。本着尽量符合监察法设置目的，尽量考虑非罪化处理的原则，笔者拟从刑法的基础理论入手，具体从犯罪的概念及理论、刑法减刑规定、刑法的谦抑性角度来研究监察法实施下违法与犯罪的界分方法论。

1. 从犯罪的基础理论出发

从犯罪的概念出发，对犯罪的构成要件进行讨论的学说有四要件、三阶层、两阶层等学说，但目前主流开始趋向于两阶层，张明楷教授持此观点。由此构成犯罪行为需要两个条件即不法和有责。要判断某一行为是否构成犯罪行为，从客观到主观分析，要先从不法层面出发。不法是指行为符合构成要件且违法，即包括符合构成要件的事实和违法的评价两方面，此处对于违法的评价是从违反的刑事法律上评价。所以违法性的评判，是刑法规范作出否定评价的事态的属性、评价，故其内容便由刑法的目的来决

① 储槐植、张永红：《刑法第 13 条但书的价值蕴涵》，载《江苏警官学院学报》第 18 卷第 2 期。

定。[①]所以犯罪行为是应当具有实质的违法性，即符合刑法的规定且具有科处刑罚的价值的行为。监察法下的行为违法与犯罪的评判，我们常以行为的危害程度作为违法与犯罪的区分，但实际上在行为具有符合构成要件的事实以及违法性后，还应考虑其是否具有实质的违法性，也即是否值得刑法科处刑罚。行为有危害性不等于就值得科处刑罚。对于不具有实质违法性的行为，不宜适用于刑罚处罚，但可以由监察机关对其进行处分。

每一个犯罪行为都是一定的危害社会的行为的客观特征和主观特征的统一。[②]只有客观上行为不法的判断，还不足以认定犯罪，还需要对行为人的主观责任方面进行调查，需要基于国民预测可能性，排除非难可能性。行为人对所实施的不法行为有责任（故意或过失）时，其才应该受到刑罚处罚。比如对于实践中有些下级干部因为上级命令从事的违法行为，具体考虑其责任方面，不得已这么做的情况下，出于非难可能性，可以进行行政处分而不作为犯罪处理。

2. 结合刑罚的裁量方面来看

可以从自首、立功等方面来考虑监察法下对于临界的犯罪与违法边缘的行为非犯罪化处理。也即如果行为人自首、立功等行为使得自己的犯罪行为所造成的危害大大减少，处以刑罚则会罪刑不相适应时，可以考虑将此类行为非犯罪化。来看一则案例，沈阳客运集团公司场站管理分公司经理陈某某案[③]，陈某某利用职务便利贪污 2 万多元，并证据确凿，陈某某也予以承认。但最终法院考虑到被告人陈某某案发后，在未受到调查谈话前，向本单位党务负责人员表示要主动前往检察机关说明问题，在检察人员到本单位后，能如实供述自己的犯罪事实，所以陈某某的行为成立自首；结合被告人陈某某在归案后已将涉案赃款全部上缴，认定被告人犯罪情节轻微，最终认定其构成贪污罪，但对其免于刑事处罚。此处也体现了上文中从刑

① 张明楷：《刑法学》，法律出版社 2017 年版，第 88 页。

② 契希克瓦节：《苏维埃刑法总则》，中央人民政府法制委员会编译室、中国人民大学刑法教研室译，法律出版社，第 206 页。

③ 案例来源：中国裁判文书网，陈某某贪污罪，http://wenshu.court.gov.cn/content/content?DocID=55f1eedc-158e-4a11-85a2-cc235cc52f72&KeyWord=%E8%B4%AA%E6%B1%A1，下载日期：2018 年 6 月 22 日。

法以及司法解释出发来认定犯罪时，符合入罪要件后还有考虑一些定量情节的原则。

自首是指犯罪以后自动投案，如实供述自己的罪行的行为。自首中有一类特殊的自首叫准自首，两者的区别是准自首是被采取了强制措施的行为人如实向司法机关供述其尚未掌握的本人其他罪行的情形。《刑法》第67条有规定："对于自首的犯罪分子，可以从轻或者减轻处罚；其中犯罪较轻的，可以免除处罚。"刑法中的规定也可以体现出在犯罪行为本就较轻，自首又大大节约了司法机关的资源，同时还在一定程度上能减少犯罪行为的危害，可以对其免除处罚，如果再科以刑罚处罚，则一方面使其承担责任过重，罪刑不适应；另一方面没有必要进行刑罚处罚还处以刑罚，也会浪费国家资源。所以在监察法下对违法与犯罪进行认定时也可以考虑这一因素，如果没有必要科处刑罚，可以对其进行处分节约司法资源。立功是犯罪分子有揭发他人犯罪行为，查证属实，或者提供重要线索，从而得以侦破其他案件，以及其他有利于预防、查获、制裁犯罪的行为。自首是减少自己犯罪行为的危害，而立功是减少他人犯罪行为带来的危害。对于立功的法律后果规定是"可以从轻或者减轻处罚，有重大立功表现的，可以减轻或者免除处罚。"所以对于立功行为在减少他人犯罪行为对社会的危害程度较为重大时，也可以对其本人免除处罚，类似于我们常说的功过相抵。由此，在监察机关处理犯罪行为时，若行为人的重大立功足以抵消其之前的罪过，可以将其作为非犯罪化处理。而且，自首、立功等制度的设立本就是为了鼓励行为人积极认识到自己的错误同时作出努力减少损失，所以从刑罚裁量方面出发，在处于入罪门槛但同时又危害不大的违法行为，监察机关在考虑是否将其作为犯罪行为移交检察院时，可以加入考量行为人的危害性在一些裁量因素评判后看是否还有必要科处刑罚，如果没有必要，则在监察法下将其作为违法行为处理也足以。

3. 罪刑法定原则是对犯罪行为认定的重要原则

罪刑法定原则是刑罚的基本原则，其要旨在限制国家的刑罚权，尤其是刑事司法权，以期保障公民个人的权利与利益。[①]要求“法无明文规定不为罪，法无明文规定不处罚”，罪行法定的核心思想基础是保障人权，禁止处罚不当罚的行为。而新监察法中监察机关拥有对犯罪问题进行判断的权力，涉及犯罪的判断，自然也要遵守罪刑法定原则。不可盲目肆意地扩大犯罪的认定范围，而是要尽量控制犯罪的认定范围。在对某一行为是否构成犯罪不能确认时，就不应该作为犯罪行为处理。

此外，刑法具有谦抑性。在法律体系中，刑法应是最后予以考虑的保护手段只有在其他手段不起作用的情况下，它才能允许被使用。[②]谦抑性原则又称补充性原则，指没有可以代替刑罚的其他适当方法的条件下，立法机关才能将某种违反法律秩序的行为设定成犯罪行为。[③]所以监察机关在认定犯罪时，要遵循罪刑法定原则，还应考虑行政处分是否足以使行为人对其行为负责，在穷尽其他处罚仍不能够使其所受处罚与行为相适应时，再考虑刑法的规定。而根据刑法的谦抑性延伸，情节显著轻微危害不大的行为，依法不受刑罚处罚。[④]也就是行为如果没有达到一定的严重情节则根本不构成犯罪，例如玩忽职守行为，并没有导致严重后果的，则行为从根本就不成立犯罪。所以我国对犯罪行为进行定罪是考虑定性和定量两个因素，分则中对于具体犯罪的描述的基本罪状，体现了对行为的基本方式、社会危害性的评价。而对于定量方面的判断，主要是通过数额、情节、后果等定量因素体现。[⑤]也即评判行为的社会危害性方面的问题。由此，监察法下对于违法与犯罪的区分首要在其达到一定的社会危害性，符合犯罪构成后，对行为还应考虑其是否仅用处分就足以使责任人承担责任。

所以监察机关在判断行为的性质是否为犯罪时，罪行法定的基本原则以及刑法的谦抑性都应坚持贯彻整个判断过程。

从经济角度出发，尽量进行行政处分。首先，行政处罚的程序比较高

① 陈兴良：《刑法的刑事政策化及其限度》，载《华东政法大学学报》2013 年第 4 期。

② ［德］克劳斯·罗克辛：《德国刑法学总论》（第 1 卷），王世洲译，法律出版社 1997 年版，第 23 页。

③ 冯江菊：《行政违法与犯罪的界限——兼谈行政权与司法权的纠葛》，载《行政法学研究》2009 年第 1 期。

④ 张明楷：《刑法学》，法律出版社 2017 年第五版，第 87 页。

⑤ 储槐植、张永红：《刑法第 13 条但书的价值蕴涵》，载《江苏警官学院学报》第 18 卷第 2 期。

效便捷，耗费国家资源较少，而刑罚的程序由于其严厉性则比较严谨，耗时长，程序复杂。其次，行政处罚证明程度低。行政机关在考虑全部证据材料后，当收集的证据达到了使待证事实成立的可能性大于待证事实不成立的可能性的程度时，就可认定待证事实，以此作为裁决的依据。[①] 而刑事案件的证据要求达到“犯罪事实清楚，证据确实充分”，所以刑事程序在证据要求上更高，耗费时间也就越长。此外，有些行为用刑罚处罚所获得的受益小于使用刑事程序所花费的资源时，就应该考虑采用对其作为一般违法行为处理，可以节约不必要的资源浪费。陈兴良教授提出针对某些刑法成本投入比较大的违法行为，通过刑罚所得到的效益要小于其所产生的消极作用，就应当避免犯罪化，对行政违法适用刑罚要付出一定的代价，只有代价可以取得有效预防和抵制犯罪的效果时，才是值得付出的，也是经济的。[②] 由此，监察法作为一个以高效反腐为目的的法律，其处罚兼顾党纪、政纪，在违法与犯罪竞合的同时，应对此类因素加以考虑，对情节比较轻微的行为进行行政处分更加合适。

综上，从刑法的基础理论来分析，违法行为是行为人具有主观过错，实施的违反了相应的法律法规、具有社会危害性、且应承担法律责任的行为。犯罪行为则是符合刑法所规定的社会危害性更严重的违法行为。对于违法和犯罪的划分，应遵循从客观到主观进行判断。具体来说，首先要在罪刑法定原则下进行，判断行为是否符合犯罪构成要件（包括客观行为要件的符合，以及主观上要件的符合），如果符合构成要件再进行“量”是否达到入罪程度的判断（情节、数额、后果等方面）。在行为符合构成要件，达到入罪的定量后，考量是否有刑法裁量方面的一些因素，可以大大减轻了犯罪行为带来的危害性，同时斟酌经济上的原因，以及刑法的谦抑性，如果行为的危害性已经很小，而且进行刑罚会浪费大量资源，同时进行行政处分已经足以对行为进行规制，则不必要启动刑罚程序，直接将行为作为违法违纪行为进行处理。

---

① 袁劲屹：《论行政处罚的证明标准》，载《齐鲁药事》2008 年第 3 期。.

② 陈兴良：《刑法的价值构造》，中国人民大学出版社 2006 年版，第 327 ～ 328 页。

（三）刑事政策的解析

刑事政策对刑法影响重大，在20世纪80年的“严打”刑事政策时期，对于犯罪行为的认定和处理程序都比较简便、快捷，新增了许多死刑罪名，对于一些犯罪不顾审限而快速结案，因此也有了不少冤假错案。而当今，在我国社会治安逐步好转的情况下，开始实施宽严相济的刑事政策，对一些危害性大的犯罪仍然要依法惩罚，例如对于累犯规定了限制减刑等。但对于一些危害性不大的情形则宽大处罚，例如针对未满十八岁的未成年犯罪的从轻处罚规定。由于刑法要具有稳定性，但社会变动快速，刑事政策具有对社会生活的高度敏感性，而且其决策过程也较立法程序更为便利，所以刑事政策对刑法不管在立法上或是司法上都有重要影响。①

在学界对于刑事政策的价值目标有所争议，有学者认为人权、正义和自由等是刑事政策的价值目标。② 随着当今社会发展、经济发展、人民的素质大大提高，大家开始越来越重视维护自己的权益，人权保障越来越在刑事政策中有所体现。所以在考虑违法与犯罪的界限时也要考虑当下刑事政策的价值目标，不宜倡导重刑化倾向。在进行认定时要考虑到保护公民的人权，而且目前全世界的刑法处罚趋向于宽松，多个国家逐渐废除死刑。为了更好地保障公民的个人权利，国家刑罚权和公民个人权利之间划定合理的分界线。在犯罪治理领域，刑事政策中宽严相济应该占核心所在。③ 在司法方面，司法运作既要注意对公共安全和社会秩序的有效维护，也要注意对公民个人尤其是犯罪人应享有的合法权益的切实保障。所以在目前刑事政策倡导人权保障的目的以及轻刑化的趋势下，对处于违法与犯罪边界的行为性质进行判断时，在不违反罪刑法定原则下，将其作为违法违纪行为进行行政处分更符合刑事政策理念。

---

① 陈兴良：《刑法的刑事政策化及其限度》，载《华东政法大学学报》2013年第4期。

② 蒋熙辉等：《刑事政策之反思与改进》，中国社会科学出版社2009年版，第120页。

③ 卢建平、郭理蓉：《宽严相济的历史溯源与现代启示》，载《刑事政策评论（第1卷）》，中国方正出版社2006年版。

四、其他问题

（一）证据的取得与审查

《监察法》对证据的取得与审查方面也进行了规定，其中第 18 条至第 34 条，表述了监察机关调查取证的权限，规定监察机关有权向有关单位和个人了解情况，收集、调取证据，并可以询问证人。对于涉嫌构成犯罪的被调查人可以讯问，并在特殊情况下可进行留置。而且规定了监察机关依照监察法的规定收集的物证、书证、证人证言、被调查人供述和辩解、视听资料、电子数据等证据材料，在刑事诉讼中也可以作为证据使用。同时对收集的证据的标准要求为："监察机关在收集、固定、审查、运用证据时，应当与刑事审判关于证据的要求和标准相一致。以非法方法收集的证据应当依法予以排除，不得作为案件处置的依据"。

由监察法的条文规定来看，其并没有一套自己单独的诉讼程序，所以条文中对取证作了规定，但当涉及职务犯罪时，这个取证方面的规定与刑事诉讼证据的取得方面差别并不大，讯问、搜查等都是刑事诉讼中的措施，而涉及对普通违法行为进行调查时，又赋予了监察机关询问等措施。如此一来，即监察机关进行判断是否属于刑事违法方面的案件进行调查并据此采取相应的措施，如果监察机关对行为的定性错误（我们都知道刑事案件取证手段通常如搜查、讯问等相比询问一类的民事手段要严厉），则可能因不当的取证措施损害行为人的利益。在取证方面还特别规定"留置"这个新措施取代了之前的"双规"，留置措施，破解了刑事强制措施难以突破职务犯罪案件的局面，并且为废除饱受诟病的"双规"提供条件，它适应了腐败问题违规与违法交织的特点和规律，是查办职务违规违法和职务犯罪措施的制度创新。[①]但留置这一措施是可以对行为人的人身自由进行限制的。法条中规定的适用情形是，监察机关已经掌握其部分违法犯罪事实及证据，仍有重要问题需要进一步调查，并且有一些可能妨碍侦查的情形发生。但对于监察机关掌握的部分事实和证据具体要到何种标准才可以实施这一留

① 吴建雄：《对国家监察立法的认识与思考》，载《武汉科技大学学报》2018 年 4 月第 20 卷第 2 期。

置措施，条文中没有规定。刑事诉讼中实施强制措施，前提都是证据证明要达到某一个标准才可以进行。如果没有标准，则留置措施可能会被过度使用。

在证据的审查方面，监察法的规定与刑事审判证据的标准相一致，由于刑法是最严厉的法律，是要对犯罪分子实施刑罚，所以为了保障犯罪人的权利，对于刑法上定罪证据的审查要求都比较严格。而监察法作为监察公职人员行为的法律，其不仅具有刑事侦查权这个调查权，同时还具有对行政违法违纪行为进行调查这个职能，如果对证据的审查标准太高是否会过于严格？结果将不利于对违法行为进行取证调查，反而使一些违法行为逃脱法律的追究。

（二）基本程序的衔接问题

综上，试点地区的监察委员会享有政务违纪违法调查权和职务犯罪调查权的复合性权力。按照程序分离原则的来说，要求对两种在根本性质上不同的职能在程序上进行分离，但又不能完全割裂二者，认为二者毫无联系。鉴于违纪、违法和犯罪又具有行为上的牵连性，而且监察法制定的目的是更好地开展反腐工作，两种调查权在打击腐败方面具有目的上的一致性，所以我们还必须同时重视两种调查权的程序的有效衔接。监察委员会包括“履行监督、调查、处置职责”，并且“对涉嫌职务犯罪的，移送检察机关依法提起公诉”。所以一方面监察机关对于某一行为既要进行违法违纪性调查，又要进行刑事上的调查，看其是否涉嫌犯罪。涉嫌违法违纪的行为不一定涉嫌犯罪，而涉嫌犯罪的行为也不一定违法，但构成犯罪的行为肯定是违法行为，所以二者并不是毫无关系、完全独立的。另一方面，检察机关将某一行为移交司法机关处置是对腐败分子最严厉的处罚，监察委员会作为独立的执法机构、监督机构，其目的在于发现腐败、杜绝腐败，但不能代替司法机关对腐败分子定罪量刑。在监察委员会不具有公诉权、审判权的前提下，监察委员会将涉及犯罪的案件移送司法机关是反腐流程的终结与完成的标志，所以有必要实现监察委员会与司法机关的对接，以完成反腐职能。[①]此外，法条规定监察机关对于涉嫌违法的行为拥有取证调查的权利，且“监察机关依照本法规定收集的物证、书证、证人证言、被调查人供述和辩解、视听资料、电子数据等证据材料，在刑事诉讼中可以作为证据使用。”如果不与司法机关程序上进行有效的衔接，则检察院进行公诉仍然要重新收集证据，无疑大大浪费国家的司法资源。所以不仅要重视监察机关自身两种调查职能的衔接，还要注重监察机关的监察权与检察机关的司法权的衔接。

① 黄绍坤:《论法律框架内监察委员会的设立及职能》，载《社会治理法制前沿年刊（2017年）》。

由《监察法》立法目的看职务违法行为的含义及范围

邱　陵*

摘　要:《中华人民共和国监察法》(以下简称《监察法》)首次以法律概念的形式将职务违法与职务犯罪相提并论，不仅为职务违法调查提供了法律依据，同时还将职务违法提高到与行政违法、民事违法、刑事违法并立的高度，不仅突出体现了我国反腐败专项立法的特色，而且解决了职务违法行为长期得不到有效追究的困境，可以说是《监察法》一大亮点。然而，《监察法》对于职务违法行为的含义和范围并没有作出明确规定，对于职务违法和职务犯罪的区别也没有给出具体说明。为避免对职务违法行为的理解给《监察法》的贯彻执行带来混乱，本文试图从《监察法》立法目的出发，结合对《监察法》具体规定的理解，探讨职务违法行为的含义和范围并就其适用提出一些粗浅的建议。

关键词:《监察法》立法目的；职务违法行为；严重职务违法行为

《监察法》第3条规定:“各级监察委员会是行使国家监察职能的专责机关，依照本法对所有行使公权力的公职人员进行监察，调查职务违法和职务犯罪，开展廉政建设和反腐败工作，维护宪法和法律的尊严。”本条不仅指明了监察机关的性质，还明确了监察机关的各项职责。

然而，《监察法》对于职务违法行为的含义和适用并没有作出明确规定，对于职务违法和职务犯罪的区别也没有给出明确说明。根据《监察法》第11条之规定，“监察委员会依照本法和有关法律规定……(二)对涉嫌贪污贿赂、滥用职权、玩忽职守、权力寻租、利益输送、徇私舞弊以及浪费国家资

* 邱陵，北京师范大学刑事法律科学研究院讲师，G20反腐败追逃追赃研究中心助理研究员，法学博士。

财等职务违法和职务犯罪进行调查；……”。由此可以看出，职务违法行为在形式和范围上与职务犯罪并不完全一致，具有一定差别。然而在第 22 条对留置程序进行规定时，职务违法和职务犯罪的区别似乎又回到了程度上的区别，并特别强调了贪污贿赂、渎职侵权等犯罪形式。不知道这样的规定是否是立法者有意为之，如果立法者确系出于某种考虑对第 22 条规定中的职务违法范围加以限缩的话，那么这种方式是否合理以及是否有必要加以说明，都是我们在实践中需要解决的问题。① 为避免对职务违法行为的理解给《监察法》的贯彻执行带来混乱，本文试图从监察权的立法目的出发，结合《监察法》的具体规定，探讨职务违法行为的含义和范围并就其适用提出一些粗浅的建议。

一、监察法的立法目的与监察权的规范范围

《监察法》第 1 条开宗明义明确指出本法的立法目的，“为了深化国家监察体制改革，加强对所有行使公权力的公职人员的监督，实现国家监察全面覆盖，深入开展反腐败工作，推进国家治理体系和治理能力现代化，根据宪法，制定本法”，从中我们至少可以概括总结出《监察法》的以下三个特点：首先是监察对象的广泛性，即所有行使公权力的公职人员都要受《监察法》具体条文的约束；其次监察范围的全面性，即通过《监察法》的制定，国家监察体制真正实现全面覆盖，不给权力寻租留下任何死角；最后是监察工作的目的性，即通过《监察法》的贯彻实施来推进国家治理体系和治理能力的现代化，通过科学先进的社会治理体系达到更为完善的社会治理效果。简而言之，《监察法》的立法目的就在于通过监察全覆盖实现对国家和社会的有效治理。

要想监察全覆盖，首先要明确覆盖的范围到底包括哪些。通常我们探讨法律规范的范围，主要指两个方面：一是看规范主体，即受到约束的对象包括哪些人；二是看规范内容，即约束哪些具体行为或事项。

① 《中华人民共和国监察法》第 22 条规定，“被调查人涉嫌贪污贿赂、失职渎职等严重职务违法或者职务犯罪，监察机关已经掌握其部分违法犯罪事实及证据，仍有重要问题需要进一步调查，并有下列情形之一的，经监察机关依法审批，可以将其留置在特定场所：……”。

其一，从规范对象来看，作为国家监察体制的根本性立法，《监察法》纳入了迄今为止覆盖面最广的规范对象，即社会方方面面的具有公共性、公益性的国家公权力及行使这些公权力的公职人员。之所以作如此规定，其目的在于通过对各层面的各行各业、各公共领域的公权力的有效治理，达到维护和巩固统治秩序和政权的终极目标，具有间接治国理政的重要政治功能，[①] 并借此体现监察权作为一种“治官之权”“治权之权”，在国家权力体系中的独特地位和不可替代的作用，同时彰显政治属性是国家监察权的根本属性。严格来说“对所有行使公权力的公职人员的监督，实现国家监察全面覆盖”这一表述存在一定逻辑缺陷，因为从语法上来讲，行使公权力作为定语是用来修饰公职人员的，也就是说严格按照语法理解，监督对象的主体应该是公职人员。这事实上也在工作中引起了认识混乱，有人据此认为《监察法》的规范对象为特殊主体，应当具备公职人员这一特定身份。然而从实现国家监察全面覆盖的最终目的来看，如果将监察对象冠以公职人员这一特定身份限制，必将导致监察范围出现死角，再结合《监察法》第15条对监察对象的进一步细化——其中明确规定监察对象还包括“其他依法履行公职的人员”，我们就可以明白，身份并非确定监察对象的唯一要素。只有紧紧围绕监察权不仅是“治官之权”更是“治权之权”的根本属性，抓住“权力”这个核心，“把权力关进制度的笼子里”，才能真正实现监察全覆盖的最终目的。因此，确定监察对象的重点不在于是否具备公职身份，而在于是否履行公职这一行为内涵，只要行为人的行为具有行使公权力的内容，一旦违反相关法律法规即可被认定为职务违法行为。[②]

其二，从规范内容来看，要警惕将《监察法》规定的职务违法行为理解为符合犯罪形式但未达到犯罪程度的行为的倾向。如果我们简单将《监察法》规定的职务违法行为理解为符合职务犯罪形式但尚未达到犯罪程度的行为，则势必引起职务违法行为范围的不当减缩。道理很简单，在犯罪行为之外，还存在众多违反各类行政法规及规章的行为。

① 张瑜：《从应然层面解析国家监察体制相关概念及内涵》，载《行政法学研究》2017年第4期。

② 《中华人民共和国监察法》第15条第6款“其他依法履行公职的人员”可以理解为兜底性条款，通过该款规定，摆脱了上述5款对于监察对象的类型限制，回归到权力行使的本质要素上来。

如果“从形式上说，刑法上的违法性，是指对刑法规范（评价规范）的违反，……将什么样的行为作为禁止对象，是由以什么为目的而禁止来决定的……”[①]。那么同理，对《监察法》的违反也同样需要由其任务和目的来推导。既然《监察法》的立法目的是通过监察全覆盖，不给权力寻租留下任何死角，那么在履行公职过程中产生的任何违法行为都应纳入《监察法》的规制范围，而不能仅限于可能构成职务犯罪的行为。只要我们对上述问题保持清醒的认识，自然可以在具体法律适用过程中做到张弛有度、不枉不纵。

二、对《监察法》第 11 条和第 15 条的理解

所谓职务违法行为，就是指在履行公职过程中违反国家法律、法规、规章规定，依《监察法》应予做出处理的行为。这样的说法似乎听上去有点绕，但如果不反复强调，还是会在实践中形成一些混淆。哪些行为属于监察委员会管辖的职务违法行为，是《监察法》第 11 条和第 15 条重点解决的问题，深入理解这两条规定的具体含义，对于我们准确把握监察工作的对象和范围具有十分重要的意义。

按照《监察法》第 11 条和第 15 条的规定，监察机关主要“对涉嫌贪污贿赂、滥用职权、玩忽职守、权力寻租、利益输送、徇私舞弊以及浪费国家资财等职务违法和职务犯罪进行调查；”对象主要包括“公务员和参公管理人员；依法委托管理公共事务的组织中从事公务的人员；国有企业管理人员；公办的教育、科研、文化、医疗卫生、体育等单位中从事管理的人员；基层群众性自治组织中从事管理的人员以及其他依法履行公职的人员”，共计六大类。

根据《〈中华人民共和国监察法〉释义》（以下简称《释义》）对第 11 条所作的解释，“调查是采用具体列举方式，将涉嫌贪污贿赂、滥用职权、玩忽职守、权力寻租、利益输送、徇私舞弊以及浪费国家资财等职务违法和职务犯罪规定为调查范围，以增强调查职责的针对性、实效性”。再加上近期国

① ［日］山口厚：《刑法总论》，付立庆译，人民大学出版社，第 105 页。

家监察委员会出台的《国家监察委员会管辖规定(试行)》(以下简称《规定(试行)》),公布了监察机关管辖的6大类88种职务犯罪罪名,恐怕难免有同志就此认为各级监察机关调查职务违法行为必须严格限定在这88种罪名罪状所描述的行为之内。笔者认为这样是不恰当的,将《监察法》适用范围具体化,无形中缩小了《监察法》的管辖范围,不符合《监察法》的立法目的。虽然无法看到《规定(试行)》原文,无法了解对监察机关管辖罪名的具体表述,但如果将其理解为管辖特定罪行,势必造成对《监察法》监察范围的不当缩减,进而无法实现监察全覆盖的目标、违背《监察法》的立法目的。

本文认为在确定管辖范围问题上,要将《监察法》第11条规定内容和第15条规定内容结合起来,不能单纯从形式上理解,认为第11条规定针对行为表现方式,第15条规定主要围绕行为主体,而应注意到第15条规定其实也隐含了对行为实质的判断标准,即“判断一个‘履行公职的人员’是否属于监察对象的标准,主要是其是否行使公权力,所涉嫌的职务违法或者职务犯罪是否损害了公权力的廉洁性。”因此,尽管《释义》强调第11条对监察委员会“调查职责采取列举式”的规定方式,但最终判断是否属于监察委员会立案调查范围还是要看行为人是否行使公权力、是否有违法犯罪行为以及是否损害了公权力的廉洁性。

此外,还需要提醒大家注意的是《监察法》第11条第2款在贪污贿赂、滥用职权、玩忽职守、徇私舞弊等传统职务违法形式基础上,创造性提出了权力寻租、利益输送以及浪费国家资财的违法形式,鉴于《监察法》国家基本法的法律地位,今后监察委员会在调查过程中,完全可以依该款规定对权力寻租、利益输送以及浪费国家资财行为展开调查,即以“权力寻租、利益输送或浪费国家资财”行为为立案依据。当然,鉴于《监察法》对于“权力寻租、利益输送或浪费国家资财”并没有给出详细的定义以及《刑法》《中国共产党纪律处分条例》等党纪国法中也没有对上述三种行为作出详细的解释和规定,在后续的案件处理过程中,还是要回到相关党纪国法的具体条款去落实处理依据。

三、职务违法行为的具体适用

关于职务违法行为的具体适用，本文提出以下几点建议：

首先，如何界定职务违法行为情节轻重的问题。这个问题可以参考刑法有关规定来处理。根据我国刑法规定对犯罪行为的描述大多采取“性质+数额（情节）”模式，我们在认定职务违法行为的情节轻重问题时，如果所违反的法律法规有具体规定的依其规定，如果没有具体规定的，可以参照职务犯罪的数额和情节设定来认定职务违法行为的情节轻重。如果既没有具体法律规定，又没有类似职务犯罪可以借鉴，然而确实给国家、集体、公民个人或社会公共利益造成损害的，可以根据行为造成的社会影响（比如参考对非法传播不当言论行为的处罚，结合转发率和点击率加以认定），来认定其情节轻重。

其次，如何界定严重职务违法与职务犯罪。关于如何界定严重职务违法和职务犯罪问题，首先要明确一点，《监察法》全文只有三处提到严重职务违法，且无一例外冠以贪污贿赂、失职渎职的定语[①]。尽管《监察法》的立法目的在于实现监察范围全覆盖，但《监察法》同时强调“监察机关办理职务违法和职务犯罪案件，应当与审判机关、检察机关、执法部门互相配合，互相制约”[②]。考虑到《监察法》制定时日尚短，实践中难免会产生这样或那样的问题，加上《监察法》规定中“严重职务违法”都是出现在涉及留置、搜查以及案件管辖等刑事事项的场合，因此应与《监察法》规定的职务违法行为稍作区别，宜作特定理解，还是应当将严重职务违法行为严格限定于涉嫌构成特定职务犯罪的违法行为。

---

① 《中华人民共和国监察法》第22条规定，“被调查人涉嫌贪污贿赂、失职渎职等严重职务违法或者职务犯罪，监察机关已经掌握其部分违法犯罪事实及证据，仍有重要问题需要进一步调查，并有下列情形之一的，经监察机关依法审批，可以将其留置在特定场所：……”。第23条：“监察机关调查涉嫌贪污贿赂、失职渎职等严重职务违法或者职务犯罪，根据工作需要，可以依照规定查询、冻结涉案单位和个人的存款、汇款、债券、股票、基金份额等财产。有关单位和个人应当配合……”。第34条：“人民法院、人民检察院、公安机关、审计机关等国家机关在工作中发现公职人员涉嫌贪污贿赂、失职渎职等职务违法或者职务犯罪的问题线索，应当移送监察机关，由监察机关依法调查处置。被调查人既涉嫌严重职务违法或者职务犯罪，又涉嫌其他违法犯罪的，一般应当由监察机关为主调查，其他机关予以协助”。

② 《中华人民共和国监察法》第4条。

再次，职务违法行为是否包括中止、未遂、既遂、连续等形态及共同违法。实体法中对违法行为之规定，往往都是以既遂形态为模板，既遂形态也是我们在具体事项中判断或认定违法行为的基本思路和路径参照，但是由于违法行为之行为性与过程性，任何一种违法行为都可能会出现中止、未遂形态，职务违法也不例外，在处罚过程中应该坚持宽严相济的处置政策，同时也应该坚持责罚相适应的原则，以求法治效果、政治效果和社会效果的统一，这也是《监察法》“坚持反腐败无禁区、全覆盖、零容忍”立法精神的重要体现。

最后，处置中的实体认定与证据标准可以参照刑事标准。一方面由于职务违法与职务犯罪行为性质同源性，对于职务违法之行为认定，可以从犯罪构成要件方面进行判断或进行认定，对其所适用的法律规范解释也可以参照刑法关于同类犯罪行为之解释，只是处置结果和处置方式不同。另一方面从程序方面而言，《监察法》规定的调查措施与刑事侦查措施具有类似性，取证程序方面也具有刑事参照性，因而从证据标准与证据规则方面也可以进行参照，虽然在职务违法处置过程中也需要坚持程序与实体并重之理念，但相对而言职务违法之证明标准可以适当放宽。

结　语

《监察法》的颁布施行为国家监察体制改革提供了有力的法律武器，作为一项事关国家根本制度的重大立法，虽然在起草和制定过程中经过反复酝酿和推敲，但由于法律规则本身是对复杂的社会现象进行归纳、总结而作出的一般的、抽象的规定，法律一旦制定必然产生理解和适用的需要，因此对于《监察法》条文进行进一步解读是十分必要的。通过反复研读和深入探讨，一方面有助于加深对法律规定的理解，形成正确、统一的执法标准，另一方面有助于提高执法水平，提升人民群众对新时期党领导下的反腐败事业的必胜信念。作为国家监察体制改革的决定性力量，各级纪检监察机关有义务深入理解《监察法》的具体含义，严格把握监察体制改革的宗旨和精髓，为赢得反腐败斗争的伟大胜利发挥决定性作用。

监察与司法衔接中的几个问题

杨正万*

摘　要：鉴于监察体制改革是全新的制度设计，立法难以前瞻性地规范所有监察调查中的问题是在意料中的事。基于此，对于监察调查过程中的证据应该强调合法性；不符合法律规定要求，需要在监察机关调查职务犯罪阶段排除的应该排除，需要在审查起诉和审判阶段排除的则要在后续阶段排除。同时，相关机关应该根据监察机关的请求，实施各种法律允许的措施帮助监察机关调查职务犯罪。

关键词：证据合法性；排除非法证据；监察调查措施

《中华人民共和国监察法》（以下简称《监察法》）在2018年3月20日通过后，实施才刚刚起步。但是，有的问题需要谋划在前，以便能够主动应对实践中的难题。证据合法性、非法证据排除和监察调查过程中相关机关的依法配合是其中的重点，这里对这两个问题予以简要分析。

一、证据合法性

这里的“合法性”是指监察机关调查职务犯罪形成的证据材料是否具有证据资格和是否能够作为案件事实确定的根据。这里的“合法性”不是在形式意义上指监察机关调查的犯罪证据是否具有法律资格，而是在实质意义上表明监察机关调查职务犯罪行为所形成的材料要在实质上符合法律关于作为案件处理根据的要求。这里不从形式上判断，也并不表明监察机关调查职务犯罪所形成的材料自动取得了刑事司法过程中的证据材料的资

* 杨正万，贵州民族大学学报编辑部主任、教授、博士。

格，只是相对以往的转为要求而言，这种形式上的要求现在已经不需要了。“在过往的司法实践中，纪律检查和行政监察收集的证据在刑事诉讼中其证据合法性往往成为问题。对于纪检监察部门收集的言词证据一般要实行司法转化才能作为定案的根据。一般做法是，纪委在对职务违法行为调查之后，对于构成犯罪需要追究刑事责任的，将案件移送检察机关立案侦查，进入司法程序。检察机关对于纪检部门移送的言词证据要重新收集，实行转化。”① 现在，《监察法》第 33 条已经明确规定，“监察机关依照本法规定收集的物证、书证、证人证言、被调查人供述和辩解、视听资料、电子数据等证据材料，在刑事诉讼中可以作为证据使用。”根据这一规定，监察机关调查职务犯罪行为所获得的证据材料可直接进入刑事诉讼活动适用，因而也就不需要转化了。但是，这种不需要转化也仅仅是从证据的外在形式看。就实质而言，证据材料的形式和内容还需要符合法律关于证据调查的基本规范，以满足案件事实认定的需要。那么，从实质角度而言，证据合法性主要指向哪些问题呢？从监察机关调查职务犯罪而言，证据合法性问题主要指证据获得过程的合法性不足。宏观上而言主要有两类：一是实物证据类的取证程序不符合法律要求；二是言辞类证据不符合法律要求。对第一类证据的合法性问题以搜查活动中扣押的物证程序为例予以说明。

《监察法》第 25 条规定：“监察机关在调查过程中，可以调取、查封、扣押用以证明被调查人涉嫌违法犯罪的财物、文件和电子数据等信息。采取调取、查封、扣押措施，应当收集原物原件，会同持有人或者保管人、见证人，当面逐一拍照、登记、编号，开列清单，由在场人员当场核对、签名，并将清单副本交财物、文件的持有人或者保管人。”这一规定从文字表述看，似乎已经清楚了扣押物证的要求，即要扣押原件，扣押的办案人员、非办案人员参加范围，扣押物证的程序等内容。但是，具体实施中需要明确的问题在条文中却找不到，因此，需要通过解释明确该条文要求的具体内容。就办案人员而言，《监察法》第 41 条规定：“调查人员采取……扣押……调查措施，应当……由二人以上进行。”这里的“二人”就可以作几种解释：一

① 卞建林：《监察机关办案程序初探》，载《法律科学（西北政法大学学报）》2017 年第 6 期。

是两个监察机关的专门实施监察调查犯罪的人员进行；二是两个任意实施监察调查的人员，包括纪律调查、违法调查、犯罪调查的人员均可以担任；三是只要在监察机关工作的人员包括临时聘用人员、临时借调人员均可以实施扣押行为。从法律精神看，这里的办案人员仅仅指监察机关中专门从事职务犯罪调查的人员。《监察法》第 33 条第 2 款规定："监察机关在收集、固定、审查、运用证据时，应当与刑事审判关于证据的要求和标准相一致。"这种要求就包括办案人员资格要求。非职务犯罪调查人员在理念、法律素养、获得办案资格的程序等方面均与从事专门职务犯罪调查人员不同；一般违法违纪调查人员没有获得专门的职务犯罪调查资格，在犯罪调查中的质量是存在疑问的。同时，基于法律素质不同，一般违法违纪调查人员面对现场获得的不同种类的证据在刑法视角看都具有何种刑事证据意义是不清楚的。这就可能破坏现场，贻误获得证据的时机，从而不利于与犯罪作斗争。此外，现场的哪些证据是需要扣押，需要明确一个界限。一般违法违纪调查人员不能划清这一界限就可能侵犯被调查人员的合法权益。特别值得提出的是，办案人员的素质不同，对于是否能够模范遵守办案法律不同，从而对其他办案人员的示范作用也不同。

就非办案人员而言，主要涉及保管人或者持有人、见证人。对于保管人和持有人，一般没有歧义，就是指对扣押物品具有控制权或者使用权的自然人。但是，见证人就不同了。见证人虽然仅仅是对调查人员调查过程中的真实性予以证明的人。表面看，见证人只要能够发挥证明作用即可。其实，见证人如果与案件办理人员，保管人或者物品持有人，或者案件当事人具有利害关系，则见证作用就可能难以发挥。如见证人系办案机关的工作人员之一，即使该见证人只是临时工作人员，也可能难以对监察人员的行为真实性发挥监督作用。换言之，扣押过程中临时将监察机关的借用人员或者聘用人员吸收到扣押过程中来充当证明人就是不符合法律规定精神的。表面看，扣押过程只是见证人不符合要求，实质上可能给扣押过程的真实性带来影响。一旦，扣押证据的真实性存在问题，则监察调查事实所赖以确立的依据就存在问题。

言辞类证据不符合法律要求，则可以用证人证言获得过程的合法性予以说明。《监察法》第 21 条规定：“在调查过程中，监察机关可以询问证人等人员。”该条规定只是为监察机关在调查职务犯罪时询问证人提供了可以展开此项活动的法律根据。但是，该规定并未表明询问证人的合法程序为何。换言之，监察机关调查职务犯罪过程中询问证人所得的证人证言能否作为定案的根据，还有赖于该询问过程是否符合法律关于询问证人程序的规定。监察法对于询问证人的具体程序没有具体规定。这里需要从两方面明确监察机关调查职务犯罪询问证人的要求。一方面是监察法关于收集证据的一般性规定。《监察法》第 40 条规定：“严禁以威胁、引诱、欺骗及其他非法方式收集证据。”这说明在对证人询问的过程中，不得以损害证人本人或者其亲属名誉或者其他合法权益的方式对证人施加影响，以获取证言；也不得以希望证人回答的内容暗示证人回答调查人员的提问；不得以隐瞒事实真相或者编造虚假信息的方式获得证人信任从而促使证人提供证言；更不得以冻、饿、晒、烤、不准许休息等方式从身体和精神方面折磨证人以促使其提供证言。《监察法》第 41 条规定：“调查人员采取询问措施，应当依照规定出示证件，由二人以上进行，形成笔录，并由相关人员签名、盖章。”这说明在程序上，调查人员必须是两人，且这两个人都必须是能够代表监察机关进行询问的合格人员，不能仅仅在形式上有两个工作人员参加。同时，证人提供证言的过程要形成笔录，笔录内容除了要全面反映询问证人的全过程情况外，还必须由证人阅读核对；在确认笔录内容与实际询问过程一致时，签字表示确认。

此外，《监察法》第 33 条第 2 款规定：“监察机关在收集、固定、审查、运用证据时，应当与刑事审判关于证据的要求和标准相一致。”这至少表明，监察法关于询问证人的规定不能够全面规范监察机关询问证人的过程时，监察人员询问证人还应该遵守刑事诉讼法关于询问证人的一些原理性规定，如，询问证人应当单独进行；询问证人前应该先告诉证人应当了解的提供证言的法律义务及其虚假提供证言应当负的法律责任。

二、非法证据排除

《监察法》第 33 条第 2 款规定："监察机关在收集、固定、审查、运用证据时，应当与刑事审判关于证据的要求和标准相一致。"该规定不仅具体表述了监察机关调查职务犯罪时在证据的收集、固定、审查、运用方面的具体要求与法院审判时对证据的运用要求一致性，而且还表述了符合证据排除规范时，监察机关还承担排除非法证据的义务和责任。监察机关调查职务犯罪案件仍然需要排除非法证据包括两方面的含义：一方面是监察机关在监察调查犯罪阶段就需要对符合排除的证据履行排除义务；另一方面监察机关调查的职务犯罪案件到了检察环节和审判环节仍然需要进行证据合法性审查，需要依法排除非法证据的，仍然要排除非法证据。

《监察法》第 33 条第 3 款规定："以非法方法收集的证据应当依法予以排除，不得作为案件处置的依据。"该规定不仅表明在监察机关调查职务犯罪阶段存在排除非法证据的情形，而且表明监察机关在调查职务犯罪的过程中，如果存在非法收集证据的情形，需要承担排除非法证据的义务。该条文存在不足的是没有具体表述排除非法证据的情形和程序，因而对于条文中的"依法予以排除"几个字的含义则难以仅仅根据监察法来解释。换言之，该条文中的"依法予以排除"中的"法"从广义看，既可以包括监察法，还可以不限于监察法。

从监察法的内容看，这里排除的情形主要包括如下几种：第一，讯问被调查人员不符合监察法要求，应该对该讯问笔录予以排除，不作为案件处置的根据。监察法对讯问被调查人的要求包括讯问过程全程录音录像，讯问主体二人及笔录需要经过被调查人核对签名，讯问方式上严禁以威胁、引诱、欺骗及其他非法方式进行，讯问过程中或者整个案件调查过程中不得侮辱、打骂、虐待、体罚或者变相体罚被调查人，讯问被留置人员不仅应当合理安排讯问时间和时长而且应当保障被留置人员的饮食、休息和安全，提供医疗服务。需要明确的是，讯问过程没有完全按照上述若干要求进行，不等于被调查人员的供述和辩解绝对属于排除之列。根据排除非法证据的一般精神，上述讯问被调查人规范只有在两种情况下属于排除之列：首先，讯问过程中通过从身体和精神等方面折磨被调查人意图获得供述的，应当予以排除；其次，讯问过程符合法律要求，但是，在讯问过程之外对被调查人进行折磨，以暗示被调查人在讯问过程中必须配合讯问，此种方式获得的供述也属于排除之列。第二，询问证人不符合监察法要求也应该排除所获得的证人证言。对于证人而言，监察机关在询问过程中不存在对证人留置的情况，因而通过询问过程之外的不法方式逼迫证人提供证言的情况较少见。可见，询问过程中的合法性是最为关键的关注点。实质而言，通过从身体或者精神的角度折磨证人意图获得证言，则这样的证言就属于排除之列。第三，搜查或者扣押措施的采用，如果不符合法律规定的要求，又难以从程序上补救的，则应该排除以该种方式获得的证据。比如，搜查时，应当当面确认调查人员现场发现的物品或者文件等材料，但是，搜查人员将被搜查人头部用罩子罩住，被调查人实际上没有能够当面确认搜查中所发现的物品或者文件等材料，同时，搜查人员没有对搜查全过程进行录音录像，最后再次去补充程序也难以恢复当时的情况，尤其不能确定当时实际上所发现的被搜查物，这种情况下，采用搜查措施所发现的证据则不能用于案件事实的认定。

除了在监察机关调查职务犯罪的阶段排除非法证据外，检察机关和法院在办理监察机关调查的职务犯罪案件过程中同样负有排除非法证据的责任。需要明确的是，无论是检察机关还是法院，在发现监察机关移送的案件在收集证据方面不符合法律规定的证据收集规范时，应当启动排除非法证据的程序。这种程序的启动权是独立行使的，不需要监察机关的审批或者同意。值得注意的是，检察机关或者法院在审查监察机关收集证据合法性时，还需要审查监察人员在讯问被调查人时，是否先行告诉了被调查人在调查过程中所享有的权利。如果没有告诉就进行讯问，则这样的被调查人供述和辩解同样不能作为定案的根据。比如，《监察法》第 58 条规定："办理监察事项的监察人员有下列情形之一的，应当自行回避，监察对象、检举人及其他有关人员也有权要求其回避：（一）是监察对象或者检举人的近亲属的;(二)担任过本案的证人的;(三)本人或者其近亲属与办理的监察事项有利害关系的;(四)有可能影响监察事项公正处理的其他情形的。”这一规定表明看只是回避,但是,实质上则关系到案件的公正处理。这表明,回避权的告诉,不仅仅是一般的证据收集程序,而是关乎案件处理的实质公正。

三、相关机关对监察调查的配合

监察机关在调查职务犯罪过程中仅仅依靠自身的力量难以实施监察法明确赋予的调查手段,同时,有些措施虽然监察法没有明确,但是监察法作出了原则性规定,这两类情况都属于监察机关可以依靠有关机关的配合推进职务犯罪的调查活动。

(一)监察法明确规定的有时需要有关机关配合才能进行的具体措施

《监察法》第24条规定:“监察机关可以对涉嫌职务犯罪的被调查人以及可能隐藏被调查人或者犯罪证据的人的身体、物品、住处和其他有关地方进行搜查。在搜查时,应当出示搜查证,并有被搜查人或者其家属等见证人在场。搜查女性身体,应当由女性工作人员进行。监察机关进行搜查时,可以根据工作需要提请公安机关配合。公安机关应当依法予以协助。”搜查活动要实现搜查目的,就必须保证搜查过程的平稳、有序,遇到干扰,搜查活动的进行就难以实现搜查目的。为此,办案机关在进行搜查活动前,都必须要充分保证搜查活动的秩序性。监察机关虽然是办案机关,但是,该机关没有设置武装性质的力量,遇到搜查活动需要提供充分的力量支撑才能维持搜查活动有序性时,仅仅依靠监察机关自身则难以实现。为此,《监察法》第24条才作出规定,以给监察机关办案过程中需要其他机关配合提供具体依据。

(二)监察法只作原则性规定,需要有关机关配合才能采用的具体措施

全新的监察体制的设立完全是新事物。过去的经验基础缺乏,新的监察法的制定时间不长,对于监察机关调查职务犯罪的具体需要还不能够十

分详尽地作出规定。为了应对监察机关调查职务犯罪的可能需要，《监察法》第 4 条作了原则性规定。该条规定："监察机关办理职务违法和职务犯罪案件，应当与审判机关、检察机关、执法部门互相配合，互相制约。监察机关在工作中需要协助的，有关机关和单位应当根据监察机关的要求依法予以协助。"根据这一规定，如果监察机关遇到被调查人员虽然具备留置的条件，应对被调查人留置。可是被调查人犯有严重疾病，不适宜留置又需要对其进行人身控制，如何才能保证办案需要呢？在检察机关承担职务犯罪侦查时，遇到此类情况检察机关可以用刑事诉讼法规定的指定居所监视居住。监察法没有就此种情况作出明确规定，因此，监察机关根据监察法要求公安机关等予以配合，则这些机关就应该根据法律的规定采用相应的措施。

单位职务犯罪的《监察法》处遇

张　桢*

摘　要：监察法的主要任务是惩治腐败，监察委员会对行使公权力的公职人员实施职务犯罪进行调查是惩治腐败的表现方式之一。监察法将监察对象限定为“所有行使公权力的公职人员”，忽略了刑法中职务犯罪的另一个主体——单位。这使单位职务犯罪的调查成了监察法的一个缺口。监察法的对象理应包含单位职务犯罪，否则将会造成监察范围的不合理缩小。不应将单位作为监察对象的观点存在明显的瑕疵，监察法关于监察对象和监察范围的相关条款应当适时进行修正，明确将单位和单位职务犯罪调查纳入其中。

关键词：监察法；单位犯罪；职务犯罪

《中华人民共和国监察法》（以下简称《监察法》）第1条规定，监察法的任务在于“加强对所有行使公权力的公职人员的监督，实现国家监察全面覆盖，深入开展反腐败工作”，将监察对象概括为“所有行使公权力的公职人员”。同时，《监察法》第15条详细规定了监察机关将对六种公职人员和有关人员进行监察。由此会引起一个问题——由于监察法将监察对象描述为“人员”，那么，同为犯罪主体的单位犯罪是否应当归入其中？在监察法体系中应当如何解释单位犯罪的处境？

一、监察法的对象应当包括单位

监察法将其监察对象限定为“公职人员”，即带有身份的或者履行一定职务的自然人，而这与刑法中所规定的职务犯罪的主体显然并不完全一致。

* 张桢，贵州师范大学法学院硕士研究生。

职务犯罪中除了自然人主体之外，还存在着危害程度较高的以单位为犯罪主体的单位职务犯罪，如单位受贿罪和单位行贿罪等。但是如果严格按照监察法的描述，就只能将监察法的调整对象落脚在“自然人”来进行解释，很难将“单位”囊括在监察范围之内。单位和自然人之间虽然联系紧密，但却是法律上完全不同的两个概念。

自从“单位犯罪”的概念首次出现于1987年的《海关法》中，又在1997年刑法典中被明确之后，单位便与自然人犯罪主体相并列，成为我国犯罪主体之一。肯定单位犯罪自此成为主流观点，但是对于单位犯罪中单位与单位中的“自然人”的关系却存在不同见解，这主要体现二者的犯罪主体关系上，最终解决的是单位犯罪中刑事责任的分配问题，即单位犯罪的刑事处罚原则。

（一）单位犯罪主体中与自然人的关系

学界对单位犯罪主体结构有若干种较为有影响力的观点，基本上可以分为两大类，一类是承认单位中的“自然人”和单位一样都可以成为单位犯罪主体，又被称为“单位犯罪的二元主体论”，具体表现为两个犯罪主体论、双层机制论、单位责任与单位成员责任分离论等；另一类认为只有单位能够成为单位犯罪的主体，即“单位犯罪的一元主体论”，包括单位成员非单位犯罪主体论、单位责任与个人责任一体化论等。①

虽然上述理论观点大相径庭，但是其中对于单位和单位中的相关自然人，即单位与单位主管人员和直接责任人员之间的关系在理解上本质是一致的。黎宏教授曾撰文支持“只有单位才能构成单位犯罪的主体”的一元主体论，但也仍然赞同单位是一种法律拟制主体，不仅单位犯罪的犯意形成是单位中的一些成员的集体意志，而且单位的犯罪行为也是通过单位中的一些自然人来实施的，也因此，单位的主管人员和直接责任人员等自然人就应当对由自己决定实施的单位的犯罪活动承担刑事责任。②而支持单

① 谢治东：《单位犯罪中个人刑事责任研究》，法律出版社2014年版，第64～74页。

② 黎宏：《论单位犯罪中“直接负责的主管人员和其他直接责任人员”》，载《法学评论》2000年第4期。

位犯罪二元主体论的谢治东老师也同样认为，单位犯罪虽然在形式上是以单位的名义作出的，但实际上却是单位的主管人员和直接责任人员等自然人实施的，相关自然人才是真正的实在主体。[①]由此可见，单位犯罪主体一元论和二元论的分歧并不在于承认或者否认单位与单位中自然人的密切关系，换句话说，不论是支持单位犯罪的一元主体论还是二元主体论，都能认可单位犯意的形成和单位犯罪行为的实施离不开单位中相关自然人这一结论。这主要体现在单位犯罪的主观罪过和单位犯罪行为的实施两个方面。

单位自然人主观罪过是单位犯罪主观罪过的基础，这基本已成为学界共识。单位犯罪的主观罪过包括两个方面，第一是单位集体决定或由单位责任人决定实施的犯罪，即单位故意犯罪；第二是由于单位领导机关的监督不力，或者说是由于单位本身制度上的原因，单位的一般工作人员在履行业务的过程中造成重大财产损失或人员伤亡的犯罪，此种可以被认为是单位过失犯罪。有学者将单位犯罪的主观罪过总结为四个特点：整体性、间接性、双重性和程序特定性。其中间接性和双重性的特点也表明，单位意志的形成是建立在单位自然人意志的基础上，并且经历了自然人意志上升为单位意志，再演变为单位工作人员的意志落实在具体的犯罪行为上。单位存在一个整体性的主观罪过，但这不妨碍单位自然人对自身行为承担责任，相关自然人在实行单位犯罪的行为时，即使是体现了单位整体意志的具体化，也已经完全符合我国犯罪构成的主客观要件。[②]总而言之，单位自然人在单位犯罪中有着一定的刑事法律责任，理所应当承担相应的刑事处罚。

（二）我国单位犯罪的处罚方式体现出自然人必罚的本质

监察法的调整对象是以“公职人员”为落脚点，如前所述，单位犯罪的犯意形成和犯罪行为的实施在本质上无法离开自然人，我国刑法规定的贪污犯罪和渎职犯罪两章是典型的职务犯罪，其中犯罪主体必须由或者可以

① 谢治东:《论单罚制单位犯罪在刑法上之否定》，载《甘肃社会科学》2010年第6期。

② 孙道萃:《单位犯罪刑事责任中行为归责与责任归责理论之整合》，载《中国刑事法杂志》2012年第8期。

由单位构成的有单位受贿罪、单位行贿罪和对有影响力的人行贿罪，此三个罪名下的单位犯罪主体无一例外实行双罚制，即对单位实行罚金刑的同时，又对单位的主要负责人和直接责任人员追究刑事责任。

我国刑法规定对单位犯罪的处罚以双罚制为主，单罚制为辅，并且其中的单罚制也只有处罚相关责任人员这种类型。由此可见，单位犯罪在我国的刑罚体系中，不论规定的是单罚制还是双罚制，都必然要对单位犯罪的相关责任人员进行刑罚处罚。这也是为什么有的学者认为，我国刑法对单位犯罪的规定只是传统自然人之外的特殊量刑条款。持此种观点的学者提出，对于单位犯罪中的直接负责的主管人员和其他直接责任人员，按照一般原则本来就应该被追究刑事责任，但是刑法中对其在单位犯罪的具体条文中做出了特别规定，就要按照特别法优于一般法的规定，适用特别规定，即单位犯罪只是自然人犯罪的特殊表现形式。①

不仅如此，单位作为一个非实体的犯罪主体，当它涉嫌犯罪的时候，即便认为单位存在独立的人格，也必须承认对它的侦查、起诉、审判活动都是通过相关自然人实现的，而监察法中又包含大量程序性条款，因此，不管是从实体还是程序，结合单位犯罪本质上与自然人的关系，都应当将单位职务犯罪包含在监察法调整对象的范围内。

二、否认单位成为监察对象会造成监察对象缺失

如前述所说，在我国的刑罚体系中，单位犯罪的具体条款不论规定的是单罚制还是双罚制，都是必然要对单位犯罪的相关责任人员进行刑罚处罚，单位职务犯罪也不例外。如果认为单位主体不应该在监察对象的范围之内，那么单位职务犯罪中直接负责的主管人员和其他直接责任人员，即便在身份上属于监察法所调整的行使公权力的六种公职人员之一，也难以受到监察法的制约，如此就难免会出现监察漏洞。换句话说，监察法如果希望所有行使公权力的公职人员都能受到监察监督，那就必须将单位职务犯

① 于志刚:《单位犯罪与自然人犯罪——法条竞合理论的一种解释》，载《政法论坛》2008 年第 6 期。

罪包含在其调整对象中。

典型的单位职务犯罪如单位行贿罪，从法院对涉嫌单位行贿罪的判决中不难发现，当某单位被认定为单位行贿罪时，它的相关责任人员同时被追究的罪名仍然是“单位行贿罪”。另一方面，如果单位主体在监察法调整范围之外，那么对有影响力的人行贿罪这种既可以构成自然人犯罪，又可以构成单位犯罪的罪名，就会出现下面的情况：如果是自然人构成对有影响力的人行贿罪则被监察法约束，而单位构成此罪却不归监察法管理，一个罪名由两个机关分别管辖这显然是不可思议的。所以，如果监察法不包含单位职务犯罪，就会使这样一部分本应受监察法监督的自然人逃脱监察法的管控。

单位职务犯罪中的自然人成为监察法对象的缺失，无疑会使以单位为形式的职务犯罪增多。单位职务犯罪中的相关自然人的犯罪目的亦是为单位谋取利益，但缺少自然人也难以实施。即便相关司法解释将个人为实行违法犯罪活动而设立的公司、企业、事业单位实施犯罪的，或者公司、企业、事业单位设立后，以实施犯罪为主要活动的，不以单位犯罪论处，但是自然人利用单位实行犯罪本身就具有较强的隐蔽性。不仅如此，不少学者认为，行为人实施单位犯罪的主观恶性相较于自然人犯罪要小，所以罪责要比单纯的自然人轻。但是实务中大量单位犯罪表明，并非所有的单位犯罪都是为了单位利益，而犯罪“成果”最终很有可能还是落在某些特定自然人手中，例如单位受贿罪的犯罪主体是单位，但最终贿赂还是个人收受的。

另外，从程序上来说，也能体现出单位职务犯罪原本就应当属于监察法的调整范围，否则就会导致监察法调整对象范围的缩小。单位职务犯罪本来属于检察院的自侦案件的范围，而撤销了检察院反贪局之后，本属于反贪局管辖的案件按理说应当移送给监察委员会进行管辖，单位职务犯罪也应当在其中。如果将单位职务犯罪从监察范围中剥离出来，那么单位职务犯罪在程序法上何去何从？它的归属应该如何确定？况且如果某人构成了自然人职务犯罪，而他又属于单位职务犯罪中的直接负责的主管人员或其他直接责任人员，难道要在监察委员会采取措施之后，再因为单位职务犯罪重新被审查起诉吗？这必然会造成司法资源极大的不合理浪费。

综上所述，如果不将单位职务犯罪放在监察法的调整对象范围内，必然会导致监察法应有范围的缩小，而且单位职务犯罪的程序归属就会处于一个不上不下的尴尬处境。

三、单位成为监察对象并不会扩大监察法调整范围

中国纪检监察报曾发表“监察的是‘人’而不是‘机关’”一文，针对有人提出的把人大机关纳入监察范围不合理的问题作出解答，并表明监察法的一个重要目的是把公权力关进制度的笼子，通过法律明确监察范围，实现对所有行使公权力的公职人员监察全覆盖，并认为监察法监察的是公职人员行使公权力的职务行为，而该公职人员所属的单位不是监察委员会的监察对象。[①] 换句话说，这种观点认为，由于“机关”不是监察法的调整对象，所以所有单位都不能成为监察法调整对象的说法，显然以偏概全。首先，公职人员所属的单位一定是“机关”吗？其次，把监察法调整范围限制为“人”就能起到限制公权力的目的吗？最后，换句话说，单位成为监察法的调整对象会造成监察范围的不合理扩大吗？

（一）学理上虽然对“机关”能否成为单位犯罪主体存在争议，但基本已达成共识

“机关”能否成为单位职务犯罪的主体本来就是广受争议的一个问题，肯定说和否定说两相对峙。一般持肯定说的学者认为，机关可以成为单位犯罪的主体：第一，法律的公平性要求机关也不能超越法律的规定；第二，对机关进行刑事处罚，能起到约束国家机关滥用权力的效果；第三，机关受到刑事处罚不等于国家的自我惩罚；第四，不能因为司法执行上的困难就放弃对犯罪的机关追究刑事责任；第五，国外有将机关作为单位犯罪主体的立法先例。但是，否定说的观点是主流，否定说一般认为：首先，国家机关行使职能代表的是国家意志，机关的权力来自人民的赋予，机关是代人民行使权力，不能成为犯罪主体；其次，单位犯罪中对单位的处罚一般是罚

① 《监察的是“人”而不是“机关”》，载《中国纪检监察报》2017年11月13日第1版。

金刑，对国家机关采取罚金刑仍然需要国家财政的支持，此举无法达到刑罚预防犯罪的目的；再次，将国家机关置于被告，公民会对国家机关的公信力丧失信心；最后，司法实践中没有处罚机关的先例。[①] 马克昌教授认为，将机关认定为单位犯罪的主体虽然可以反映国家机关实施社会危害行为的实际，表明国家维护法律权威与尊严的立场和信念，但是即便是在西方国家，法人犯罪也仅限于公司、企业犯罪，并不包括国家机关，我国单位犯罪不论是在国内还是国外都找不到相关的理论支撑，而且对机关判处罚金，“等于钱从一个口袋转到另一个口袋，国家机关实质上并未受到处罚，所以也不会发生判刑预期的效果”[②]。

由此可见，虽然在理论界尚存在不同声音，但是基本上“机关”不能成为单位犯罪的主体已经形成通说，而且法律上也从未承认“机关”可以作为单位犯罪的主体，因此，即便单位主体的职务犯罪是监察法的调整对象，“机关”也仍然不是单位职务犯罪的主体形式。

（二）并不只有“机关”才是单位职务犯罪的唯一主体

之所以说，从“机关”不是监察法的调整对象，得出所有单位都不能成为监察法调整对象的说法以偏概全，是因为“行使公权力”的单位并非只有机关，难道单位受贿罪的主体只能是机关吗？这显然是荒谬的，其一，若只有机关受贿才能构成单位职务犯罪，才能侵犯职务行为的廉洁性，那一方面在刑法中设立此种类型的犯罪，如单位受贿罪等，一方面又否认“机关”可以作为单位职务犯罪的主体，这不是自相矛盾的吗？其二，《刑法》第30条明文规定，单位犯罪成立的范围是公司、企业、事业单位、机关、团体。“机关”只是单位主体的其中一种形式，只是因为“机关”职务犯罪不适用单位犯罪的标准，就将其他“公司、企业、事业单位、团体”全部否定，这是不合逻辑的。

① 韩成军：《单位受贿罪若干疑难问题研究》，载《郑州大学学报》2012年第3期。

② 马克昌：《“机关”不宜规定为单位犯罪的主体》，载《现代法学》2007年第5期。

结　论

综上所述，监察法没有将单位职务犯罪包含在调整对象之内是不恰当的，从单位犯罪中单位和自然人的关系，以及国内对单位犯罪采取的双罚制为主、单罚制为辅的处罚制度来看，为了达到监察法所追求的“对所有行使公权力的公职人员”进行监督的目的和任务，应当对监察法调整对象的描述进行修正，将单位职务犯罪纳入监察法体系之内。对于有些人所认为的，根据“机关”不能成为单位职务犯罪主体，而断言所有单位都不能成为监察法调整对象的说法也站不住脚。单位职务犯罪成为监察法调整对象并不会造成其调整对象不合理扩大，相反，如果不将单位职务犯罪纳入监察法调整范围，则会导致监察法调整范围出现空白。因此，应当对监察法相关条款进行修正，将单位职务犯罪纳入监察法调整对象范围内。

新时代落实人民代表大会对监察机关监督的几点思考

皮坤乾[*]　杨秀琴[**]

摘　要：人民代表大会（以下简称“人大”）对监察机关监督是一项新课题，人大如何有效地监督监察机关，还是一个亟须从理论上深入探讨、在实践中深入推进的问题。在新时代要有效落实人大对监察机关监督，需要准确界定人大对监察机关的监督，深刻把握人大对监察机关监督的意义和主要方式，真正做到消除监督上的错误认识，敢监督；依靠学习克服本领恐慌，会监督；着力于提高监督的针对性和实效性，善监督。

关键词：人民代表大会；检察机关；监察权；监督

《中华人民共和国宪法修正案》（以下简称《宪法修正案》）和《中华人民共和国监察法》（以下简称《监察法》）明确规定，监察机关由各级人大产生，向人大负责，并接受其监督。这表明，监督监察机关工作，是宪法赋予各级人大及其常委会的一项重要职权。由于监察机关才成立不久，人大对监察机关监督是一项新课题，人大如何有效地监督监察机关，还是一个亟待需要从理论上深入探讨、在实践中深入推进的问题。

一、人大对监察机关监督的界定

对监察机关工作实施监督，是人大机关的重要职能。我国宪法规定，人民代表大会是国家权力机关，监察机关由其产生并对其负责。监察机关由人大产生，其履职当然要受人大监督、对人大负责。人大作为权力机关对

*　皮坤乾，铜仁学院马克思主义学院教授。

**　杨秀琴，铜仁学院教育学院副教授。

监察机关监督，从性质及范围来看，是一种权力监督；从方式来看，主要从宏观上、权源上进行监督；从目的来看，是通过听取工作报告、执法检查等方式，对监察机关的工作作出总体评价，指出带有倾向性的问题，提出改进意见和建议，规范监察行为；从效力上来看，是一种自上而下的监督，具有决策的性质，人大的监督意见对监察机关直接具有确定的拘束力。

二、人大对监察机关监督的意义

在对监察委员会的党委监督、人大监督、民主监督、司法监督、群众监督、舆论监督等众多监督形式中，由于人大作为国家权力机关，是代表人民的意志行使监督权，人大监督是国家监督体系中层次最高、最有权威的监督，这使人大对监察机关监督，具有特殊的意义。

（一）人大对监察机关监督是权力运作规律的要求

孟德斯鸠《论法的精神》中说："一切有权力的人都容易滥用权力，这是万古不易的一条经验。有权力的人们使用权力一直到遇到界限的地方才休止。"权力天生具有扩张性，权力的运作过程如果缺乏有效的监督制约，权力必然要被滥用。并且，仅仅或者主要依靠权力机关内部的自我约束是不足以防止权力滥用的。整合反腐败的资源和力量组建的监察委员会，一方面以"监察全覆盖"的方式，为所有行使公权力的行为划出红线，消除了监督盲区；另一方面监督者更要接受监督，通过整合行政监察、预防腐败和检察机关查处贪污贿赂、失职渎职及预防职务犯罪等工作力量组建的监察委员会，可谓"位高权重"，更需要对其行使的监察权设定并恪守界限，进行全方位监督与制约。因此，根据权力运作规律，强化人大对监察机关工作的监督与制约，才能有效防止监察权力自我扩张，确保监察过程各种偏差得以及时纠正。

（二）人大对监察机关监督是规范监察行为、促进依法监察的需要

德国行政法鼻祖奥托•迈耶断言："如果一种权力不遵守其界限，那么就会有损于其他权力。"人大通过听取和审议本级监察机关的专项工作报

告、组织执法检查、提出询问或者质询等多种方式，“强化对监察委员会自身的监督制约”，有效规范监察行为、促进依法监察，遏制不规范监察行为的发生，确保监察权力良性运行。

三、人大对监察机关监督的主要方式

根据《宪法修正案》《监察法》《中华人民共和国各级人民代表大会常务委员会监督法》《地方各级人民代表大会和地方各级人民政府组织法》等的规定，人大对监察机关监督的方式主要有以下方面。

（一）听取和审议监察委员会工作报告

《宪法》第 3 条规定：“国家行政机关、监察机关、审判机关、检察机关都由人民代表大会产生，对它负责，受它监督。”《监察法》第 53 条规定：“各级监察委员会应当接受本级人民代表大会及其常务委员会的监督。”《地方各级人民代表大会和地方各级人民政府组织法》第 8 条规定：“本级人民代表大会听取和审查本级人民政府和人民法院、人民检察院的工作报告。”显然，随着《宪法修正案》《监察法》的颁布施行，《地方各级人民代表大会和地方各级人民政府组织法》须作相应修改，对于监察委员会在人民代表大会上是否需要向大会作工作报告进行明确规定，但《监察法》第 53 条已明确规定：“各级人民代表大会常务委员会听取和审议本级监察委员会的专项工作报告。”因此，就当前而言，人大常委会应该有计划地安排听取和审议本级监察委员会的专项工作报告，并以此实现对监察委员会工作的监督。

（二）行使选举和任免权

《监察法》第 8 条规定：“国家监察委员会由主任、副主任若干人、委员若干人组成，主任由全国人民代表大会选举，副主任、委员由国家监察委员会主任提请全国人民代表大会常务委员会任免。”第九条规定：“地方各级监察委员会由主任、副主任若干人、委员若干人组成，主任由本级人民代表大会选举，副主任、委员由监察委员会主任提请本级人民代表大会常务委员会任免。”根据上述规定，各地成立了监察委员会主任，选举产生了第一届监察委员会组成人员。相应地，由人大常委会任命或选举产生的监察委员会组成人员若已不宜担任职务时，也须及时提请人大常委会罢免或撤销其职务。

（三）执法检查

作为人大监督工作的重要组成部分，执法检查是地方人大及其常委会对本行政区域内的法律、法规实施情况所开展的一种监督活动，目的在于推动法律、法规的贯彻实施，促进国家机关依法行政、公正司法，增强全社会的法律意识和法制观念。对此，全国人大常委会委员长栗战书在《大气污染防治法》执法检查组第一次全体会议上强调指出：人大执法检查就是“法律巡视”，是行使宪法法律赋予的监督权、保证法律得到有效实施的一把“利剑”。《监察法》第 53 条明确将组织执法检查作为人民代表大会常务委员会监督监察机关的重要方式。人大应切实履行监督法律执行者职责，依据《监察法》对监察委员会开展执法检查，进行“法律巡视”，监督监察机关在行使监督、调查、处置等职权时，有没有认真履行《监察法》，有没有违反《监察法》的有关规定。

（四）工作评议

工作评议即人大常委会对本行政区域内的国家行政机关、监察机关、审判机关、检察机关及其他机构和组织的工作进行审议和评价的监督活动。目前，人大应有效发挥“工作评议”这一监督“利器”的作用，参照“两院”履职评议的模式，对监察机关工作进行评议，实现对监察机关的有效监督。

（五）询问和质询

作为人大监督的法定形式，询问和质询是人大代表或者常委会组成人员对“一府一委两院”中不清楚、不理解、不满意的方面提出问题，要求有关部门作出说明、解释的一种监督形式。《监察法》第 53 条规定：“县级以上各级人民代表大会及其常务委员会举行会议时，人民代表大会代表或者常务委员会组成人员可以依照法律规定的程序，就监察工作中的有关问题提出询问或者质询。”人大应根据这一规定，对监察工作中的有关问题依法开展专题询问和质询。

需要指出的是，人大对监察机关监督只限于机构监督和违法监督。《监察法》第 4 条规定：“监察委员会依照法律规定独立行使监察权。”为保障监察独立，监察人员依法执行职务是独立的。根据相关法律规定，可以在必要时启动特定问题调查委员会，以加强对监察干部特别是办案人员涉嫌违法犯罪行为的监督。

四、新时代落实人大对监察机关监督的对策建议

（一）消除监督上的错误认识，敢监督

《监察法》第 4 条明确规定监察委员会依照法律规定独立行使监察权，但这绝不意味着监察机关可以不受任何约束和监督。各级人大及其常委会是在党的领导下，受人民委托依法行使国家权力，是代表人民的意志行使监督权。新修改的《宪法》明确赋予了人大对监察机关的监督权，规定各级监察委员会必须在本级人大及其常委会监督下开展工作。因此，从监督主体的角度看，人大对监察机关监督既是人民主权原则的必然要求，也是人大作为国家权力机关的应有职责；从价值层面上说，人大对监察机关监督归根结底在于保证监察工作沿着正常的轨道运行；从操作层面上说，人大对监察机关合理适度的监督不仅不会干扰、阻碍监察机关独立行使监察权，反而可以为其提供可靠的保障。这说明，人大必须坚决消除对监察机关监督上的种种错误认识，正确处理监督与支持的关系，做到“敢”字当头，认真行使好监督权，发挥好人大对监察机关监督的作用，充分利用视察调研、执法检查、专题询问、工作评议等方式，监督监察机关依法监察。

（二）依靠学习克服本领恐慌，会监督

1939 年，毛泽东同志在延安的职干部教育动员大会上告诫全党：“我们队伍里边有一种恐慌，不是经济恐慌，也不是政治恐慌，而是本领恐慌。”人大对监察机关监督是“新课题”，加之相应的法律规定还不完善，这使人大对监察机关监督也存在“本领恐慌”问题。2013 年 3 月 1 日，习近平总书

记在《依靠学习走向未来》的讲话中指出："中国共产党人依靠学习走到今天，也必然要依靠学习走向未来。"克服"本领恐慌"的根本途径是学习，面对监督监察机关这一"新课题"，各级人大必须大兴学习之风，创新学习载体，加强教育培训，深入学习相关法律规定，并努力在实践中探索和总结，不断提升素质和能力，真正做到依靠学习走向未来，克服"本领恐慌"。

（三）着力于提高监督的针对性和实效性，善监督

一是要立足实际，深入调查研究，找准监察机关工作中群众最关注、最期盼的重点、难点和热点问题进行监督，做到精准发力、久久为功、务求实效、取信于民。二是与时俱进创新监督方法，综合运用监督方式，把工作监督与法律监督结合起来，把专项监督与综合监督结合起来，把初次监督与跟踪监督结合起来，把听取专项工作报告与开展执法检查结合起来，把推动自行整改与依法纠正结合起来，努力增强监督工作的针对性和实效性。

我国国家监察机关的宪法定位探析

范电勤[*]

摘　要：国家监察体制改革是一个宪法问题。而这个宪法问题的关键又在于如何具体设置国家监察机关。这需要弄清楚国家监察机关的宪法地位和性质，并以人民代表大会制度为核心，来分析国家监察机关在宪法上进行设置的具体要求，并厘清同其他国家机关之间的关系。

关键词：国家监察机关；检察权；人民代表大会

2018年3月12日宪法进行修改，在国家机构中增设国家监察委员会，2018年3月20日第十三届全国人大一次会议表决通过了《中华人民共和国监察法》（以下简称《监察法》）。这是自1982年宪法颁布以来在国家机构上的一次重大的改革，它既是重大的中共政治制度改革，也是事关人民代表大会（以下简称人大）制度的重大宪法改革，还是国家权力配置、重整与协调的重大权力改革。在现代宪治国家中，国家监察委员会的设立是一个宪法问题，需要与宪法规范进行有效衔接，需要在宪法上有合理的定位。目前学术界对国家监察委员会进行了一系列研究，主要有以下几种路径：一是对国家监察机关的设立本身进行考察，涉及该制度与《刑事诉讼法》《行政诉讼法》等相关法律制度的关系，落脚在如何保障被调查人的相应权利及实现相关机关的职能分工制约合作。[①] 二是探讨该机关改革的合宪性

---

* 范电勤，贵州大学法学院教授、法学博士。

① 马怀德：《国际监察体制改革的重要意义和主要任务》，载《国家行政学院学报》2017年第1期；陈光中：《关于我国监察体制改革的几点看法》，载《环球法律评论》2017年第2期。

及与《立法法》的协调。[①] 三是对国家监察体制改革所引起的宪法问题进行探讨，希望国家在设立监察机关的时候要符合宪法的要求。这个方面的研究已经有一些，但目前还没有一个可以具有说服力的成熟之作，依然具有研究的必要性。

本文从中国宪法的制度和历史基本原理的层面，保持相对客观的理性，立足于人民代表大会制度和我国公权力异化的现实来分析国家监察机关在宪法上设置的现实必要性，并提出国家监察机关设置的宪法定位，希望论述清楚国家检察机关的宪法地位。

一、国家监察机关的现实必要性——行政监察、法律监督与党的纪检部门对公权力监察不完全

一项国家权力的重新配置一定有一种现实需要，也一定是因为现实中的制度有缺陷，这样才导致一国对其宪法权力的配置进行调整。我国在监察机关改革前，纪检、监察与法律监督存在一定的缺陷。

在对掌握公权力的监察制约上，以前是党的纪律部门、行政监察部门、检察院的有关部门一起来制约掌握公权力的人，但这些部门之间对公权力的监督监察存在一定空白，并且在现实中效果有限，这导致腐败盛行、公权力私用、公器私有。传统的机制中，中国共产党的纪律检查委员会（以下简称纪委）和行政监察部门合署办公，两块牌子一套人马，冀望形成监察公权力，达到有效反腐败的合力。但这两个系统在权力的来源、监察的对象、手段等方面都存在不一致，因此经常会有一些问题。纪检监察权力的效力只能及于中共党员，但是掌握公权力的人中有一些人不是中共党员，这样对这些人纪检监察就不能及时有效覆盖。并且这些人由于不是中共党员，他们的腐败和官僚主义行为会产生示范效应，对整个公权力场域带来极坏的影响。行政监察部门是行政机关的组成部分，在权力性质和组织序列上仅仅是一级政府的一个从属部门，该部门是根据《行政监察法》来行使职权，

② 秦前红:《我国监察体系的宪制思考》,载《中国法律评论》2017 年第 1 期；韩大元:《论国家监察体制改革中的若干宪法问题》,载《法学评论》2017 年第 3 期。

因此效力只能及于行政机关工作人员及其委托的人员。在国家机关中还有人大系统、法院系统和检察院系统等，这些机关的工作人员都在行使公权力，但行政监察应该不能对他们进行覆盖。因此虽然传统的纪检部门与行政监察机关合署办公，但并不能对所有行使公权力的人进行全面监察，这就为公权力的滥用和寻租提供了空间，也为公权力的腐败留有无法规范的缝隙，无法实现党和国家对行使公权力的人进行有效制约。

二、人民代表大会制度定位——监察机关受人大监督对人大负责

我国的根本政治制度是人民代表大会制，全国人大是最高权力机关，同时也是一个民意机关，将纪委与国家监察机关合并，实现了纪委的国家职能化。依据宪法和国家监察法将这个机关定性为由同级人民代表大会产生的一级国家机关，在中央层面形成国家主席、国务院、国家监察委员会、最高人民检察院、最高人民法院和中央军事委员会并列的国家机关，省、直辖市、自治区及以下形成同级政府、监察委员会、法院和检察院并行的体制，这样就解决了监察机关的独立性，同时又具有人大制度的合法属性。监察委员会的职权按照监督—调查—处置的逻辑重新配置，实现了职权的法律明晰化，并具有充分的法律授权，将纪检、行政监察、检察机关等传统涉及职务腐败的监督职能都划归这个机关，形成一种高效有力的反腐败制度设置。这里最为重要的是完成党的纪检权力的国家法律定型的制度设计，使得党的纪检在国家机关中拥有合法的地位，也将纪检在实践中形成的有效的调查手段和处置措施国法化，如传统中的谈话、讯问、询问等党纪手段拥有了合法的地位，同时党纪中也具有了国法中的一些手段，如调查、查询、冻结、查封、扣押、搜查、勘验检查、鉴定、留置等措施，这就为反腐败提供了有力的手段支持，也为党纪的国法化提供了人大制度的合法性和合理性。

全国人大决定建立一种在党的领导下具有高度权威和统一高效的监察机关，其目的是将所有行使公权力的主体都纳入监察。这个组织要符合宪制的规定，同时又要符合我国的实际情况，最重要的是这个组织要能既具有合宪性，又要具有反腐败的权威和高效。从我国“八二宪法”的条文中以

及制宪原意中并没有这种制度设计，因此，如何对这样一个独立的反腐败国家机关在宪法中进行定位就成为一个宪法必须要解决的问题。从宪法修正案的设置来看，显然这个机关并没有突破人民代表大会制度，该机关仍然是属于人民代表大会制度下的一种履行专门监察职能的机关，从理论上看它具有如下宪法地位：

第一，监察委员会是由同级人大产生的国家机关，对人大负责，受人大监督。在我国的宪制中，只要是国家机关，就只能由人大产生，受人大监督，并对人大负责。因为我国的政体是人民代表大会制，全国人大及地方各级人大是“国家权力机关”，全国人大是最高国家权力机关，其他的国家机关必须由它产生，对它负责。按照“八二宪法”对这个机关性质的定位，国家最高权力机关就是最高立法机关；国家的其他机关是由它产生，对它负责，受它监督；国家生活中的重大事件，由它决定。[①]我国权力机关与西方议会制度有区别，它产生其他国家机关，这是一种制宪权在日常政治中的直接运用，是一种权力派生的表现。“八二宪法”第2条明确规定“人民行使国家权力的机关是全国人民代表大会和地方各级人民代表大会。”从这个条款来看，国家监察机关由人大产生，对人大负责，受人大监督，因此国家监察机关“监察”的对象本身不能及于各级人大组织及其行为，而只能针对具有公职身份的人大工作人员，这一点在国家监察法中也有较为明确的规定。

第二，监察委员会受中国共产党的具体政治领导。监察委员会与其他由人大产生的国家机关有些不一样，监察机关是“党统一领导反腐败的国家机关”，这一点在现实中得到具体贯彻和实施，同时该机关也是在人大的制度框架下的行使监察权的国家机关，这体现了中国现实与宪法制度的紧密结合，是具有社会本真特色的宪制。也就是说党的领导权与人大的宪制框架是结合在一起的，党的领导是政治领导，也是具体业务领导，通过党的领导赋予监察机关政治任务，承担政治责任。人大的宪制框架是将监察机

① 田家英：《在宪法草案座谈会上的解答报告摘要（1954年6月8日）》，引自韩大元编著：《1954年宪法与新中国宪政》，武汉大学出版社2008年第2版，第81页。

关置于法律制度之下，使得监察权的运行有一定的规范，受到一定的制约，不至于让权力不受宪制约束，这样就赋予监察机关国家身份和制度生命。

第三，监察机关是行使程序化、制度化、法律化的专门的监察权的国家机关。监察机关与其他国家机关相比，是在监察法等国法体系和有关党内法规约束下独立行使监察权的机关，不受其他国家机关、社会组织、团体等的非法干预，具有在宪制规范下的独立性。监察权有以下几个特点：首先，监察权是针对特定的人，而不是针对组织或职位，也不是针对某一个公权力的行为，监察的对象是国家行使公权力的所有人员，这与宪法规定的其他国家机关的监督多是针对行为行使的监督职能有一定的区别。其次，监察针对行使公权力的人员包括该公职人员道德廉洁行为，也包括违法和犯罪行为，这也使得监察机关的监察与其他国家机关主要是进行合法性评判有很大的不同。再次，监察机关与同级政府、法院、检察院处在一种差序的宪法结构中，一般的指称是一府、一委、两院。在现实中政府的行政级别要高于两院，监察机关在现实中也高于两院，政府的行政级别和实际地位要高于监察机关。最后，按照宪法和党内法规的规定，监察机关的领导体制要符合民主集中制的要求，同时又要符合下级服从上级、全党服从中央。监察机关在具体业务上要符合《宪法》第 135 条规定相关国家机关办理案件分工负责、相互制约、互相监督的原则，同时监察机关对其他司法机关还有监察的职能和职权。

三、国家监察机关具有当代中国特色——党领导与国家制度规范化的统一

在我国古代有监察制度，西方代议制度中也有监察制度，只是这些监察制度与当今的我国监察制度并不完全一样。目前我国探索建立的国家监察制度不是传统的摹写，具有一定的时代特点，同时是在人民代表大会制度下的监察制度，融合当代中国现实中紧迫的现实需要所作的设计，是针对具体问题而进行一种制度创设，无法用任何一种既有的理论来解释和说明，也不是对任何一种既有的模式的模仿。

（一）不是我国传统监察制度的简单模仿也不是西方制度的机械照搬

1. 国家监察机关与传统的御史监察制度有很大不同

中国传统的政治文化里有“御史大夫”这种监察制度，承担纠察、监察官吏的作用。封建社会发展到后期，由于皇帝对权力的渴求，皇帝集权相较以前有所加重，“御史愈后，其权愈重”，逐渐演变成为专门监察百官的制度，到明清两代隶属于都察院，并在地方设监察御史，其主要职责就是纠弹百官。[①]显然，我国宪法设计的监察制度并不是对传统御史文化与制度的直接承接，御史制度在本质上是君主政治的产物，其目的具有君主控制官吏的作用。皇帝通过监察御史，“风闻言事”的方式驾驭百官，管束臣工，从而达到对地方和官吏的监督和控制。可以说这是法家文化中的“术与势的结合”，在手段和程序上与现代宪制所要求的监察制度有根本的区别。我国宪法中所设立的国家监察机关，要受到宪法精神和原则的指引，同时还要受到具体的宪法制度的规制，如人大制度的框架的限制，权力分工与制约的限制等，该机关设置的目的不是为了实现某个人的意志和权威，也不是为某个人或某个集团的利益，而是要确保公职人员对宪法忠诚，确保国家公权力在行使中不发生异化，确保公权力行使的目的是为人民的利益。

2. 大陆监察机关与我国台湾地区的“监察院”不同

我国台湾地区的监察制度是依据孙中山先生的“五权宪法”的理念来设计的，在文化传承上受到中国御史制度较大的影响，同时又受到西方三权分立和权力制约的直接影响。[②]可以说台湾地区的监察制度是西方代议制度与我国传统的御史监察制度的结合所产生的具有中国特色的监察制度，是对西方代议制度的中国化的尝试。我国台湾地区规定“监察院”与“立法院”同属民意机关，“监察院”中的监察委员由民意机关选出，“监察院”行使弹劾、纠察、纠举和审计权，为达至相关目的而具有相应的调查权，可以说“监察院”更接近于一种司法权，但又不完全是司法机关。

大陆的监察机关与台湾地区的监察模式从根本上讲是完全不同的，如

① 陈顾远：《中国法制史概要》，商务印书馆2011年版，第125页。

② 李惠宗：《宪法要义》，元照出版社2012年版，第633页。

领导核心、宪制体制、指导方式等，但在形式理性上则有一定的类似性，如都履行监察职能，对其他方面的权力具有一定的制约功能，在职能分工上具有一定的独立性等。但从根本上讲，则有明显不同：（1）同大陆监察体制相比，台湾地区“监察院”是以“五权宪法”为理论基础，吸收了西方权力分立与制衡的理论，“立法院”与“监察院”有相互制约的功能[①]。大陆监察机关从属于同级人大，同级人大对监察机关具有监督的职能，监察机关对人大并没有制约和监督的权力。（2）大陆的监察体制是受中国共产党的直接领导，而不是间接领导，在具体的工作和业务中都要受到执政党的领导，这种领导已经法律定型化，规定在《国家监察法》中，这与台湾地区“监察院”只是纯属于政府机关的性质有根本的不同，可以说大陆的监察机关是中国共产党的纪律检查与国家监察的统一，并不是单纯的国家监察。（3）大陆的监察机关与台湾地区的“监察院”的职权有很大的不同，如大陆的监察机关对党员和公职人员的道德品质、廉政作风等具有监察的职权，台湾地区的“监察院”的有些职能大陆监察机关也不具有，如“监察院”有纠正与审计权。所谓纠正权是“监察院”对“行政院”及各部署行政行为的缺失或不足等具有指正与提醒的权力，对于“监察院”的纠正，相关行政主体需要在两个月内予以回复。[②]“监察院”的这种权力是对“事”而非对“人”，是对具体行政“行为”，有点类似于大陆宪法规定的人大质询制度，因此“监察院”行使的权力有民意的成分。大陆的审计权是属于单独的机关，从属于行政系统，不属于国家监察机关，这与台湾地区有很大的不同。（4）在监察对象上，大陆的监察对象与人大制度相衔接，具有分级监察的特点。台湾地区“监察院”的监察对象包括“中央”机关及公职人员，也包括地方机关及公职人员，因此不像大陆的分级体制。如“监察院”的弹劾权是针对地区领导人“各院”院长和地方除民意代表之外的公职人员等，也就是说弹劾权不仅涉及“中央”层面，也涉及地方。这与大陆按照宪法规定的行政区划层级设立国家监察机关，从而实现对相应层级的行使公权力的人员进行监察有很

① 吴庚、陈淳文：《宪法理论与政治体制》，三民书局2014年版，第592～593页。

② 吴庚、陈淳文：《宪法理论与政治体制》，三民书局2014年版，第590页。

大的不同。

3. 国家监察机关与西方代议制的监察制度不同

在西方人民主权的理论中，监督权从最终根本上讲应该是人民的一种权力，这种权力部分委托给议会来行使，部分还在人民的手中，当然议会也可以建立专门的监督机关对政府进行监督。因此在代议制度中，实践中的监察权往往由国会来直接行使，就是带有专门监督性的机关或行为也基本上是国会授权或直接意志的产物，其基本理论依据就是政府的权力要受到民意的制约，从而达到防止公权力的腐败。“议会的主要职能并不是投票赞成或反对政府，而是监督政府的活动，监督部长们负责的行政活动。监督意味既有权了解，又有义务打报告。有权调查行政机关，有义务向全国汇报，有发起公共辩论的优先权。”① 尤其是在议会内阁制国家，这种政体是由内阁建立在议会信任的基础上，内阁是由议会派生的，同时内阁必须取得和维系议会的信任，这是内阁能代表民意和执行民意的前提。在内阁如何取得议会信任的方式中，议会发展出各种监督内阁的权力，如质问权、审查权、不信任投票权和弹劾权四大类。②这些议会对内阁的监督方式本质上是一种民主问责制，也是民意机关对公权力的监督，它与我国监察机关主要是为反腐败的目的而设置有很大的不同。另外西方的监督权力主体基本上围绕议会而展开，也是以议会为核心，并以议会的意志为目的，这些监督权力主体很少能发展出独立的机关，尤其是具有独立职权，具有与其他国家机关并行的权力。

(二)国家监察机关基本特点

从我国的宪制和实践来看，监察机关是党的纪检机关与国家的监察、反腐败机关的融合，可以说监察机关是在党的直接领导下，同时又具有国家机关的性质。这种模式与一般的国家机关有所不同，一般的国家机关就是国家机关，党的组织并不与其融合为一，这是国家监察机关与一般的国家机关最大的不一样。国家监察机关与上面所言的几种监察模式有所不同，

① [法]阿兰·佩雷菲特:《官僚主义的弊害》，孟鞠如等译，东方出版社2014年版，第663页。

② [日]美浓部达吉:《议会制度论》，皱敬芳译，中国政法大学出版社2005年版，第320页及以下。

这不仅体现在制度的设置上，也体现在基本的理念上。我国的监察机关既有宪制上的要求，更有现实中的反腐败的要求。“八二宪法”序言中有“中国各族人民将继续在中国共产党领导下进行现代化建设”，2018年宪法修正案中有“中国共产党的领导是中国特色社会主义的最本质特征”。这是党对我国领导的宪法制度规定，监察机关接受党的直接领导就有了宪法依据，将党的纪检部门和国家的监察机关合并也就有宪法依据。可以说党的领导权宪制文化将为国家反腐败提供直接宪法拘束力。党的领导权需要宪法条文的规定，也需要在具体的制度中定型，需要落实在具体的机关中，这样的宪制才是与现实契合的具有生命力的宪制。

2018宪法的修改中关于监察机关的规定，这是目前世界上没有先例的，在一定的程度上中国是没有榜样的，监察机关的设置也只能依据我国的实际，依据我国的现实，而不能依据西方的外国的现实来设置，因此这一次宪法的修改充分尊重了我国的历史和现实，具有极大的现实生命力，不是一种机械思维的表现。在我国法学界，有一种“唯法律论”的倾向，认为只有法律才是宪制国家的正当性表现，政党与国家的法律制度应该是分开的，这是一种机械的法律观，也是一种形而上学的国家治理观。对目前监察机关宪法改革的定位，不能单纯从国家机关的法律构建来理解，因为这样就脱离了实践，也不能只从现实解读，因为这样就远离了法律理性。对监察机关宪法改革的解读需要避免陷入一种以法律作为唯一标准的“唯法律主义”的泥潭，同时也要避免陷入一种“唯理想主义”的梦幻。我们必须要认识现实和可以预见的未来，对我国宪法规定的监察机关要有明确的现实理性，同时还要有一定工具意识。从根本上看，任何一项制度都具有工具性，超越于具体现实不具有工具性的制度一般不具有现实性。从我国的现实和未来来看，我国的监察制度改革要有现实的“常识合理性”，同时还要尊重宪法，体现宪制的制度合理性。也就是说，既要理解政治，也要理解生活和社会。

宪法规定的国家监察机关，可以从三个方面来合理解读：第一，从宪法对国家监察机关的规定来看，宪法赋予监察机关的制度正当性和宪制合理性，这个机关是人大产生的，具有人民民意的正当性。第二，监察机关拥有党的意志，党赋予了它政治生命和目的，这样国家监察机关就是人大的意志和党的意志的统一，是“宪法上的国家机关”，同时也是党的部门，这是一种政治现实与制度现实的结合，具有双重合理性。第三，从宪制来看，国家监察权首先是国家权力的一个组成部分，具有对行使公权力的人员的监督权力，同时又是党的纪律部门，具有对党员执纪问责的权力。在具体监察措施上，既有国家法律的监察手段，也有传统党纪问责的方式，实现了国法与党内法规的统一，也使得党内法规具有国法的性质。第四，从国家监察机关所负责的主体来看，由于同级纪委与监察机关合署办公，这样监察机关既要对同级党委负责，同时还要对上级纪委负责和受上级纪委监督，也要对同级人大负责。

国家监察机关通过宪法“授权”，成为宪法性国家机关，由于纪委与监察机关合署办公从而使得宪法的授权将纪委宪制化，这样就让纪委通过授权实现政治主体向宪制主体转变，成为宪法规定的国家机关。在纪委被授权成为宪法主体后，依照立宪主义的精神对该宪制主体进行规范，这是现代国家机关合理性的基本要求。简单来说，就是国家如何使得执政党的机关与国家机关进行有机衔接，在现代的形式理性中通过宪法获得宪制秩序，这可以说是赋予国家权力的再创造，赋予党的组织的国家生命和身份，对于在宪制中实现党的意志与国家意志的统一具有重大历史意义，因此该国家机关的设置标志着对中国现实宪制的规范转化和体制转换。

四、国家监察机关设置的宪法要求——合宪性与宪法控制

国家监察机关是在人民代表大会制度之下的国家机关，因此国家监察机关要用中国宪法有关国家机关的根本原理来约束这个机关。我国宪法的根本原理有“使全体人民能够更好地行使国家权力”“使国家机关能够更有效地领导和组织社会主义建设事业”“使各个国家机关更好地分工合作、相

互配合”。[①] 国家监察机关必须接受同级人大的监督，这是民意对它的民主制约；必须保障国家权力运行的有效性，这是设置国家机关的根本目的；必须划清它与相关国家机关的职能边界，形成机关相互之间的制约和合作。

（一）民意与国家监察机关

我国国家机关是从属于人大的，人大代表的是民意，要保证人民通过国家机关掌握国家权力，这是人民代表大会制度的宗旨。习近平在《在庆祝全国人民代表大会成立60周年大会上的讲话》指出：“切实防止出现人民形式上有权、实际上无权的现象。”[②] 要防止权力在形式上是人民的，而实质上被某些人或某些集团所掌握，从而导致权力失去宪法规范，最终异化为人民利益的对立物。因此国家监察机关必须通过法定的程序和方式实现人民的属性，表现出对人民负责的性质。国家监察机关对同级人大及常委会负责，受它监督，这是民意机关与国家监察机关的基本关系，也是我国国家监察机关的性质决定的。

国家监察机关负责人的任期制是为了防止个人专权、确保权力的人民属性。邓小平在“八二宪法”制定时指出：“从党和国家领导制度、干部制度方面说，主要的弊端是官僚主义现象、权力过分集中的现象、家长制现象、干部领导职务终身制现象和形形色色的特权现象……废除领导干部终身制，关键是要健全干部的选举、招考、任免、考核、弹劾、轮换制度。”[③] 国家监察机关负责人的任期制对保证监察权力的人民属性，保障监察对腐败的控制，遏制国家机关中的官僚主义等都有十分重要的意义。

《宪法》第65条、第103条规定人大常委会成员不得兼任政府、监察委员会、法院、检察院的公职，这主要是确保民意制约的中立性和保障国家监察工作人员的专业化和职业化。《宪法》第62条、第67条、第101条分别规定了国家权力机关和地方权力机关对于“一府、一委、两院”的人事决定

① 彭真：《关于宪法修改草案的说明》，载《彭真文选（1941—1990）》，人民出版社1991年版，第454～456页。

② 习近平：《在庆祝全国人民代表大会成立60周年大会上的讲话》，载《人民日报》2014年9月6日第2版。

③ 《邓小平文选（1975–1982年）》，人民出版社1994年版，第299页。

和监督的权力，国家监察机关人员的选举、任命和罢免的权力属于人大，这是保障民意在国家机关中贯彻的最为重要的制度。

《宪法》第62条、第67条明确规定了全国人大及常委会监督“一府、一委、两院”，并规定这些机关对人大及常委会报告工作和接受质询的制度。在人民代表大会制度下，一切国家机关都必须对产生它们的人大负责，这种负责性是无条件、全方位、约束性的。国家监察机关必须对人大负责，并有相应报告工作的义务，接受人大的质询、询问和约束。当然人大对监察机关的监督不是对具体案件办理的监督，也不是对日常工作的直接干预，而是一种机关从属性的监督和大的方向上把控。

（二）国家监察机关与其他国家机关

国家监察机关要对人大负责，但它的权力具有独立性和职能的专业性，它的运行规律要服从于独立性、专业性、纪律与法律的判断性，因此需要处理与有关国家机关的关系。国家机关的职权有一定的分工，为有效完成对公权力监察的覆盖，需要各个机关彼此配合，相互制约。习近平《在庆祝全国人民代表大会成立60周年大会上的讲话》指出：“我们要坚持和完善民主集中制的制度和原则，促使各类国家机关提高能力和效率、增进协调和配合，形成治国理政的强大合力，切实防止出现相互掣肘、内耗严重的现象。”[①] 国家监察机关也必须与相关国家机关在职务、程序上充分分工配合制约，才能共同实现对宪法的忠诚，完成宪法的制度期待。

一是人大财政监督与国家监察机关的关系。《宪法》第62条、第89条规定了全国人大批准、审议国家预算和预算执行情况，预算编制和执行国家预算是由国务院来具体负责的，这种做法使得地方司法机关在财政上一直受制于行政机关，被很多学者所诟病。新组建的国家监察机关的财政预算如果继续由国务院来编制、执行的话，在中央一级问题不大。但是在地方，各级监察机关的经费预算如果由同级政府来编制、执行的话，就会造成它在财政体制上依附于行政系统，缺乏必要的财政独立性。这种财政体制

① 习近平：《在庆祝全国人民代表大会成立60周年大会上的讲话》，载《人民日报》2014年9月6日第2版。

对于监察机关独立有效地行使职权，对公权力行使者进行不受干扰地监督、调查、处置有一定的不利影响。其实我国司法机关的财政体制已经在进行改革，党的十八届四中全会决定地方法院、检察院财政由省级统管的运行体制在全国试点展开，各个地方改革的进度不一样，但是都有明显的进步。这种改革就是为了保障司法权的独立行使，也是我国长期的实践得出的一个理性判断。国家监察机关的财政更应该独立于行政系统，可以由人大单独列支的形式来解决，并且要充分保障经费，让其在执行职责时没有财政的后顾之忧，同时也可以避免监察权的寻租现象。国家监察权应该与审计机关一样实行国家监察机关的垂直领导体制和财政的专门保障机制，以确保其工作效能。另外我国的国家监察机关是党的纪律检查机关与国家反腐败工作机关的高度结合，这里还涉及党费与国库经费的关系，因此实际运行体制不可能在有关法律上进行明确，预算编制和执行体制存在对同级党委和人大双重负责的情况，因此国家监察机关的财政可能、只能在实践中摸索，国家化还有待时日。

二是国家监察机关与司法机关的关系。我国的司法机关包括检察院系统和法院系统。从 1949 年《中央人民政府组织法》到 1954 年宪法，我国宪制明确了检察机关作为国家法律监督机关的宪法地位，这种对检察机关的定位是受到列宁检察制度指导思想的影响。将检察机关设立为专门的法律监督机关，从而达到维护国家法制统一、纠正违反法律行为的目的。法律监督的对象不仅仅针对公权力行为和公权力行使主体，在 1954 年宪法将普通公民也包括在法律监督对象的范围内[①]，可见检察机关的法律监督具有全面性、统一性和整体性。“八二宪法”总结历史经验和教训，明确了检察机关法律监督的重点是对国家机关和国家工作人员的监督，限于违反刑法并需要追究刑事责任的案件的法律监督。对于一般违反党纪、政纪、普通违法的行为而不触犯刑法的案件，由党的纪律检查部门和行政机关去处理。[②]这样在实践中有很多一般违法和违纪的行为就无法进入到检察机关的法律

① 王桂五：《人民检察制度概论》，法律出版社 1982 年版，第 15 页。

② 彭真：《关于七个法律草案的说明》，载《彭真文选（1941—1990）》，人民出版社 1991 年版，第 378 页。

监督的范围。从我国的实践来看，如果对一般的违纪和违法不进行有效预防与监督的话，国家权力的异化将很难控制，腐败将不断扩大和加深，公权力的寻租现象也难以有效规范。因此监察机关在一定的程度上分享了检察机关的法律监督的职权，也使得国家监察机关和检察机关在法律监督上有所分工、合作和制约。

在宪法上设置国家监察机关之后，从权力调整、人事整体实践中的转隶来看，国家监察机关的设置对检察院的影响都是最大的。不过监察机关与检察机关的区别还是很大的：一个是对公权力全方位的监察，包括廉政作风、具体公权力行使者的道德、违法、犯罪的监督、调查与处置；一个是对国家机关、社会组织和个人违法的监督、审查与起诉，主要限于法律层面的监督。因此尽管二者有交叉，职权有重叠，具体办案有配合，但区别还是很明显的，在实践中分工也是很明确的。

《宪法》第123条规定："中华人民共和国人民法院是国家的审判机关"，这是对是否违法犯罪的判断。国家监察机关享有一定的处置权，这种处置权是在对违纪和违法的判断上，因此监察机关与审判机关一样也具有一定法律判断权，当然它还有违纪和廉政等方面的判断权。监察机关的这种法律判断权是初步的而不是终结性的，是对公权力主体违纪或涉嫌违法犯罪的初步判断和处置，证明标准应该低于人民检察院和人民法院。因此监察法规定国家监察机关与其他有关机关在办案中要互相配合、制约，当然各自在工作上要独立行使职权，不受干涉。

国家监察机关分享了司法机关和法律监督机关一部分涉及违法犯罪的调查和处置权，这种分享本身就是一种分工，如涉及公权力腐败的侦查权移转到监察机关。同时监察机关在具体办案需要有关机关的配合，如在侦察阶段需要公安机关的合作，初步监察后要进行判断，这时需要检察机关的合作，检察机关对于是否构成犯罪的实质性审查和是否决定提起公诉，也需要监察机关的配合。这些不同的部门之间的合作体现了《宪法》第135条规定的宪法精神，同时这些合作与制约还应该受到宪法中公民基本权利的制约，如《宪法》第33条人权保障的制约，《宪法》第37条公民人身自由的制约等。具体来看，对于监察机关享有的留置权，最长可达 6 个月，从国家机关之间的制约来看，这种权力当然要受到人民法院或人民检察院的制约，在具体的制约方式上可能要在实践中摸索。从宪法体系解释及宪法的精神和原则来看，宪法中不同国家机关之间最终要实现宪法规范、价值、精神、原则、宗旨的融贯，国家监察机关的处置方式方法在宪治国家中应该受到宪法的规范和约束，就是共产党员也是宪法规定的公民，一样具有公民的基本权利，需要受到宪法的保护。公安机关限制公民人身自由执行逮捕需要经过人民法院或检察院的批准，这就是对公民自由权的宪法保障。监察机关限制公民人身自由的留置监察手段从宪法原理来看，应该接受司法审查，司法机关不能缺席，这样才符合宪治的精神和原则。

国家监察机关是国家机关，不仅只是党的纪检组织，当然党的纪检与其合二为一。从宪治国家来看，它必须接受公民基本权利条款的约束，这是宪治的最基本要求，如《宪法》第 39 条规定的住宅自由、第 40 条规定的通信秘密与自由等，监察权的行使应该受到这些条款的限制。《宪法》第 39 条规定："中华人民共和国公民的住宅不受侵犯。禁止非法搜查或者非法侵入公民的住宅。"从基本权利法律保留原理来看，这里的"法"应该是指全国人大及其常委会制定的"国家法律"，最低限的模糊解释也应该是"国法"，因此监察机关在进入公民住宅进行搜查时需要国法的授权，对搜查的主体、范围、权限和程序等都需要有明确的法律规定。如《治安管理处罚法》第 87 条规定："公安机关对于违反治安管理行为有关的场所、物品、人身可以进行检查。检查时，人民警察不得少于二人，并应当出示工作证件和县级以上人民政府公安机关开具的检查证明文件。对确有必要立即进行检查的，人民警察经出示工作证件，可以当场检查，但检查公民住所应当出示县级以上人民政府公安机关开具的检查证明文件。"可见法律对检查公民的人身、住宅等是进行了较为严格的约束，国家监察机关要直接行使这种权力，可能需要取得相关机关的配合，如公安机关。《宪法》第 40 条规定："中华人民共和国公民的通信自由和通信秘密受法律的保护，除因国家安全或者追查刑事犯罪的需要，由公安机关或者检察机关依照法律规定的程序对通信进行检查外，任何组织或者个人不得以任何理由侵犯公民的通信自由和通信秘密。”该条对国家监察机关利用技术获取腐败证据进行了规范限制，国家监察机关行使该项权力需要得到公安机关或检察机关的配合、制约，并不能单独行使。

《宪法》第125条“被告人有权获得辩护”条款对国家监察权进行限制。虽然该条从文义解释来看主要是针对人民法院审理案件的程序。我国《刑事诉讼法》第33条规定：“犯罪嫌疑人自被侦查机关第一次讯问或者采取强制措施之日起，有权委托辩护人；在侦查期间，只能委托律师作为辩护人。被告人有权随时委托辩护人。”这次的改制是将检察院的职务犯罪侦查权整体转隶到国家监察机关，监察机关行使的在名称上叫调查权，其他国家机关行使的是侦查权，那么调查权是否受到这项规范的直接拘束还在探索中。调查是党的执纪部门的权力，与侦查有一定的区别，嫌疑人是否在第一次询问或者采取强制措施之日起有权委托辩护还没有明确的依据。在对被调查人采取强制措施如留置，这时是否允许被调查人委托辩护人也存在疑问。从宪法保障基本权利的精神来看，应该作有利于犯罪嫌疑人的宪法解释。这样才符合宪法的规范精神和宪法是法律的宪治宗旨。

我国的检察机关是法律监督机关，从宪制的意味上讲，对于国家监察机关是否严格实施《国家监察法》和遵守宪法法律，检察机关是可以进行法律监督的。检察机关的法律监督体现如下：第一，检察机关对监察机关移送的案件审查提起公诉。国家检察机关依照《宪法》《刑事诉讼法》《刑法》《国家监察法》等对监察机关移送的案件进行审查起诉，这个过程就具有法律监督的功能；第二，检察机关作为国家专门的法律监督机关，当然享有权力依法对监察机关具体的办案程序进行监督，并可以通过发出检察建议书等形式来纠正监察程序的违法；第三，国家监察机关由于具有纪检的功能，因此在事实上具有对案件筛查的功能。在实践中要由它来决定哪些人涉嫌犯罪要移送检察机关，哪些人只是违纪并不需要移送检察机关，这样监察机关就进行了对案件的分流和筛查。从国法的角度来看，监察机关的这种权力检察机关应该有监督的权力，这是防止“人治”，防止“选择性移送”，防止“高高举起、轻轻落下”以纪代法等现象的必然要求，更是防止出现权力的交易和滥用纪律大于国法的需要。尤其是对于由监察机关已经处理的仅仅是违纪案件，检察机关有权进行必要复查，特别是有举报的情况下，可以采用查阅案卷、主动函询等方式来进行监督，从而让监察机关处在国法之下。《中国共产党党内监督条例》第 7 条规定：“党内监督必须把纪律挺在前面，运用监督执纪‘四种形态’，经常开展批评和自我批评、约谈函询，让‘红红脸、出出汗’成为常态；党纪轻处分、组织调整成为违纪处理的大多数；党纪重处分、重大职务调整的成为少数；严重违纪涉嫌违法立案审查的成为极少数。”这说明监察机关移送到检察机关的案件是很少的一部分，大多数将在监察机关内处理掉，这可能是将来检察机关面临的一大问题。

三是国家监察机关与审计机关。在反腐败机关的制度设计中，对于财政安排和财务活动的审计是一种重要反腐败措施，我国台湾地区规定“监察院”享有审计权。从世界不同国家和地区的实践来看，不管审计机关是隶属于国会，还是隶属于司法机关或行政机关，又或审计机关是纯粹的独立机关，审计权强调运行的独立性。[①] 我国审计权隶属于国务院的行政系统，在实践中形成在总理垂直领导下的独立的审计系统，因此在一定的程度上，我国的审计机关将会对监察机关财政及财务活动进行必要审计，监察机关要接受行政系统的审计监督，当然审计系统也会受到监察系统的监察监督。在具体办案中审计机关和监察机关在有关证据交换、信息通报、案件移送等方面将会协同办案，这方面的协助合作机制需要在实践中摸索。

① 吴庚、陈淳文：《宪法理论与政治体制》，三民书局 2014 年版，第 607 页。

国家监察法溯及力研究

曹　波*

摘　要：在国家监察法施行伊始，调整监察关系的法律规范呈现出新法与旧法相互交织、交错的状态，明确国家监察法的溯及力对于推进新时期国家监察工作具有重要的法治价值，能够强化国家监察法与既有关联法律的衔接，促进新时期反腐败工作法治化开展，提升国家监察工作中人权保障水平。鉴于国家监察法是统领我国监察工作的专门法、基本法，其溯及力必须在解析国家监察法性质、内容的基础上，严格依据立法法的相关规定，坚持个别、独立判断的规则，即应当明确国家监察法溯及力的对象是“正在处理的案件”，对新增监察对象应避免溯及适用国家监察法，留置措施具有溯及既往适用的效力，政务处分应坚持不溯及既往，并且肯定国家监察法应当直接替代行政监察法。

关键词：国家监察法；溯及力；法治价值；权利保障

2018年3月20日，十三届全国人大一次会议表决通过《中华人民共和国国家监察法》（以下简称《国家监察法》），对国家监察体制、监察工作的基本方面作出细致详尽、缜密规范、完备科学的规定。作为反腐败国家立法，国家监察法的制定出台，使党的主张通过法定程序上升为国家意志，对于加强党对监察工作的集中统一领导，充实监察制度顶层设计，深化监察体制改革，夺取反腐败斗争压倒性胜利，具有鲜明的时代意义和实践价值，被国际社会普遍评价为“中国全面深化改革和构建高效监察体系必然要求，是全面依法治国和全面从严治党的有机统一，对以法治思维和方式推

* 曹波，贵州大学法学院讲师，法学博士。

进全面反腐意义重大，值得其他国家借鉴”[①]。在国家监察法施行伊始，调整监察关系的法律规范呈现出新法与旧法相互交织、交错的状态，明确国家监察法实际发生效力的时间范围，特别是明确国家监察法是否可以溯及适用于其施行以前的职务违法犯罪行为，无疑将极大推动国家监察法的规范理解和准确适用，促进国家监察法在法治反腐中积极价值的充分释放。

一、明确国家监察法溯及力的法治价值

通常而言，法的溯及力，又称法律溯及既往的效力，意为新法律能否适用于其生效以前发生的事件和行为的效力。[②]在我国，国家监察法是调整监察法律关系的专门法，是对国家监察工作起统领性、基础性作用的基本法，“国家监察法的溯及力”可界定为：国家监察法能否适用于其生效之前发生的监察法律关系的效力。根据法律溯及力判断的一般规则，若国家监察法只能适用于其生效之后发生的监察法律关系，国家监察法缺乏溯及力；相反，若国家监察法不仅对生效之后的监察法律关系具有法律效力，还能溯及适用于生效之前的监察法律关系，国家监察法则拥有溯及力。《国家监察法》第 69 条明确规定国家监察法的生效施行时间，即“公布之日”（2018 年 3 月 20 日），并明文废止行政监察法，但却没有径直给出处理新法与旧法关联的指示，对国家监察法是否拥有溯及力未置可否。鉴于国家监察法乃我国监察体制改革重大成果，系“反腐败工作法治化的重要里程碑”[③]，明确国家监察法的溯及力问题，对于全面依法推进新时期国家监察工作具有重要的法治价值。

（一）明确国家监察法的溯及力有助于强化国家监察法与既有关联法律的衔接

国家监察法以构建集中统一、权威高效的中国特色国家监察体制为核

① 新华社驻外记者：《国际社会认为出台国家监察法是中国全面深化改革和构建高效监察体系必然要求》，载《人民日报》2018 年 3 月 23 日第 5 版。

② 吕世伦：《理论法学课堂》，西安交通大学出版社 2016 年版，第 17 页。

③ 朱基钗、姜洁：《反腐败工作法治化的重要里程碑——〈中华人民共和国国家监察法〉立法纪实》，载《人民日报》2018 年 3 月 22 日第 8 版。

心目标，通过设立监察委员会作为行使国家监察职能的专责机关，汇集行政监察机关、预防腐败部门、检察机关反贪反渎和预防职务犯罪的专门力量，形成对所有行使公权力的公职人员进行全覆盖式监察的巨大合力，并对既有调整监察法律关系的法律体系造成了颠覆式的变革，明确国家监察法的溯及力可以在相当程度上强化国家监察法与既有关联法律的衔接，缓解法律体系变革带来的冲击。[①]

在国家监察工作中，国家监察法的统领性以及监察委员会的专责性地位，内在地决定国家监察法的具体内容形式或实质地调整、补充、甚至是废止既有法律规定，客观上造成新法与旧法的区隔，引发国家监察法溯及力的思考。例如，《国家监察法》第 11 条将职务犯罪调查权赋予监察委员会，势必对检察机关原有之职务犯罪侦查权产生根本性变革，造成国家监察法与刑事诉讼法在特定时期的规范冲突；又如，《国家监察法》第 69 条明文废止行政监察法，有可能造成规范适用疑难，即对国家监察法施行以前依照行政监察法正在办理、尚未处置的相关职务违法案件，究竟是肯认行政监察法的效力延伸、继续适用行政监察法，还是直接适用国家监察法，则不无疑问。显然，唯有明确国家监察法的溯及力，始能有效消释国家监察法施行所客观引致的规范冲突或规范适用疑难，使在相关法律修正之前或者被废止之后的特定时期内相关法律规范能够顺畅衔接。

（二）明确国家监察法的溯及力有助于促进新时期反腐败工作法治化开展

新时期以来，受全面推进依法治国与全面从严治党的联合驱动，我国反腐败斗争迈入“快车道”，“打虎”“拍蝇”“猎狐”捷报频传，反腐败制度建设成果丰硕，“法治”与“反腐”同生共进、相得益彰，“反腐法治化，既是法治建设增长极，也是治理腐败制高点”[②]。毋庸置疑，以法治思维和法治方式治理腐败，推动当代中国反腐败工作的法治反腐，已然成为反腐基本模式

① 毋庸置疑，国家监察法也会与中国共产党的相关纪律法规产生适用衔接的问题，如由于监察委员会与中国共产党的纪律检查委员会合署办公，社会上曾出现“会不会出现以纪委为主导、‘以纪代法’的现象”的疑虑和担忧（参见简薇：《监察部部长杨晓渡：纪委和监察委职责互补但是不能代替》，载《中国联合商报》2018 年 3 月 12 日第 3 版）。

② 邱学强等：《国家命运 反腐攻坚战》，中央编译出版社 2015 年版，第 92 页。

以及社会普遍共识。国家监察法作为国家反腐败立法的重要成果，是今后开展依法反腐败工作的基本依据，其制定即是反腐法治化的重要表现，其实施势必应当遵循法治原则，在法治轨道上运行。

法的溯及力问题先天自带宪治底蕴和法治价值，是评判是否遵循法治原则的指标，其内含之法律可预期性也被认为是“法治的规诫”。“可预期性是支撑法治价值的一个较为关键的要素。从某种意义上讲，法治的其他规诫都是为了保证可预期性或为可预期性所要求的。”[①] 美国学者 Richard H.Fallon 也认为：“法治应该允许人们有一定合理的信心安排他们的事务，能够提前知道各种行为的法律后果。”[②] 根据新时期治理腐败的客观形势和现实需要，国家监察法对职务违法犯罪的监察作出诸多新规定，如监察范围上涵盖包括所有公办单位中从事管理以及基层群众性自治组织中从事管理人员在内的所有行使公权力的公职人员，又如监察权限上，监察委员会对职务违法犯罪全面调查，均可行使调查职能、采取调查措施，即便职务违法也可能面临留置，或者经受搜查、查封、扣押等调查措施，特别是用留置取代“两规”措施，再如《国家监察法》第 31 条、第 32 条特别赋予监察委员会的从宽处罚建议权，而从宽处罚的实体条件低于刑法规定的自首、立功认定标准，等等。这些监察新规无疑适用于国家监察法施行以后的职务违法犯罪行为，但其是否可以适用于国家监察法施行之前的职务违法犯罪行为呢？这关乎国家监察法是否具有溯及力，关乎监察对象对自己职务违法犯罪行为的法律处理的可预期性，也关乎新时期反腐败工作法治化程度与水平。

（三）明确国家监察法的溯及力有助于提升国家监察工作中人权保障水平

“法的溯及力虽然是微观层面的法律问题，但是，也关系着正确、合理地适用法律，限制立法、司法等国家机关的职权，有效地保障人权等方面的问题。”[③] 根据《国家监察法》第 11 条，监察委员会依法履行监督、调查、处

① 夏勇：《法治是什么——渊源、规戒与价值》，载《中国社会科学》1999 年第 4 期。

② 宋冰编：《程序、正义与现代化：外国法学家在华演讲录》，中国政法大学出版社 1998 年版，第 333 页。

③ 孙晓红：《法的溯及力问题研究》，中国法制出版社 2008 年版，第 15 页。

置职责，对公职人员开展廉政教育，对其履职情况及个人道德情操情况等进行监督检查，对涉嫌贪污贿赂等职务违法犯罪行为进行调查，对违法公职人员依法作出政务处分决定，对履职不力、失职失责的领导人员进行问责，对涉嫌职务犯罪的，将调查结果移送人民检察院依法审查、提起公诉。在监察委员会的三项法定职权中，监督权通常不涉及监察对象人权的克减，调查权以及处置权中的政务处分决定及问责往往会在一定程度上克减监察对象所享有的人身自由权、财产权等权利。在国家监察法施行初期，明确国家监察法的溯及力，在促进国家监察法准确实施的同时，通过划定监察委员会行使监察权的界限，规范监察权的实际运行，防止监察权不当扩张而侵及人权。

二、明确国家监察法溯及力的基本思路

国家监察法是我国监察领域的基本法，其贯彻、落实事关国家监察工作和法治反腐斗争的有序、规范开展，明确国家监察法溯及力必须在解析国家监察法性质、内容的基础上，严格依据立法法的相关规定，坚持个别、独立判断的规则，以充分实现法治的基本原则。

（一）国家监察法溯及力问题不涉及组织性规则

国家监察法以九章69条系统规定监察机关的组织、职权，国家监察工作的具体程序以及监察对象、监察机关及其工作人员法律责任，是集组织法、程序法与责任法为一体的综合性法律。[①]国家监察法的组织性规则主要包括第二章“监察机关及其职责”、第六章“反腐败国际合作”及第七章“对监察机关和监察人员”对监察委员会的性质、机构设置、人员组成、职责职权、与其他机关的关系、对谁负责受谁监督等内容的规定，因其调整对象为监察委员会自身及其组成人员，而非国家监察权的实际运行，通常不涉及

① 当然，《国家监察法》第45条对监察对象规定的谈话提醒、批评教育、责令检查或予以诫勉、政务处分、问责（建议）等三种处置方式及第八章“法律责任”，直接涉及对监察对象、监察机构及其工作人员的实体权利义务，同样需要明确其溯及力问题。不过，这些规定要么属于对原行政监察法相关内容的承袭，要么属于仅规定了法律责任涉及的条件而缺乏法律责任实际内容的提示性规范（相关法律责任的承担仍需有行政机关公务员处罚条例、刑法等依据），不论是适用原行政监察法，还是适用国家监察法，在处理结果上没有明显差异，探讨相关规定的溯及力意义有限。

溯及力的问题，或者说国家监察法组织规则均无溯及力，无需溯及适用于国家监察法施行之前监察委员会的组建和运行，彼时监察委员会组建与运行的法律依据为中共中央办公厅《关于在北京市、山西省、浙江省开展国家监察体制改革试点方案》。

与之相对，国家监察法的程序性规则，是监察委员会实际行使国家监察权，对所有行使公权力的公职人员进行监督、调查和处置的方式和条件等所需程序或手续方面的规则，包括《国家监察法》第三章“监察范围和管辖”、第四章“监察权限”、第五章“监察程序”中关于监察权运行方面的规定。程序性规则虽然不似实体性规则直接对调整对象的权利义务进行设定、变更或消灭，但程序性规则是对公权力行使方式、条件和步骤的规定，也会实质影响权力行使对象的实体权利义务。例如，根据《国家监察法》第28条，监察机关调查涉嫌重大贪污贿赂等职务犯罪，根据需要，经过严格的批准手续，可以采取技术调查措施，而技术调查措施的采用势必会在相当程度上影响调查对象的知情权与隐私权。由于法的溯及力规则主要是保障法律调整对象的行动自由，防止用现在或将来的法律规制过去的事实、调整过去的权利义务关系，因而有必要专门明确国家监察法中程序性规则的溯及力问题。

关于程序性规则的溯及力，理论界形成从新和从旧两种不同立场。程序性规则从新说，立足“实体从旧，程序从新”的法谚，主张程序性规则不必遵守法不溯及既往的原则，在新程序性规则施行时尚未处理的案件，均应采取从新原则，依照新程序性规则处理。例如胡建淼教授认为，“实体法遵循的是不溯及既往原则，而程序法遵循的是溯及既往原则……实体法溯及既往会影响法的安定性和人民对于旧法的信赖利益，而程序法溯及既往反而可能有助于新法迅速妥适地适用”。并进一步提出：“程序法溯及既往作为原则是国内外法律界的共识”[①]。程序性规则从旧说否定程序性规则溯及既往适用的效力，主张程序性规则的溯及时点应当聚焦在“程序开启

① 胡建森、杨登峰：《有利法律溯及原则及其适用中的若干问题》，载《北京大学学报（哲学社会科学版）》2006年第6期。

时”，而非“纠纷发生时”，程序性规则只适用于其生效后的程序行为而不适用于其生效前的程序行为。[①] 针对新程序性规则可以适用于其生效之前的行为或事件的现象，有学者正确地解释道：“新程序法生效后，对新法生效前尚未处理的案件依照新法进行处理，是因为程序行为和事件发生在新法生效之后，新法具有当然的法律效力，而非新法对其生效前的程序事件和行为发生效力。之所以人们误以为新法具有溯及力，是因为人们混淆了实体法和程序法所调整的对象，误以为程序法与实体法一样，也是调整实体事件和行为的。”[②] 在本文看来，程序性规则从新说与从旧说的对立是形式上的，是二者对程序性规则溯及力所指涉对象理解差异所致。从新说认为程序性规则所适用对象为行为和事件范围，新程序性规则生效前即已发生但尚在处理的行为和事件，依然可以适用新程序性规则予以处理，这从外观上看似乎是新程序性规则可以溯及适用于其生效前的行为和事件。从旧说所理解的程序性规则的指涉对象是具体的程序行为，而非程序行为所针对的“行为和事件”。程序行为所针对的行为和事件虽然发生于新程序性规则生效前，但新程序性规则生效时尚未处理完毕的，新程序性规则对其生效后的程序行为当然有效。然而，就程序性规则调整对象的理解而言，从旧说更富科学性和可取性，毕竟新程序性规则即便适用于生效前发生的行为或事件，其调整对象仍限于特定程序性行为或事实，仍应以新程序性规则可以适用的程序性行为或事实的范围作为判断程序性规则是否具有溯及力的标准。这是因为新程序性规则生效之前的程序性行为或事实已经依原有程序性规则处理完毕，已然不存在适用新程序性规则的必要和余地。

基于上述理解，国家监察法程序性规则溯及力的判断对象应当为监察委员会实施的具体监督、调查和处置行为。即便监察委员会行使国家监察权所监察的公职人员职务违法犯罪发生于国家监察法生效之前，但只要肯定国家监察法所调整的是针对该违法犯罪所采取的调查或处置措施，仍应坚持国家监察法程序性规则溯及力采取从旧的立场，即不得溯及既往适用

① 郭晓明：《关于程序法从新原则的几个问题》，载《重庆大学学报（社会科学版）》2015年第3期。
② 郭曰君：《论法的溯及力的几个问题》，载《中国社会科学院研究生院学报》2004年第1期。

于其生效之前的调查、处置，而不应以国家监察法程序性规则所针对的是生效前的职务违法或职务犯罪为由，误认为国家监察法程序性规则拥有溯及既往适用的效力（从新说）。至于国家监察法程序性规则是否可以完全用于监察其生效前实施职务违法或职务犯罪的公职人员，则需要考察国家监察法程序性规则是否相较于原有程序性规则，更有利于保障调整对象的权利或者更少克减调整对象的权利，即国家监察法程序性规则是否更有利于保障调整对象的权利。

（二）国家监察法的溯及力规则应当有利于其调整对象

现代法治意味着任何公权力的行使应受预先确定并加以公布的规则的制约，而国民通过这些规则能够明确地预见公权力的作用范围和行使方式，以便自由行动和正常交往。鉴于在法治理念和法治价值方面的内在一致性，以及充分保障调整对象权利的突出优势，法不溯及既往从一开始即成为法律溯及力的基本原则。"'法不溯及既往'的目的在于保护人们的合理预期，使人们在国家权力面前不至于无所适从。法律如果被无端地溯及既往适用，即使是对当事人有利，也会对人们的信赖利益造成一定程度的损害，同时国家的行为也会因此而丧失公信力，违背了现代社会对诚实信用原则的要求。"①

然而，法律不溯及既往原则并非绝对，立法者鉴于维护某种利益的目的，往往也针对具体情况在法律中作出有溯及力或有一定溯及力的规定。"从根本上讲，法律的溯及既往不能破坏法的安定性和人们的信赖利益，不能造成法的人权保护价值目标的背离。有利于人权保护是制定溯及既往的法律时应遵循的最基本原则。"② 至于可溯及适用之法律，主要包括行政秩序处罚的法律规定以及程序法。"行政秩序处罚是对于违章行为人的制裁，采取从新从轻原则，对于人民有利，并不违反人民的信赖保护，故不违背法律不溯及既往原则的精神。"③ 而"程序法不创造新的权利和义务，只是提供

① 张书豪：《论"法不溯及既往"作为立法原则的法哲学基础》，载《西南农业大学学报（社会科学版）》2012年第2期。

② 孙晓红：《法的溯及力问题研究》，中国法制出版社2008年版，第108～109页。

③ 翁岳生编：《行政法》（上册），中国法制出版社2000年版，第221页。

法律救济和实现权利（或权力）的方法和途径，因此以溯及既往为原则”[1]。不过，即便肯让法不溯及既往原则的适用存在限制，可以溯及既往适用的法律也必须限制在相当有限的范围内。如《元照英美法辞典》明确强调："有溯及力的法律极少被认可，认可亦相当谨慎，因为守卫门户的两面神（Janus）在法律里无处容身。"[2] 显然，这正是考虑到法律溯及适用，特别是不利的溯及适用，会极大地损害国民的信赖利益，并且严重挫伤国民对于法律、法治的信仰，而立足保障被调整对象信赖利益以及法安定性，对法的溯及力规则所作的特殊安排，是对法不溯及既往原则限制的再限制。

事实上，我国立法法在法律溯及力问题上也充分贯彻保障被调整对象权利的立场。《立法法》第 95 条明文规定："法律、行政法规、地方性法规、自治条例和单行条例、规章不溯及既往，但为了更好地保护公民、法人和其他组织的权利和利益而作的特别规定除外。"如果说该条前半段对法律不溯及既往的坚持是保障法律调整对象权利的潜在重申，该条"但书"则直接肯定了法律溯及适用必须是立足对权利和权益的保障，同时印证该条前半段所称之"不溯及既往"系针对不利于调整对象的法律。就国家监察法的溯及力而言，国家监察法乃规范国家监察权行使的基本法律，其内容既有对原国家监察法律的沿袭承继，又有对原国家监察法律的变革更新，还有对原国家监察法律的增加删减，因此，无论是肯定国家监察法溯及既往的效力，抑或否定其可以溯及既往地适用，都应当归结于法治理念与法治价值最大限度的实践化，并最终落脚于监察对象信赖保护和权利保障的现实需要。

（三）国家监察法的溯及力规则应当个别、独立判断

法治实践中，法律溯及力的判断方法有一体判断与个别判断之别。一体判断是将该部法律作为整体，一体判断是否具有溯及力，抑或认为法律生效施行以前的特定行为应一体适用新法的相关规定。前者的典型如

① 朱力宇：《关于法的溯及力问题和法律不溯及既往原则的若干新思考》，载《法治研究》2010 年第 5 期。

② 《元照英美法辞典》，北京大学出版社 2017 年版，第 826 页。

1997年刑法，1997年《刑法》第12条规定：“中华人民共和国成立以后本法施行以前的行为，如果当时的法律不认为是犯罪的，适用当时的法律；如果当时的法律认为是犯罪的，依照本法总则第四章第八节的规定应当追诉的，按照当时的法律追究刑事责任，但是如果本法不认为是犯罪或者处刑较轻的，适用本法。”此即为以作为整体的1997年刑法与1979年刑法对1997年刑法施行以前的行为的评价结果为标准，一体判断1997年刑法是否具有溯及适用的效力，而未个别地规定1997年刑法具体条文的溯及力。后者如《矿产资源法》，根据该法第51条，针对1986年10月1日以前，未办理批准手续、未划定矿区范围、未取得采矿许可证开采矿产资源的，应当一体遵照《矿产资源法》第3条及第二章“矿产资源勘查的登记和开采的审批”的相关规定申请补办手续。

一体判断主要是基于新法对特定行为或事件的评价结论整体更有利于旧法，或者根据公共利益或者统一管理的现实需要，由该法律本身作出的特殊安排，是法律溯及力判断的例外情形。较之于一体判断，个别判断是以法律的具体条文或所规定的具体措施为依托，独立地判断该条文或该措施是否能够溯及既往地适用。个别判断，舍弃对特定法律进行整体考察的思路，而是专注于特定条文或措施对调整对象权利带来的实际变化，无疑更有利于践行溯及力规则保障信赖利益的初衷，是当前法律溯及力判断的基本方法，也被普遍公认为相对务实、科学的判断方法。在Landgraf v. USI Film Products案中，美国联邦最高法院强调个别判断法律溯及力的重要性。“法律不仅仅因为某行为发生在法律颁布之前就不得溯及既往……相反，法院必须查明新的规定是否为之前完成的行为带来了新的法律后果。只有在判断了有关法律变化的性质和范围，新规则和过去的相关事件的关联程度之后才能得出某一规定具有溯及力的结论。”① 在我国，法律溯及力个别判断方法得到最高人民法院的正式采用。例如，在关于《刑法修正案（八）》时间效力问题的解释中，最高人民法院一方面肯定“2011年4月30日以前犯罪，虽不具有自首情节，但是如实供述自己罪行的，适用修正后《刑法》

① *Landgraf v. USI Film Products*, 511 U.S.244, 269-270, 1994.

第 67 条第 3 款的规定”。另一方面又表示“2011 年 4 月 30 日以前犯罪，犯罪后自首又有重大立功表现的，适用修正前《刑法》第 68 条第 2 款的规定”。这主要是考虑到《刑法修正案（八）》施行以前，单纯如实供述自己罪行的坦白，只是作为酌定量刑情节，而《刑法修正案（八）》直接将坦白规定为法定量刑情节，明确具有坦白情节的，可以根据具体情况，从轻或减轻处罚，明显对犯罪人更有利，因而可以溯及适用；而《刑法修正案（八）》删除了原刑法第 68 条第 2 款“犯罪后自首又有重大立功表现的，应当减轻或者免除处罚”，致使对于犯罪后自首又有重大立功表现的犯罪人，只能叠加适用第 67 条规定的自首“可以”从轻或者减轻（犯罪较轻的，可以免除处罚）及第 68 条规定的有重大立功表现的，“可以”减轻或者免除处罚。显然将“应当减轻或者免除处罚”修改为“可以减轻或者免除处罚”，降低了犯罪人实际被减轻或者免除处罚的可能性，也可能削减减轻或者免除处罚的幅度，属于犯罪人不利的修正，应当否定其溯及力。最高人民法院判断刑法修正案溯及力上采用的有利于犯罪人而进行个别判断方法，也在《刑法修正案（九）》时间效力确定中得到传承延续。[①]

尽管国家监察法是顺应国家监察体制改革而制定的新法，但其内容却并非完全新造，而是在总结以往监察实践和试点经验的基础上，整合、修正、补充、升华了原行政监察法、刑事诉讼法等法律中的相关规定，其溯及力规则应当采用个别判断方法，分别考察具体监察规范或监察措施对监察对象权利义务的变更情况。其中，对于国家监察法移植原国家监察法律的规定和措施部分，因没有引起监察对象实体权利义务的实质变化，应肯定国家监察法可以用于监察其施行以前的职务违法犯罪行为；对于国家监察法显著修正或新增的规定或措施部分，则需要具体分析相关规定对监察对象权利义务的实质影响，个别判断国家监察法的规定可否用于监察其施行

① 例如，最高人民法院《关于〈中华人民共和国刑法修正案（九）〉时间效力问题的解释》第 1 条明确否定《刑法》第 37 条之一的溯及力，而其第 2 条则明确肯定修正后《刑法》第 50 条第 1 款的溯及力，个中原因无外乎，新增设的刑事职业禁止会加重因利用职业便利实施犯罪人，或者实施违背职业要求的特定义务犯罪人不利负担，而提高死缓执行死刑的门槛和标准将减少死刑适用而对被判处死缓的罪犯更为有利的修正。二者的对比，无疑反映了最高人民法院坚持溯及力个别判断的立场，并且其个别判断的基准正是刑法条文的修正是否对犯罪人更有利。

以前发生的职务违法犯罪行为。

三、明确国家监察法溯及力的具体规则

前已述及，国家监察法溯及力的问题集中表现为国家监察法程序性规则及实体处置规则能否溯及既往地适用。明确国家监察法溯及力应当立足有利于保障监察对象的权利，通过剖析国家监察法相关条文或措施对监察对象权利义务的影响，予以个别、独立地判断。具体来说，明确国家监察法溯及力的具体规则主要包括以下五方面：

（一）国家监察法溯及力的对象是“正在处理的案件”

根据国家监察法施行时案件是否处理完毕，可以将监察案件分为已经办结的案件、正在处理的案件和尚未处理的案件三类。国家监察法溯及力的对象是“正在处理的案件”，即公职人员的职务违法犯罪行为已经在国家监察法施行以前立案处理但尚未办结。如果国家监察法施行以前案件已经办结（处置完毕），没有国家监察法溯及适用的必要；如果国家监察法施行以后才予以立案调查的，即便公职人员的职务违法犯罪发生于国家监察法施行以前，也应当属于新案件，径直适用国家监察法即可，无须探讨国家监察法溯及力的问题。例如，2018 年 4 月 1 日，贵州省委原常委、副省长王晓光涉嫌严重违纪违法，正接受中纪律检查委员会的纪律审查和国家监察委员会的监察调查。王晓光是国家监察法施行后首个接受审查调查的中管干部，被称为“国家监察法施行后打下的第一虎”①，即便其严重违纪违法事实发生于国家监察法施行以前，但因其立案于国家监察法施行以后，属于新案件，理应适用国家监察法对其展开调查并处置。

（二）对新增监察对象应避免溯及适用国家监察法

监察对象范围过于狭窄是我国监察体制机制的沉疴旧弊。国家监察体制改革之初，党内监督即率先实现全覆盖，而依照行政监察法的规定，行政监察对象主要是国家行政机关及其工作人员和国家行政机关任命的其他人

① 李志勇、毛翔：《国家监察法施行后打下第一虎 通报三处变化有深意》，载《中国纪检监察报》2018 年 4 月 2 日第 1 版。

员，还没有做到对所有行使公权力的公职人员全覆盖。监察体制改革和国家监察法立法的重心之一就是要消除监察死角、填补监察盲区，实现“横向到边、竖向到底”的全覆盖式监察。根据《国家监察法》第15条，监察对象主要包括六类人员：公务员和参公管理人员、授权或受委托管理公共事务的组织中从事公务的人员、国有企业管理人员、公办科教文卫体单位管理人员、群众性自治组织中从事管理的人员以及其他依法履行公职的人员。该六类人员中的中共党员或行政机关及其工作人员，无论是国家监察法施行前后，均可依照相关规定（党规党纪、行政监察法）予以监察，而对于新纳入监察范围的后三类人员中的非中共党员，对其在国家监察法施行前的职务违法犯罪行为是否可以溯及适用国家监察法呢？监察实践中，有的地方持肯定态度。如2018年1月26日，湖南省道县梅花镇修义村村委会副主任何某（非党员）为其孙儿办“三朝酒”，违规宴请亲属以外的人员并收受礼金。县监察委员会依照国家监察法规定，给予何某诫勉谈话处理，责令其退还违规收受的全部礼金。[①] 然而，在本文看来，道县监察委员会对非党员村干部何某予以立案调查并处置，属于应当避免的不当溯及适用国家监察法。诚然，何某违规收受礼金的行为事实上完全符合国家监察法的相关规定，并且按照国家监察法从新适用原则，对国家监察法施行以后发现的职务违法犯罪行为应适用国家监察法予以调查、处置，但何某的违法行为发生在国家监察法施行以前，作为非党员村干部的何某，既不属于纪律审查范围，又不属于行政监察范围，依据当时的法律法规，其非法收受礼金无须承担法律责任，溯及适用国家监察法对何某予以处置，意味着何某要根据将来的法律选择自己的行为，这显然侵犯了何某的信赖利益、限制了其行动自由。有鉴于此，从保障公民信赖利益和行动自由出发，对于新纳入监察范围的后三类人员中的非中共党员，应当避免溯及适用国家监察法调查、处置其在国家监察法施行前的职务违法犯罪行为。

---

① 颜新文、邹太平、黄也倩：《非党员村干部，同样是监察对象》，载《中国纪检监察报》2018年5月18日第1版。

（三）留置措施具有溯及既往适用的效力

在党的十九大报告中，习近平总书记明确指出："制定国家监察法，依法赋予监察委员会职责权限和调查手段，用留置取代'两规'措施。"① 为贯彻落实党的十九大精神，《国家监察法》第22条、第43条对留置措施的对象、适用情形、审批权限、期限、执行和解除进行了明确规定，极大地提升监察执法权力配置和手段措施的规范化和法治化水平，有效化解了长期困扰我们的法治难题，彰显了全面依法治国和法治反腐的决心和自信。基于下述三方面的理由，留置措施应当溯及适用于国家监察法施行以前已经立案调查但尚未处置的职务违法犯罪案件。

其一，留置的法治化程度高，化解了"两规"内在的宪治危机。"两规"意指"要求有关人员在规定的时间、地点就案件所涉及的问题作出说明。"作为一种纪律监察措施，"两规"是"突破要案特别是疑难复杂案件的一种行之有效的重要手段"，"在党风廉政建设和反腐败斗争中发挥了难以替代的重要作用。"② 然而，"两规"的规范依据位阶较低，仅为党内法规，但其内容却剥夺或限制调查对象的人身自由，抵触法律保留原则，被认为"在某种程度上是挑战了宪法的权威，侵犯了公民人身自由的宪法权利"③。留置是由属于国家基本法律的国家监察法所规定的特定调查措施，其法律位阶较高，符合法律保留原则的法治要求。"留置以国家法律的方式正式确立，并以法定的主体监察委实施，其权力属性不但具有法律上的合法地位，而且具有法律上的强制力。"④

其二，留置的适用条件与程序严格，有利于保障被调查人的权利。根据国家监察法的规定，被调查人涉嫌贪污贿赂、失职渎职等严重职务违法或者职务犯罪，监察机关已经掌握其部分违法犯罪事实及证据，仍有重要问

① 习近平：《决胜全面建成小康社会 夺取新时代中国特色社会主义伟大胜利》，载《人民日报》2017年10月19日第2版。

② 李永忠：《向法制社会过渡的权宜之策——正确认识"两规"、"两指"》，载《中国党政干部论坛》2003年第9期。

③ 王金贵：《宪法视野中的"双规"与自首的关系》，载《政法学刊》2005年第4期。

④ 李世峰：《用留置取代两规是法治反腐的转型》，载《新疆师范大学学报（哲学社会科学版）》2018年第2期。

题需要进一步调查，并有法定情形的，经监察机关依法审批，可以采取留置措施，而监察机关采取留置措施，应当由监察机关领导人员集体研究决定，设区的市级以下监察机关采取留置措施，应当报上一级监察机关批准。省级监察机关采取留置措施，应当报国家监察委员会备案。国家监察法通过为留置设置严格的适用条件和适用程序，特别是将审批权限上提一级，强化了监察机关使用留置措施的程序制约，防止监察机关滥用留置措施，这无疑有利于推动法治反腐的顺利展开、促进被调查人权利的有效保障。

其三，留置的期限较短，对被调查人人身自由的限制相对缓和。《国家监察法》第 43 条第 2 款规定，留置时间不得超过 3 个月。在特殊情况下，可以延长一次，延长时间不得超过 3 个月。省级以下监察机关采取留置措施的，延长留置时间应当报上一级监察机关批准。监察机关发现采取留置措施不当的，应当及时解除。据此，留置的最长期限为 6 个月，且留置时间的延长程序严格，应当报请上一级监察机关批准。然而，在国家监察法施行以前，根据《人民检察院刑事诉讼规则》第 274 条、第 275 条与第 276 条，对留置所针对的严重职务违法犯罪者所适用的侦查羁押期最长可以达到 7 至 8 个月。显然，对于国家监察法施行以前已经开始调查但尚未处置的职务违法犯罪，使用留置措施对被调查人人身自由的限制期限更短，同时留置场所是依照国家有关规定设置的，较之侦查羁押的看守所，在生活设施、饮食标准等方面更为舒适，并且非常强调“安全”。

（四）政务处分应坚持不溯及既往

《国家监察法》第 45 条规定，监察机关有权根据监督、调查结果，依法对违法的公职人员依照法定程序作出警告等政务处分。作为法定监察处置形式，“政务处分”是在原“政纪处分”基础上扩充而成，是监察全覆盖的重要组成，也是因应监察对象范围全覆盖的现实需要，即原“政纪处分”主要是针对行政机关及其工作人员，存在适用范围过窄的问题，在国家监察法扩张监察对象范围，将所有行使公权力的公职人员纳入监察对象后，对新纳入的公职人员也需要根据监督、调查结果进行处置，从而实现权责对等、失责必究的理念。同时，由监察机关统一进行政务处分，有助于实现纪法分开和纪法衔接。随着依法治国深入推进，我国法律体系不断完善，所有“政纪”均已成为国家立法，由《公务员法》《行政机关公务员处分条例》等法律法规予以规定。在全面依法治国条件下，党纪与法律之间缺少中间过渡地带，政务处分有助于在明确区分纪律处分和法律处罚的基础上，也成为二者衔接的桥梁和纽带。

究其实质而言，政务处分是对违法公职人员实体权利的克减，为保障被处分者信赖利益和法的安定性，原则上应当否定政务处分具有溯及既往的效力，即对于发生在国家监察法施行以前的职务违法行为，监察机关不得依据《国家监察法》第45条给予违法者政务处分，但这不妨碍有权机关依据行为时有效的法律、法规追究职务违法者所需承担的法律责任。这一结论得到中央纪律检查委员会、国家监察委员会联合发布的《公职人员政务处分暂行规定》(2018年4月16)明确支持。该暂行规定第2条规定：“公职人员有违法违规行为应当承担法律责任的，在国家有关公职人员政务处分的法律出台前，监察机关可以根据被调查的公职人员的具体身份，依照相关法律、法规、国务院决定和规章对违法行为及其适用处分的规定，给予政务处分。”应当承认，《国家监察法》第45条虽然规定政务处分的主体及对象，但却没有具体明确规定政务处分适用的具体条件及情形，而必须同时援引规制职务违法行为的既有法律、法规，是否溯及适用国家监察法，是否由监察机关作出政务处分决定对该部分职务违法者的权利而言没有实质影响。而对行为时不属于原“政纪处分”对象的公职人员，溯及适用国家监察法对其给予政务处分，则会极大地侵损被处分者的信赖利益和行动自由，明显抵触现代法治理念，与依法治国和法治反腐的要求相悖。

(五)强化国家监察法与行政监察法衔接

我国监察体制改革的核心是整合既有监察资源和力量，组建独立且专业的监察队伍，形成强大监察合力，作为监察体制改革的组成内容和重要成果，国家监察法立足监察全覆盖的理念，整合、升华原有监察法律法规，特别是有效弥补由行政监察法所构建的定位于政府内部监督机制中的监察范围狭窄、监察手段不足、监察程序不完善、监察实效不彰等原有监察制度的不足。[①] 国家监察法对原有监察体制进行彻底重构，其施行直接废止了行政监察法，从而客观上诱发国家监察法与行政监察法衔接的问题，即对于国家监察法施行以前已经依照行政监察法立案监察的职务违法犯罪，在国家监察法施行以后，是依照行政监察法的规定继续完成未完成的监察调查和处置，还是径直溯及适用国家监察法接替完成相关调查和处置？对此，本文的处理意见是：应当肯定国家监察法的溯及力，溯及适用国家监察法处理依照行政监察法立案监察但尚未监察终结的职务违法犯罪。一方面，《国家监察法》第 69 条已经明文废止行政监察法，在国家监察法施以后继续援用行政监察法，实质上肯定了行政监察法的效力延伸，与国家监察法的明文规定直接相悖；另一方面，国家监察法充分吸收了行政监察法的合理规定，弥合了行政监察法的缺陷不足，所建构的包括监察权限、调查措施、调查程序、处置方式等监察体制较行政监察法的规定更完备、更规范、更科学，更能体现法治约束公权力、保障私权利的内在精义，尤其是国家监察法对调查措施的规范化、法治化改造使得对监察对象权利的克减更节制、更节俭，更有助于维护监察对象的合法权益。由此可见，溯及适用国家监察法办理已经依照行政监察法立案监察的案件，对监察对象更有利，且更能体现法治反腐的精神理念。

① 马怀德：《〈国家监察法〉的立法思路与立法重点》，载《环球法律评论》2017 年第 2 期。

国家监察体制之原则体系探究

卫 欢*

摘 要：国家监察体制改革是中国特色的创制之举，党的十九大对深化国家监察体制改革进行了战略部署，为新时期国家监察体制的发展指明了方向。国家监察体制的构建应当始终坚持中国共产党的领导，以权力制约原则为根本原则，以严谨的原则体系为依托，并最终体现为《监察法》规定的六项基本原则。本文以权力制约原则为切入点，明确其作为国家监察体制之根本原则的中国使命，并对国家监察体制的原则体系进行深入剖析，力求准确把握国家监察体制改革的要义。

关键词：国家监察体制；原则体系；权力制约原则；以权力制约权力；以社会制约权力

2016年1月12日，习近平总书记在第十八届中央纪律检查委员会第六次全体会议上发表重要讲话，提出要完善监督制度，做好监督体系顶层设计，“既加强党的自我监督，又加强对国家机器的监督”。他指出，“要坚持党对党风廉政建设和反腐败工作的统一领导，扩大监察范围，整合监察力量，健全国家监察组织架构，形成全面覆盖国家机关及其公务员的国家监察体系。”可以说，监察制度在构建高效、廉洁的服务型政府的过程中发挥着至关重要的作用。2018年3月20日，十三届全国人大一次会议审议通过了《中华人民共和国监察法》（以下简称《监察法》），国家主席习近平签署主席令予以公布实施。《监察法》的颁行是新形势下监察体制改革的经

* 卫欢，贵州师范大学法学院教授，贵州师范大学廉政文化研究中心研究员，硕士生导师，法学博士。

验积累，是中国共产党坚决惩治腐败的政治立场的鲜明体现，意味着集中统一、权威高效的中国特色国家监察体制得以建立。

一、国家监察体制之原则体系的构成

2018年3月11日第十三届全国人大第一次会议表决通过的《中华人民共和国宪法修正案》为《监察法》的实施以及各级监察委员会的建立提供了合宪性依据。《监察法》在第3条明确了监察机关的性质"是行使国家监察职能的专责机关"，监察机关的职权范围是"对所有行使公权力的公职人员进行监察，调查职务违法和职务犯罪，开展廉政建设和反腐败工作，维护宪法和法律的尊严。"职务违法和职务犯罪行为的多样性及监察对象的广泛性决定了《监察法》的基本原则也应当具有相当程度的综合性。根据《监察法》的规定，可以将其基本原则概括为：监察权独立行使原则[①]；权力互相配合与互相制约原则[②]；以事实为根据，以法律为准绳原则；在适用法律上一律平等原则；权责对等，严格监督原则；惩戒与教育相结合原则。[③]不可否认的是，虽然《监察法》第69条已明确规定自该法公布之日起，《中华人民共和国行政监察法》（以下简称《行政监察法》）同时废止，但《监察法》的基本原则是《行政监察法》的基本原则的升华，见表1。

表1 《监察法》在立法目的与基本原则上与《行政监察法》的差异

	《行政监察法》		《监察法》	
立法目的	第一条	为加强监察工作，保证政令畅通，维护行政纪律，促进廉政建设，改善行政管理，提高行政效能。	第一条	为深化国家监察体制改革，加强对所有行使公权力的公职人员的监督，实现国家监察全面覆盖，深入开展反腐败工作，推进国家治理体系和治理能力现代化。

① 《监察法》第4条第1款规定："监察委员会依照法律规定独立行使监察权，不受行政机关、社会团体和个人的干涉。"

② 《监察法》第4条第2款规定："监察机关办理职务违法和职务犯罪案件，应当与审判机关、检察机关、执法部门互相配合，互相制约。"

③ 《监察法》第5条规定："国家监察工作严格遵照宪法和法律，以事实为根据，以法律为准绳；在适用法律上一律平等，保障当事人的合法权益；权责对等，严格监督；惩戒与教育相结合，宽严相济。"

续表

<table>
<tr><th></th><th colspan="2">《行政监察法》</th><th colspan="2">《监察法》</th></tr>
<tr><td rowspan="6">基本原则</td><td>第三条</td><td>行政监察权相对独立原则</td><td>第四条</td><td>监察委员会独立行使监察权的原则</td></tr>
<tr><td rowspan="3">第四条</td><td>实事求是、重证据、重调查研究的原则</td><td rowspan="4">第五条</td><td>以事实为根据，以法律为准绳的原则</td></tr>
<tr><td rowspan="2">在适用法律和政纪上人人平等的原则</td><td>适用法律上一律平等原则</td></tr>
<tr><td>权责对等，严格监督的原则</td></tr>
<tr><td>第五条</td><td>教育和惩罚相结合原则</td><td>惩戒与教育相结合，宽严相济的原则</td></tr>
<tr><td>第六条</td><td>专门工作和依靠群众相结合的原则</td><td>/</td><td>/</td></tr>
</table>

事实上，新修订的《中华人民共和国宪法》（以下简称《宪法》）第 3 条已然为监察权独立行使提供了宪法基础，这也是《行政监察法》确定的“监察权相对独立原则”向《监察法》确定的“监察权独立行使原则”演进的依据。监察权独立行使是国家监察体制得以建立和运行的前提和基础。而权力互相配合与互相制约原则；以事实为根据，以法律为准绳原则；在适用法律上一律平等原则；权责对等，严格监督原则；惩戒与教育相结合原则均是确保“集中统一、权威高效的中国特色国家监察体制”得以建立并发挥作用的基本路径。上述原则体系与监察权之间的逻辑关系见图 1：

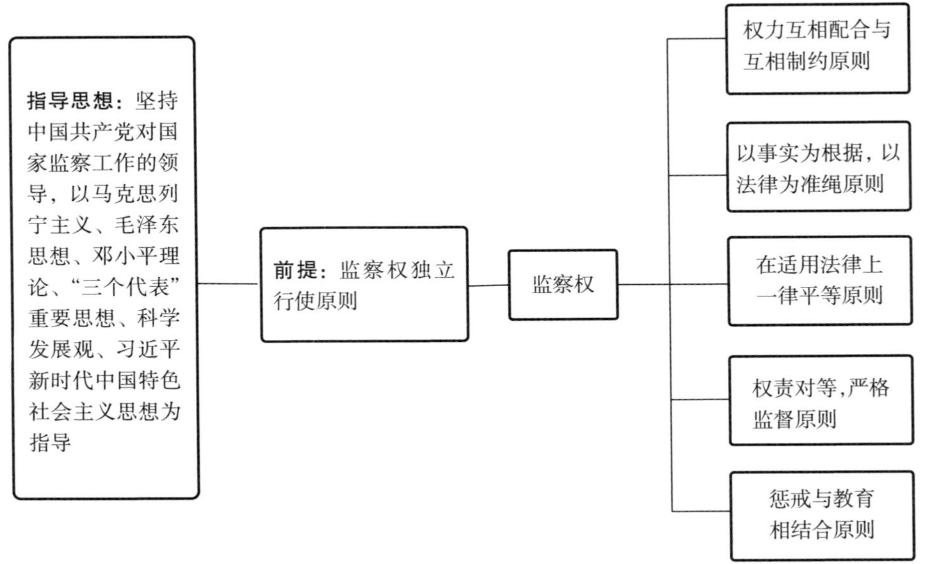

图 1 《监察法》的基本原则与监察权之关系

从本质上说，监察权是一种具有独立性的国家权力，是为了制约国家权力体系中的其他权力而存在的，是整个国家权力体系正常运转的有力保证。这种具有特定性和独立性的权力的产生是国家迈向政治民主的必然结果，也是法治的自然衍生。设置监察机构以及构建国家监察体制的根本目的均在于权力制约，从这个意义上说，国家监察体系的根本原则应当是权力制约原则。

探寻权力制约的真谛，不难发现，自从法治思想产生以来，权力制约就被认为是与国家权力相伴而生的概念。人们将法治的要义理解为对国家权力的限制，并试图构建各种制度将这一理解付诸现实，尤其是进入现代社会以后，法治与权力制约之间的亲和关系随着各种理论和实践模式的产生而越发鲜明地展现在世人面前。探其成因，主要是出于对“绝对的权力导致绝对的腐败”的与生俱来的畏惧。对国家而言，权力制约仿佛成为各种制度的基本使命和实现民主、法治的逻辑起点；对社会成员而言，权力制约似乎预示着人们能够享有安全、自由的生活。可以说，权力制约原则不但是国家监察体系的根本原则，更是构建中国特色国家监察体制的核心要义。以权力制约原则为基础，结合《监察法》对基本原则的规定，以确保监察权有效实现为目的，可以从以下几个层次对国家监察体制的原则体系进行解读。

如图 2 所示，国家监察体制的根本原则即权力制约原则包括以权力制约权力原则和以权利制约权力原则两项二级原则，每项二级原则又包括若干子原则，正是这些子原则与《监察法》的基本原则发生关联，最终构成国家监察体制的原则体系。

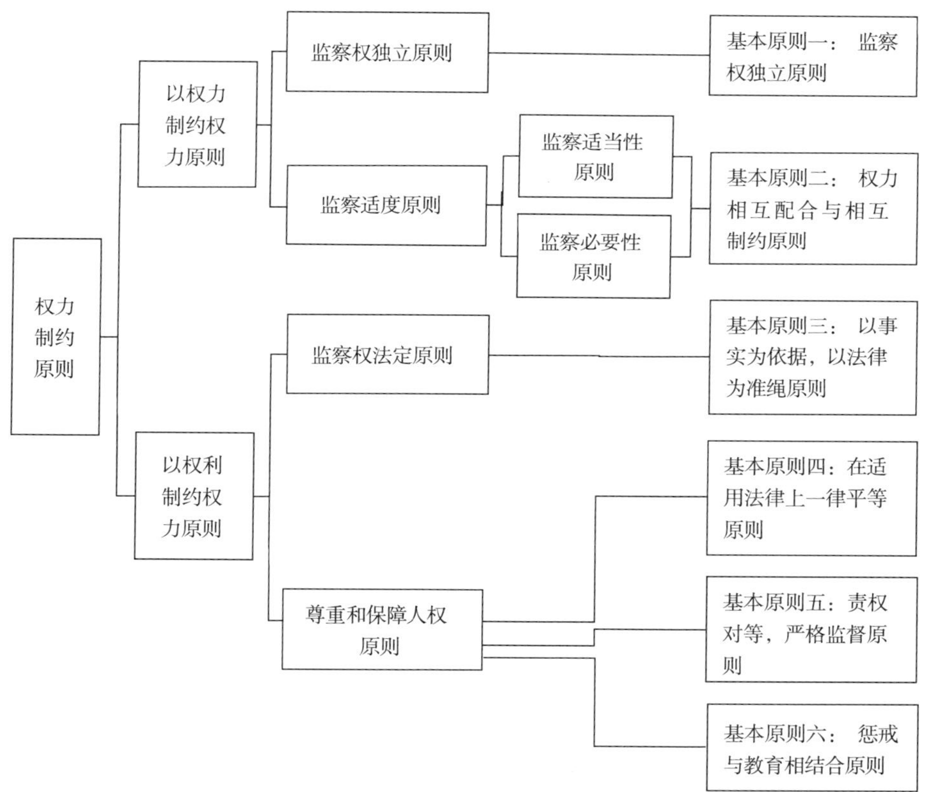

图 2　权力制约原则的基本内涵及其与《监察法》确立之原则体系的关系

二、权力制约原则作为国家监察体制之根本原则的中国使命

作为一种系统的政治、法律理论，权力制约理论有着和西方政治学的缘起一样古老的历史。亚里士多德通过对古希腊城邦制度的系统考察，提

出了确保国家结构完整、政治秩序稳定的权力分立原则，其主要内容如表2所示：

表2 亚里士多德分权原则的主要内容

一级原则	二级原则	基本内涵
分权原则	法治原则	法律是“免除一切情欲影响的神祇和理智的体现”[1]，因而“法治应该优于一人之治”[2]。
	限权原则	“大泽水多则不朽，小池水少则易朽；多数群众也比少数人为不易腐败。单独一人就容易因愤懑或其他任何相似的感情而失去平衡，终致损伤了他的判断力；但全体人民总不会同时发怒，同时错断”[3]因而，必须限制权力。
	监督原则	“事情的有利于任何政体者莫善于责任分明；把政务托付给才德的人，而群众都负有应具的权利，就尽够限制官吏的任何过错了”。[4]

说明：1 ［古希腊］亚里士多德：《政治学》，商务印书馆1965年版，第168页。
2 崔永东：《中西法律文化比较》，北京大学出版社2004年版，第37页。
3 ［古希腊］亚里士多德：《政治学》，商务印书馆1965年版，第319页。
4 ［古希腊］亚里士多德：《政治学》，商务印书馆，1965年版，第319页。

亚里士多德分权原则的思想开创了西方权力制约理论的思想先河，它拉近了柏拉图的“理想国”与现实世界的距离，也为罗马人将这一理论在实践中发扬光大奠定了基础。西方权力制约理论在经过近代资产阶级自由主义理论家们的不断完善之后，漂洋过海，从欧洲大陆跨越大西洋直至大洋彼岸的美国，并最终由美国的制宪者们赋予了它实践的伟大光芒。在为争取1787年宪法获准通过而诞生的《联邦党人文集》中，汉密尔顿、麦迪逊等人提醒到“防止把某些权力逐渐集中于同一部门的最可靠办法，就是给予各部门的主管人抵制其他部门侵犯的必要法定手段和个人的主动。在这方面，如同其他各方面一样，防御规定必须与攻击的危险相称。野心必须用野心来对抗”①。就此，权力制约原则在美国联邦党人的引领下演绎了一出以权力制约权力、“以野心对抗野心”的精彩剧目。在该原则指导下，国家权力被进行以相互制约为目的的分立，以保持了各权力之间的大体均衡。

① ［美］汉密尔顿等：《联邦党人文集》，商务印书馆1980年版，第264页。

在之后的数百年间，历经几代人的不懈努力以及理论和实践的反复磨合，“权力制约原则（根本原则）——权力制约权力原则（基本原则）——‘三权分立，分权制衡’权力制约模式”始终作为西方法治与政治发展的基本道路呈现出强大的生命力，也向世人昭示了权力制约原则对西方各国稳定发展的重要意义。

由于权力制约原则集中体现了共同体所选定的集体价值目标，具有价值定位的功能，一旦该原则得以确立，也就意味着为社会确立了一个基本价值框架，国家权力运行的其他一切制度都应以该框架为基础，政治权力主体的任何活动也都必须在该框架范围内进行，可以说，权力制约原则从其产生开始就被认为是规范政治权力运行不可或缺的重要基础。然而，应当注意的是，西方以权力制约原则为基础构建的“三权分立，分权制衡”的权力制约模式，其始终坚持以“三权分立”为手段，以“分权制衡”为目的的运行机理，这就决定了该种模式并不具有“普世”的社会价值。现代社会中，即便各国都纷纷以法治作为建立公正社会的前提并在实践中付出不懈努力去追寻正义，维护社会公共利益，然而，由于各个国家的基本国情大不相同，因而其选择的权力制约模式也必然有所区别。

结合中国具体国情来看，首先，中国古代不存在“三权分立，分权制衡”的人性论基础，而恰好相反，自孔子提出极富道德伦理色彩的仁、义、礼、智等概念之后，性善论就作为中国古代伦理学说和仁政学说的理论基础，得到了后世学者的普遍认同。孟子认为，人之所以为人而异于禽兽，关键就在于人性，人有善性，所以才能讲道德、行仁政。这种“人之初，性本善”的主张尤其在西汉武帝“罢黜百家，独尊儒术”之后更是与中国古代的国家权力运行模式密切结合并渗透到中国古代社会的各个方面。这种人性论基础上的巨大差异，注定了源自西方性恶论的“三权分立，分权制衡”原则是难以与中国社会的实际状况相契合的。其次，中国历史上所确立的一切国家权力运行机制均以树立和维系君主的最高权威为目的，几千年中央集权的君主制历史证明，在中国古代不存在“分权制衡”模式的思想渊源。再次，中国自古以来就是一个多民族共存共荣的国家，各族人民以其勤劳的双手共同绘制出中华民族繁荣富强的伟大历史画卷，这一国情强烈要求一个富有活力，能够保障各民族之间得以平等发展的权力运行和监督模式，而“三权分立，分权制衡”模式强调国家权力间以“制衡”为目的的“分权”，忽视各个民族之间的平等，由此而产生的“种族歧视”“民族隔阂”等观念至今仍然对西方国家的人权保障和社会发展产生着种种恶劣的影响。最后，中国幅员辽阔、人口众多的特点也决定了必须建立强有力的国家权力运行和监督机制，以有效应对社会发展过程中的各种艰难险阻，及时调控社会资源，进而维护统治阶级的根本利益，在现代社会，也就是真正实现国家和人民的根本利益。中国在确立国家权力运行和监督机制的过程中是断然不能够容许有如西方“三权分立，分权制衡”模式下的种种效率低下、党派纷争、尔虞我诈、钩心斗角等丑陋现象，这一要求注定了在国家权力运行和监督机制的选择上，中国必然与“三权分立，分权制衡”原则绝缘。最重要的是，自秦始皇统一中国开始，中国社会几千年的发展历程向人们展示了一幅民族统一的伟大画卷，虽然在这期间不乏短暂分裂的历史，但是从总体上来看，中国自古以来就有统一的政权，也从未间断过由一个最高权力统帅国家这一政治模式。在古代，国家由封建君主集权统治，到了近代，即便出现了短暂的军阀割据局面，但是最终仍然实现国家统一，而自新中国建立以来，更是以人民的最高决策权和监督权为基础，实现了“人民当家作主”，由人民行使国家最高权力。可见，从国家权力产生和运行的轨迹上来看，中国也不允许实行由三个不同的机关行使国家权力，且三者权力基本相当并相互牵制的政治模式，因为“它从根本上否定了我国的最高权力机关——全国人民代表大会，只能给中国人民带来毁灭性的灾难”[①]。在确立国家监察体制的原则体系时，必须始终以“人民当家作主”为基础，确定权力制约原则的中国使命，始终坚持中国共产党的领导，以监察权制约国家权力的任意妄为和肆意扩张，以严谨的原则体系保障中国特色的国家监察体制的顺利运行。

① 李龙：《论中国特色社会主义民主政治的根本原则——“坚持党的领导、人民当家作主、依法治国有机统一”初探》，载《政治学研究》2008 年第 5 期。

三、国家监察体制之原则体系的微观探析

（一）以权力制约权力原则

在构建中国特色的国家监察体制过程中，以权力制约权力原则包含监察权独立原则和监察权适度原则两个三级原则。

第一，监察权独立原则。监督者如果依赖于被监督者，被监督者就会反过来形成对监督者的支配和控制，“他们就会利用其优势和特权来保护自己免于控制和检查，从而相当于是取消了监督”。[①] 因此，只有切实保障监察权获得必要的独立性，才能剔除监察权行使的制度壁垒，从而真正构建中国特色的国家监察体制。在这里，需要注意的是，监察权的独立性并非绝对的，根据《宪法》第2条规定：“中华人民共和国的一切权力属于人民。人民行使国家权力的机关是全国人民代表大会和地方各级人民代表大会。中国共产党领导是中国特色社会主义最本质的特征。”因而，监察权绝不能脱离中国共产党的领导和人民代表大会制度而独立存在。监察权的独立性主要体现为监察机关与国家行政机关、审判机关、检察机关在职权划分上相对独立，这是监察权独立性的外在表现。在对香港进行制度廉洁性评估[②] 的过程中发现，监察权独立行使是监察机关权威性的重要决定因素。从世界各国权力制约模式的经验来看，监察机关具有独立性能够更有利于其职权的有效实现，进而树立更大的权威，并对公职人员的职务违法和职务犯罪具有更有力的威慑力。

第二，监察适度原则。以权力制约权力原则要求监察权与其他国家权力进行适度分离，并以监察权制约其他国家权力的实施，与此同时，监察机关在行使监察权的过程中，必须对监察对象之合法利益以及由此而触及的公共利益进行合法性和合目的性的综合权衡，以此达到监察权与其他国家

① 韩志明：《监督权的制度逻辑、内在贫穷和构建维度》，载《华东经济管理》2010第3期。

② 所谓制度廉洁性评估，是指对体制机制与具体制度当中所包含的、易于导致腐败的漏洞进行查找，提出堵塞建议并督促建议实施而开展的相关工作。从广义上说，制度廉洁性评估包括两个方面的内容：一是对社会内部管理制度中的腐败漏洞进行评估，二是对反腐败制度的健全性与有效性进行评估。参见袁柏顺：《内地与香港制度廉洁性评估比较研究》，载《河南社会科学》2014第6期。

权力间的动态均衡，并最终实现国家权力配置的帕累托最优。从这个意义上说，监察机关实施监察行为应当选择一种既为实现公共利益所绝对必要，又对监察对象利益限制最少的手段，即应当遵循比例原则，这是犯罪控制与正当程序规则相协调的重要体现。[①]具体而言，监察适度原则包括以下两项四级原则，见表3。

表3　监察适当性原则与监察必要性原则的基本内涵

<table>
<tr><td rowspan="2">监察适当性原则</td><td>监察机关所采取的监察手段必须能够实现监察目的或者至少有助于监察目的的实现。</td><td>合目的性考量</td><td rowspan="2">适当性审查为监察权的行使提供正当性基础。</td></tr>
<tr><td>监察机关在行使监察权的过程中应当依据法定职权采取合法手段。</td><td>合法性考量</td></tr>
<tr><td>监察必要性原则</td><td>在前述监察适当性原则已获肯定的前提下，在能够达致监察目的的各种手段中，应选择对监察对象及相关人员合法权益损害最小的手段。</td><td>法律后果考量</td><td>从法律后果上规范监察权的行使与其所采取的手段之间的比例关系。</td></tr>
</table>

从上表可知，监察适当性原则和必要性原则对监察机关行使监察权进行审查的视角不同，但都必须遵循比例。在此，需要注意的是：第一，在适用监察适当性原则时，对监察行为的合目的性考量和合法性考量是必须同时具备，也就是说，该原则要求监察机关所采取的监察手段必须能够实现监察目的或者至少有助于监察目的的实现，且必须是合法手段。第二，在适用监察必要性原则时，应当对以下三项前提进行充分审查：(1)监察适当性原则已获肯定；(2)存在多种实现或有助于实现监察目的的手段；(3)第(2)项所述的多种手段均有可能对监察对象及相关人员的合法权益造成不同程度的损害。

（二）以权利制约权力原则

虽然以权力制约权力原则在防止权力过度集中方面作用显著，但该原则并非无懈可击。权力制约原则从产生以来就受到了来自各方的质疑和否

① 张泽涛：《反思帕卡的犯罪控制模式与正当程序模式》，载《法律科学》2005年第2期；阳平：《论我国香港地区廉政公署调查权的法律控制——兼评〈中华人民共和国监察法（草案）〉》，载《政治与法律》2018年第1期。

定[①]，实践中，分散的国家权力之间总是难以避免地出现各种摩擦，不仅如此，以权力制约权力原则给国家权力运行带来的最大诟病便是行政权的扩张，由此而衍生的官僚制已经成为民主社会最大的异己和消极力量。历史发展无情地证明，虽然以权力制约权力原则在资本主义国家反封建的斗争中为资产阶级夺取政权指明了道路，在资本主义国家建立之后，这一原则又不断发挥力量，促成各种政治力量间的相互妥协和合作，但从本质上说，以权力制约权力原则只是一条表面化、外在化的道路，其要害在于它强调权力和权力之间的适度分离，却冷落了承载权力运行的社会基础，因此，如果仅是沿着这一条路走下去，权力运行之道必将偏离民主与法治的真谛。而只有超越这一原则的思想桎梏，才能以新的权力制约模式来重塑社会与国家权力之间的关系，为实现民主和法治创造条件。这也体现了权力制约原则作为国家监察体制之根本原则的中国使命：中国社会主义国家的国家性质以及一切权力均来源于人民的权力渊源，决定了权力制约原则作为国家监察体制之根本原则的中国使命必然区别于西方国家一贯采取的“三权分立，分权制衡”模式。除权力制约权力原则外，权力制约原则的中国模式理应包含以权利制约权力的思想。以权利制约权力原则包含以下三级原则：

第一，监察权法定原则。职权法定原则作为法治社会中国家权力运行的基本原则，必须始终贯穿依法治国的全过程，监察权的行使也应当遵循该原则。监察权法定原则包括以下基本内容：首先，监察权依法取得，这是监察权存在的合法性基础，也是监察职能有效实现的前提，《宪法》第5条明确规定：“国家监察工作严格遵照宪法和法律，以事实为根据，以法律为准绳。”其次，监察权依法行使必须严格按照《宪法》第三章第七节及《监察法》规定的职权范围、行为方式及程序，谨慎地行使自己手中的权力，这是

① 例如卢梭就认为国家权力是人民的公共意志的体现，而公意只有一个，因此是不可分割的整体，他将分割主权的做法讽刺为江湖幻术，并尖锐的批评到：“他们把主权分为强力与意志，分为立法权力与行政权力，分为税收权、司法权与战争权，分为内政权与外交权。他们时而把这些部分混为一谈，时而又把它们拆开。他们把主权者弄成一个支离破碎拼凑起来的怪物；好像他们是用几个人的肢体来凑成一个人体的样子，……他们把社会共同体加以肢解，随后不知怎么回事又居然把各个片断重新拼凑在一起。”参见[法]卢梭：《社会契约论》，商务印书馆2003年版，第33页。

监察机关的监察职能获得有效实现的基本条件；最后，监察机关不得滥用职权或超越法定权限行使职权，否则将承担相应的法律后果，这是国家监察体制得以建立并高效运转的有力保障。

第二，尊重和保障人权原则。尊重和保障人权原则已经作为一项关乎我国社会主义民主建设的重要原则被载入宪法。在监察领域，也应当遵循尊重和保障人权原则，主要体现在：首先，监察主体应当尊重和保障监察对象的基本人权和其他合法权益[①]，以其法定职权为依托，以“在适用法律上一律平等”的监察态度，对监察行为进行适当性和必要性的审查，在监察工作中，做到“惩戒与教育相结合，宽严相济”，在保证监察工作的预期目标得以实现的同时，切实保障监察对象的基本人权和其他合法权益。还需注意的是，尊重和保障人权原则还体现在对其他相关人员基本权利的保护方面，《监察法》第65条规定：“监察机关及其工作人员有下列行为之一的，对负有责任的领导人员和直接责任人员依法给予处理：……（三）违法窃取、泄露调查工作信息，或者泄露举报事项、举报受理情况以及举报人信息的；……”可见，监察机关行使监察权也应当尊重和保障举报人的基本权利。其次，坚持“责权对等，严格监督”的原则。《监察法》第七章就“对监察机关和监察人员的监督”进行了专章规定，其中除明确“各级监察委员会应当接受本级人民代表大会及其常务委员会的监督”[②]外，还特别规定了“监察机关应当依法公开监察工作信息，接受民主监督、社会监督、舆论监督”[③]。监察机关主动接受社会监督，是监察权主动性特征的重要体现，监察权主动性是指监察权的运行载体通过法定的方式和途径去积极地发现与收集问题线索、开启调查程序并采取相应措施以及作出相应的处置决定。[④]从这个意义上说，监察机关主动接受社会监督是监察机关严于律己的体现，是中国特色的国家监察体制的重要特征。最后，坚持惩戒与教育相结合的原则。

① 在这里，所谓“其他合法权益”主要是指监察对象的财产权，包括财产所有权、使用权和继承权。

② 《监察法》第53条。

③ 《监察法》第54条。

④ 张云霄：《国家监察体制改革法治化进程初探》，载《法学杂志》2018年第5期。

国家监察体制并不仅仅是监察机关行使监察权的制度体系，更是全社会树立监察意识，提高法治素养的制度体系，因而监察权的行使仅仅采用“严惩”的方式是不够的，还需结合以“教育”的方式进行。《监察法》第 6 条规定，国家监察体制还应当构建“加强法治教育和道德教育，弘扬中华优秀传统文化，构建不敢腐、不能腐、不想腐的长效机制。”第 11 条规定：监察委员会应当“对公职人员开展廉政教育，对其依法履职、秉公用权、廉洁从政从业以及道德操守情况进行监督检查。”第 45 条在对监察机关处置权的表述中也明确将“批评教育”作为处置措施的一项。法治的进程从本质上说从未脱离过对民众进行“教而化之”的使命，从这个意义上说，“惩戒与教育相结合，宽严并济”是营造监察权顺利行使的社会氛围，推动社会主义法治的必然要求。

结　语

改革开放四十年的伟大历程向世人证明了广泛民主的国家权力渊源和强有力的国家权力核心对社会发展的重要推进作用。在依法治国、构建社会主义法治国家的时代感召下，国家监察体制法治化进程必须毫不动摇地坚持中国共产党的领导，以足够的政治勇气、政治智慧及中国特色社会主义法治思维为指导，以严谨的原则体系为依托，构建集中统一、权威高效的中国特色国家监察体制。

进一步推进国家监察体制改革的对策

蒋来用 *

《中华人民共和国监察法》获得通过，国家监察委员会成立，标志着以设立监察委员会（以下简称监委）为阶段性任务的国家监察体制改革已经顺利完成。在国家监察体制改革的所有目标中，比较难实现的目标就是"高效"。在国家监察体制第一轮改革顺利完成之后，应将重心放在"高效"目标的实现上，推动国家监察体制改革从1.0版向2.0版改造升级，迅速释放改革成效。

一、"高效"应包括高效率和效果好两层含义

目前对国家监察体制改革"高效"目标的理解，主要有两种：一是从工作过程来理解，认为"高效"指工作效率高，单位时间内完成的工作量多。二是从工作效果来理解，认为"高效"就是指工作结果有效。高效率多半用工作数据来显示，比较直观简便但容易人为操纵，可能滋生形式主义。工作过程数据往往具有"两面性"，容易陷入逻辑困境，如立案、党纪政务处分人数等增多表明工作力度加大或者工作效率提升，但也可能表明问题更多或腐败更严重。因此，单独以工作过程数据来说明工作效果，容易忽略群众的"获得感"，脱离群众真切感受。查处了很多腐败和不正之风的问题，处分了大量党员干部，但社会公众仍然觉得不满意，主要原因在于大家在子女上学、看病就医、就业升学、争取项目资金仍要找关系，甚至行贿。社会公众关注反腐败的过程和力度，但更关心的是实际效果。

用腐败和不正之风治理的实际效果作为检验国家监察体制改革高效的

* 蒋来用，中国社会科学院中国廉政研究中心秘书长、社会学所廉政研究室主任。

标准，符合国家治理的理念和要求。腐败和不正之风产生原因复杂，要根本解决这个问题，需要国家治理现代化水平和能力的全面提升和改善。以效果为衡量标准将倒逼主体责任和监督责任单位工作更加务实高效，措施更加有针对性。十八大以来，从中央到地方，越来越多的纪检监察机关开始委托第三方对党风廉政建设和反腐败状况进行问卷调查，将公众的满意度和信心度等作为衡量腐败治理效果的重要衡量标准，更多地听取民意，关心群众对反腐倡廉建设的“获得感”，实践证明这个方向是正确的。

我们认为，国家监察体制改革的“高效”目标同时包括了高效率和效果好两层含义，既要求改革后的监察机构高效率运转，解决力量分散，效率低的问题，同时要求效用最大化，能够实现有效遏制腐败的目标，减少腐败存量，遏制腐败增量，赢得群众的支持和认可。在当前的环境下，国家监察体制改革要更多关注实效性目标。

二、当前实现国家监察体制改革“高效”目标的障碍

第一，“两支队伍”融合好是迫切需要解决的现实问题。检察院实行员额制，检察官收入水平高于纪律检查委员会（以下简称纪委）同行政级别的干部。为保证转隶顺利进行，各地对检察院转隶人员采用待遇保持不变的过渡办法，大部分地方转隶的检察院干部仍在原单位领取工资，这些办法虽然暂时有利于缓解收入差距的矛盾，检察院转隶过来的干部与纪委干部“同工不同酬”，但此问题如不妥善解决好，不但会影响原来从事纪检监察干部的积极性，也会增加检察院工作协调和管理的难度。为了让“物理融合”产生“化学反应”，各地采取了不少措施，如将转隶人员打散分入纪委各个科室、加大培训学习、组织联合活动等，这些措施对加快“两只队伍”相互“认脸”很有帮助，但“两只队伍”最难融合的是长期形成的思维方式、知识结构、行为方式、工作习惯，从“人相识”到“心相通”，还要继续努力。

第二，纪检监察系统内部“用力不均”影响整体效果。纪检监察系统是一支力量庞大的队伍，人员编制数量占公务员编制数量较多，但存在比较突出的“用力不均”问题。省以上纪检监察机关权威高，但往基层走，监督

执纪力度和权威性不断下降。尤其在乡镇纪委，由于监督执纪手段有限，监督有效性明显不足。另外一个短板就是派驻机构。从中央到县四级纪委监委都设有纪检监察组，派驻机构人员编制与纪委监委机关大体相当，有的甚至多于纪委监察机关，但派驻机构的权威性和有效性不够，派驻监督并没有产生巡视监督“利剑”般的威慑力。

第三，动力机制缺乏或不足影响国家监察体制改革效果。目前对领导干部强调理想信念和道德自律，通过问责、约谈等制度落实层层传导主体责任和监督责任压力，这些措施已经取得了比较明显的成效，但也存在问题和不足。各类廉政教育、警示教育长年不断开展，投入大量人力物力和精力，但“两面人”现象较多，台上一套台下一套，知行分离，有的干部一边受教育或教育别人但一边搞腐败。自上而下层层压力传导，利用组织优势可能很快见效，但受社会环境的影响压力传导效力递降，越往基层越弱。实践中常常出现反腐败周期性“踩油门”现象，紧一阵之后松一阵，过几年又紧一阵。国家监察体制改革应该要探索形成比较稳定的动力和压力形成和传送机制，保持反腐败力度和效度的均衡性和持久性。

第四，评估机制缺乏让国家监察体制改革效果缺少直观展现的工具。目前对于政府及其部门某项政策绩效的评估已并不少见，但对于监督政策实施进行评估往往是“禁区”或“雷区”，很少有机构愿意涉足，其主要原因是政治敏感性强，透明度较差，评价风险较大。纪检监察系统长期以来已经在社会公众形成了神秘性的刻板印象，虽然党的十八大以来实施“开门反腐”，中央纪委监察部主动带头网上公开部门和机构职责等信息，但相对于政府部门而言，公开程度还不够。由于第三方不敢或不愿对纪检监察工作绩效进行评估，一些地方纪委监委探索建立了评估指标体系并进行了自我评估。这些地方的评估实际上是纪委和监委内部自上而下组织和实施的考核检查，缺乏第三方参与，评估过程和结果严格保密，完全“闭门”进行，社会公众不能参与。指标体系主要是工作过程的指标，缺乏群众满意度、认可度等方面的评估，评估报告也没有向社会公开，因此对提升监察体制改革有效性的作用比较有限。

三、实现国家监察体制改革“高效”目标的对策建议

建立监察官职业体系调动纪检监察“两只队伍”积极性。融合“两只队伍”有多种方式，其中一个重要内容和方向就是推行监察职业化、工作标准规范化，防止纪检人员和转隶人员分“你”“我”，面对共同的困难只有“我们”，在动态改革调整中加速“两支队伍”融合进程。可考虑制定《中华人民共和国监察官法》，建构监察官职业体系，用监察职业化和标准化来解决工资差距、人员融合、业务衔接等内部管理难题。创设监察官职业体系，并利用这个难得的改革机会，调动“两只队伍”的积极性，提高监察业务的规范性。监察官必须要取得全国统一的职业考试资格，全国统一设立门槛标准。只有监察官才能从事监察业务，未获得监察官职业资格的人员，只能辅助监察官开展监察工作。监察官的待遇与非监察官的待遇区别开来，监察官内部分多个档次，收入层次合理拉开，设立监察官成长的合理预期。要严格控制监察官的职业标准，通过职业考试不断提高监察官队伍的业务素质和能力。对纪委监委中不能取得监察官资格又不愿从事辅助业务的人员，要建立人员分流机制和社会保障机制，保证监察队伍有进有出。

让派驻机构和乡镇监督机构更好发挥作用。继续深入推进派驻机构改革，探索新的全覆盖实现方式，可以考虑将一部分派驻纪检监察组转化成为巡视组的方式，增加监督执纪的随机性和有效性。驻在部门担负起主体责任，主动承担起教育宣传、制度建设、预防腐败、风险防控等工作。派驻纪检监察组继续转职能、转方式和转作风，进一步收缩战线，聚焦监督执纪问责和调查处置。加强派驻监督、审计监督和巡视监督之间的协同配合，避免监督执纪雷同，加强监督信息共享，在尽量不增加被监督单位负累的情况下，提高监督及时发现问题的精准度。监察体制改革后，乡镇纪委改革要相应进行调整，可以采用县级监委派出监察员、派出监察所等方式，与乡镇纪委合署办公，赋予其可以使用相应监察手段和措施的权限，增加乡镇一级监督机构的监督执纪能力和权威。

尽量降低反腐败成本让廉政建设效果持续稳定释放。中国共产党坚持

实行群众路线，一切为了群众，一切依靠群众，应该将群众参与、评价作为各个部门和机构履职尽责的根本动力源泉。要加大党务政务公开及其检查力度，让权力在阳光下运行，保障群众的知情权。畅通信访举报途径，建立对举报人的保护和奖励制度，严肃查处跑风漏气等违反办案工作纪律的行为。适应网络和智能手机快速普及的发展形势，合理调配信访举报处置力量，相应增加网络举报处理的人员和经费，保证举报电话、举报网络 24 小时畅通，及时有人回应。继续加大网络舆情的跟踪、搜集、分析和研判，积极回应网民关切。反腐败形势的彻底转变需要社会文化土壤的净化。加大诚信社会建设，大幅提升腐败违法和不诚信的行为成本。鼓励和支持专家学者参与，加大廉政学学科建设，将反腐败制度和规律变成比较稳固的知识体系。在高校设置廉政学专业，开设廉政学课程，设立廉政学学士、硕士和博士学位，为监察机关系统培养高素质人才，让廉洁理念进入青年学生头脑。

建立监察体制改革的第三方评估机制。评估主体直接影响评估结果的公信力。评估最好由第三方而不是纪委监委自己进行，可以由人大组织或者人大授权科研机构、高校等监察体制改革效果进行评估。评估标准上，不仅要看工作过程指标，如信访举报数、初核数、立案数、结案数、处分数、谈话函询数等，而且要看群众的满意度、获得感、认可度、知晓度、信任度、信心度等结果指标。评估方法上，既要看客观的工作数据和资料，同时也要有问卷调查、田野调查、实地访谈等方式，既要有定性的判断，还要有定量的分析。

新时代基层领导干部权力监督体系的构建与实现

文丰安*

摘　要：党的十八届三中全会中所提出的全面深化改革的重要目标，就是要对权力运行的监督和制约体系进行强化，以此来形成更为有效的权力制约和协调机制。这个重要目标，是深化改革的必然要求和重要保证，表明了党和政府对于权力问题认识的深刻性，也凸显了监督体系建设和权力运行制约的重要性和紧迫性。从我国目前的基层领导干部权力监督体系来看，还存在着监督体系整体功能弱、监督体系不完善、监督主体之间的制衡不够等问题。因此，基于系统论分析基层领导干部权力监督体系的构成要素及结构关系，探讨对基层领导干部权力的监管中所暴露的问题，并探寻如何有效解决问题并不断优化权力监督体系的路径具有重要意义。

关键词：系统；权力腐败；廉政；监督体系

习近平同志在党的十九大报告中明确指出："中国共产党人的初心和使命，就是为中国人民谋幸福，为中华民族谋复兴。这个初心和使命是激励中国共产党人不断前进的根本动力。"①党员领导干部一定要强化公仆意识，坚持立党为公、执政为民，始终把人民利益摆在至高无上的地位，当前，国家治理问题成为学术界的热点问题。从马克思的思想视域来看，国家治理问题在根本上是权力问题：在哲学上，体现为人的权力；在现实中，体现为

---

* 文丰安，重庆社会科学院教授，重庆市中国特色社会主义理论体系研究中心特约研究员，贵州师大廉政文化理论研究中心兼职研究员，博士生导师。

① 习近平：《决胜全面小康，夺取新时代中国特色社会主义伟大胜利》，载《人民日报》2017年10月28日第2版。

政治权力。只有深入理解和研究马克思的国家治理问题，才能指导新时代我国基层领导干部权力监督体系的构建与实现。马克思在国家治理问题和权力问题研究中体现出来的思想具有内在一致性，因此要深入理解马克思的国家治理思想，必须从他对权力的认识出发。本文拟通过综述国内对马克思权力观的相关研究，总结学界对马克思权力观研究的成果和不足，为基于马克思的权力视角来研究中国特色国家治理思想作出理论准备，拟为构建我国新时代基层领导干部权力监督体系提供保障。

一、马克思权力观的基本问题

马克思权力观的基本问题主要涉及马克思权力观的思想发展史和研究视域，是深入理解马克思权力观的理论前提。目前，国内学界对马克思权力的研究主要集中在以下方面：在学科领域上包含哲学、经济学、政治学、法学、社会学、伦理学等等；在内容上主要包括思想渊源、发展历程、研究视域、权力的哲学基础与建构逻辑、权力的本质观、权力的异化观、权力的复归观、权力的伦理观、权力的类型观以及思想回响等方面。具体来说包含以下几个方面。

（一）权力观思想渊源的探究

在这方面，有人认为马克思权力观的理论渊源包括古希腊时期、古典自由主义时期和黑格尔法哲学时期[①]，特别是亚里士多德为马克思提供了理论的古典资源[②]，而其“主权在民”的思想里也有卢梭的“影子”[③]。对此，周师认为这不够系统和全面，因此他将古希腊哲学家、中世纪神学家和近代以来西方思想家的权力思想都纳入马克思权力观的考察范围[④]。实际上，这主要是从政治学的角度来溯源的，虽然看似表现得完整，但是对问题的研究却反而显得无足轻重，没有意义。

---

① 王川：《马克思恩格斯公共权力思想探析》，华东师范大学2011年硕士学位论文。

② 冯波：《雅典城邦与巴黎公社——试论亚里士多德与马克思的民主思想的关联》，载《马克思主义与现实》2014第5期。

③ 黄俊芳：《国家权力的起源与演进》，四川师范大学2008年硕士学位论文。

④ 周师：《马克思的权力观研究》，湖南师范大学2015年博士学位论文。

（二）权力观形成历程的探究

学者一般把马克思权力观的形成历程分为三到四个阶段，其中“三阶段”论具体分为萌芽时期（1842—1844 年）、形成时期（1845—1871 年）、完善时期（1872—1880 年）[①]，而“四阶段”论具体分为孕育阶段（1844 年之前）、创立阶段（1845—1856 年）、深化阶段（1857—1874 年）、完善阶段（1875 年之后）[②]。实际上，这两种基本上是一致的，都是基于马克思权力观的理论基础的变化而划分的，不过并没有对这些阶段划分的原因作出认真地分析。

（三）权力观研究视域的探究

许多学者都认为，马克思只是从社会和经济的宏观视域来研究权力，特别是在与福柯的比较研究中，如陈志刚、黄建安在考察福柯与马克思的现代性批判思想时就认为，马克思权力观体现的是宏观权力批判，而福柯体现的是微观权力批判。但是也有一些学者指出，马克思所秉持的资本逻辑的总体性视野，使其权力批判兼有宏观与微观两个视域，这“是对当代微观政治论者认为马克思仅仅从宏观的角度批判权力的有力反驳”。甚至还有学者基于历史唯物主义的理解，从日常聚集中的微观权力关系、权力斗争、权力分化与规则制定等方面意图构建权力的微观解释模型。针对后马克思主义把权力关系的阶级性弱化甚至否定的立场，他强调用阶级斗争理论来分析现有的权力关系的重要性，认为阶级斗争和微观权力斗争都是推动社会历史发展的动力。基于以上，马克思对宏观与微观权力的理解不是完全分开的，因为，资本主义社会的资本逻辑不仅使阶级之间形成异化的权力关系，而且个人之间也表现为这种异化的关系。随着共产主义社会的到来，由于废除了生产资料私有制，重建了个人所有制，个人也就失去了对他人的占有和奴役关系。从这可以看出，在马克思那里，宏观权力和微观权力具有一种同构的关系，但是本质上微观权力依赖于宏观权力，因为微观权力异化的消除依赖于宏观权力异化的消除。

① 王川：《马克思恩格斯公共权力思想探析》，华东师范大学 2011 年硕士学位论文。

② 周师：《马克思的权力观研究》，湖南师范大学 2015 年博士学位论文。

（四）权力观本质的探究

在本质探究中，包括权力形成的价值取向和功能两个方面，其中在价值取向方面包含着对权力的历史起源观理解。一方面，虽然关于权力的起源表述各异，如权力是“基于人类实践活动的需要而产生的”，是基于人类“生存和发展”、是源于保障“民主权利”的需要，是人创造的一种“支配力量”、以实现“所有人的共同利益”为目的，但基本表达了同一个意思，即权力在价值取向上是维护人们的普遍利益的，它是人在改造对象的实践中为实现自身而所体现出的人的本质力量。这种本质力量不是表达个人的意志范畴，而是体现为社会的关系范畴。权力本质上是一种社会权力，它表达了人的现实问题，可以到关于社会权力起源的问题中去寻找。正是基于社会权力和国家的关系，也可以理解马克思的“市民社会决定国家”的历史唯物主义观点，以此反驳黑格尔意义上的“国家决定市民社会”的结论。据此，学者一致认同马克思是人民主权论者，其中包含着“权为民所赋”的思想。另一方面，从社会权力发挥的作用来看，主要有三种观点：其一将权力理解为管理权，认为马克思所说的权力本质上是“社会管理和为社会服务”的；其二是将权力理解为统治权，认为马克思所说的权力变成了“阶级统治”的工具，国家只不过是以社会之名实现统治之目的；其三，认为除了具有阶级性之外还有公共性的性质，这种公共性体现的显著形式是宪法和法律。上述观点都仅从某一个角度强调了马克思所说的权力的内涵，但没有说明这些方面本身具有的内在联系。所以，作为一种社会权力，它总是为管理社会而产生的；当少数人对物质生产资料进行控制和垄断时，由于其为了维护自身利益，就会把管理权力蜕变为统治权力，但是蜕变后的权力仍然具有管理的作用。同时每种权力作为社会关系的表达，它总是要体现其公共的性质，不过在不同的社会形态中，这种公共性具有真实与虚假、强与弱的区分。总的来说，权力在本质上是社会现实性的，因此它随着历史的发展而发生性质和作用的变化。

二、新时代我国基层领导干部权力监督体系面临的主要问题

党的十八大以来，实施了健全权力运行制约及监督方面的体制和机制，权力的监督和制约机制进一步成熟和完善，例如，针对权力监督中影响很大的腐败问题提出了一系列新的举措、思路以及理念，让人民的信心大振，但基层层面的监督体系还有待加强。在新时代，由于情况复杂，腐败滋生的土壤依然存在，权力监督的形势依然严峻，必须要进行规划和设计，形成监督反腐的合力。目前，我国基层领导干部权力监督已取得巨大的进展，形成了多种监督制度并存的局面，各监督主体各司其职，总体状况良好。但是，在实践中仍存在一些亟待解决的问题。

（一）监督系统的不对称性

当前，基层权力的监督系统存在不对称现象，主要体现在两个方面：一是信息方面的不对称。基层政府相关的信息越不透明、越不完备，就越容易使基层领导干部行使权力逃脱监督而产生腐败；二是权力的不对称性。权力行使人员与监督人员的身份因地位悬殊而对监督的效果产生反作用，相差越大，受到的监督作用越小，使得权力行使不受制约，腐败的机会和可能性就越高。所以，基层领导干部在权力监督方面情况非常复杂，任务也非常艰巨，权力滥用的可能性大为增加。基层政府掌握了较大的信息源，其具有利用信息资源的职能和权威，不对称就会使得基层政府对被监督信息的公开不够，导致普通党员和群众对要监督内容的不熟悉、不了解等，就可能导致政府的公信力就不够。据有关调查显示，在回答“机关领导在基层领导干部权力监督方面存在的主要问题”时，选择“权力封闭运行，使人无法监督”的占 65.8%。[①] 没有政府信息的公开化，公民参与社会监督难以保障，监督效果大打折扣。只有消除了信息和权力不对称的现象，在廉政等方面的信息资源就能够有效共享，才能够有效地遏制权力滥用，从而大力推进基层组织的廉政建设。

① 杨根乔：《当前县（区）“一把手”基层领导干部权力监督问题调查与思考》，载《当代世界与社会主义》2009 年第 3 期。

（二）监督主体乏力联动

由于各监督主体间缺乏互动监督、联动的纽带，导致了整个监督体系的相互联动性不强，监督合力不足，监督系统的整体合力并未实现最大化。另外，还存在重点方面聚焦突出不够等方面的问题，因监督的每一个主体的重视程度不一样，监督的职能不同，对基层领导干部的权力侧重点不一样，就会使共同的聚焦点缺乏，或者存在监督重合的地方，但是因为侧重点不同，又无法进行信息资源共享，导致监督重点、难点失之于宽、松、软。也许有的基层对领导干部的权力监督的面更广，但也存在机构的职责不太明确，被监督的权力在环境方面不断变化等情况下，最终导致监督失效，成为了喊口号、走形式的幌子。结果就使得监督及时性也不够，机构的职能职责不太明确，对那些较突出的问题进行监督不足，监督的重点不突出。

（三）监督体系建设有待加强

随着新时代的来临，我国基层组织已经基本建立了一套内外兼具的监督体系，但由于这一整套监督体系没有得到有效的整合，使得一些监督仅停留在形式上，没有形成有效的闭环、行政决策权和反馈权。在某些行政程序中，难以建立有效的违纪违法的纠正和制止制度。在监管体系建设中，一旦在某个监督环节出现问题，就会导致整个监督的有效性大大较低。我们国家对于基层领导的权力监督，存在着以下两个方面的状况：一方面，自上而下的监督主体地位没有改变，且自下而上和平行监督的方式不仅被忽视并也很难在机制中实现，因此监督力度、监督效果、监督执行仍然存在问题，这导致了监督方式对领导方式和能力的巨大影响，使监督体系非常不稳定；另一方面，当前基层权力监督的重点是事后纠正错误，而不是事前提醒和预防，惩罚方法大于预防，监督和预防被忽视。因此，不当的行政行为很可能损害对方的利益，同时也使得大量的行政资源被浪费。 因此，权力监督体系的建设亟待加强。

（四）监督系统机制尚需完善

美国政治学家罗伯特·杰克曼就认为：“既然政治集中关注权力关系的

状况，那么必须有一套能够为容纳这些关系做出结构安排的政治制度”[①]。从法理的角度去看，从党内的纪律检查委员会，到对公职内的各级监察委员会等均赋予了监督的权力，但在基层监督的效果不是特别理想。原因之一是基层熟人社会，另一个重要原因是监督权力方面还缺乏相应的运行以及保障的机制。例如，我国《宪法》中已经明确地规定，人民代表大会（以下简称人大）重要的职责之一就是对政府工作进行监督。但在基层的现实情况是，在些地区却还缺乏了相应的规范程序去引导基层政府自觉接受人大方面的质询，这就导致了监督效果不太理想。在涉及一些重大事件方面，由于没有能够形成有效的体制和机制，就使得一些基层政府在汇报时就是走形式、走过场。另外，在一些基层的新闻舆论监督、公民监督等社会监督方面也是缺少相应的法制保障。

三、基于系统论的基层领导干部权力监督体系分析

我国基层领导干部权力监督体系是多方面、多方位、多层次监督要素共同构成的整体，是一个有机的权力监督方面的系统，因此，适用于系统论的相关内容。

（一）系统论的相关内容

研究系统，古已有之，其思想源远流长，最终成为了研究其现象和规律的一门科学——系统论，它是由多人所创立的，公认的是理论生物学家（LV）贝塔朗菲最先确立为一门科学，但他却认为亚里士多德为系统论的元祖，他只是沿袭了其思想，他将整体及整体性的探索视为一般系统论，并将其作为核心思想。系统论的研究重点是如何将整体中各个要素通过合理的配置，将系统的最大化作用发挥出来，使之为整体服务，从而实现系统的整体目标。从系统论的理论实践来看，是基于其普遍联系的理念来进行辩证的分析，着眼于长期性和整体性，从整个系统的集成到协调各子系统的设

① 罗伯特·W. 杰克曼：《不需暴力的权力：民族国家的政治能力》，欧阳景林译，天津人民出版社2005年版。

定[①]；从系统论研究的基本方法来看，是将研究的客体作为一个客观存在的整体，通过研究诸如其要素、功能、结构以及其所存在的环境等各要素之间的关系，来探寻建立更加完善有效的系统；从系统论的基本原理方面而言，包括了突变性原理、整体性原理、目的性原理、开放性原理、层次性原理等；从系统论的基本规律来看，包含竞争协同律、涨落有序律、信息反馈律、结构功能相关律等。

（二）基层领导干部权力监督体系构成之要素分析

基层领导干部权力监督体系，指的就是对基层领导干部行使权力进行制约和监督方面的主体、对象、内容、程序等诸要素所相互构成的相互联系以及制约的整体。如果要进一步提升对基层领导干部行使权力的监督功能，一方面，要对基层领导干部的权力体系构成要素进行分析。确定系统内各组成要素及重要性，直接影响系统变化与发展。另一方面，应当确定基层领导干部的权力监督体系的核心内容，也就是监督的目的是什么、如何进行相应的规范、怎么进行组织和采取什么样的手段等基本要素。而从权力的构成方面而言，权力的监督体系则主要是以下几个层面构成：监督决策权、监督执行权、监督监督权等。

1. 监督目的

根据推进国家治理体系和治理能力现代化的要求，基层领导干部权力监督的目的主要就是为了实现基层行政合法、合理以及提升行政效率三个方面。行政合法要求公共部门能够依法行政，行政主体对人民群众负责，权为民所用，自身没有特权，任何越权或非法行政行为都不具备法律效力；合理的行政是对基层领导干部进行权力监督的第二个目标，这就要求权力行使主体在行使权力时必须严格遵守法律法规，不得滥用职权，以此来保证权力运行时的公平公正；而基层领导干部在履行职能时是否真正高效、切实合理，而非权利滥用、为己谋私，同时兼具行政成本的合理运用就是行政效率。

① 中共中央文献编辑委员会编辑：《邓小平文选》，人民出版社1994年版。

2. 监督规范

构建法治社会是我们的主要目标，而在法治社会中，要对进行监督的主客体方面制定出相应的法律法规和准则，并在制度意义上统一起来，形成权责明确、内外协调、层次分明的法律法规体系，并以此来规范监督的主客体以及监督目的之间的关系，以法律的手段对行政权力行使监督职责提供强有力的保障。

3. 监督机构

监督机构根本而言是监督主体的问题。国家机关的内部和外部都分别有不同的机构来行使监督权力。国家行政机构的内部，也存在国务院（此为最高行政机关）、上级行政机关、监察机关以及审计机关等可以进行监督的机构；在国家机关的外部，则设计有人大、政治协商会议两个可以进行监督的机构，还有新闻媒体以及广大的人民群众也是进行监督的重要力量。依据系统论的相关原理，行政监督体系是行政监察制度的一个子系统，建立并明确各监督机构的职责，确保各监督机构之间相互协调。合理运用各自的监督手段，使监督发挥出最大效用，可避免在基层的行政监督中出现监督缺位、越位，以及互相推诿等现象。

4. 监督手段

监督手段为监督体系中较重要的一个方面，包含监督中使用的工具、技术以及方法等方面，若监督手段运用得当，可预防一些基层领导干部渎职和"一言堂"等情况的发生，可使行政权力的失衡和变异得到有效防止。同时，监督手段若能得到充分运用，将使行政监督目标实现得更加全面。以往，都忽略了行政效率而只重视权力行使的合理性和合法性，而对于监督手段的创新运用可大大提升行政效率，进而使基层政府的公权力得到大力提升，最终提升政府的公信力。

四、新时代构建基层领导干部权力监督体系的路径实现

"苟利国家生死以，岂因祸福避趋之。"《中国共产党章程》在党员义务中明确规定：广大党员不仅要"管好自己"，而且要"带头参加改革开放和

社会主义现代化建设，带动群众为经济发展和社会进步艰苦奋斗，在生产、工作、学习和社会生活中起先锋模范作用”，“带头实践社会主义荣辱观，提倡共产主义道德，为了保护国家和人民的利益，在一切困难和危险的时刻挺身而出，英勇斗争，不怕牺牲”，并且要“勇于揭露和纠正工作中的缺点、错误，坚决同消极腐败现象作斗争”。表明了作为一名党员，尤其是一名党员领导干部，不仅要“管好自己”，更要时刻牢记使命与职责，内化于心，外化于行。

新时代，对基层领导干部要求首先要敢于突破、善于总结、勇于实践。坚持向改革要动力，不仅要勤换脑筋、灵活思维，更要改进领导方式、强化服务意识、发挥表率作用，不断破解发展中的难题，谋求更大发展。其次，要带头落实群众路线，强化责任意识。明确群众的重要作用，带领党员干部要经常深入基层、深入群众，倾听群众呼声，想群众所想、急群众所急。同时落实责任和担当意识，夯实作风，把心思和精力用到工作上，解决群众生产生活中的难题，让群众切实感受到党和政府的温暖。最后，要带头艰苦奋斗、清正廉洁。目前，我国已经进入全面深化改革的深水区，在基层，领导干部是“关键少数”，一定要树立正确的权力观，严格用纪律和规矩要求自己，始终遵从党章，树立红线和纪律意识，主动接受各方面的监督，经受住各方面的严格考验，始终保持清正廉洁的形象。

（一）完善基层领导干部权力监督考评体系

“其身正，不令而行；其身不正，虽令不从。”对基层领导干部行使权力进行监督，其意义是为了让基层领导干部在做到合法、合理行政的同时做到高效行政，而对权力监督体系的进一步完善既要在制度安排、执行机制以及组织结构方面进行进一步的探索，又要制定出一个合理而有效的评判和衡量的标准，这样才能使监督正常运行。

1. 积极构建监督实效的评估制度

什么是行政监督实效？行政监督实效就是对行政权力进行监督的效益、效度、效率以及效力方面的统称。在新时代，内外协调的基层行政监督体系已经基本建立起来，但“漏”“难”“虚”等方面的问题依旧存在。这就需要对基层权力的运行实效进行相应的考评和监督。当前我国还没有建立一套科学高效的权力监督评估指标体系，而是仅在个别方面形成了监督指标体系。可以借鉴一些国家和地区的成果经验，大力建立和完善监督法律法规，严格规范监督行为；建立具体的监督标准和体系，制定具体的细则，让监督达成具体的目标。

2. 明确法治政府绩效评价目标导向

习近平同志指出：“依法治国是我国宪法确定的治理国家的基本方略，而能不能做到依法治国，关键在于党能不能坚持依法执政，各级政府能不能依法行政。”[①] 依法行政是法治政府的核心，合法行政是依法行政的基本要求，而这一要求与系统论下的基层领导干部权力监督的最终目的具有一致性。所以，建设法治政府离不开构建以法治政府为导向的评价体系，而这一评价体系亦为提升基层行政权力监督实效方面的有力保障。

3. 构建党风廉政建设考核评价体系

要保证权力为人民大众所用，就必须构建一套严密、客观、合理的指标体系以及科学有效的评价机制。目前看来，评价主体单一以及程序不规范等问题是我党在党风廉政建设的评价过程中存在的主要问题。对此，可以从如下几方面来完善：一是健全廉政建设的评价制度。制定廉政建设评价的法规制度时，要做到既有顶层设计，又要有详细的策略安排。二是促使评价主体的约束机制以及第三方评价监督方面的机制更趋完善，使监督主体的范围得到扩大，保障监督的科学性和可行性，确保监督约束的切实可行。三是使政府工作更加趋于透明化。要建立透明政府，也就意味着一方面政府的行政决策、执行以及监督过程方面要进行公开，另一方面政府在廉政建设评价方面的相关指标，也要全部进行公开。对于焦点、热点和关乎人民群众切身利益的内容进行公开，保障权力不被滥用，促进权力在阳光下运行。

① 习近平：《严格执法，公正司法》（2014 年 1 月 7 日），载《十八大以来重要文献选编（上）》，中央文献出版社 2014 年版，第 723 页。

（二）完善基层领导干部权力监督规范体系

目前我国基层领导干部权力监督体系中所暴露出来的问题还很多，例如监督方法不明确、监督主体职责不明晰以及监督体系不协调等。只有不断完善，形成一套科学有效的监督体系，才能在很大程度上提高对基层领导干部权力监督的实效。

1. 建立统一协调机制

建立内部协调、方法明确、职责明晰的法律规范体系，是进行系统化监督的有效保证。我国监督部门和监督机构之间关系复杂，就需要有一个统一的协调机构来有效统领各个部门和机构之间的关系，以此来强化各监督部门的监督力度，并能有效避免监督机构之间的监督重合或者疏漏。因此，建立一个由党委统一领导下的进行监督的协调委员会，能有效协调各个监督主体之间的监督行为，最大限度地整合各执纪执法机关的信息、人力、职能等资源，形成一个强有力的反腐败网络。

2. 构建一个权力问责方面的清单体系

用建立责任清单的方式来对权力问题方面进行明确，如有什么样的程序，涉及哪些范围等方面进行列清单，以此来实现基层领导干部在权力行使过程中出现不规范行使时的直接追责。只要发现基层领导干部在权力行使方面出现越位、责任缺位等，就通过权责明晰的权力清单、责任清单和廉政清单等来进行细化责任，进行追责，明确到个人。当然，责任的追究，既要明确具体对象，也要弄清楚责任人如何被追究，应当将责任量化，对于官员的失职、工作上的失误等带来的损失应当如何度量，如何处置，如何惩罚，都应当有具体的安排，还要做好基层领导干部的容错纠错免责制度，避免一些基层领导干部的积极性受到打击并产生不良影响。以公开廉政清单的方法来确保权力运行方面的可监督性。权力清单、运行规则以及运行程序在形成之后，均要公开和透明，以防止暗箱操作的可能性存在。与此同时，提供多渠道来公示，并且公布有效的举报方式以及程序，自觉接受广大群众的监督，更要有效地把社会方面监督力量聚集起来，形成一个强有力的监督网络。

3. 构建信息共享的平台

要对基层领导干部的权力运行形成规范合理而有效的监督，就必须强化各监督主体之间的协调，使其成为一个有机的整体，只有这样，才能不断提高行政效率和遏制腐败的发生。所以，构建共享的信息平台，建立监督信息共享的资源网络结构，就成为必不可少的工作。加强各监督部门之间的信息交流，能增强基层政府权力运行的透明度，监管主体能更加全面准确地了解监督对象的权力运行状况，从而形成一个高密度的信息网络来促进权力监督的运行。除此之外，还要加强重点领域、重大事件的动态监测和预警，加强预防，防患未然。

（三）着力提升监督基层领导干部权力行使的功能体系

系统哲学理论提出，组成系统的各个方面的子系统和各个要素，可以在一定的系统结构中发挥它们单独不能发挥的功能和作用[①]，并以此来构成基层领导干部在监督权力行使方面的主体制度。要加强对基层领导干部监督机制的监督和管理，最终达到 1 ＋ 1 大于 2 的效果，唯此才能够促进各监督机构能够在监督系统中积极发挥出其应有的作用，随时待命达到事半功倍的效果。

1. 增强监督主体的独立性

监督主体的独立性是进行独立有效监督的重要方面。邓小平曾说过：“对权力的监督最重要的是要有专门的机构进行铁面无私的监督检查。”[②]在新时代，承担反腐败任务一般有以下几种：其一是各级纪律检查委员会，其二是国家的地方省市县级监察委员会，三是各级检察部门。从历史和实践的角度来看，必须要保障监督客体处于监督主体之下和监督主体必须具有权威性、独立性这两个条件，才能切实保障监督实效的发挥。对基层领导干部权力监督的主体权力至少要跟客体平等，或者大于客体，才能保障监督实效不会被监督客体影响，只有这样才能有效对客体的权力行使进行相应规范。因此，监督的独立性是新时代改进我国监督机制完善的前提和基

---

① 郭济：《政府权力运筹学》：人民出版社 2003 年版，第 202 页。

② 邓小平：《党和国家领导制度的改革》载《邓小平文选》，人民出版社 1983 年版，第 292 页。

础。提高我国基层领导干部的监督制度，可以从以下方面着手，如党的纪律检查委员会、各级监察委员会等形成一个相对独立的系统和保障形式，高度独立不受各级政府的影响。

2. 加强对国家权力的监督

我国的权力机关是人民代表大会，宪法规定，我国人民有权力监督，但这种监督是权力的延伸，而不是去干涉权力的正常行使，也就是说，人们可以向相关单位反映情况，以维护好自身的权益，但是对于基层领导权力在决策、运行的过程中，人民群众缺乏对领导权力运行的监督意识，或者有监督意识但是不了解如何行使自己的监督权利，这样，真正的监督是不可能实现的。人民代表大会作为权力机关，应当加强对公民权利的保护，基层政府应当主动接受权力机关的监督，接受人民的监督。

3. 调动民主监督权的积极性

民主与监督是相互的，其中监督的实现过程要靠民主，而民主的过程亦靠监督来实现。要切实强化权力的制约，使基层领导干部权力在监督主体方面的价值得到充分的发挥，就必须进一步推进党内民主建设。一是，要加强关于党内监督的制度保障。二是，要对信访举报工作进行强化。作为民众监督的重要渠道之一的信访举报，通过设立专门的信访举报窗口接待来访民众，处理人民群众的举报、控告和申诉等诉求，信访工作人员不能因为怕事而忽视群众反映的问题，而是要做到“及时对来信来访中的重要问题进行研究并督促办理，予以妥善处理”。[①] 要进一步完善在信访制度方面的一些民意收集不畅通的状况，进一步强化对基层领导干部用权监督的渠道，切实尽快解决民众的疑惑，对人民群众关心的事情以及关系到群众的切身利益的事要及时有效地解决，这就能充分调动群众对监督的积极性。

4. 加强新闻媒体舆论监督的力度

在基层领导干部权力运行的监督体系中，新闻媒体的舆论监督发挥了重要的作用，其实质上也是人民监督的一种形式。舆论监督不仅是基层领导干部权力的监督主体，同时也对其他监督主体的监督实效进行监督，在

① 《中国共产党党内监督条例》，载《党建》2016 第 11 期。

一定程度上促进了各种监督效用的发挥。近年来，由于科技的发达，网络技术的发展，使得舆论监督的实现也得到了较大的推动，要利用好网络这一重要平台，强化网络信息的收集，不断更新舆论监督的工具和途径，为基层权利制约提供多种方式和可能。同时加强各高校对网络等新兴科技人才的培养，为国家提供一批具有专业技能、兼具有职业道德及公共精神的新闻媒体人，大力推动舆论监督，使其能够更加科学化，更加具有前瞻性。

（四）拓展监督基层领导干部权力行使的渠道体系

1. 权力行使的制衡监督

领导干部的权力是党和人民赋予的，就要体现出为人民服好务，这就需要对权力的行使进行监督和制约，要切实加强对“一把手”的监督是党中央在十八届三是全会上的重要部署。针对“一把手”权力集中的情况，着力加强对决策、执行和监督等权利的配置，要达到相互制衡，防止产生“一言堂”的现象。权力的高度集中虽然可以促使行政效率进一步得到提高，但是也容易出现权力寻租等方面的情况，滋生权钱、权权、权色交易。因此，强化对权力本身的制约，健全好制度的笼子，以权制权必不可少。从权力的分配来看，将决策、执行、监督三要素分离，使三者能够互相制衡，这是非常重要的。例如：若一项政策在实施中出现了一些问题，基层领导干部及时落实责任，使行政问责形成制度化，这样就可以形成良好的权力制衡监督体系，保障权力不会被个人所利用，成为以权谋私的工具。

2. 权力的分类监督

一是要加强对决策权的监督。大家都知道决策是行政部门去行使权力的首要方式，即是说，对决策权进行监督就是事前的监督。而要对决策权进行有效的监督即要定期召开听证会，规定参会的人数、职业、性别、年龄和民族构成比例，力图做到科学合理可行。决策前要对将决策的内容进行公开，要保证好决策的透明和民主，让人民群众的监督作用充分得到发挥；二是要加强权力的执行监督，就是各个监督主体在权力行使的过程中实行监督，了解跟进权力运行的全程。在这过程中的监督主体，特别是新闻媒体等舆论监督，要大力发挥自身无冕之王的作用，持续报道，使民众了解执行的进展，同时畅通人民群众信息反馈平台、渠道，以便政府能够了解民意，以便在执行出现偏差时能够及时纠正；三是要强化对监督权方面的监督。防止“灯下黑”，要对各监督主体进行监督，确保监督的科学和合理，这也是保证合法监督的渠道得到通畅，保障其合法合规的进行，防止出现一些在监督方面的过激行为，导致监督达不到预期设置的效果。

3. 对权力监督技术进行监督

新时代，由于大量地引进和利用科学技术对权力进行监督，并积极进行相应的实践，如用电子监督平台对公共服务进行监督，建立廉政电子信息公开平台等。在不涉及党和国家机密的基础上，可将政府日常工作、一些会议内容放到相应的网页上供人民群众查阅，帮助人民群众了解、落实政府的决策，促进社会的和谐稳定。同时，对政府公共资源市场化配置进行全程监控，与公众利益相关的重大决策视频及时放到政务公开栏目中，进行网络同步，多种形式做到加强预防，着力改变以往重惩处、轻预防的格局，以此来从源头上治理腐败问题，提升政府的行政效率和行政透明度。

习近平总书记在十九大报告中明确指出，广大党员要“把对党忠诚、为党分忧、为党尽职、为民造福作为根本政治担当，永葆共产党人政治本色”[①]。而对党忠诚就是要坚定理想，增强四个意识，守规矩，守纪律。念好“为民”经。习近平总书记在十九大报告中强调：“人民是历史的创造者，是决定党和国家前途命运的根本力量。”在决胜全面建成小康社会，夺取新时代中国特色社会主义伟大胜利的重要阶段，我们党必须进一步激发广大群众的热情，发挥广大群众的积极性和创造性，才能巩固执政之基，才能为实现两个百年凝聚力量。

综上，从当前我国基层领导干部权力监督体系的实际出发，用马克思权利观的思想视域，来完善、指导、提升我国基层领导干部权力监督体系，才能更高地提升党在人民心中的公信力，才能更好地为人民服务。

① 习近平：《决胜全面小康，夺取新时代中国特色社会主义伟大胜利》，载《人民日报》2017年10月28日第1版。

前言

人生，其实不必如此辛苦。

这是一个看似简单，实则颇为复杂的话题。

说其简单，是因为这道理很浅显，励志文章都是这么写的，就算它不写，我们也知道这个道理。

说其复杂，是因为一旦联系实际，它就有了点海市蜃楼的虚幻，有了点乌托邦的虚无,而落实到行动上,更显得那么困难。所以,有一个人说:看过许多非常励志的励志文，听过许多很有道理的道理，却仍然过不好这一生。

很多时候，我们都应了这样一句话：不是因为看不破，而是因为打不破。

打不破生活的怪圈，打不破心理上的恶性循环，于是我们往往对生活中的种种辛苦，持着“明知是错，也情愿是错，因而只能将错就错”的无奈态度。慢慢地就习惯成自然了。久而久之，我们的身体亚健康了，却找不到病根所在。然后，化妆台上的瓶瓶罐罐增多了，药箱里的维生素丸增多了，脸上的苦笑增多了……然后，励志文也越来越多了，认真读完一篇文的时间和耐心却越来越少了。

周华健的一首老歌《忙与盲》，歌里唱道：许多的电话在响，许多的事要备忘……我来来往往，我匆匆忙忙，从一个方向到另一个方向……忙忙忙，忙是为了自己的理想，还是为了不让别人失望……

是啊，是为了什么呢？我们早已分不清。但无论为了什么，从“忙”变成“盲”，再因为“盲”而愈加“忙”，我们的辛苦固然有客观的原因，主观上归根结底在于我们总是在给生命做加法。水、阳光、空气、食物、健康、繁衍，生命真正需要的，简单而平凡，千古如斯。可为了给平凡生命不一样的色彩，人们开始往上面加权力、财富、地位、名声，等等。

这是面子问题，因为我们的生活别人在看。这也是需求问题，因为我们的生命讲究质量，而质量高低就是由这些附加的种种决定的。附加一点，挺好，就犹如一杯清水，加点糖，甜蜜；加点盐或醋，有利健康；加太多了，或者将所有调料都加进去，便没法喝了。

很多人宁愿不断追求，追求到疯狂，也不愿成为舍弃欲望而获得幸福与宁静的傻瓜。于是，加一点，再加一点，加到最后，生命不堪重负，生活也随之在低劣的热闹里变得浑浊不清。其实，真的不用这么辛苦。生活不一定在别处，生活也在这里，在当下。幸福，并不在远方，而是在你的心中，静静地开花。

C·O·N·T·E·N·T·S

目 录

第一章 人生可以更阳光

第二章 人生因梦想而伟大

第三章 人生有时雾霾，但总会有阳光

第一章

人生可以更阳光

如果生命是一棵大树，那么积极、乐观、善良、宽容便是阳光。正是因为有了阳光的照耀，生命之树才会枝繁叶茂、生机勃勃，才能开出美丽的花，结出幸福的果。

不抱怨的人生才美丽

常言道：良言一句三冬暖，恶语伤人六月寒。
语言看似无形无色，却能在人与人之间产生最深最重的伤痕。
你有没有遇到过这样的事，在盛怒之下说出了自己原本不会说的话，
伤害了原本不想伤害的人？
可是说出去的话就像泼出去的水，永远也收不回来。

恶言伤害，就像一地鸡毛一样，撒出去的时候只是一扬手的事，可是在外面这个风吹雨打的世界里，再想将它们捡回来，就算你愿意花费一生的时间，也许都不可能做到了。

一天，一个年轻的女子来到教堂，对牧师圣菲利普诉说自己的烦恼处境，她说她几乎没有朋友，人人都说她难以相处。通过她的诉说，圣菲利普了解了这位女子的性格，她并不是个坏人，只是喜欢背后说些闲话。

于是圣菲利普对她说："议论别人的缺点是不对的，因此你应该做一些弥补的事情来赎罪。离开这里以后，你就到市场上去买一只鸡，然后一直走出城去，一边走一边拔下鸡毛扔掉，直到拔完了，就可以回来了。"

这位女子觉得牧师的话非常奇怪，可她还是遵照圣菲利普的话去买了一只鸡，然后拔掉鸡毛到处撒，当她完成了这件事，再次回到教堂的时候，圣菲利普对她说："刚刚你完成了赎罪的第一步，现在你去做第二步，那就是把你刚才拔掉的所有鸡毛再捡回来。"

女子大惊失色，说道："那不可能，牧师，那些鸡毛早就被风吹得到处都是了，我只能捡回来一部分，要全捡回来，那是不可能的。"圣菲利普点点头说："没错，孩子，你说出口的那些闲话，就和这些鸡毛是一样的啊！"女子愣了一下，恍然大悟。

我们应该从这个故事里学会，不要随意评论别人，更不要随意批评别人，鸡毛是会乱飞的，谣言也是会扩散的，当事情已经不在我们控制之中的时候，后悔也晚了。

吉姆放学回到家，踹开家里的大门站在院子里对父亲说："我讨厌我的同桌，他让我丢脸，我希望天底下最坏的事情都发生在他身上！"母亲安慰了他一下，可是吉姆仍然很不高兴，父亲在旁边看了一会儿，找出一袋木炭交给他说："现在我们来出气，你看，衣架上晾着的那件衣服就是你的同桌，木炭就是坏事，你拿木炭用力去丢那件衣服，砸中了就表示同桌遇到一件坏事，好不好？"

吉姆听了很高兴，于是抓起一块木炭冲着衣服扔了过去，直到把一袋木炭都扔完了，父亲问："现在你还生气吗？"吉姆高兴地回答："不生气了，我扔得好累，不过我砸中了好多次，真开心！"父亲摇摇头，拿来一面镜子对着吉姆说：“看看镜子里的你是什么样子？”

吉姆冲着镜子一看，只见自己全身上下一团黑，连牙齿上都粘了不少黑炭，父亲缓缓地说：“吉姆，当你诅咒别人，希望他发生坏事的时候，就像扔木炭一样，结果只会把自己也弄黑，你明白了吗？做人是不可以这样的。”

当我们说着别人的坏话时，那坏话也在伤害着我们自己。与其在涂黑别人的过程中将自己也染黑，不如在擦亮别人的过程中也照亮自己。

有一次，美国陆军部的长官斯坦顿来到林肯这里，怒气冲冲地说有一位少将侮辱他，说他做事不公平。林肯笑了笑，建议斯坦顿写一封信也狠狠地骂那个少将一顿解气，他说：“你写得越刻薄越好，最好把他骂得狗血淋头。”

斯坦顿点点头觉得不错，于是就坐下来写了一封信，措辞强硬、语气激烈，然后拿给林肯看。

“嗯，没错，就是这样，”林肯看了连连点头，“你写得好极了，就应该这样！”

斯坦顿写完这封责骂的信，心情好了很多，正准备把信装进信封里寄出去，林肯制止了他，问道：“斯坦顿，你要干什么啊？”斯坦顿莫名其妙地回答：“写了信当然是要寄出去啊。”

林肯摇摇头大声说：“这怎么行呢？你简直是胡闹，赶快把这封信烧掉，再重新写一封寄出去。刚才你正在气头上，写这封信是为了让你解气的，可不是让你寄出去的，现在你的气已经消了很多吧，那就重新写一封吧。”

林肯烧信的办法我们也可以学习，在怒火正盛时，不妨给自己找一个方式去发泄，再回头去处理事情，不让负面情绪影响工作，就不会因一时过火做出让自己后悔的事情。

幸福秘方

人生路漫长，我们不能保证永远心情舒畅，但是我们应该学会珍惜人与人之间的感情和缘分，就算确实有让人发火的理由，也应该按捺一下，待情绪稳定下来再处理，这样，我们才能拥有更多的理解和支持。

快乐可以绕道而达

/
观望快乐，就像戴着眼镜看风景，
更确切地说，就像戴着有色眼镜看风景，
因为每个人都将自己心灵的色彩涂到了眼镜上，因此看到不同颜色的风景。
如果你想寻找最简单纯净的快乐，就要先摘掉这副眼镜，
学会让风景本身给予心灵色彩。
/

有时，固执的思维就像不可逾越的巨石一样挡在通向快乐的路上，而当你用另一种眼光去看时，它却一推就倒。

有一户人家，家门前有一条小路，路上有一块大石头，每个路过的人都很小心地避开它，可还是有不少人一不小心就会被石头绊一下。这一天，家里的小儿子又被石头绊倒了，他很生气地问爸爸："爸爸，为什么我们不把那块石头搬走呢？它老是把我绊倒。"

爸爸摇了摇头说："那块石头从我小的时候就在那里了，小时候我也问过你爷爷，你爷爷说，那块石头埋在地里的部分很大的，要想把它挖走得花很长的时间，以后你走路小心点就行了。"小儿子走开了，以后尽量绕开那块石头走路。就这样，那块石头一直留在路上。

后来小儿子长大了，娶了媳妇。一天，新媳妇被石头绊了一跤，她

生气地对丈夫说："那块石头太讨厌了，明天把它搬走吧。"她的丈夫把父亲曾经对他说的话对她说了一遍，并且说："要是能搬走，在我小时候就搬走了，那块石头是很大的。"

可是新媳妇并不死心，她决定搬走那块石头。于是，她亲自提了水浇在石头周围，把泥土浸松软了，然后用铁锹铲土。听了丈夫的话，她以为自己要铲好几天呢，没想到才铲了几下，石头就松动了，原来这块石头埋在土里的部分并不多，根本没有大家说的那么大。于是，这块挡了几代人路的石头，就这样轻易地被新媳妇搬走了。

别总说生活处处艰难，快乐无路可达，就像文中的那块石头，假如新媳妇不去试着搬走它，又怎么知道它并非不可撼动呢？

安妮是一个内向的小姑娘，她总觉得自己长得不漂亮，衣服也不好看，因此不管走到哪里，她总是低着头，沉默寡言。有一天，安妮的婶婶送给她一个很别致的蝴蝶结，上面带着飘逸的丝带，安妮将它戴在头上，家里的人纷纷说她看起来漂亮极了。

安妮很开心，她也觉得自己戴着这个蝴蝶结确实很美，于是她兴高采烈地到学校去，希望大家都能夸奖她美丽的蝴蝶结。她蹦蹦跳跳地出了门，心情好得不得了。

刚进学校，安妮就碰到了老师，老师看着安妮高高昂起的头，亲切地说："安妮，你今天真漂亮！"安妮听了更加高兴了，她相信今天自己确实很漂亮。

果然，接下来很多人都对她说：“安妮，你今天看起来真漂亮！”回到家，安妮心想今天多亏了这个美丽的蝴蝶结，让她得到了这么多人的夸奖，可是当她照镜子的时候，却发现自己头上根本没有蝴蝶结——原来蝴蝶结在刚出门的时候就被风吹掉了。

让安妮得到夸奖的，并不是那个美丽的蝴蝶结，而是安妮因为觉得自己漂亮而昂起来的头和自信的微笑。

让安妮美丽的，并不是她自以为美丽的蝴蝶结，而是她抬头挺胸的姿态，让人快乐的，也并不是什么外物，而是自己那颗自信乐观的心，那双能看到希望和美的眼睛。

幸福秘方

无论看待什么事情，都不要先入为主地对它做出限定：它是好的，或是不好的；是美的，或是不美的。我们用敞开的、自由的态度面对世界，世界也会以全新的面貌面对我们。

有一种得到叫放手

／
有人说，快乐就像手里掬着的一捧沙子，
你越是握得紧，手心里剩下的就越少，
只有展开手掌，才能留下最多。
我们往往越是想要留住什么时，越是会不由自主地将它握紧，
不仅没有留住，反而眼看着它从掌缝里溜走了。
／

如果你想得到什么，就要学会试着放手，放手并不意味着失去，而是另一种更加长久的获得。

一位妈妈为自己的儿子穿好衣服后就将他放在客厅里了，自己则到厨房准备早餐。4岁的儿子一个人在客厅玩得很起劲儿，妈妈不时听到他的笑声。突然一阵哭声传来，妈妈赶忙跑到客厅，看到孩子坐在地上，一只手在一个瓷花瓶里面，大声地哭着。

妈妈不明白发生了什么事情，打算帮儿子将手拉出来，但是稍微一用力，儿子哭的声音却更大了。

没有办法，妈妈想只能将瓷花瓶打碎了，这是一件丈夫非常喜爱的古董，价值不菲，然而现在看来儿子的手掌肯定是肿了，孩子连话都不说只是哭，说明很严重。于是她咬着牙砸烂了瓷瓶，拿出儿子的手后，

发现果然不正常，他的小手攥得紧紧的，怎么也不松开。

妈妈担心是痉挛，就在她准备带孩子去医院的时候，孩子止住哭声后摊开了手掌。其实，孩子手里一直都攥着一个玻璃球，由于玻璃球掉进了瓷瓶里，他伸手进去抓，抓住了以后想拿出来，但是攥了东西的手却拿不出来了，他又不愿意放开那个玻璃球，所以吓得大哭，手却什么事也没有。看到这个情况，妈妈又好气又好笑，为了一个玻璃球，竟然打碎了一件古董。

很多时候，我们也曾为了一些不值得的东西不肯放手，而失去了更重要的东西。

一个登山爱好者的目标是登上世界第一高峰，他为此进行了多年的准备以及努力，认为条件成熟之后，他出发了。

这是一个孤独的旅程，他希望当他完成这项创举的时候，人们会说：“他可是完全靠自己独立完成的啊。”他来到山下，开始了攀登，一段时间后天开始暗下来了，这比他预想的要早一些，急功近利的他不想停下来，而是继续向上爬去。

不幸的是，入夜后周围没有照明，天上乌云密布，连一些微弱的星光都被挡住了，能见度极差。他并没有退缩，心中只想着继续攀登以及成功后的喜悦。

在快要登顶的时候，他一激动结果脚下滑了一下，他失去了攀附，开始急速向下跌落。他眼中所见都是黑暗，头灯掉了，头盔掉了。在这千钧一发的时候，是他腰中所系着的保险绳救了他，他的下落得到了缓冲并最终吊在了黑暗的空中。

他高声呼救，却没有人回应。最后，他想到可以割断绳子继续下落，因为刚刚自己已经落了那么久，也许地面并不远呢？可是天色实在很黑，他什么都看不到，万一还很深的话，自己岂不是会粉身碎骨？他进退不得，在越来越寒冷的空气中不断犹豫着。

次日，搜救队展开了搜索，他们惊奇地发现，其实这名登山者离地面仅有3米多，即使掉下来也绝无大碍，可是他已经冻僵了，双手还牢牢地抓着绳子，吊在半空中。

在这种时候，选择放手确实是一件很难的事，不过，在生死一线的时候，既然不放手必死无疑，而放手还可能有一线生机，为什么还要那么执着地宁愿选择死，也不愿去放手试一试呢？

幸福秘方

当恋人已经不再爱你，不如放手让他离去，过分执着只会增加痛苦；当孩子长大了，不如放手让他自己闯荡，过分关怀只会让他更加远离你；当青春逝去，不如笑着面对，一味悲叹只会让衰老来得更快。学会放手，就是学会用另一种方式拥有。

你就是自己的主宰

/
每个人都有过想要“冲破内心”的时刻，
最后通常是两种结果：一种是在现实面前缴械投降，
另一种是冲破枷锁，通过拼搏成为自己命运的主人。
人生路上，但凡多一份忍耐与坚持，命运都会在下个路口开始转变。
/

只要你记得你就是自己的主宰，这样，你的才能就会尽情释放。心态决定命运，多一份坚持，就多一份成功的希望。

大学时代，我们班有个同学叫许美静。她个子不高，皮肤有点儿黑。每天早晨5点钟，许美静准时从床上起来，一个人到阶梯教室去学习。可是，许美静每天拿出两小时去复习，到期末考试时和我这个整天昏睡到太阳晒屁股的懒虫比起来，也不过相差了几分而已。后来我才知道，她用功的根本不是我们的专业课，而是播音训练。许美静用她那不标准的普通话告诉我，她的理想是当一名播音员。

我看着她矮胖的身材，听着她浓重方言版的普通话，差点没笑出声来。许美静怎么会有这样的想法，她也太幼稚了。说一口流利的普通话又能怎样，就凭她的外貌，还想成为播音员，简直是不自量力！

许美静打内心里相信这个世界上丑小鸭能变成白天鹅。所以，她义无反顾地继续努力完成自己的播音员之梦。

不得不承认，大学四年，许美静的普通话进步非常大，如果只听声音不看她那老土的造型，会以为她是个城里的姑娘。

毕业的时候我们人人都拼命到处找工作时，许美静却奔波在诸多电视台之间寻找机会。那些以貌取人的公司，不要说许美静只是个三流大学的毕业生，就是清华毕业又能怎样呢？我多次好心好意地向许美静提过，名牌大学毕业的美女也不过是混个导播当当，想当播音员更是难上加难。

许美静不信这个邪，可我一直认为生活早晚会教育她。果然，没过半年许美静就蔫了。她非常失意地提着行李找到了我，而我呢？什么都没说，暂时收留了她。许美静在家里躺了三天，最后黑着眼圈爬起来和我说：“我也想清楚了，还是吃饭赚钱要紧，我还是找个工作先干着吧。”

许美静最终在一家房屋中介公司找到了工作。这家房屋中介公司在北郊，许美静每天早上4点钟就起床了，到公司口干舌燥地说上一天，晚上顶着一头星星疲惫地回来。每天都是如此。

这期间我无意中发现，她的桌子上还摆着做了密密麻麻笔记的播音教材。许美静不提当播音员的事了，她翻着那些教材轻轻地笑着。有心栽花花不开，无心插柳柳成荫。原来房屋中介的工作她之所以能够在一帮职高生中脱颖而出，不是因为她那三流大学的学历，而是因为她的标准普通话。世界上没有白费的努力，我拍着许美静的肩膀感慨道。

和许美静分开之后的日子里，我陆续换过很多工作。后来，我好不容易进入一家事业单位，做了个小科员。虽然发不了财，但总算有了个铁饭碗，心里甚是欣慰。一天，我闲来无事翻出许美静的电话打过去，让我大吃一惊的是，许美静现在竟然在一家电台做起了DJ。我将信将疑地在商店里买了台收音机，午夜时分的节目里，我果然听到许美静糯米一样香甜的声音。她的声音既温柔又让人感到坚强有力："对于很多人来说，梦想就是一道美丽的彩虹，虽然无法逃避消失的宿命，但借助它短暂的光芒，我们却可以看到意料之外的收获。这就是奋斗的魅力。"这天晚上在梦里，我再次看到了许美静。她笑嘻嘻地坐在一道彩虹上，不断地向上飞去，一直向上。最后，彩虹消失了，她的身上却长出了一对巨大的翅膀。

许美静终于成就了自己，她就是自己的主宰，她的命运，在此时此刻显得格外动人。

爱默生说，一个朝着自己目标永远前进的人，整个世界都会给他让路。这是一份难能可贵的勇气，更是一份对于命运的坚持。生命旅途中，努力攀登还是自由坠落，取决于我们自己。

坚持走自己的路，是勇气、是魄力、是自信。因为坚持，不怕失败；因为坚持，不会气馁；因为坚持，直抵成功。抵达成功的时刻，回首过去，会对这种坚持更加珍惜。

那是1982年春天一个阳光明媚的日子，在罗马尼亚郊区的一座监狱里，一个女孩的心情低落到了极点。这个女孩非常像男孩子，她写了一本关于罗马尼亚现任政府腐败行为的禁书《低地》。在这本书中，当权者丑恶的嘴脸在她的笔下被毫不留情地揭示出来，这本书在推出以后受到前所未有的追捧，而这正是她被抓入狱的主要原因。任何当权者都不允许也不喜欢这种藐视政府的行为，更加不接受她这种肆无忌惮的作者。

就在这本书出来没多久，当局政府开始紧锣密鼓地寻找各种证据，以便正式批捕她，并以此来警告那些对政府有敌意有攻击行为的人。她不停地哭泣着，瘦弱的身躯有些经不住这人世间的狂风暴雨，她仔细想了想，一种正义感又战胜了邪恶，自己只是做了该做的事情，没有做错任何事，相信上帝也会帮助自己的。

她开始寻找任何一个可能逃出去的机会。外面她的爱人正在那橡树下等待着她。

在这里待的时间长了，经过她的观察，她终于发现这座监狱的一个漏洞，有一扇小窗户居然没有安装玻璃。以她那瘦小的身材，完全可以让自己逃离这苦海，她万分惊喜地感谢上帝为自己留下了一扇救命的窗，一条可以逃生的路，她花了很多天寻找时机，终于机会来了。这一天中午守卫都去吃饭了，她乘这个机会将自己的身体缩成一小团，艰难地钻出了窗户。她拼命地向前跑，不管前面等待她的是什么，她都全然不顾。

好像是上帝开的一个玩笑，上帝为她开错了窗，她糊里糊涂钻进的地方竟然是政府军的司令部。那些政府高官们正在商量着给她定什么样的罪，旁边的桌子前摆着的是她的大幅画像。此时，她却意外地出现了，这令现场所有的人吃了一惊，后来这些人将她关进了一座更加牢固的牢房里。

好不容易逃出去了，居然又进了铜墙铁壁，她的心情糟糕透了，恨不得马上死去免得受罪。

她本以为在这样一座坚不可摧的牢房里不可能有任何机会，她发疯似地在地上打滚，失魂落魄的样子让人怜悯。一连好几天，她一直在想如何结束自己的生命，她实在是不想受到这样的折磨，不想再活下去了。

随后她又想，不行！自己的爱人一定在等着自己，哪怕有一线希望，也要设法逃出去！

无形的力量促使她振奋起精神，她不停地敲打着天花板，拼命地踩着泥地，期盼着能够找出一条逃生的路。她不相信上帝不帮自己，上次上帝开错了一扇窗，这次一定不会开错。

经过仔细寻找，她终于发现了地面上有一处稀松的土壤，随即开始挖掘它。经过三天努力地挖掘，她找到了一条狭小的隧道，勉强可以容得下自己的身体，她不顾一切地钻了进去，经过八个小时的努力，她终于逃出了魔窟。

赫塔·米勒，这个饱受争议的德国籍作家，于2009年10月获得了诺贝尔文学奖，她的代表作品有《我所拥有的我都带着》《光年之外》《行走界线》《河水奔流》《低地》《狐狸那时已是猎人》等。诺贝尔文学奖评审委员会称其“以诗歌的凝练和散文的率直，描写了失业人群的生活”。她的成功，源于她的坚持。

上帝偶尔也会打个盹儿，错开一扇窗，如果这时候你认命了，便会沿着错误的方向走下去，不能回头。如果你不服输，坚持走自己的路，用自己的智慧和双手打开另一扇窗。

幸福秘方

让自己做自己的主宰，相信这份幸运的力量。当你通过努力真的改变了自己的命运时，你会由衷地感叹，原来，自己真的能做到；原来，这份好运一直伴随在自己身边。

两情相悦胜于家财万贯

/
当我们躺在摇椅上悠闲地享受老年生活的时候，
如果自己的伴侣仍然陪在身边，
一起回忆那些青涩的少年时光、激情飞扬的青春岁月、埋头苦干的中年生活时，
那将是怎样的浪漫。
这个时候，我们不需要几百平方米的别墅，因为我们行动困难；
我们不需要几克拉的钻戒，
因为没人会关心那个，只有爱情才会让我们平静地面对生命的沧桑。
/

童话中美丽的姑娘都会嫁给王子，从小的耳濡目染会让我们觉得那才是爱情，然而这世界上有几个王子呢？何况，那些美丽的姑娘嫁给王子之所以幸福，并不是因为嫁给的是王子，而是因为他们相爱了。

在一个孤悬海外的岛上，居住着智慧、快乐、爱、虚荣等等。他们在这个岛上已经居住了好多年。

忽然有一天，智慧发布了一条惊人的消息：不久的将来会有地震袭击小岛，然后整个小岛会沉降到海平面以下，我们需要马上转移出去。在消息发布的当天，大家各显神通，积极制造船只，纷纷离岛寻找安全的避难所。

爱一直在岛上坚守着，希望用自己的力量鼓励别人，直到地震马上就要来了，爱意识到自己必须离开了，但是她还没有来得及建造船只。不过她并不害怕，她相信会有很多人愿意帮助她逃生。

这时，刚好财富建造好的大船开过来了，爱使劲儿向他招手，请求财富带上自己，谁知财富拒绝了她："你看我的船上满是金银财宝，哪里还能腾出空间来？"

财富离开后，虚荣划着自己精心建造的小船过来了，他的船精致高雅，爱再次提出了请求："虚荣，带我一起走吧。"虚荣将爱上下打量了一番，皱着眉头说："不行，你看你脏兮兮的，别把我的新船弄脏了，那就不美观了。"

这时候悲哀愁苦地划船过来了，爱马上央求道："悲哀，让我跟你做个伴儿吧？"悲哀唉声叹气地说："我们走不出去了，再说，就算出去了也没什么意思，你还是找别人吧。"

快乐原本与爱关系很好，但是在快乐经过爱的时候，他哼着歌打着拍子，居然没有听到爱对他发出的呼唤。

爱感到了深深的绝望，准备和这小岛一起毁灭了。就在此时，一个声音邀请她上船一起走，爱激动地上了船，划船的是一位没有见过的老者，他专心致志地划着船，没有再说一句话。

到达陆地后，老者消失了，爱连忙招呼旁边的智慧，向他请教那位带自己来的老者是谁，智慧说道："那就是时间啊，你不认识吗？”“不认识，可是为什么只有时间肯救我呢？”智慧沉思了一下，说：“因为这个世界上能知道爱伟大的，就是时间了。”

爱是人生最重要的感情，父母之爱让我们成长，儿女之爱让我们充实，而只有夫妻之爱让我们共风共雨，共沐阳光，一时的贫穷或打击都会过去，真正的爱永远经得起时间的考验。

一个商人在一次意外事件中赔掉了所有的财产，夫妻俩刚刚装修好的新房子不得不降价出售了。他们的跑车也被用来抵债了，出门只能用电动自行车代步。

这一天，一些交往多年的朋友邀请他们去野炊，由于电动车比较慢，他们到的时候别人都已经等了一会儿，朋友们都知道他们目前的处境，什么也没有说。

然而其中一个朋友刚刚结婚，他的妻子不了解情况，很不理解他们为什么会骑着电动车来，于是随口问了出来：“你们怎么骑着电动车来啊？这多慢啊。”

这句话一出口，空气似乎一下子凝固了，那位新婚的丈夫赶紧拉了拉妻子的手，别的人有的马上岔开了话题，有的转身走开了。

商人面红耳赤地站在原地，头低了下来，这时却听到自己的妻子以很平淡的语调回答道：“是我提议骑电动车的，因为这样我就可以一路上都抱着他。”

朋友们马上笑了起来，那位新结婚的妻子羡慕地对丈夫说：“看人家感情多好。”

商人握住了妻子的手，眼中充满了无限的深情。

真正的爱是能够同甘共苦的。无论前途光明还是遭遇挫折，只有真心爱你的那个人才会愿意不计代价地陪在你身边。这样的情谊，是美貌或财富都不能换取的。

幸福秘方

有人说经济变成了一切的基础，甚至成为爱情的基础，有多少人秉持着没房子就不要结婚的信念？然而幸福的婚姻真的能建立在物质生活上面吗？就算爱人没有钱，只要他愿意尽力让你快乐，就是最大的幸福。

感谢折磨你的人

/
罗曼·罗兰曾经说过：
“从远处看，人生的不幸和折磨还是很有诗意的，一个人最怕庸庸碌碌地度过一生。”
是啊，假如我们一直像在平静无波的海面上行驶一样平淡地生活下去，
到最后，我们既失去了面对风浪的能力，也没有留下对人生波澜的回忆。
/

曾经有一座寺庙，规模宏大、香火旺盛，这一年，寺里决定再雕刻一尊更大的佛像，西天如来就派了一个罗汉来到人间，这位罗汉最擅长雕刻佛像。罗汉到了庙前，从一堆石料中选择了一块看起来材质很不错的石头开始雕刻，可是当他拿起凿子刚刚凿了几下，这块石头就受不了了，大喊着：“疼死我了！疼死我了！快停下！”

罗汉摇了摇头劝说道：“只有经过这番雕刻，你才能变成佛像，忍一忍，马上就过去了。”说完就继续雕刻。

可是没凿几下，石头又开始大喊：“快停下吧！实在太疼了！”罗汉听得心烦不已，于是按照石头的意愿停止了雕刻，丢开了它，找了另外一块资质较差的石头重新雕刻。

这块较差的石头知道自己的天生条件并不好，能被选中分外感激，

所以不论罗汉怎么在它身上敲敲打打，它都始终默不作声地忍着，咬牙撑了下来。

几天之后，石头变成了一尊高大庄严的佛像。大家对罗汉的技艺赞叹不已，把这尊佛像恭恭敬敬地放在了神坛上，从此开始接受香火供奉。

那块资质较好的石头呢，因为不肯接受琢磨，只好用来铺路，日日被脚踏车碾，它看到佛像高高在上，心里非常不平，质问佛祖："那块石头明明资质比我差多了，凭什么它高高在上，我就要被人践踏呢？这太不公平了！"

佛祖淡淡地笑了，回答说："它的条件确实不如你，但那份荣耀来自当初一锤一凿的折磨和痛苦，既然你不能承受那折磨，那么就只好安于你现在的命运了。"

其实我们每个人都是一块普通的石头，也许有人天生条件较好，但是最终决定我们命运的，不是那条件，而是我们是否有能力、有胸怀承受社会、他人带给我们的折磨和打击。

乔治是一名厨师，每个周末都是他最忙碌的时候。

有一次，一个服务生端着一盘炸马铃薯回到了厨房，对乔治说："这是一位客人点的，可是他说马铃薯切得太厚了，他吃不下。"

乔治看了看盘里的炸马铃薯，这和自己以往做的没有什么不同。不过作为厨师，他还是重新做了一份比较薄的让服务生送了出去。

可是没过一会儿，服务生又端着盘子回来了，愤愤不平地说：“这个客人简直是不可理喻！他还是嫌马铃薯切得太厚了，要求再重新做一份！”

这时正是最忙的时候，乔治也很不高兴，可是仔细想了想，还是叹了口气，又重新切了一份非常薄的、几乎透明的马铃薯片，然后炸好送了出去。

服务生很快又回来了，这次他的手里并没有盘子，而是兴高采烈地说：“那位客人终于满意了，他说他从来没吃过这么好吃的炸薯片，要求再来一盘，周围的其他客人也都想要一盘！”

就这样，乔治的炸薯片成为这家度假村的招牌食品，远近闻名。后来，这种马铃薯片发展成为今天我们在世界各地都能见到，并且广受欢迎的一种休闲食品。

就像乔治一样，当看似不合理的责难向我们迎面击来时，如果我们能够保持冷静，愿意去继续尝试，往往能从这责难中找到一条通向成功的大道。

幸福秘方

向我们提出最多苛刻要求的人，不见得就是对我们心存敌意，也可能是对我们满怀期望。因此，每当有人向我们提出不合理的要求，给我们造成了额外的困难时，不妨用宽容的心去感谢他，感谢他愿意花费精力和时间来帮助我们变得更好更完善。

侮辱你的不是金钱，而是你的心魔

/
我们的生活是靠自己的劳动维持的，可是总有那么一些时候，
接受一些钱看起来仿佛是侮辱，因为它看起来像是施舍，只有叫花子才接受施舍。
古往今来，在金钱和尊严之间发生过太多的故事，
其实，有时候我们只是需要换种态度而已。
/

大度地面对生活，我们没那么容易受伤，不要为了一些小钱而自觉受辱，是我们应得的，不妨坦然接受它。

在莫斯科到波良纳的路途中，有不少流浪者和徒步旅行的人，旅行者中有一个看起来很普通的人，背着一个很大的背包，和几个流浪者结伴而行。谁也不认识这位旅行者，只知道他常常会经过这段大概要五天左右的路。

旅行者们的食宿是很随便的，有时就在农家借宿，有时会在沿途火车站的候车室里歇息。这一天，这位旅行者经过一个小车站，打算到候车室里休息一会儿，可是恰逢旅客进站上车，候车室人很多，他信步走到了月台上，在墙边的长椅上坐了下来。

正在这时，车上的一位女士对他使劲招手喊道：“老头！老头！”

他转过身去，看见那位女士一脸急切的神情，于是走了过去，问道：“夫人，您有什么需要帮助的？”

坐在火车上的女士急匆匆说：“我的手提包落在候车室洗手间了，我怕火车开走不敢下去取，麻烦你快去帮我取来！”

旅行者听了，马上转身小跑到洗手间里去把那个手提包拿了出来，递给那位女士。女士很感激，找出一枚五戈比硬币递给了旅行者，旅行者微笑了一下接过了钱，转身便要离开。

这时，火车里另一位男士看着旅行者忽然叫了起来：“天哪！这不是托尔斯泰吗？是《战争与和平》的作者啊！这位夫人，你竟然给了伟大的托尔斯泰一枚硬币！”

那位女士愣住了，然后满脸通红地向正在走远的旅行者——托尔斯泰喊道：“天啊，请您原谅我的无知，您把那枚硬币还给我吧，我不知道您是托尔斯泰，唉，真是对不起，我竟然这样对待您这样伟大的作家。”

托尔斯泰转过身，笑着说：“这五戈比是我用自己的劳动换来的，所以我收下了，您又没有做错什么，何必如此不安呢？”

这时，火车缓缓前进了，那位女士仍然一脸羞愧地要求托尔斯泰归还那枚硬币，而托尔斯泰却站在远处，笑着目送火车渐渐开远。

故事里的五戈比，到底是一种羞辱，还是一种尊重，给出的人和拿到的人感觉完全不同，这只是想法不同罢了，在托尔斯泰眼里，他付出自己的劳动获得这些赏钱是很合理的，他并没有觉得受到侮辱。这份坚持让我们看到了一位伟人宽容的生活态度，这种态度难道不值得学习吗？

这一年初冬时，格林太太一家搬到了纽约，格林太太很快就为两个孩子办理了入学手续，让他们在一所公立小学里继续读书。

进入冬天后，纽约的天气坏透了，几乎每隔几天就有一场暴风雪，有那么几天，道路上的积雪有几尺厚，很多单位都暂时歇业了。可是格林太太的孩子就读的小学始终正常上课，每天早晚接送孩子的校车都会很慢地在积满雪的路上行驶。

很多家长都不理解，格林太太也是，于是她给学校打电话，提出暂时停课的建议，认为在这样恶劣的天气里，实在没有必要把孩子们大老远拉到学校再拉回来。

可是学校的解释却让格林太太愣住了，学校管理人员说："您可能知道，纽约贫富分化比较严重，在这样严寒的冬天，有钱人可以过得很好，可是穷人们是很艰难的。据我们所知，很多贫困的家庭冬天是用不起暖气的，我们把孩子接来学校，不但可以让他们在这里温暖地过一整天，还可以吃到一顿丰富的免费午餐。"

听到这个回答，格林太太沉默了，她又接着说："那么你们为什么不让那些家庭条件比较好的学生停课呢？只把贫困的学生接到学校好了。"

管理人员淡淡地回答道："不，格林太太，我们不能一边帮助那些贫困的孩子，却在另一边践踏他们的尊严。”

这个回答让格林太太感动不已，当她和人谈起这件事的时候，总是说，没想到她在人到中年的时候，仍然从小学里学到了重要的一课。

是啊，当我们有能力并且愿意去帮助别人时，千万不要因此自觉高人一等，因为那种居高临下的态度所带来的伤害，是无论多少帮助都无法弥补的，会使你的帮助显得廉价而毫无意义。

幸福秘方

用豁达的心面对世界，相信我们的心是坚强的，那种自信和坦然，比起四处紧张地维护自己的尊严，才是更加使人敬服的态度；用谨慎仁爱的心对别人，相信别人的心是脆弱的，懂得维护别人的尊严，比起给他们金钱，更能赢得感激。

尊重他人，就等于尊重我们自己

/
这个世界讲究个性，讲究张扬，
我们可以独树一帜做我们自己，也可以特立独行无视他人眼光，
但是不论做什么，都要以尊重为前提，
因为尊重就像一颗弹力球，你用多大的力量扔出去，
它就能用多大的力量弹回来——尊重他人，就等于尊重我们自己。
/

尊重就像一座桥，它连接两个人的心，让他们看到彼此的诚意，让他们放下心防坦诚以对。不论是对陌生人、朋友、同事还是家人，尊重都是人际关系中的第一道招牌。

在美国的印第安保护区里，有一个原始部落，这个部落有个传统，所有人都是赤身裸体地在一起活动，从来不穿衣服。因为这个习俗，这个部落的人遭到外人一致的嘲笑和冷眼，然而他们始终坚持着自己的传统，不愿意改变。

这一年，部落里流行瘟疫，几乎全族人都被感染，于是他们派人到最近的城镇里找到了一位年迈的名医，请求他到村里来为族人治病。医生非常为难，然而部落里的几百口人等着自己救命，几经犹豫之后，医

生还是答应了。

听说这位知名的医生答应前来，部落里的人召开了会议，讨论过后，他们决定尊重医生的习惯，所有人都穿起衣服，在大厅里等着。就在医生走进厅里的时候，所有人都惊呆了，因为这位白发苍苍的医生背着沉重的医疗箱，浑身一丝不挂！瞬间，整个部落的人们，眼睛里都涌上了泪花。

故事里的医生和原住民都记着尊重对方，是啊，在生活中，还有什么比一个人出于理解和尊重而主动去迁就对方更加美好呢?

在安妮13岁生日那天，妈妈把安妮叫进了她的房间，拍拍身边的椅子让她坐下，微笑着说："安妮，今天你13岁了，我想和你好好谈一谈。"安妮愣了一下，坐下来，妈妈继续说："这13年来，我尽量每件事都和你讲清楚道理，让你自己判断是非，你觉得你现在有分辨是非的能力了吗？"安妮收起了嬉皮笑脸，认真地回答说："是的，我相信我有这个能力。"

妈妈看着安妮的眼睛说："那么从今天起，就到了该你自己做决定的时候了。以后你要和什么人交朋友，要什么时候写作业，要什么时候起床、睡觉，所有你自己的事情，你都可以自己拿主意，我不会再为你做决定了。"

安妮吓了一跳："妈妈，我做错什么事了吗？你生气了才这么说的，对吗？"

妈妈笑了起来，她抱了抱安妮，然后说：“不，宝贝，我是要让你学会自己做主，很多年轻人走上社会的时候都会犯错，他们大部分是因为从小被父母管教惯了，忽然失去了指导的缘故。所以，我希望你早一点学会自己做决定，因为你现在还小，我还在你身边，一旦你犯了错误，我还可以帮助你。”

安妮呆呆地看着妈妈，心里想：“今后我可以想干什么就干什么了，我能尽情去参加各种聚会了，也没人催我写作业了，这简直是太好了！”

妈妈看着安妮脸上兴奋的表情，笑了，然后拍拍她的肩膀说：“可是你要记住，这是一种自由，也是一种责任，我尊重你的选择，但是你也要为自己的选择负责，我们都会看着你的。”

安妮的13岁生日就这样结束了，这番谈话是安妮这一生收到的最好的生日礼物，安妮明白了，妈妈并没有离开她的生活，她只是早早给了安妮一双翅膀，让她为未来的飞翔做好准备。

在之后的几年里，安妮有时会出门几天，有时会去参加聚会，偶然也会熬夜，还有一段时间成绩下滑，妈妈从来没有责备过安妮，她只是静静地在旁边说，你上大学的机会正在减少。有时她还会问：“你今天聚会的这些朋友，你觉得他们十年以后会做什么呢？而你希望你那时在做什么呢？”这些话总是马上就让安妮明白，她已经渐渐偏离了原路，应该做一些事来弥补自己犯下的过失。

就这样，安妮做着自己的决定，一年又一年，渐渐地越走越好，而妈妈总是在身边微笑地看着她，有时用小小的建议来帮她修补过错，对妈妈，安妮从来也没有感到过叛逆，事实上，她们比其他任何一对母女都更加亲密。

是啊，如果每个家庭中的父母都能这样尊重自己的孩子，而不是指指点点发出各种命令，那么两代人的关系也许也能像故事里的母女一样。让孩子们从小就懂得什么是爱，什么是责任，什么是经验，什么是尊重。

幸福秘方

尊重能打破陌生人的冷淡脸色，尊重能浇开朋友间的情谊之花，尊重能得到亲人间的信任。难道不是吗？在生活中，那个一直愿意尊重我们意见的人，不是我们最喜欢的人吗？而用同样的方法，我们也可以成为被别人喜欢的人。

爱在不经意间滋长

/
如果说爱是一笔存款，那么因为这些爱而得到的温暖，
因为这些爱而感到幸福的笑容，因为这些爱而坚强起来的身影，就是爱的利息。
爱的本金永远不会贬值，
而且在它存在着的每一个时刻里，爱的利息都在不断增加，
最终，一份爱就能变成一个硕大的、爱的金库。
/

付出一份爱，就像种下一粒小小的种子，在你不经意间，这粒种子已经默默地长成了大树，为你展开一片绿荫，为你带来满树繁花，留给你一地成熟的果实。

朱师傅是一名出租车司机，每天固定下午5点30分交车，这一天正是周末，他看看表已经5点20分了，就挂起了停止载客的牌子，在树下休息一会儿。他的车正停在四十中的门口，周末放学时，大批住校的学生都赶着回家过周末，朱师傅看着一批批学生走出来，想起了不久前死去的女儿，她原本在这里上学。

就在朱师傅沉浸在悲伤中的时候，一个跛脚的女孩背着书包走到了车窗前，急急地低声说：“师傅，我想坐您的车可以吗？”朱师傅摇了

摇头说自己马上要交车，不再载客了。可是女孩大大的眼睛隐隐透出泪光来，她恳求道：“师傅，我就坐一站地就下，麻烦您了。”

看着女孩的样子，朱师傅叹了口气答应了。女孩兴冲冲地上了车，刚转过一个街角，她忽然小声说：“师傅，我只有3块钱，您看到哪能停就停下好了。”朱师傅愣了一下，出租车的起步价是5块，可是在后视镜里看到女孩满脸通红，他摇了摇头没说话，只是开到公交车站旁边停下了车，女孩关上车门的时候高兴地对他说：“谢谢师傅！”朱师傅看着女孩跛着脚走远，想起女儿以前也总是喊“谢谢老爸”，不由得一阵心酸。

在以后的几个周末，当朱师傅从四十中的门口经过时，总会看见那个跛脚女孩在门口四处张望着，只要见到了自己的车就分外高兴，远远冲着自己招手，朱师傅不明白她是怎么一下子从这么远的地方认出自己的，可是看到女孩高兴的样子，还是会把车开过去，然后走一站地就停下，3块钱。

朱师傅很奇怪女孩为什么每次都坐一站地，也没问她为什么一定要等自己的车。几次以后，他已经形成了习惯，一到周末放学的时候，就在四十中门口打着停止载客的牌子等着女孩，而女孩一见到他的车，总是跳起来对同学招招手再见，然后上车，下车时也总不忘了说一句“谢谢师傅”。

就这样，朱师傅风雨无阻，无论有什么事情，都一定会在5点20分左右赶到四十中的门口。他们沉默的“合作”持续了整整一年，到了第二年夏天放假的时候，女孩背着沉重的大书包上了车，朱师傅知道，她毕业了，心里有些失落，这一年多来，是女孩让他重新感到了作为一位父亲的快乐。

女孩告诉朱师傅她毕业了，要到辛集一中去读高中，以后可能再也没机会坐他的车了。朱师傅微笑了，辛集一中是重点中学，女孩的学习成绩一定很好，他说："我这次送你回家吧。"女孩低下头说："我只有3块钱。""这次免费送你回去。"朱师傅知道今天会误了交车，不过他宁愿再和女孩多待一会儿。

到了地方，朱师傅拿出一个盒子递给女孩说："这是送给你的礼物。"女孩愣了一下，接过礼物深深地鞠了一躬，说："谢谢师傅！"然后转身走进了楼里。10年过去了，朱师傅还是开着出租车。这一天，正当他停在路边等客人的时候，听到交通广播播出一则寻人启事，找的竟然就是他。他分外惊奇，不知道是什么人要找自己，于是很快打了电话过去，电话那头的主持人交给他一个电话号码。

朱师傅莫名其妙地拨通了这个电话，对方是一个年轻女子，她兴奋地问："是您吗？师傅？"朱师傅愣住了，这声音这么熟悉，可是他却想不起来在哪里听到过。对方又接着大声说："谢谢师傅！"朱师傅拍了一下大腿，原来是那个跛脚的女孩！他眼里涌上一层水雾，没想到10年了，这女孩竟然还记得自己。

两个人约在一家小茶馆见面，女孩已经长成一个亭亭玉立的大姑娘，如果不是她仍然跛着一只脚，朱师傅几乎认不出她来了，坐下后，女孩说起了10年前的事。原来，女孩的父亲也是开出租车的，每逢周末都会接她放学，可是就在那年过年时，一家人在回老家的路上发生了车祸，父亲去世了，女孩也跛了一只脚。在那之后，母亲为了赔偿对方的损失和支付她的医疗费用，起早贪黑地工作，而她只有努力学习，可是她不想让同学们怜悯她，所以没告诉任何人家里的事。就在同学们奇怪为什么她父亲周末不再接她的时候，她看到了朱师傅的车，那车的颜色和她父亲的一样，车停在那里，就像父亲以前在等她一样，所以她拿出了自己仅有的3块乘坐公交车的钱，只坐一站地，然后花一个半小时走路回家。

听了这个故事，朱师傅心里一酸，他没想到这件往事背后还有这么复杂的原因，女孩接着说："您给我的奖牌我一直带着，您退还给我的车费，我也一直没有花，每次看到它们，就觉得再大的困难也能克服，您让我感到，我依旧有一个父亲。"他们一起走出了咖啡店，朱师傅看着女孩渐渐走远的背影，眼泪终于克制不住流了下来，那块奖牌是自己的女儿在比赛中获得的，而这个今天他才知道叫林美霞的女孩，和自己那去世的女儿是多么相像！

在回家的路上，朱师傅像往常那样买了份报纸，没想到刚展开，就看到了女孩放大的照片，旁边的标题上赫然写着：本市的骄傲，最年轻的跨国公司副总裁林美霞。朱师傅越看越惊讶，忍不住从口袋里掏烟来抽，这时他发现自己的口袋里有一包东西，拿出来一看，是一个装满了美元的厚厚信封，在美元中间夹着一张纸条：师傅，请您不要推辞，一定要收下，这是爱的利息，至于无价的本金，它永远在我心里保存着，谢谢师傅！是啊，爱是无价的，爱的利息也是昂贵的，这世上有很多东西是不能用金钱来衡量的。既然在很多人眼里，金钱才是最有价值的，那么我们也不妨这样说：满载着爱的心意，是最值钱的！

在黎巴嫩的一座小城里，有一家小小的理发店，店主名叫法理斯，他心地善良，口碑很好。

这一天，法理斯的店里进来一个满身灰土，头发和胡子都很长，而且上面都是泥水的工人。他讪讪地走进店来，问法理斯可不可以先为自己理个发，他现在没钱，以后会补上的。法理斯微笑着点了点头，让他坐下来，然后帮他洗干净头发，再认真地开始理发，有别的顾客来时，法理斯就让他们在旁边等一下，一点儿也没有因为工人没钱，就随便马虎应付。

理完发之后，工人就像换了一个人一样，他十分感激法理斯的耐心和对自己的尊重，拿出一张彩票说："我没什么能报答您的，这是我前几天买的一张彩票，您看，这是号码，要是中了的话，我就分一半给您！"法理斯笑了，他知道，彩票中奖的概率实在是太小了，这一张又怎么会中，不过他不忍心打击年轻工人感激的心情，还是装作很高兴地答应了。

最让人意想不到的事发生了，几天后，那个工人买的彩票竟然中了

13.2万美元的大奖，小城一下子沸腾了，人人都在谈论这个工人的幸运。法理斯根本没指望工人真的能给自己一半奖金，可是没想到就在兑奖结束后的当天，那个工人就拿着6.6万美元来到了理发店，要付清上次的理发费。法理斯摇摇头不肯收，说自己只要收2美元就够了，可是工人说："在我最困难的时候，您没有看不起我，没有嫌我头发又脏又乱，也没有随便应付我，那时我就想，一定要好好报答您，现在上天给了我这个机会，我答应过要给你一半的奖金，就一定要做到。"法理斯没办法，只好收下了这笔钱，而这6.6万美元，也算是小城历史上最昂贵的理发费了。

一次认真的理发就能获得几万美元的奖赏，这是对理发师的善良和尊重他人的回报，是对充满爱意的心灵的褒奖，其实，昂贵的不是理发费，而是那份爱心。

幸福秘方

让我们也学会为身边的爱付出一些利息吧，为妈妈的爱买一束鲜花，为爱人的爱煲一碗鸡汤，为朋友的爱准备一份小礼物。也许这些微薄的利息远远不如我们所得到的爱的本金那样珍贵动人，可是它可以表明我们懂得感恩，懂得珍惜的心。

用感恩的心滋润生活

/

我们感恩大地承载了我们，感恩天空笼罩了我们，
感恩父母养育了我们，感恩朋友帮助了我们，
一切赐予都值得感恩，一切美好都值得道谢，可是你知道吗？
我们需要感恩的，远不止这些，
春花夏雨固然令人珍爱，难道寒风霜雪就没有它的价值吗？

/

一颗懂得感恩的心，能得到更加滋润、丰满的生活——是感恩让积雪化成了来年的涓涓细流，是感恩让苦痛责难变成了指路向前的曲折标杆。

有一个大学生，刚毕业就进入一家机关单位工作，他自恃有才，处处锋芒毕露，得到领导的几次夸奖之后越发狂妄起来，终于招致领导的不满和猜忌，领导逐渐开始冷落他。大学生眼看着自己被高高挂起，失去了很多施展才华的机会，心中非常苦闷，终于有一天他忍不住对领导发了顿火，然后回到家里，对父亲大吐苦水，说自己再也待不下去了，一定要离开这个单位。

父亲听完了他的诉苦后，笑了笑，然后认真地对他说：“儿子，你应该谅解单位领导对你的冷遇，你太不成熟了，这是一种生活的考验，

你应该像对待我一样去对待领导，我养育了你，你懂得感激，那么领导给了你赏识和赞美，你为什么不能真诚地给予感激呢？”儿子愣住了，思考过后，默默地接受了父亲的指导，回到了单位。

一周过去了，大学生和领导之间的关系果然轻松了很多；两个月过去了，他们每次见面都互相笑着打招呼，领导也越来越多地将重要的工作交给年轻人来办；一年之后，领导毫不犹豫地将一次升迁的机会给了这位曾经朝自己发火的大学生。

大学生到了中年的时候，和许多朋友一起下海经商，办了一个公司，事业蒸蒸日上。可是有一天，他脸色不耐烦而且疲惫地从公司回到家，对妻子抱怨说：“这次的客户真是难缠极了，他们提出的要求那么多，有些根本不合理，真想甩手不干了。”

妻子静静地听他说完后，笑着说：“亲爱的，其实这就像情场上的考验一样，你应该像对我那样对客户，把每次合作都看作爱情的奉献，就像你耐心对待我的责难和无理要求一样，也耐心地对待他们，细心解答，他们一定会谅解你的。”

他愣住了，这番话和父亲当年告诉自己的那番话如此相似。他想起往事，不由得笑了起来，原来，用美好的感情去滋润生活，像对待亲人一样对待他人，是无论何时都不能忘记的生活诀窍。

不论对待什么人，如果我们能像对待父母、对待爱人一样有耐心、懂得感恩和珍惜，一定能得到对方的谅解和真心，就能把身边的上司、对手等原本不那么友好的人，变成自己的朋友。

乔治是维也纳的一名律师，“二战”期间，他逃难到了瑞典，当时他身无分文，急需找到一份工作糊口。由于他可以读写好几个国家的语言，所以他很快找到了一家进出口贸易公司，递上简历和求职信希望在那里获得一个秘书的职位。

那家公司的经理很快就回了信，信上说：“对不起，先生，我从来都不需要一个帮我写信的秘书，而且你对我公司生意的看法是彻底错误的，更别提你根本无法很好地使用瑞典文了，你的信里遍布各种语法错误。”

乔治看到这封回信的时候，气愤极了，就在他打算写一封回信狠狠责骂一下那位经理时，转念一想：“也许那个人说的是对的呢？我的确对进出口贸易不太了解，而且瑞典文也不是我的母语，只是在学校学过而已，说不定我的信里确实有很多错误呢？也许他并不是在侮辱我，而是在为我指出错误。”

于是他重新写了一封回信，上面写着：“谢谢您，先生，万分感激您抽空回信给我，尤其是我知道您并没有一个为您写信的秘书。贵公司的业务我确实并不十分了解，对于我弄错了的地方实在很抱歉。瑞典文的确并非我擅长的，我不知道自己犯了很多语法错误，谢谢您帮我指出这个缺点，我一定会更加努力学习这门精深的语言。”

没过两天，乔治就又收到了那个公司的回信，经理客气地请乔治到公司去一趟，然后给了他一份工作。

有时候，面对责难和批评，不妨静下心来，认真考虑对方的意见而不是恼羞成怒，因为大部分时候别人并不会毫无理由地指责我们，只要我们换一个角度，带着感恩的心去想，就会看出对方的批评其实是在帮我们指出我们并没有认识到的错误。

幸福秘方

当有人给我们机会时，我们当然应该感谢他，然而当有人指出我们的错误，看似给我们的路上挡了一块石头的时候，我们也应该感谢他。因为那块石头目前看起来虽然碍手碍脚，可是只要你正视它，它就一定能在未来为你铺平道路。

每个人都是为别人的冰激凌插花的人

蜜蜂忙碌地采集花粉酿蜜，却也让花粉在花朵间传递，结出了小小的果实；
青蛙不停地在农田里奔忙捉虫填饱肚子，却也让庄稼免受害虫危害，茁壮成长；
挑着沉重担子的挑山工挥汗如雨、步履艰难，却成为游人眼中独特的风景；
当我们在辛勤忙碌时也总会有一些人，因为这些忙碌而获益。

有一次，朱迪和朋友一起到一家知名的咖啡店闲坐，点了两碟特色冰激凌。冰激凌的名字很特别，端上来一看，样子也非常精致，上面的装饰无论颜色还是味道都恰到好处，令人眼前一亮。

朱迪的冰激凌边插着一个巧克力做的小黑人，他打着一把小小的花伞，左手搭在一枚大红樱桃上，右手搭在一瓣金黄的橙子上，小黑人表情很生动，一脸满足悠闲，仿佛拥有了整个世界一样。而朋友的冰激凌边上，有一个用几种颜色不同的水果组成的女郎形象，腰肢纤细、动作夸张，微微靠在冰激凌边上，似乎在看着远方沉思。

这两碟冰激凌实在太美了，朱迪和朋友几乎舍不得把它们吃掉，对着它们拍了几张照片，然后两个人热情地议论了很久，她们一致认为，能够做出这么精美东西的人一定是一个艺术家，而且这个艺术家的心里一定充满了对生活的热爱和无尽的遐想。她们开始羡慕做出这些冰激凌的厨师，觉得他这样热爱自己的工作，有着如此动人的创意，一定是十分幸福的人。于是她们找来了咖啡店的经理，询问他是否可以让她们见识一下冰激凌是怎么做出来的，对方非常爽快地答应了。

刚进厨房，朱迪就听到一个小伙子在大声发火，他的手边正摆着一碟冰激凌，他并没有注意到朱迪她们，将一筒牙签狠狠地摔在地上，大声骂道："以后再也不要买这种牙签了，真难用，一会儿工夫已经在我手上扎了好几个窟窿了！"

看到这种情形，朱迪才明白，原来在我们眼中优美绝伦的艺术作品，在另一个人眼里，却是生活不得不进行下去的步骤，是一种疲累的劳作。她们失去了观赏冰激凌制作过程的兴趣，默默地转身离开了。

人生总是这样，有些事在我们看来枯燥无趣，令人厌烦，对别人来说却是一道优美的风景。还抱怨什么呢？不如感谢别人给我们的服务，也微笑着面对自己的劳动吧。

幸福秘方

那些每天在我们生活中重复上演的事情，会因为司空见惯而让我们感到厌烦无聊，其实这就像旅游一样，不过是从自己待腻了的地方，走到别人待腻了的地方。与其沉浸在这无聊苦闷当中，不如学会偶然舒展自己的心灵，欣赏我们的笔在别人的画上透出的光彩。

第二章

人生因梦想而伟大

人生的道路千万条，每一个不同的目标都能引出一条独特的路，每一个梦想都是一个让我们的人生与众不同的机会。每一个梦想都是生命宝库中的一张支票，在我们努力追寻它的路上，我们迈出的每一步都使这张支票的价值倍增，等到最终收获梦想时，你会发现，其实它就是整座宝库。

你就是一座宝藏

/
我们常常觉得自己了解自己，其实对大多数人来说，
面对自己时就像面对一座小山丘，山丘的表面固然是我们所熟悉的，
可是我们既没有凿开山壁的锤子，也没有透视石壁的眼睛，
因此山丘里面到底有什么，是一个未解之谜。
我们看不到，那山丘里面的宝藏正发出熠熠的光辉，等待着被人开启和发现。
/

古往今来，世上总是既有卓越不凡的伟人，也有碌碌无为的庸人，就算时代背景、社会条件完全相同，也总是有人成功、有人失败，这是天资不同吗？是命运有别吗？不，这是因为常常有人终其一生都没有发现自己真正的价值所在。

这是一个丰收的秋天，奥比太太后院种下的一片玉米个个颗粒饱满，马上就能收获了。有一穗玉米个头最大，每一粒果实都饱满圆润，它自信是整个院子里最大最好的玉米，认为到了收获的那天，奥比太太一定会最先摘下自己，因此它兴致勃勃地等待着。

终于，这天早上，奥比太太走进了院子，来到了玉米地前，她挨个看了看这些玉米，然后拿出一个篮子，开始收获。最大的这穗玉米激动极了，它颤抖着等待奥比太太将自己摘下来，可是奥比太太走到它面前

来，只是认真地看了它一眼后，就转身走开了，摘了别的玉米。

最大的玉米愣住了，然后自我安慰道："她一定是没有看见我，明天她一定会最先摘走我的！"

可是第二天早上，当奥比太太再次提着篮子走进玉米地的时候，从最大的玉米身边没有停留地走过去，摘了很多其他玉米。最大的玉米忍着眼泪强颜欢笑，对自己说："她明天一定会摘走我的。"

可是，好几天过去了，当院子里的玉米几乎被摘完时，最大的玉米仍然孤零零地留在那里。奥比太太已经好几天没有来了，最大的玉米心里充满了绝望和痛苦，它感到自己饱满整齐的颗粒开始坚硬，渐渐干瘪下来。

在一个深夜里，当带着寒意的秋风乍然吹起时，最大的玉米心中彻底放弃了希望，它绝望地想着："我想我以前太高看自己了，看来我真的不是一穗好玉米，也许我连普通的玉米也算不上，只是一穗很差的玉米吧。"

就在这样的绝望中，天慢慢亮了，初升太阳的光芒照到了最大的玉米充满悲伤的脸上。

这时，后院的门开了，奥比太太走了进来，她哼着歌，脚步轻快，直直地对着最大的玉米走了过来，站在它面前仔细看了看它，然后自言自语地说道："这穗玉米是今年最大的，把它当作种子的话，明年一定能结出更多这么大这么好的玉米来！"然后她轻轻地将它摘了下来，放在一个精致的小篮子里……

一时的不得意，一时的落魄也许并不是真正的失败，只要始终保持自信，只要坚持走下去，就能发现，也许这片刻的寂静正是为了凸显接下来的巨响，也许这短暂的黑暗正是为了迎接黎明的到来。

他是一个公认的笨小孩，到了8岁时，还不会计算10以内的加减法，父母随随便便打发他去上学，然后一门心思想着以后要给他找个正经的营生干。

一年夏天，无聊的他用墨水在墙上画了几棵树和一片水波，水里还有一个四方亭子，父亲看到了，说这孩子说不定能当个画匠。于是孩子心想自己以后要当画匠，就有事没事看画匠干活，没多久他舅舅家找了个画匠画围墙，他照旧在旁边看，看到画匠画完了山水还写了“桂林山水贾天下”几个字，他知道“甲”字不是这么写的，不过不敢说。

他的画画天赋再也没有进步，父母又看到他每天和村里的小伙伴用纸剪出小猫小狗的样子来，然后拿着手电筒钻进鸡窝“放电影”玩，几天来用完了好几节电池。

父亲就到公社放映队去找人，询问是不是能把他安排在那里给人跑腿打杂，也算谋一个正经营生，可是放映队却把名额给了村支书的儿子。画匠没当成，放电影又没机会，父母只好计划着让他回家种地算了，然后商量邻村有个不错的女孩，给他讨回来当媳妇。

可是就在这时，一向糊里糊涂的他竟然考上了高中，父亲犹豫起来：让他上吧，会耽误家里种地，而且邻村的女孩也不能等这么久，再说从来也没见村里那些上了高中的孩子能考上大学的，自己家的孩子估计也不会开这个先例。最后父亲说："还是别上了。"他低着头不说话，母亲看了看他涨红的脸，叹了口气说："上吧，走到哪儿算哪儿好了。"

高中毕业他上了一个三流的专科学校，父母计算着他毕业了回家乡当个老师也算不错。

可是上到大二他忽然想起来要在学校的校报上发表一篇文章，看着自己的文字发表出来也算一个小成就，于是他开始写东西，一写出来就拿去给语文老师看，偶然有一篇老师稍露赞许之意的文章，他就赶紧拿去投到校报编辑部，可是校报始终没回音。后来老师也懒得给他看了，他只好自己修改，有空就到图书馆去看书看报，希望提高自己的水平，然而那些文稿始终如泥牛入海，一篇也没能发表在校报上。他打算放弃了，又舍不得将这些辛苦写就的文稿都扔了，就抱着碰运气的想法给市里的日报投了几篇，没想到一段时间后，一篇稿子竟然出现在日报上。接下来的日子里，他的稿子越来越多地出现在省内外的报纸上，他也开始更加努力地投入写作，直到闻名全国。

他就是贾平凹，在一次笔会上，他讲了上述这个故事，然后感叹说："世界上有很多人都是根据父母或者别人的安排来生活的，他们被安排好了要学什么技术，要上哪个学校，要去哪个单位工作，等等，这些人从来也没有真的自己为自己安排一条路。其实，人生中最需要的是一个凳子，这个凳子可能是一个偶然的想法，也可能是一个短暂的念头，当你站上去了，才发现自己还有很多没有被挖掘出的才华和能力。”

贾平凹最后笑着说：“要是没有这个凳子，你就永远看不到、更无法实现自己的梦想。”贾平凹找到了属于自己的那个凳子，他不停地试、不停地走，终于发现了自己的才华所在。我们也一定会，只要我们睁大眼睛，不放过每一个机会，不放弃每一次探寻，终能找到开发出这宝藏的方法。

幸福秘方

当我们觉得身边的其他人看起来都更有前途，只有我们自己没有出头之日时，不要过早地妄自菲薄，也不要因此放弃自己，要相信，那只是因为我们还没有找到凿开石壁的锤子，因此宝藏还埋在心底深处，迟早有一天，当我们发现它时，人人都将为这光彩而惊叹。

幸福属于有梦想的人

/
心中有梦想的人，眼中才会发出神采，
那梦想就像一道光，照亮漫长的人生之路，使我们的来路清晰可见，
也使我们即将踏上的去路充满光明。一个被梦想之光笼罩的人，
你能从他的眼角、眉梢看到对未来的憧憬，
看到对生活的信心，看到因为有所追求而幸福的表情。
/

每个人小时候都有数不清的梦想，随着渐渐长大，那些天真的愿望渐渐被遗落在时间的长河里，我们在现实生活里一步步随波逐流，偶然想起一个当年的梦想时，也只会带着一丝遗憾摇头叹息，总觉得现在我们已经太老了，已经不适合再谈起梦想这种事了。可是，这是真的吗？

一个星期天的上午，戴维斯在家里打扫卫生，5岁的小女儿艾丽莎在旁边静静地看着妈妈，忽然，她仰起头来对妈妈说：“妈妈，昨天老师问我们长大了以后想做什么呢，我说我想做一个医生。妈妈，你长大了想做什么呢？”

戴维斯以为女儿在玩想象的游戏，于是不在意地说：“我想，我长大以后想做一个妈妈。”可是艾丽莎皱了皱眉头说：“可是你已经是一

个妈妈了，那不行，妈妈，你得好好想想你长大以后想做什么？”戴维斯看了看女儿认真的小脸，笑了笑，装作认真地思考了一下，然后说：“嗯，我想，我想我长大以后，要当一个会计师！”可是艾丽莎还是很不满意：“不对，妈妈，不是这样的，你已经是一个会计师了！”“宝贝，可是我真的不明白你到底想知道什么啊，你觉得，妈妈以后能成为什么呢？”戴维斯无奈地回答。

艾丽莎不解地看着妈妈说：“这很简单啊，妈妈，你只要说出你长大以后想做什么就行了，你想做什么都行！只要你愿意，你可以当明星，也可以当最伟大的画家，什么都可以，但是得你自己决定才行啊！”听到这句话，戴维斯愣住了，她以前从来也没想过，在女儿的眼里，自己还可以继续长大，还可以继续有梦想，她已经36岁了，是两个孩子的妈妈，有一个不错的丈夫、一个硕士学位和一份收入不菲的工作，她以为，这就是她的一生了，还能有什么改变呢？可是在女儿心中，她还可以随心所欲地选择自己的未来。

这段简单的交谈彻底唤醒了戴维斯的心，她改变了自己以前上班、看电视、睡觉的生活，开始每天早起跑步锻炼身体，开始去逛书店看书，开始用新奇的眼光来看待身边发生的一切。她的生活其实没有太大的改变，可是只有她自己知道，她的心已经和以前不同了，她已经明白了，自己还可以有梦想，还可以做一个完全不同的人，这个想法让戴维斯重新充满了活力和热情，每个见到她的人都为她脸上的神采所吸引。

想成为一个什么样的人，想做什么样的事，都是我们自己的事，有目的地的路才能走得轻快，有愿望的明天才值得盼望，就算我们已经90岁了，仍然可以梦想着：91岁的时候我要做什么。

幸福秘方

幸福属于有梦想的人，因为期待和憧憬能为我们的心底注入新鲜的活力，因为为了梦想而付出努力使我们的人生增添了价值和意义，所以不要觉得一切太迟了，不要觉得成年之后就不能再有梦想——无论是谁，在每一刻都可以种下梦想的种子，也随时有机会收获幸福的花香。

上帝不亏待任何一个孩子

/
人们常说，成功没有近路可走，只能依靠一步一个脚印的努力来达成。
如果我们一定要为成功找出一条捷径来的话，
那就非“专注”莫属——谁能在自己的路上专心致志，
谁就能走得最快最好，最先到达终点。
/

有一个孩子天生智障，他性情暴躁，总是不停地哭闹，把放在手边的东西全都扯碎或者砸坏，没人能让他安静下来，见到这个孩子的人都觉得他令人厌烦，连他的父母也常常不耐烦。父亲几次起了念头，想把他送到福利院去，可是一直狠不下心来。6岁的时候，这个孩子仍然不会说话，他甚至无法正常地读出一个单词，在人们的冷眼下，他越来越害怕看见生人，对这种情况，医生也无奈地说：“他得了自闭症，我们没有办法。”无奈之下，父母将孩子送到了为情绪失调儿童设立的教养中心，希望在那里他能渐渐好转，可是在那家儿童教养中心里，他常常忽然在课堂上尖声大叫，一再使身边的其他儿童受到惊吓，就算不叫的时候，他也总是抓起又丢掉手边的玩具，一刻也不安静，因此老师们也都不喜欢他，他们都认为这孩子已经不可救药了。

这一天，孩子在地上捡到了一支彩笔，就在地上画了一条线，他对这支笔和这条线很感兴趣，就拿着笔一直在地上画线，没有人注意他，也没有人阻止他。当他第二天继续画的时候，一位老师发现了，他很惊讶地喊道："天啊，你们看，他竟然在画画！"其实这些线条根本不能算是画，只是一个个或圆或方的图案，但是比起这孩子以前的行为，这已经是令人惊讶的改变了。于是老师为他铺了几张白纸，又给了他几支不同颜色的彩笔，让他继续画画。以后,这孩子每天都拿着自己的彩笔一刻不停地画着，除了睡觉以外，他所有的时间都用来画画……他就这样沉浸在自己的绘画世界里。

10年以后，他的画在拍卖会上意外地卖出了不错的价钱，而且得到了很多画家的好评，而这个苏格兰智障孩子的名字——理查·范辅乐也很快就家喻户晓，他的作品几年间卖出了上千幅，每幅的价格都在2000美元左右。当人们感叹一个智障孩子竟然有着这样的绘画天赋时，总是忘记了事情的另一面：在这个孩子的眼睛里，从来都没有别的东西，只有自己手中的彩笔和白纸，即使在他吃饭睡觉的时候，也从不放下，生活中谁能做到这样呢?

有一位名叫布罗迪的英国教师，有一年，当他整理自己的旧物时，发现了一箱皮特金幼儿园B（2）班的练习册，上面都是这个班孩子们的作文，作文题目是：未来我是……布罗迪以为这些东西早在战争时期就被毁掉了，没想到还留了一箱，而且距离现在已经有50年了。

闲来无事的布罗迪随手翻开这些作文，很快就被里面孩子们所表达出的奇思妙想吸引了。有个孩子说同学们只能背出六七个法国城市的名字，而自己能背出25个，所以自己肯定会是法国总统；还有个孩子说自己有一次游泳的时候不小心游得太远，最后足足喝了两升海水，最后却安全回到了岸边，所以他会成为一个海军；还有一个眼睛盲了的孩子，名叫戴维，他在作文里说英国历史上还没有一个盲人进入过内阁，所以自己一定要当英国的内阁大臣……

孩子们对自己未来的期望各不相同，千奇百怪，有的要当驯兽师，有的要当探险者，还有的竟然想当王妃，读着这些作文的布罗迪心中忽然产生了一个想法：何不把这些作文寄给它们的主人，让他们看看自己50年前的梦想是什么呢？于是，布罗迪在当地的一家报纸上发布了一则启事，接下来的几天中，书信从各地纷纷涌来，写信的人有的是成功的商人或者学者，有的是政府官员，大多数只是平凡的普通人，他们都表示希望得到自己当年的作文本，看看自己50年前的愿望是什么。布罗迪就按照来信的地址，把那些练习册一一寄了出去。

一年以后，布罗迪身边只剩下一本练习册没人索要，那就是盲眼孩子戴维的那本，布罗迪心想：戴维也许已经去世了，也许他并不关心自己儿时的梦想。就在他准备把最后的这本练习册束之高阁的时候，内阁大臣布伦克特写来一封信，信中说："谢谢您这么多年来还为我们保存着自己幼时的梦想，我叫戴维，不过我并不需要那本练习册，因为从写下那篇作文的那天起，我的梦想就一直在心里珍藏着，从来没有淡忘过。现在，50年后，我已经实现了当初的梦想，而且我还想告诉其他同学：不要让岁月流逝带走你的梦想，那么成功就会走到你面前。”

这封来自英国第一位盲人大臣布伦克特的信后来在《太阳报》上发表出来，他也用自己的亲身经历向人们证明：能把孩童时的梦想坚持50年的人，一定会成功。种下一颗梦想的种子并不难，难的是几十年如一日，日日专心地浇灌和呵护，只有始终坚定不变的心，才能种出茂盛的梦想之树，收获愿望的甜美果实。

幸福秘方

有句老话说：贪多嚼不烂。十八般武艺样样都会，但是样样稀松或许也是一种人生的乐趣。如果你要的是精通，是出色，那么就应该懂得放弃其中的一些，而试着去专注于某件事，把全部的精力投入其中，这样很快你就能见到成效了。

让诚信变成人生的骨骼

/
如果说梦想是人生的羽翼，那么诚信便是支撑这羽翼的骨骼，
它是一座高楼的基石，是一道水流的河床，
是一个风筝的骨架，是一辆汽车的轮胎。
/

诚信这种品格被人强调得太多了，以至于在我们心里它就像一句每天都上演几遍的广告词一样，听到的时候无法在心里激起任何涟漪，不过，正如大多数常谈的老调一样，它也是一句被生活无数次证实过的真理。

福克斯是墨西哥的前总统，这位总统最被人称道的品质就是诚信，也就是这一品质让他得到了国人的尊重和信任，让他一步步从一个普通的推销员，走上了总统的位置。

有一次，福克斯在一所著名的大学演讲，演讲结束后，一个学生提问说："众所周知，政坛是一个充满了谎言和欺诈的地方，那么你从政多年，是否也说过谎话呢？"福克斯很坚定地说："没有。"学生们马上开始交头接耳、低声嘲笑，因为每个被问到的政客都会这样回答，可那并不代表事实，甚至恰恰相反。福克斯对学生们的嘲讽并没有生气，而是接着说了一段话："我知道我很难向你们证明我确实从没说过谎

话，但是你们应该相信，诚实是确实存在的，我们的身边有很多诚实的人。让我给你们讲一个故事，这个故事很简单，可是对我来说，却意义深远。”于是福克斯讲了这样一个故事：

有一个孩子，父亲是一个农场主，这一天，父亲觉得院子里的亭子太过破旧，想要把它拆掉，正准备上学的儿子听说了，很想看看拆亭子是什么样子，就对父亲说：“爸爸，你等我周末回来再拆行吗？我也想看看他们会怎么拆。”父亲点点头答应了。可是儿子走后没多久，父亲先前找的工人就到了农场，父亲忘了和儿子刚才的对话，很快拆掉了亭子。到了周末儿子回到家里，一眼就看到亭子已经没有了，他找到父亲有点埋怨地说：“爸爸，你为什么说谎？”父亲很惊讶，儿子继续说：“你答应过我，要等我回来才拆那座亭子的。”父亲恍然大悟，想了想对儿子说：“孩子，这是我的错误，我答应过你的事，我会兑现的。”于是父亲重新找来了工人，请他们在原来的地方照原样建了一座新的亭子，当亭子建好后，父亲找来了儿子，然后指着亭子对工人们说：“麻烦你们再把它拆掉。”

福克斯说：“故事里的父亲并不富裕，可是他坚定地践行了自己的承诺。”学生们纷纷感兴趣地问这位父亲到底是谁，希望能够认识他。福克斯回答说：“这位父亲早已经去世了，可是他的儿子还在。”“那么他的儿子是谁呢？有这样的父亲，儿子也一定是一个诚实守信的人。”福克斯微微一笑，淡淡地说：“他的儿子叫福克斯，是墨西哥的总统，现在就站在这里。”面对学生们惊讶和敬佩的眼神，他接着说：“我想让你们知道，我一定会用当年我父亲对待我的心，来对待每一位墨西哥人民。”台下顿时响起雷鸣般的掌声，经久不息。

这位父亲不惜重新建一座亭子再拆掉，不仅仅是为了满足孩子的愿望，更是为了完成自己曾经答应过的事情。是啊，一个希望得到别人认可和尊重的人，会不惜牺牲巨大的代价来维护自己诚信的原则，因为他懂得，失信于人会让很多原本简单的事情变得不可能，从而带来更大的损失。如果拆掉一座亭子就能在孩子的心里建立起诚信的概念，那么我们又何乐而不为呢?

幸福秘方

我们更喜欢、也更愿意依靠那些值得信赖的人，我们会放心地把钱借给他，也会放心地把孩子托付给他，这是他的，也是我们的幸福。作为一个人，不用机关算尽，不用钩心斗角，拿坦诚换取坦诚，无疑是更加容易和轻松的生活方式，不是吗?

梦想常在回眸间

/
《诗经》里曾有一位男子对女子感叹说，不是我不想你，实在是你住得太远了。
评论家们就此讽刺：其实还是不想，否则怎么会嫌远。
我们的梦想也正是如此，不是它太远，而是我们的决心不够。
/

有一位乡村邮递员名叫薛瓦勒，因为工作的缘故，他需要每天奔走在各个小村镇之间，日子过得很枯燥。这一天，他在路上被一块石头绊倒了，回头看时，发现这块石头样子很特别，薛瓦勒看来看去，越看越觉得这块石头很美丽，就把它装在了自己的包里。到了送信的地方，人们看到他的包里居然还装着一块大石头，都很好奇，问他为什么走这么远的路还要背着一块石头，薛瓦勒把石头拿出来给众人看，不无得意地说："这块石头多漂亮啊，你们见过这么好看的石头吗？"人们哄然大笑起来："这种石头路边多得是，要是每一个你都捡回去，恐怕一辈子也捡不完。"

这番话却让薛瓦勒心中产生了一个念头：要是用这些好看的石头建一座城堡，那一定会非常美丽！于是他坚持每天送信的途中都捡几块自己觉得好看的石头回来，没过多久就堆了一大堆，可是要建一座城堡的话，这些石头还是太少了。薛瓦勒开始推着独轮车送信，每次遇到自己喜欢的石头就装在车上，白天他就是个送信兼搬运的苦力，而晚上，他就发挥自己丰富的想象力，用这些石头建造自己心中的城堡。

听说这件事的人们都笑薛瓦勒简直是疯了，一个人怎么能靠捡石头建起城堡？可是二十多年过去了，薛瓦勒的房子附近出现了很多大大小小的城堡，这些城堡的风格各不相同，有童话一样高耸的，也有小屋一样精巧可爱的。当地人都知道薛瓦勒是一个沉默而固执的人，多年来像个孩子一样堆着城堡，他们每每说到这件事都感到好笑。直到1905年，一个法国记者偶然发现了这些城堡，他对自己见到的这些建筑惊叹不已，专门写了一篇文章来介绍。从此以后，薛瓦勒变成了一个广为人知的新闻人物，各国的游客蜂拥而至欣赏他的城堡群，就连毕加索也曾前往参观。如今，这个被称为“邮递员薛瓦勒之理想宫殿”的城堡群已经变成了法国最著名的旅游点之一，在城堡的石头上，到处可见薛瓦勒当年刻下的话语，就在入口处的一块大石头上，薛瓦勒留下了这样一句话：“我想知道，当一块石头有了愿望时，它能走多远。”据说，这块石头就是当年薛瓦勒所收集的第一块石头。

1968年，舒乐博士产生了一个念头：他决心要在加州建造一座水晶教堂，整体全用玻璃构建，于是他找到了当时著名的设计师菲利普·约翰逊，对他说：“我的目标不是普通教堂，而是要让它成为一座非凡的人间天堂。”可是当约翰逊询问他的预算时，舒乐博士轻松愉快地回答说：“我现在一点儿钱也没有，所以无论你提出多少预算都可以，对我来说并没有区别，不过你的设计要让教堂本身有足够的魅力，这样我才好去筹集捐款。”最终约翰逊给出了700万美元的预算，对于舒乐博士来说，这简直是一个天文数字，不过他的表现仅仅是耸了耸肩膀。回到家里以后，舒乐博士在桌上展开一张白纸，然后慢慢写下了这些内容：

“筹集1笔700万美元——筹集7笔100万美元——筹集14笔50万美元——筹集28笔25万美元——筹集70笔10万美元——筹集100笔7万美元——筹集170笔5万美元——筹集700笔1万美元——以每扇700美元的价格卖出1万扇窗户。”

经过这样一番分解计算，舒乐博士有了信心，第二天他就带着水晶大教堂精美的模型开始了自己筹集捐款的历程。两个月后，他终于说服了一位名叫约翰·克林的富商，得到了第一笔100万美元的捐款；5天后，一对农民夫妇捐了1000美元；3个月后，一位被舒乐的精神感动的陌生人在生日那天寄给了他一张100万美元的支票；8个月后，一位富翁承诺只要舒乐博士能凭借自己的努力筹集到前面的600万美元，那么他就会支付剩下的100万美元；在这之后的第二天，舒乐博士发布了公告，每个人都可以名誉认购水晶大教堂的窗户，每扇700美元，可以在10个月内通过每个月支付70美元的办法分期付款，6个月后，他就售出了全部1万扇窗户。

1980年秋天，建造了12年的水晶大教堂终于竣工了，这座教堂可以容纳一万多人，被视为世界建筑史上的一个奇迹，每年都有大量的游客前往加州参观。而教堂的最终造价远远超出了预算，达到2000万美元，这笔巨款全部由舒乐博士一个人一笔一笔筹集来的。

让我们把自己的梦想也想象成这座水晶大教堂吧，然后展开一张纸，为这梦想写下我们能想到的几个或者几十个实现的方法，当方法越来越多，我们就会从中找到合适的几个，那时就能发现，其实，梦想实现起来并不艰难。

幸福秘方

路边的石头，用决心可以把它们变成一座座城堡；身无分文的人，用决心可以建成奢华的水晶教堂。因此，就算目前我们只拥有一些毫无价值的石头，就算目前我们的梦想没有一分钱的基础，可是只要我们相信，并且开始迈出脚步，它就在这一步中渐渐靠近了。

机会不会在原地等你

/
人们常说，机不可失，时不再来。
的确，机遇既像天边的一颗流星，也像风中的一缕花香，
转瞬即逝，不容你细细打量、慢慢思考，
因此当它从我们身边经过时，
一定要将它牢牢握在手里，否则一旦错过了，你可能永远也没有机会再见到它。
/

大多数机会到来时，并不会高举着“我是机会”的牌子引起你的注意，它就暗藏在每一个看似不经意的小细节里，在那一瞬间，你抓住了它，它就是你的。

有一个女孩相貌美丽、性格温柔，在大学期间一直有好几个男生同时暗恋她。就在毕业离校的这天，男生们一起送女孩上火车，她要回到自己遥远的家乡去，他们都知道，这一别可能就再也不会相见了。眼看火车就要开动了，女孩看着几个男生欲言又止的神情，笑着说：“你们是不是舍不得我走啊？要是真的舍不得，就上车来和我一起走啊！”

男生们面面相觑，心中都如一团乱麻，不知道该怎么办，心想也许女孩只是在开玩笑吧？可是就在列车员要收起车梯的时候，一个男孩忽

然抓住了火车的扶手，一下子跃上了车，冲到了正要返回车厢的女孩身边，紧紧拉住了她的手。女孩没有拒绝，只是静静地看着他，眼角带着泪光，嘴却咧开笑了。

站在站台上的几个男生都被那男孩的动作惊呆了，他们愣愣地看着他上了火车拉住女孩，有一个男生顿时后悔了，可是就在他也想上车的时候，火车已经关上门，渐渐开出了站台，终于驶出了他们的视线。

两年后，女孩和男孩举行了婚礼，当年暗恋她的那几个男生都到场了，他们看着女孩明媚的笑脸，半开玩笑地问："你什么时候喜欢上他的？是不是你们早就相恋了，却瞒着我们啊？"女孩摇摇头："没有，我就是在他一下子跳上火车的那一刻爱上他的。"顿了一下，女孩笑着问道："你们那时怎么不上车来呢？"一个男生说："我以为你是开玩笑的。"另一个男生说："当时时间太紧了，我根本没时间想清楚。"还有一个男生说："我当时什么准备也没有，想着就算要去你的家乡找你，以后也还会有机会的。"

几个人分别说着各自的理由，然后彼此看了看，苦笑了一下，心想：理由虽然多，可是没想到火车不会停留，女孩的心也不会永远等在原地。

是啊，机会就像车厢中站着的女孩一样，只有果断而奋不顾身的人，才能俘获她的芳心。其实，包括爱情在内，我们生命中的所得和所失，往往都是在那么短暂的一刻中决定了的，如果不想看着承载着机会的火车从我们眼前开走，那么就勇敢果决地跳上车厢去吧！

小素大学毕业后，在市里一家广播电台工作，主持一个热线节目。她每天早上都在18路车的站牌前等车，半年过后，有一天她忽然发现等车的时候多了一道注视自己的目光，当她回过头去看时，发现一个高大帅气的男孩迅速转开了头，收回了自己的目光。小素没有多想，她知道自己相貌还算美丽，也许对方只是无意看看罢了。

到了单位后，一个年轻的同事笑着告诉她，有一个男孩非常喜欢她的节目，很想认识她，还专门到单位来打听她的事情，小素听了只是笑了笑，这年头有这样的事情也不奇怪，对方多半三天热度，说不定一看见自己就马上不喜欢了。可是在不久后的一次聚会上，那位同事偷偷给她指了指不远处的一个人，说那就是到单位来打听你事情的男孩，小素一看就愣住了，那张帅气的脸很熟悉，原来就是那天在公交车站看见的那个男孩。

从此以后，小素每天等公交车的时候，都会很细心地观察周围的人。果然，男孩常常会出现在不远处的人群中，默默地看着她的背影。小素也偷偷打量着男孩，他举手投足间都透出一股优雅，每次接触到他的目光，小素都不由得一阵心跳。两个月过去了，男孩每天早上都会出现，然后和小素坐一趟车，有时小素在等车的时候忍不住想去跟他说说话，可是始终磨不开面子。

这一天，18路汽车的人比往常少一些，小素最后上车时，看到男孩就坐在那里，他身边的位置上没有人。看到小素走过来，男孩慌慌忙忙地站了起来，红着脸低声对她说：“坐这里吧。”小素的心怦怦直跳，面红过耳，但非常开心，可是矜持的习惯还是让她假装淡淡地说：“谢谢，不过我还是坐在后面吧。”然后慢慢地走到了车厢后面，当她转过头来时，发现男孩一脸尴尬愣在那里，身边的座位上已经坐了一位年轻人。

小素有些内疚，她其实很喜欢这个男孩，于是她打定主意，等到男孩身边的座位空下来时，她就走过去坐，可是一站一站过去了，直到下车时，那个座位始终没有空出来，小素只好失望地下了车，心想明天我一定会主动和他说话。

可是第二天和以后的每一天，小素都再也没在站牌下见到那个男孩，她继续做着自己的主持工作，可是心里始终空荡荡的。她常常为别人解开心中感情的结，可是面对自己的感情，却不知如何是好。终于有一天，小素忍不住在自己主持的节目里读了一个故事，一个关于18路公交车上错失美好的故事，她的声音和以往一样温柔优雅，充满感情。

在收音机的另一端，一如既往收听节目的男孩愣住了，他知道故事里的男孩就是自己。他想起了自己两年前为了见到这个有着温柔声音的女孩，每天大老远坐车过去在她等车的地方等她，然后和她坐一趟车，再赶回自己单位上班的事情，然而就在那次让座被她拒绝之后，他以为她不喜欢自己，于是再也没有去过那里。

男孩这时才知道，原来她是喜欢自己的，他心中涌起了冲动，想要打电话给她，正在这时，身边的新婚妻子泪眼婆娑地靠在他的肩头，感动地说："这个故事好伤感啊，幸好我们没有错过彼此。"

一个座位，坐还是不坐，就能改写整个故事的结局，可以变成一段佳话，也可以成为一生的遗憾和隐痛。因此，当有一个空位在你面前时，切莫因为矜持或害羞让它擦肩而过。

幸福秘方

因为机会是可遇而不可求的，所以分外珍贵难得。当它没有到来的时候，我们要尽可能地为自己积聚力量和信心，就能在机会翩然而至时，一下子抓紧它，成为一个卓越的成功者，或者一个幸福的人。

预测一个美好的未来

/
如果在我们小时候有人对我们说：“你以后一定是个有出息的画家。”
我们想必会非常开心，不管是不是喜欢画画，只要有机会，也一定会愿意去试着画一画。
像这样为别人或者为自己预测一个美好的未来，
是一种期许，更是一种鼓励，
它就像一阵风，轻轻地吹动着生命的帆，指引人生向着更好的方向前行。
/

我们可以为自己设计一个精彩的未来，也可以将它当作礼物送给别人，很多时候这个礼物可能并不是合适的，但是总会有那么一两次，我们送对了人，于是一件美好的事情就这样发生了……

英国著名作家查理斯自幼喜欢创作，虽然家境贫寒，但他总是不停地写呀写，只是始终未能获得发表的机会。

有一天，查理斯在公园里散步，准备回家的时候才发现自己的练习本弄丢了，他非常着急，因为自己平时大部分的创作都记在那上面，于是他赶忙返回去寻找。走了一段路后，查理斯看到一位老太太手里正拿着自己的练习本，于是他赶忙上前说：“对不起，夫人，这个本子是我刚刚掉落的，它对我很重要，您可以还给我吗？”老太太问：“那你说说，里面写的都是什么啊？”查理斯脸红了，低声说：“是我平时练习写的文章。”老太太慈爱地笑了起来，将本子交给他，然后说：“我刚才看了看，发现你写的文章很不错，小伙子，相信我，你以后一定能成为一个作家。”

查理斯听到这样的赞美很高兴，可是始终没有人愿意发表他的文章，而家里的经济情况也不允许他永远沉浸在创作中，父母迫切需要他出去工作赚钱。于是中学毕业后，查理斯开始四处寻找工作，他做过推销员，擦过汽车，做过饭店服务员，却总是因为一些小错误被辞退。后来在朋友的帮助下，他得到了一份在公司做文员的体面工作，但是没多久公司就破产了，查理斯再次失业。

走投无路的查理斯想起了当年那位老太太说的话，他这些年来虽然辛苦奔波，但是从来没有放弃自己的梦想，也许，现在是时候构思一部小说了，于是他毅然投入到了创作中。

写作的过程是艰难的，可是那位老太太的话始终在他心头回响着，每当想起来，他就增添了无穷的信心。最后，查理斯以这些年来的生活为原型，将生活和社会的无奈、空虚、世态炎凉用故事表达了出来，一发表就获得了读者的一致好评。

一举成名后的查理斯费了不少力气找到了当年那个老太太的女儿，亲自登门感谢她母亲当年那一句称赞带给自己的鼓励，不料老太太的女儿惊讶地说：“可是我的母亲根本不识字啊！”

故事里的老太太是一位善良的人，她只用一句随口说出的称赞的话，就让查理斯得到无穷的信心和力量，而这信心就是他最后走向成功的关键。那么生活中，我们是不是也应该不吝惜这样的称赞，因为也许在某个时刻，它就能触动谁的心，成为他头上的一把伞呢？

纽约有一个贫民窟被称为大沙头，那里居住着一群黑人小孩，他们从小便无人管教，胡作非为，在学校里打架斗殴、吸毒盗窃，经常成群旷课。在这些孩子里有一个名叫罗杰·罗尔斯的孩子最是令人难以忍受，只要有他在，老师就没有办法上完一堂课，很多人一提起他，都会皱起眉头嫌恶地说："希望他赶紧进监狱去，那样世界才会太平。"

这一天，罗杰又旷课翻墙出去，打算找街上的流氓玩耍，不料翻墙的时候刚好碰到了校长保罗，保罗看到罗杰没有像其他老师那样皱眉斥责，而是和蔼地拉着他乌黑肮脏的手仔细看了看，然后肯定地说："我会看手相，从你的手指上我能看出来，你以后会成为纽约州的州长，孩子，我说的是真的！"

听到这番话，罗杰惊呆了，他站在墙下想了想，然后返回了教室，这一天，他竟然出人意料地安静，一点儿也没有捣乱。从此之后，罗杰像变了个人似的，每当有人再喊他出去旷课打架或者玩耍时，他总是摇摇头，然后坚定地说："不行，我不能去，我是将来的州长。"

因为州长要注意形象，所以罗杰的衣服无论多破旧，都会保持整洁；因为州长应该是彬彬有礼的绅士，所以罗杰再也没有讲过脏话，而是尽可能地对所有人有礼貌；因为州长一定得有学问，所以罗杰开始专心学习，有空就读书。

就这样，几年后罗杰考上了著名的大学，毕业后成为一个业绩突出的政府官员，在他51岁那年，真的当选为美国历史上第一位黑人州长。

一句话有时能带来翻天覆地的改变，因为它为黑暗的世界带来一线光明。期望就像一缕阳光，当它出现在心里时，不论多么微弱，都能驱散阴影，让我们看见自己的心，看清自己的人生。

幸福秘方

让我们用充满潇洒和自信的语气对自己说：“我一定能行”“我是一个艺术家”“我是最有才华的演员”这些话不是自夸，也不是玩笑，而是我们给予自己的肯定和鼓励，是我们对自己诚心诚意的赞美，是我们努力向前时最有效的打气筒。

将梦想坚持到底

/
人生是一棵树，梦想就是吹开花朵的微风；
人生是一片土地，梦想就是湿润泥土的细雨；
人生是一艘船，梦想就是送你远航的流水。
梦想的力量深深藏在每个人的心里，它不会让你一眼就看到，
然而因为有它，我们才充满了力量。
/

有梦想才有目标，有目标才有行动，有行动才有成功。我们的生命就在追寻梦想的旅程中得到了自己最终的意义。

他很普通：出身平凡家庭，却一直想当一个导演。在1983年版的《射雕英雄传》中，他曾经扮演了一个宋兵，被梅超风一掌打死。他向导演请求："让梅超风用两掌打死我吧。"这样可以多一点戏份，结果仍然被"一掌打死"了。他做了很多年跑龙套的小人物，每次当他在导演面前谈起拍摄和演技问题，都被所有人毫不留情地嘲笑，可是他始终没有放弃梦想，在2002年，他终于自己当上了导演，并且获得了金像奖的"最佳导演奖"。

他是周星驰。

他也很普通：20世纪90年代的时候，他一头斜分发型、朝气蓬勃

却内心彷徨地坐上了一列开往西部的火车，他戴着古板的近视眼镜，表情严肃，常常陷入沉思，不和任何人说话。1998年，他当了主持人第一次主持节目，可是播出时，他说的话几乎全被导演切掉了。于是他请求自己的妻子将自己每次主持时出现的问题都记在笔记本上，不管多小的问题都要记，然后他会看着笔记本，一条一条仔细思索和改正。到了今天，他已经是一位家喻户晓、颇具影响力的主持人，然而他仍然坚持着每天对着笔记本思索自己的错误。

他是白岩松。

他们在成功以前，和我们一样是社会上最普通的人，现在，他们都成了有影响力的名人。

也许社会贫富不均，也许世界缺少公平，也许每个人遇到的机会多少不一，也许我们等待的伯乐并不存在，也许我们的确生不逢时，也许规章制度并不合理……但是，这些都不能阻挡我们坚守心中的梦想，不能使我们止步不前。

贝基拉是埃塞俄比亚一个贫困家庭的孩子，他从小就喜欢长跑，一直希望自己能成为一名长跑运动员。他常常远远地望着运动员们训练，脸上充满了艳羡，然而每次他都低头看着自己的脚，沉默地离去了，因为他的家庭是那样的贫困，不仅训练费出不起，就连一双最便宜的跑鞋也是望尘莫及的奢侈品。

那天，贝基拉再次来到训练场边，难过而又羡慕地望着远处跑道上正在训练的队员们。这时，一位训练跨栏的教练发现了这个常常在场边凝望的小伙子，就走过去和他谈了谈，得知贝基拉的困境后，他把贝基拉带进了训练场，让他跑步跨过一组很低的栏杆，贝基拉很容易就做到了。然后教练又指着一组高达1.5米的栏杆，让他再跑一次，这一次贝基拉没有跨过去，几次都失败了。

教练认真地对一脸沮丧的贝基拉说："孩子，我知道你所说的困难，其实那些困难就像你面前的这些栏杆，每个人的面前都有，有的栏杆你现在还跨不过去，但是只要朝着自己的目标不断努力，终究有一天你会跨过去的。再说，如果它们挡了你的路，你还可以选择把它们踢倒，或者从它们旁边绕过去，总之它们是不可能真的拦住你前进的路的。"

这番话让贝基拉心中充满了希望，他昂起头走出了训练场。从此以后，买不起跑鞋的贝基拉开始赤脚跑步，没有训练费，他就在原野、山冈、村庄、沙漠上奔跑，他的身影坚定而执着，每天都在不停地奔跑着。

几年后，贝基拉成为埃塞俄比亚最好的马拉松运动员之一。在1960年的奥运会上，当贝基拉在马拉松赛场上露面时，所有人都站起来为他鼓掌，因为他是唯一赤着脚的运动员。在那次比赛上，贝基拉赢得了一枚金牌。

1964年，在距离东京奥运会还有20多天的时候，贝基拉却因意外上了一次手术台，人人都以为，他会放弃这次比赛了，出乎所有人的意料，他不仅再次站到了奥运会的赛场上，而且再次拿到了金牌，成为历史上第一位蝉联奥运会马拉松项目冠军的运动员，这一成功也使贝基拉成为埃塞俄比亚的英雄。

当数不清的记者围在贝基拉身边，举着话筒请他发言时，贝基拉不无感慨地说："只要你站在了跑道上，那么一切就变得简单，没有什么能阻挡追逐梦想的雄心，你只要一直向前再向前，就能跑到终点。"

其实我们每个人出人头地的机会都是一样多的，每天都有人在成功，每天也都有人选择放弃。人生如同长跑，大多数时候，谁能坚持到最后，谁就是胜利者。

幸福秘方

我们和梦想之间，也许存在着贫穷、挫折、病痛等重重阻碍，其实世界上，谁的梦想不是这样呢？太容易实现的，又怎么会被称为梦想？那些阻碍并非不可跨越，就算我们没有鞋，甚至没有脚，只要不停向前，再向前，将梦想坚持到底，目的地终会在下一个转角豁然出现。

你可以像水一样从容

/
世间的万事万物，总是回环往复、曲折多变的，
人生也并不是一条笔直的大道，能让你一眼望到头。
此刻的欢喜雀跃往往会带来后来的悲伤惆怅，
一时的平坦顺畅过后也常常是坎坷风霜，激流勇进固然是一种坚强，
而懂得回旋甚至后退，也是一种智慧。
/

世间唯有流水最自由，走过的路最长，因为它遇到高山便会绕开，遇到沟壑便会填平，碰到小流便和它合并，遇见湖泊就融入其中，直到奔流入海，它也仍然可以变幻为云朵，走到更远的地方。

他从小就有当作家的理想，决心要考上大学的中文系，然后做一个职业作家。命运却和他开了一个玩笑。

13岁时，他的哥哥准备考师范学校，然而贫困的家庭不能同时供两个孩子一起读书，于是以卖树为生的父亲决定让年纪还小的他休学一年，等哥哥上了师范再让他继续读书。他知道家里的情况，点点头答应了。没想到这一年的停顿，让他的人生彻底脱离了他为自己设计的轨道。

当他20岁高中毕业时，由于种种原因，全国几所高等院校不得已大

量削减了招生名额。这一年，整个学校4个班级只有不到10个人上了大学，他就这样与大学失之交臂。

高考结束后，他在痛苦中等待了两个月，等来的却是不被录取的通知，从此，他失去了自己的路，不知道该怎么走下去。连着好几个月，他每天夜里都从家里的破木床上滚落在到上，发出一声声惊叫。

一向沉默的父亲担心儿子这样下去会得精神病，一天，父亲对他说："你知道山里的水是怎么流到山外的吗？"他不解地看着父亲，迷茫地摇了摇头。父亲接着说："水第一次遇见山石，一定会冲上去撞击，但是撞一次冲不过去，它就会顺着山势的低洼处拐弯绕道流走。孩子，遇到大山一时冲不过去，就不如从旁边寻找别的出路，不管遇见石头，还是遇见深沟，只要水不停止流淌，就能积攒更多活水，迟早会从山里流出来的。"

父亲的话将他从迷茫痛苦中惊醒，于是他放弃了自己原来制订好的计划，到西安郊外的一个村里当了小学老师。1964年，他又在那个村里当了中学老师，就这样，几年后他成为当地文化馆的馆长。1982年的时候，他终于加入陕西省作家协会，成为一名作家。10年后，他将40年来的生活经验和见闻融会贯通，写出了一部如同史诗般优美慷慨、闻名全国的小说《白鹿原》。

他就是陈忠实，每当别人问起他是怎么面对当年的困难时，他都微笑着回答："只要像水一样流淌就行了。"

“像水一样流淌”，这句简单的话中蕴涵了多少人生的智慧。是啊，当前路不通时，硬碰硬只会浪费时间和精力，不如依据对方的劣势和我们的优势，去寻找别的突破口，就算冒险，就算走了更多路，但是最终会成功的。

幸福秘方

我们常常祝愿别人一帆风顺，希望自己亦能如此。其实，一帆风顺就算可能实现，也并不是最大的幸运，最大的幸运是我们懂得了像水那样流淌的人生智慧，只有如此，人生才能既丰富多彩，又不断向前。

人生是一场自己与自己的较量

/
在人生的大道上，没有走进岔路口，就相当于走在了正确的路上；
在努力奋斗的过程中，减少错误的发生，就相当于增加了我们的成就；
在生活的比赛中，战胜对手固然并不容易，
然而只要我们减少自己的失误，无疑就已经立于不败之地了。
/

一位成就卓著的棋手退役之后，选择做教练，培训青少年棋手。一般训练该年龄段的棋手时，首先要传授布局谋略，然后开始练习进攻防守，而他采用了截然不同的方式。在每日的训练课程中，他要求棋手们分别与自己对弈，结束后就命令棋手默记对弈过程中自己落的每一步棋，尤其是要写出过程中的失误。每天训练结束后，他并不奖励表现出色或者取得胜利的棋手，而是奖励那些在棋局后能够找出自己失误最多的棋手。

久而久之，棋手们开始出现了不满情绪，大家纷纷质疑教练所采用的训练方法，认为这种方法只限于自己寻找自己的错误，再加以更正，而完全没有给予任何技术以及谋略方面的指导。面对众多指责以及棋手们与日俱增的不满，这位教练并没有给出解释，依旧坚持着自己的教导方式。在对弈中，他总是任由棋手发挥，可是只要棋手及时找出自己的错误并作出相应调整，都会获得褒奖。

一段时间过后，棋手们的状态开始发生变化。最初与教练对弈，他们总会在事后发现几十处大小不一的错误，到了后来，他们在对局中所犯的错误越来越少，有时甚至不会出现一个错误。棋手们对这种改变颇感欣慰，认为教练的初步训练目标已经实现，于是他们再次要求教练传授对弈中的布局、进攻、防守以及套路，他们更注重对手，认为应该针对对手来提高自己，而不是一味在自己身上下功夫。可是出人意料的是，教练再次驳回了棋手们的请求："弈棋之道无所谓布局、策略，成为此中高手的前提在于发现自己的破绽并在对局中尽量避免失误，完善自己。"

棋手们带着怀疑的心理继续这样的训练，当他们终于有机会参加比赛时，面对一些成名的前辈，这些棋手以令人惊讶的表现取得了骄人战绩。败下阵来的前辈高手在总结自己的失败时这样说道："这些后起之秀的棋路非常老辣，在青年棋手中极为罕见，因为你很难在他们的棋路中找到失误，他们取得胜利的最大武器就是他们几乎没有破绽。"

富兰克林作为美国历史上知名的外交家，一向为人称道。他曾经写了一本自传，描述自己怎样从年轻时的浮躁、好辩慢慢变成后来的谦虚、温和。

当富兰克林还很年轻的时候，喜欢和人争论、教训人，直到有一天一位老朋友实在看不下去了，严厉地对他说："本，你有没有发现你快没有朋友了？因为你太喜欢打击和教训人了，你的意见也太多了，你的朋友都发现只要你在场，他们就很难感到愉快或者自在。而且你太不谦逊了，你表现得好像什么都知道了，别人的意见对你来说毫无用处，所以也没人再愿意告诉你什么，因为你根本不会接受，可是事实上，你知道的实在太少了。"

这番教训犹如当头一棒敲醒了富兰克林，他回到家深深地反省了自己平时的做法和对待别人的态度，果然像这位老朋友所说的那样，自己如果继续这样下去，迟早会落得孤家寡人的下场。于是，他下定决心改变自己。

就这样，富兰克林为自己定了一条规矩，他决心改变自己武断的说话方式，坚决不准自己用"一定""当然"等太过于坚持、肯定的字眼，而是将这些说法一律换成"我想""可能是""我觉得它是如此"等缓和的说法。

当他觉得别人的话或者做法自己并不赞同的时候，他再也不马上纠正对方的错误或者是反驳，而是温和地说："我想您的看法在某些情况下是对的，不过就眼前这件事来说，可能不是很对。"

富兰克林在自传里叙述了当他改变态度后所得到的收获。他和朋友们谈话时的气氛越来越融洽了，而且朋友们也更愿意接受他的意见了，每当他在某些地方做错时，也常常有人好心地告诉他，他再也没有遇到过尴尬和难堪的场面。

富兰克林说："我的这种方法一开始确实和我自己的性格不太符合，所以比较勉强，但是时间久了就习惯了，真正变成了我的性格之一。这几十年来，我再也没说过什么过于武断的话，我遣词造句时总是很小心谨慎，我常常说错话，根本谈不上善于雄辩，可是每当我提交一项法案，或者修改什么条款时，总是能得到很多人的支持，也具有一定的影响力，也许就是因为这个原因。"

减少错误就是成功，而减少敌对就是获得支持，富兰克林也承认，有些方法和自己的本性不符，可是坚持一段时间，它就会变成自然而然的习惯了。我们也能如此克服自己的缺点。

幸福秘方

有些时候，向正确美好的方向前进看起来很难，我们不妨反过来想一想，也许会容易很多。我们不必一直努力着要将事情做好，有时，只要努力不做错，就是在做好的路上前进了一大步。

让思想拐个弯

/
有时，一条看起来不通的路，走到尽头才发现原来它只是有个弯。
我们的思想也一样，当一条路看起来行不通时，
不妨试着拐个弯，换种方式想问题可能就会迎刃而解，
这正是："山重水复疑无路，柳暗花明又一村。"
/

美国通用汽车公司的售后部门曾经收到过一封信，信上说："我这是第二次写信了，我也可以理解为什么第一次的那封信你们没有回，因为我知道我提出的问题听起来确实令人难以置信，可是它就是事实。事情是这样的，我的家人有每天晚餐过后吃冰激凌的习惯，并且通常都是我开车出去买，至于买什么口味的临时再决定。自从我买了贵公司生产的一辆庞蒂亚克后，去买冰激凌时常常会遇到一个奇怪的问题——只要我买的冰激凌是香草味的，从店里出来后汽车就发动不起来，而买别的口味的都没有发生过这种事情。这事听起来的确匪夷所思，但是我已经遇到过很多次了，请问，这到底是怎么回事？"

售后主管见到这封信后，虽然觉得不大可能，但还是派了一位技术人员到那位顾客的家里去检查一下车子。技术人员在晚饭时间到了顾客

家里，刚好遇到顾客正要去买冰激凌，于是两个人一起上了车，到了冰激凌店，顾客专门买了香草味的冰激凌。果然，汽车无法发动。接下来的3天里，这位技术人员每晚都同去买冰激凌，事实证明，顾客说得没错，只要是香草味的冰激凌，就会发生车子无法发动的事。

技术人员百思不得其解，他坚决不相信汽车自己会讨厌香草味，可是到底是怎么回事呢？他下决心一定要搞清楚这个问题，于是他把汽车从家里开出来，然后到达冰激凌店再回来，他对整个过程中的每一个细节都经过了一番仔细探究，严格计算了中间的时间并考察了当时的路况、天气、温度等各种条件。最后，他得出了一个结论——这辆汽车的蒸汽锁散热有问题。

根据观察技术人员发现，那位顾客每次购买香草味冰激凌的时候，所花的时间都比较短，因为这种口味最畅销，店家准备的量大，而且放在柜台的前边。正因为买香草味的冰激凌所需要的时间短，熄火后汽车的引擎太热，没有足够的时间让蒸汽锁散热，直接导致了汽车不能发动。而买其他口味的冰激凌需要的时间相对长一些，散热比较充分，汽车就可以再次发动。

问题原来是这么简单。

是啊，香草味冰激凌会导致车子不能发动，这件事听起来就像一个故事一样令人难以置信，这却是事实，理解这个事实所需要的，不过是认真研究一下过程罢了。

早年，土地辽阔的澳洲是英国人流放罪犯的地方，当时有很多私人船主向政府承包运送犯人的工作，报酬是按照上船时的人数来计算的。那时那些船只非常陈旧，设施也简陋，更没有任何医疗人员和药品储备，条件恶劣。

船主们为了牟利，每只船上尽量多装犯人，一旦犯人上了船，他们拿到了钱，就对犯人们不管不顾了，有时甚至会拒绝提供饮水和食物。在最初的几年间，从英国运往澳洲的犯人死亡率极高，达到了12%，在最严重的一次死亡事件中，一艘船上的犯人共有424名，到达后，竟然死了158名之多。英国民众对此大为不满，政府也受到不小的经济以及人力损失，于是政府在每条船上都派了一个官员和一个医生，而且硬性规定了犯人们的生活条件。

这种办法并没有起到什么效果，犯人的死亡率仍然居高不下，有的监督官和医生也跟着莫名其妙地死了。不久后，政府查明了事情的真相：原来，船主们为了谋取利益，一般会对派来的官员行贿，如果这位官员不愿意与他们同流合污，就会被扔进海里。政府为了惩戒这种行为，制裁了一些船主，可是事情仍然没有好转。

最后，有人想出了一个办法，这些私人船主之所以不管犯人的死活，是因为他们的报酬是按照上船人数来确定的，中途有没有死人对他们毫无影响。所以，只要改变这种计算报酬的方式，换成以到达澳洲时的人数来计酬，那么船主们就会想方设法减少犯人的死亡率。政府采用了这个办法，果然，用了新的计酬方式后，船主们主动聘请了随船医生，也储备了不少药物，并且为犯人们提供了充足的饮水和食物，因为每死一个犯人，就意味着船主们会损失一份收入，所以他们想尽一切办法让犯人们能健康地到达澳洲。一段时间之后，当政府再次调查犯人的死亡率时，发现新办法实行后，犯人的死亡率已经降到了1%以下，而运送人数相对较少的船只，在几个月的航行中，大多船上一个人都没有死。

有些事情只要打破常规、换一种想法就会变得非常简单，可是面对传统和积习，你能想到要换一种方法去思考吗？是的，难的不是路不好走，而是我们不会让思想拐弯。

幸福秘方

生活中、工作中的琐事非常多，我们应该善于让思想拐弯，寻找不同的途径解决问题，每件事都可以用很多种不同的方法来解决，有些方法的结果也许没什么不同，可是有些方法却能收到以一当十、一本万利的效果。成功者们大多时候也只是找到了最好最简单的办法去做事而已。

实力是抓住机遇的手

/
机遇不会像一个客人那样，站在门前敲门，等待有人开门迎接它。
恰恰相反，它是一件不可捉摸的宝贝，常常无声无息就悄悄溜走了。
因此，如果没有一双坚强的手，就无法牢牢抓住它。
/

他生长在台湾，从小就在爷爷的影响下喜欢中国的古典诗词。小时候，爷爷问起他长大后要做什么时，他总是说要当一个诗人。后来当他长大了一些，开始对电影感兴趣，爷爷再问他长大要做什么时，他会说：“我要当一个导演！”

他的家庭很一般，父母没有很多钱来资助他实现理想，所以他做过一段时间防盗器材的推销员，也送过外卖。在那些辛苦打拼的岁月里，他始终没忘记自己的理想，也深知自己对之还并不了解，于是他总是关心着电影界的消息，对每一部被称为经典的影片都一看再看，仔细研究，对那些知名导演的作品，他都非常熟悉。他也写过一些剧本，却始终无人问津。

当时整个台湾的电影事业都在走下坡路，他不得已转而渐渐地迷上了歌词创作。他写过很多歌词，分别寄给了各种唱片公司和歌手，常常一寄就是几百份，可是一直都没有回音，然而他对自己充满信心，相信自己所缺少的只是一个机会。

终于，这个机会来了。一个深夜，他被电话铃声从梦中吵醒，对方竟然是著名的电视节目人吴宗宪！原来吴宗宪看了他寄去的歌词很感兴趣，邀请他到自己的工作室任职。他激动极了，整夜都无法入睡，趁着夜色又写下了两首新词。第二天，当他和吴宗宪见面之后，二人相见恨晚，谈话非常融洽。从此，他成为专门的词作者。

没过多久，命运再次给了他一个机会，吴宗宪的工作室来了一位擅长作曲的音乐人——周杰伦。吴宗宪手下的十几个词作者中，只有他的词最受周杰伦喜欢。没过多久，他就成了周杰伦的“御用词人”，两人的配合非常默契。当周杰伦想要一点李小龙的精神时，他就创作了《双节棍》；当周杰伦想要一点中国风时，他就写了《东风破》。就这样，这对黄金搭档彼此互补，成就了彼此的成功，双双被台湾阿尔法唱片公司收到门下，得到了无限的发展空间。

他就是方文山，他为周杰伦创作的歌词风格独特，具有与众不同的韵味，有专家说：“方文山是一个值得研究的文化现象。”

成功后的方文山依旧和以前一样低调，只是专心地写着歌词。他在《演好你自己的偶像剧》一书中，曾经说道：“机会比实力重要。但是实力不够的时候，一定会流失机会。没有实力，你就没有足够的力量去抓住机遇的手。”

的确，像人们常说的那样，机遇只偏爱那些有准备的人，有时候，它恰似一个站在彩楼上招亲的公主抛下来的绣球，如果你想要抓住它，就必须卓尔不群。

这一天，一位商场经理在营业结束后考察几个新来的售货员的销售情况，前几个的业绩都算不错，分别接待了七八位客人。他在问到最后一位售货员今天接待了几位顾客时，售货员回答："只有一位。"经理皱了皱眉头："只有一位吗？"售货员点点头，经理又问："那么你售出了多少钱的东西？"售货员回答："5.8436万美元。"

经理愣住了，然后带着难以置信的口气询问这位售货员到底卖出了什么东西竟然有这么多钱。售货员回答说："一开始，我卖给了那位男士一个鱼钩，然后又向他推荐了我们的钓鱼竿和收线卷轴。我问他喜欢去什么地方钓鱼，他说他喜欢去海边，所以我就对他说那样的话买一艘船会比较方便，他就买了一艘小汽艇。汽艇运来时，我推荐他再到商场的汽车部那里买一辆小型货车，这样可以把汽艇拉到海边去，他同意了。"

经理目瞪口呆，半天才又问："那位顾客本来是来买一个鱼钩的，然后你真的把这么多东西都卖给了他？"售货员摇了摇头："不是，他是到隔壁卖药的柜台上买药的，我听到他说他的夫人一直患有偏头痛，所以我就对他说：'先生，总是吃止痛药并不是个好主意，我想如果您每个周末都带着您的夫人去钓钓鱼，呼吸一下新鲜空气，那对她的健康会非常有益的。’然后他就到这边来看了看鱼钩。”

就像这个售货员一样，走过他身边的每一个人，对他来说都是一次机会。我们用来抓住机遇的双手不仅要坚强有力，而且要足够灵巧，要善于在错综复杂的情况下机智地顺藤摸瓜，也要善于在简单的情况下为自己创造机会。

幸福秘方

如果我们不奋斗，再多的机遇也无法抓住，梦想就永远都只会是梦想。当机会降临的时候，恍然不觉的人诚然令人叹息，然而眼看着机会就在眼前，却无法得到它、利用它实现自己梦想的人，岂不是更加可悲？因此，让我们多多磨砺，耐心地等待下一次机会，迎接梦想实现的时刻吧。

慢慢来，一切都来得及

/
每当我们走在路上时，总能看到大家迈着急匆匆的脚步赶路，
仿佛有什么紧张的事情似的，
其实如果你去问，大部分人并不是真的有很急的事，
他们只是习惯于忙碌，习惯于做忙碌人群中的一员，
并且把这当作活在这个世界上的一件理所当然的事情。
/

有很多事情是很简单的，只要我们放轻松，或者仔细思考一下再去行动，就能很快解决它。可是如果你既没先想一想，又紧张地想赶着做完它，往往会使它变得更复杂，需要更多劳动才能完成。

这天早上，琼斯买了一幅画想要钉在客厅的墙上，画很大，他就请了邻居前来帮忙。

他们将画在墙上摆好之后，当琼斯拿起钉子和锤子打算钉时，邻居对他说："这样不好看，我们应该先钉两块小木板上去，然后把画挂在木板上，外面就看不出来了。"琼斯想了想确实如此，于是两个人出去找木板，可是找了一块木板后，邻居说它太大了，于是到自己家里找了把小锯子来。刚锯了几下，邻居皱着眉头说："不成，这锯子太钝了，锯起来太费劲，我们要找个锉子锉一下才好。"琼斯家刚好有个锉子，

可是拿出来以后，却发现锉子把手掉了。邻居不甘心，又到门前的小树林里去寻找合适的小树砍下来好安装把手，但是他们两家都没有斧子，于是他自告奋勇到朋友家里去借斧子。

琼斯只好在家里等着邻居借斧子回来，可是直到下午了，邻居还是没有回来，于是琼斯一个人在墙上随便钉了两个钉子，把画挂在了上面，然后欣赏了一下，到朋友家去找邻居，请他不用忙碌了。

刚走到邻居家门前，他就看到邻居正和朋友一起抬着一个大电锯走出来，原来朋友家的斧子太钝了，为了做一个能架磨石的架子，他们要去砍一棵大树……

看了这个故事，再仔细想一想我们自己，是不是有时候也会做这样的事情？为了做好这件事，就要做好前面的一件事，然后又要做好再前面的另一件事，就这样一直忙碌下去，最后把自己原来的目的彻底丢在了脑后，根本不知道自己究竟在忙些什么了，还常常就此自鸣得意，以为这就是在追求完美。

小张和小谢都是名牌大学管理系毕业的高才生，毕业后，两个人同时进入一家企业工作。同样的资历，小谢常常得到领导的重用，小张却没有。小张对此很不满，私下里说了不少抱怨的话。

中秋节快到了，总经理把小张叫到了办公室，对他说：“小张，麻烦你到南门的水产市场去看一看那里有没有大闸蟹。”小张心里很纳闷，这并不是自己工作范围之内的事情，不过他还是很快赶到了南门的市场。

半个小时后，小张赶回来了，心里还对自己的速度很得意，他对总经理说："我去看了，那里有不少卖大闸蟹的。"总经理接着问："是论斤卖的，还是论只卖的？价钱怎么样啊？"小张张口结舌，说不出话来，心里埋怨总经理怎么不一次都问完再派自己去，只好又跑了一趟。半个小时后，他再次满头大汗地走进了总经理的办公室，然后气喘吁吁地说："南门的大闸蟹60块钱一只，都是按只卖的。"

总经理点了点头，让他坐在办公室的沙发上休息一会儿，然后当着他的面把小谢叫进了办公室，对他说："小谢，麻烦你到南门的水产市场跑一趟，看看那里有没有大闸蟹。"小谢问道："总经理，买大闸蟹要做什么用？"总经理回答说："每年中秋节公司都发月饼，大家都不是很喜欢，所以今年我想换个花样试试。"

小谢答应了一声，然后转身便去了南门的市场，过了四十多分钟，小谢提着两只大闸蟹回来了，他对总经理说："经理，我去问了，那里的大闸蟹有两家比较好，都是阳澄湖大闸蟹，四两重的这种60块钱一只，6两重的90块钱一只。两家店主都说，要是买超过500只就可以打九折。有一家店主还答应，每三只大闸蟹就送一袋烹饪的调料。我想我们单位年轻人多，大家可能都不太会煮，送调料的比较合适，不如把4两重的每人送3只，正好带一包调料。要是您还打算送给各个部门的领导，可以选择6两重的这种，看起来更有分量。这不，两种我都拿了一只回来，您决定吧。"

总经理满意地点了点头，然后又很有深意地看了看坐在旁边恍然大悟的小张。没过多久，小谢得到了提升和重用，而这一次，只得到象征性鼓励的小张，再也没有口出怨言。

故事里的小张并不是不努力，可是他始终没搞清楚自己的目的所在，所以只是白忙一场。有一个成语叫“碌碌无为”，说的就是这样的事情。忙碌本身没什么不对，但是忙碌应该是有目的、有价值的，千万不要辛辛苦苦一生都在奔忙，却对自己奔忙的结果一无所知。

幸福秘方

不论做什么事情，都要清晰地知道自己的目标是什么，为什么这么做，也要尽可能地思考有没有更好更简单的办法一步达成，千万不要将简单的问题复杂化，也不要没想清楚结果就开始盲目奔波——只有知道自己在做什么的人，才能忙出成效、忙出意义。

人生没有什么不可能

/
世事无绝对，任何事情都会有峰回路转的时候。
即使是“山重水复疑无路”，也可能会存在“柳暗花明又一村”。
一切皆有可能，只要不放弃心中的梦想，总会守到拨开乌云见日出的那一天。
/

这是发生在旧金山的一个真实的故事：有一个小男孩，因为营养不良，得了软骨症。6岁的时候，他的腿成了O型腿，并严重萎缩。但他是一个坚强的人，即使腿有问题，他还是梦想自己有一天能成为美式橄榄球运动员。

他从小就是传奇人物吉姆·布朗的球迷，每当吉姆到旧金山打比赛时，这个小男孩便不顾自己身体的不便，一瘸一瘸地去球场为自己的偶像加油。他很穷，买不起球场的门票，所以他每次进场都是在比赛快结束的时候，从工作人员通道偷偷地进去，去看自己的偶像最后几分钟的表演。

这个小男孩13岁的时候，终于在一家店里近距离地见到了自己的偶像。他很自然地走到这位传奇人物面前，大声地说道：“布朗先生，我是你忠实的球迷！”

吉姆很客气地向这个小男孩说了声“谢谢”。

小男孩又说道：“布朗先生，你知道一件事吗？”

吉姆问道：“小伙子，你所指的是什么事啊？”

小男孩说：“我知道你的每一次布阵，你的每一项纪录。”

吉姆很高兴地说道：“真不简单。”

这时小男孩挺直胸膛，信心满满地说道：“布朗先生，将来的某一天我会打破你的所有纪录！”

听了小男孩的话，吉姆并没有生气，他说：“这孩子的口气好大啊。孩子，你叫什么？”

小男孩得意地笑了笑，说：“我叫奥伦索·辛普森。”

奥伦索·辛普森在长大后终于实现了他少年时所说的话，在美式橄榄球场上改写了吉姆·布朗的所有纪录，也实现了自己的理想。

普尔西15岁时，他的父亲去世了，母亲带着他们兄妹俩投奔了远在罗马的舅舅。

可是舅舅家也不富裕，为了赚钱养家，普尔西只好到酒店做服务员。有一天回到家里，他对妈妈说自己以后再也不做服务员了。“为什么？”妈妈问。于是，普尔西讲了当晚的事情，原来他在上汤的时候不小心把汤溅到了客人的身上，被狠狠地骂了一顿，还被打了耳光。

听完普尔西的讲述，母亲严厉地说：“你说出这话就该挨耳光，你只想自己，想过那位被你溅到的顾客没有啊？也许一件名贵的衣服就这样被你毁了，你说人家能不生气吗？你没有想过做一个优秀的服务生，所以才会发生今天这样的事。”

看到普尔西一脸沮丧，母亲又温和地说：“要享受你职业的荣耀就是看着客人在你的服务下开心地离去，好好干吧，只要你想着职业给你带来的荣耀，并用心地去做，你就不会觉得难过了。”

被母亲教训了一顿后，普尔西还是去酒店上班了，不过他并不开心，他在心里想：“谁会因为做个服务员而感到荣耀呢？”

一天，普尔西正在忙的时候，他的母亲来到了酒店。母亲示意他不要说话，然后装作不认识他似的坐了下来，并且像其他客人一样点了菜。他为自己的母亲服务，心里很慌乱，竟然打翻了桌子上的杯子。母亲看着他，小声地说：“做服务员很丢脸吗？你这个样子才是最丢脸的。”说完，她将杯里的酒全泼到了他脸上。普尔西站在那里没动，不过眼泪却流了出来。

等到晚上回到家里，母亲抱着普尔西说：“妈妈向你道歉，对不起。但是你要爱惜自己的职业，人人都是平等的，任何职业都一样，不能觉得自己低贱，你要觉得你像国王一样。”

普尔西自语道：“可是我就是一个普通的服务员啊。”

母亲接着他的话说：“对，你是服务员，但是你要是把服务员这个职业做到最好，你将成为服务员中的国王。你明天开始试试用另一种态度做事好吗？”

看着母亲期待的目光，普尔西点了点头。

从这以后，普尔西改变了工作态度，人们也喜欢他了，很多人来到酒店都点名要他服务，走在大街上也有人热情地和他打招呼，他感觉自己真的成了“国王”了。

20岁生日那天，普尔西正在酒店里忙着招待客人，母亲带着一大束鲜花来到了店里，送到他手上说：“祝你20岁生日快乐，今天的你成了真的‘国王’了！”

普尔西后来有了自己的凯莱旺大酒店，成了真正的餐饮界的“国王”。

幸福秘方

不是有伟大梦想的人一定都会成功，但是没有梦想的人一定不会成功。所以，只要把自己的本职工作做好，即使它是一份平凡得不能再平凡的工作，只要把它做到最好，你就是“国王”。

第三章

人生有时雾霾，但总会有阳光

世上没有永恒不变的事，光荣和辉煌是暂时的，失败和黯淡也是暂时的。风雨欲来时我们的世界乌云压顶、冷风扑面，可是一场大雨过后，园中被风吹过、被雨浇过的土地会更加适合花草生长。人们常说：阳光总在风雨后。其实，阳光一直都在，乌云和风雨才是短暂的过客，遮挡一时，便会很快散去。散去后，不仅阳光重现，还为我们带来了美丽的彩虹！

船行海上，不会不带伤

／

每一艘在海上航行的船，不论有着多么坚实的外壳，
多么谨慎地选择方向，都会不可避免地遇到风浪的冲击，
而勇敢有经验的水手永远不害怕风浪，
因为他们懂得：风浪本来就是大海的特色，
只要最后能够安全地回到港口，那么划上几道印痕、折断几根桅杆又算得了什么呢？

／

那些在风浪中划出的伤痕固然是大船的损失，但是没有这些损失，也就不会有远航的归来。一辈子停在港湾里固然能安全无恙，可是这样的船又有什么存在的意义呢？

在英国萨伦港国家船舶博物馆中，收藏着一艘伤痕累累的船。这艘船1894年第一次下水试航，它在大西洋漫长的航行历史中，曾经发生过13次起火事件，116次触礁事件，与冰山遭遇达到138次，更有207次在海上的风暴中折断了桅杆。然而，它始终没有沉没。

英国劳埃德保险公司出于对这艘船经历的尊重和它在保费方面为自己带来的大量收益，在一次拍卖会上将这艘船从荷兰买了回来，然后捐给了博物馆。

多年以来，这艘船始终默默无闻地放置在博物馆里，直到一名律师在观光时看到了它。那时，那位律师刚刚在一场官司中失败了，委托人也因为这一失败绝望自杀，对这位律师来说，这样的事并不稀奇。虽然他已经尽力了，可是面对这些遭遇不幸的人，他还是心存内疚，不知道该怎么鼓起他们继续生活的信心和勇气。

当他看到这艘历史漫长、伤痛无数的船时，想到了办法。他给这艘船拍了很多照片，然后把它的历史详细地抄了下来，放在一起摆在自己办公室最显眼的地方。从此以后，面对每一位来找他辩护的顾客，他都会先请他们了解一下这艘船，建议他们不论官司输了还是赢了，都去博物馆看看它，因为它能让人们认识到，一条在大海上行驶的船不可能没有伤痕。

是啊，人生就是一艘航行海上的船，触礁碰壁都不要紧，只要你能挺过去就能走到自己的目的地。

幸福秘方

不要害怕打击，也不要在打击中绝望，因为害怕和绝望并不能阻止风雨的到来。人生不能避开苦难，我们始终要明白，苦难虽然常常来临，但绝不是生命的全部，它其实只是黎明的前奏，是春天的序曲。

幸福总爱捉迷藏

/

一望无际的大海的确壮阔，大漠孤烟直的沙漠的确静美，
然而曲径通幽处的园林，也有耐人追寻的韵味，
它的美妙在于我们不知道前面还有什么，
总会带着好奇心期待下一个转角处的风景。
幸福亦如此，我们的路可能不是笔直向前的，
不过在那些小小的拐弯处，常常隐藏着惊喜！

/

生活就像孩子们吹出的肥皂泡，有些看起来五彩斑斓，有些看起来灰暗无色，可是这并不是固定不变的，也许就在你一扭头一弯腰的瞬间，那些灰暗的泡泡上也会闪现出艳丽的色彩。

快要过年了，他揣着三年来打工积攒下的血汗钱，走在拥挤的人群中，打算坐车回家。当他再一次把手伸进自己的内衣兜里时，顿时傻了眼，兜里空空如也，那包钱不知什么时候被偷走了。

在全身上下搜了好几遍之后，他终于确信钱丢了，顿时万念俱灰，坐倒在广场上。没有钱，他怎么有脸回家，怎么面对妻子和孩子？他想到了死，不如走在路上让车撞死算了，他仿佛一缕游魂一样神不守舍地往大路上走去。

走到路的拐角处，一个在电话亭里打电话的男人吸引了他的注意力，那人穿着破旧的军大衣，袖子上到处都露出里面的棉花，脚边放着一捆花花绿绿的行李卷，是一个流浪汉，可是吸引他的并不是流浪汉的衣着，而是那人的动作和声音。流浪汉拿着电话兴高采烈地讲着话，时不时挥舞一下胳膊，发出愉快的笑声。他心想，这流浪汉一定是在给家里人打电话。这欢乐幸福的气氛感染了他，使他不由自主地想起了家里慈祥的母亲和温柔的妻子，想起了上次出门前才刚会走路的儿子……

他听着流浪汉在寒风中传来的断断续续的说话声，一步一步地朝电话亭走去，听到脚步声，流浪汉很快转过头来，看到了他，苍白干瘦的脸上露出了惊慌的表情。看到他并无恶意，流浪汉才定了定神，转头又对着电话说："我一切都好，你们放心吧。"然后背起自己的行李卷蹒跚着离去，脸上兀自带着和亲人通话后的满足。

他心想也许自己也该在死前再听听家人的声音，于是他走进了电话亭，拿出IC卡。看到空空的插卡口，他才想起那流浪汉并没有插卡，而这并不是一个投币电话——原来，那流浪汉一直都是在自言自语！想到这里，他的眼泪一下子落了下来。

10年过去了，他终于事业有成，可他心里知道，是那个流浪汉救了他的命，让他知道自己其实很幸福，这才有了现在的一切。

一个没有家人，却为自己假设了家人打电话的流浪汉让故事里的主人公明白，有家的人本身就是幸福的，一时的挫折或许难熬，但是只要在远方的某条小路拐角边，家还在那里，幸福就不会走远。

这一天下班回家的路上，我一心欣赏着秋天的风景，不小心扭了脚，鞋跟松动了，我的好心情一下子变得糟糕起来，不禁自叹倒霉。我四下看了看，大路上肯定不会有修鞋的地方，我一瘸一拐地朝一条小巷子拐了进去，果然，走了没多久就看到不远处有一个修鞋的小摊子。

走到近前，我发现修鞋的夫妇竟然是一对盲人，两人穿着同样颜色的毛衣，男的脸上戴着一副黑色的墨镜，而女的闭着眼睛，脸型很好，看得出来要是眼睛明亮的话，一定是很漂亮的。我心里很奇怪，盲人怎么会修鞋？可是我没有别的选择了，只好坐在了他们面前的小凳子上，把鞋递了过去。

女人接过鞋摸了一下递给丈夫，然后微笑着对我说："您别担心我那口子眼睛看不见，他的心眼可亮着呢，做出来的活附近的人都知道好，放心好了！"

只见那男人摸了一下鞋跟，然后放在了钉鞋的铁架子上，说："锤子。"身边的女人递了过去，然后他又说："长钉子。"女人又赶忙递了过去，男人动作麻利地将3颗钉子稳稳地钉在了鞋跟上，然后又摸了摸，递给我说："您看还结实吧？"我穿上试了试，果然纹丝不动，心中顿时生出了几分敬佩之情。

就在我付了钱要走时，旁边又来了一位老太太，她的鞋帮开了，那男人简单地说："剪刀、线"，女人便迅速递了上去。这时我才发现，女人不论递什么，尖都朝着自己，生怕伤着男人的手，两个人一边干活，一边低声聊着些家常话，脸上满是幸福和满足，我竟然感到几分羡慕。我常常感叹不知道幸福在哪里，原来，它就在这里，就在这个小巷的拐角处。

如果世间没有苦难，人生也就失去了幸福的光彩。身边有很多人，他们远比我们艰辛、劳累，可是并不比我们缺少幸福的微笑，那是因为，幸福既在路的拐弯处，也在心的拐弯处。

幸福秘方

在前路看似不通时，不妨继续走一走，也许路没有到尽头，只是拐弯了而已，拐弯后的风景可能大不相同，让我们眼前一亮。你知道吗？弯曲的道路才容易隐藏更多美好，波折的人生才能感受更多惊喜。

沙砾中也会隐藏着美好

/
生活有时就像淘金，最好的东西总是藏在那一片荒凉的沙石中，
需要我们去寻找，需要我们用耐心和微笑将它们挑出来，
放在阳光下才会熠熠生辉。
/

这一天，小男孩本杰明的妈妈有急事要出门，于是交代他要照顾好妹妹莎莉，然后匆匆离开了家。本杰明在和妹妹玩耍的过程中，发现了几瓶彩色颜料，因为妈妈不在家，他们玩得不亦乐乎，将这些颜料涂得满地都是。后来，本杰明还在客厅的地板上画了一个大大的莎莉。

妈妈不久后回到家，被这一地的脏乱污迹惊呆了，她看到地板上、沙发上、墙上都涂满了彩色的颜料，整个屋子看起来糟透了。本杰明这时也发现自己玩得过分了，心里有些忐忑，可是妈妈愣了一会儿后，却忽然发出了赞叹："啊！孩子，你还画了莎莉，你画得真好，妈妈一眼就认出来了。"然后妈妈走过去抱起了一身颜料的本杰明，慈爱地吻了吻他的额头。本杰明·威斯特，也就是那个弄出一地狼藉的小男孩，后来成了一个著名的画家，每当人们问起他是怎么开始绘画的，他总是带着自豪的笑容回答说："是妈妈的那一个吻，让我走上了画家的路。"

这位母亲对儿子胡闹的反应如此的与众不同，所以，她也得到了不同凡响的回报，成就了一位伟大的画家。也许，我们也应该学会，怎样从一地污渍中看到更加美好的东西。

很久以前，古埃及有一位法老举行宴会接待宾客，厨师们各显身手，忙碌不已。就在这时，一位厨师不小心碰翻了一盆油脂，将它倾倒在烧剩下的炭灰里。厨师大叹倒霉，一边自怨自艾，一边把那盆被油浸过的炭灰端到外面去。

可是当他回来洗手时，却惊奇地发现，自己原本沾满了油脂的双手竟然很容易就清洗干净了，而油脂一直都是最难清洗的东西。难道是炭灰的作用吗？惊讶之余，厨师再次用炭灰洗了洗手，果然很干净，于是他把这种方法推荐给别的厨师。这就是肥皂的雏形。在屡次试验以后，这位厨师创造出了“羊脂炭球”，并且很快从埃及传到了希腊和罗马，直到后来，英国根据这种炭球，建立了第一家生产肥皂的工厂。

每个人都不喜欢失误，可是失误总是不可避免。并不是每个失误都像我们以为的那样可怕，这样的例子有很多：有一个叫乔治的年轻人，一直在酒吧里工作，他的职责就是把各种不同品种和年代的酒倒入相应的酒桶中，然后根据客人的需要进行销售。

这一天，乔治正在为生病的母亲担忧，一不留神竟然弄错了酒桶，将一桶酒倒入了别的酒桶，两种酒混了起来。当乔治将这种酒卖给一位顾客后，才忽然发现自己的错误，他大吃一惊，脸色苍白、冷汗直流，心想这一次一定会被老板炒鱿鱼，因为这两种酒都是非常昂贵的。

没想到，那位客人喝了他不小心混起来的酒后，竟然十分喜欢，连连称赞，一再向乔治打听这是一种什么酒，竟然如此美味。乔治无奈之下，看到了酒杯边装饰的彩色鸡毛，于是就顺口说：“这是鸡尾酒。”

这些著名的失误都是一个个美丽的意外，我们虽然不能指望自己的每次失误也都能这样变成成功，但是我们可以让自己用另外一种眼光去看待它，从勇敢、乐观地直面失误的过程中，找到走向成功的契机。

幸福秘方

就算天空布满阴云，一颗快乐、坚强的心，永远都知道阳光就在那阴云背后。也许我们没有力量拨开阴云见晴天，可是只要我们的心中有希望，就不会为这一失去而悲伤，因为太阳一定会在另一个早晨如期升起。

是对手让你时刻充满激情

/
现代社会里，比我们强大和成功的对手无处不在，
与其忌妒他们，不如感谢他们，
因为他们促使我们进步，因为懂得感谢本身就是一种积极的心态。
/

1942年，盟军中一支英国的军队和一支美国的军队分别从两个方向开往北非的一个纳粹集中营，目的是解救几百名英国军人和当地平民。

英国军队一路上异常顺利，没有遇到任何伏击和意外，穿过丛林、越过尼罗河后，直接到达了目的地。而另一支美国军队的经历却颇为艰险，他们穿过了整个沙漠，沿途突破了德军的两道埋伏线，还没来得及休整，又遇到了德军埋伏的一支军队，因此到达目的地和英军会合时，美军已经疲惫不堪了。

然而10天以后，在盟军按照原定计划进攻德军驻扎点营救俘虏时，却是疲乏的美军率先成功，救出了所有的人，然后立即沿着前不久英军进军的路线撤退了。在撤退途中，美军遇到一个狼狈不堪的英军士兵，他沮丧地说："我们的部队被后面的纳粹军队追上了，队伍一下子被冲

散了。”美军的指挥官不解地问：“英军装备完好，人员也休整齐备，怎么会被一个人数并不多的队伍冲散呢？”这个士兵摇摇头，沉默不语，自己也不明白是怎么回事。

多年以后，那个英国士兵到了垂暮之年，他放弃了在山林中打猎的生活，买了一座庄园过起了悠闲的退休生活。自从他搬到了庄园里面，再也不用出去打猎以后，他的猎狗就开始精神不振，常常一整天都懒洋洋地趴在台阶上睡觉，一副无精打采的样子，没多久就瘦得只剩下皮包骨了。直到有一天，一只苍鹰偶然掠过庄园，在天空上盘旋了一会儿，病恹恹的猎狗忽然眼中发出光来，恢复了往日的精神，在庄园中冲着苍鹰吠叫不止，到了晚间，竟然破天荒地吃了很多东西。发现了个中奥秘的老兵第二天就从山里捉了一只狼回来，拴在庄园外不远处。果然，从此以后猎狗总是没事就会在庄园边缘巡视，对着狼吠叫，精神越来越旺盛。

又过了几年，猎狗年老死去了，伤心的老兵独自到日本旅游。有一天，他在树下看见几个孩子玩着一种奇特的生存游戏，每个孩子手里都有些纸牌，上面画着虎、狼、羊等图案。规则很简单：两个猎人能胜过一只老虎，一个猎人可以胜过一只狼，两只狼可以胜过一个猎人，等等。当游戏进行到最后，老兵惊讶地发现，当虎和狼都出完后，一只羊也可以战胜一只狗，这是为什么呢？出牌的孩子认真地解释说：“虎和狼都没有了时，狗就没有了对手和竞争，它就会变得萎靡，能力渐渐衰退，不但一只羊能战胜它，两只鸡也可以战胜它。”

听了孩子们的解释，老兵想起了当年猎狗的事情，更想起了当年英军溃败的事情，原来，竟是这样简单的一个道理。

不断遇到伏击的战士反而取得了胜利，有了对手的猎狗重获了生机，而失去了对手的狗却不如一只羊，这就是生活的智慧，是“生于忧患，死于安乐”这句名言最好的体现。

这一天，赵总的工厂接待了几位客户，对方来考察他公司生产的电梯，客户用了几种非常精准的检测手段对电梯的性能和质量进行了详细、认真的考察。赵总对自己公司的产品质量很有信心，全程微笑着耐心陪同并解说，最后，对方显然对产品感到很满意，只是对价格稍有犹豫。第二天，客户一直没有打电话来，赵总以为这宗生意就这样泡汤了，没想到第三天一早，对方就派人过来说愿意接受他提出的价格，要求尽快送货并安装。赵总很惊讶，不过生意做成了当然是件好事，他并没有多问什么。

在电梯安装好了后，赵总亲自去做最后的检查、监督时，遇到了那位客户，交谈中，客户笑着问：“你知道为什么我最后同意按你的价格买你公司的产品吗？”赵总客气地回答：“想必是因为觉得我公司的电梯质量更加有保障吧。”对方摇了摇头，拍拍他的肩膀说：“不完全是这样。其实看完你们公司的电梯后，第二天我们还去了另一家公司考察，那家公司的电梯品质也很不错，而且价钱比你们的便宜，不过最后当我提起你们公司，希望借着对比能再压低一下对方的价格时，那家公司的老板却一本正经地把你们公司的产品批评得一无是处，杜撰了很多无中生有的缺陷和失误，如果我不是刚刚看过你们的产品，搞不好真的会相信他。听他那么一说，我觉得那位老板的个人品德可能不够完善，电梯买回去要常年做售后维护的，与那样的人合作，我心里不踏实，所以最后权衡之下，还是宁愿贵一点买你公司的吧，呵呵，至少你对你的竞争对手那种光明磊落的态度让人感到很放心。”

有时对手的确令人难以忍受，不过他的存在既是必需的，也是有益的，没有对手和逃避对手、轻视对手一样，都会让我们不可避免地走向失败和堕落，在我们最后的成功里，其实也有对手的一份功劳，不是吗？

幸福秘方

面对对手的竞争时，不必期盼一下子将他们彻底击垮，也不必感慨“既生瑜，何生亮”，我们不妨将对手看作一位铁面无私、不徇私情的良师益友，时时指点帮助着我们，让我们在前进的路上随时改正偏差、弥补缺陷，让我们做得更好，走得更远。

做一粒咖啡豆

/
一块深山中的石头，只有经过琢磨、雕刻之后，才能变成美玉；
一块金子，不论溪水怎么冲刷也不会随波浮沉，才能变成淘金者手中的珍宝。
我们也一样，打磨疼痛之后，才能显现出自己的价值，
只要我们意志坚定，就能从冲击中脱颖而出。
/

有一个女孩刚刚参加工作，每天回来都对母亲抱怨公司的事情太复杂，人际关系也很难，前面的一个问题还没解决，后面的一个又发生了，她疲于应付，想要放弃这份工作再重新找一份。

这一天，母亲拉着女儿的手走进了厨房，然后拿出三口锅，在每口锅里都倒了一些清水，架在火上开始烧，不久后，三口锅里的水都开了，在火上沸腾、翻滚着。母亲在一口锅里放了一个胡萝卜，在第二口锅里放了一个鸡蛋，然后将一些咖啡豆磨碎了，倒进了最后一口锅里。

女儿很不解，看着母亲煮这些乱七八糟的东西，心里有点不耐烦。几分钟后，母亲关了火，把锅里的胡萝卜、鸡蛋都拿了出来，然后将咖啡倒进了杯里，转身对女儿说：“你看到了吗？你是想做胡萝卜呢？还是鸡蛋呢？还是咖啡豆呢？”

女儿摇摇头表示不明白，母亲微笑起来，拿起胡萝卜让女儿看，那根胡萝卜已经被煮软了，耷拉了下来。然后母亲又磕破了鸡蛋的皮，将鸡蛋完整地剥了出来，最后端起咖啡杯让女儿尝了尝。女儿觉得咖啡很好喝，不由得高兴起来，可还是不明白母亲为什么要煮胡萝卜和鸡蛋。

母亲认真地说："其实这开水就像逆境，胡萝卜、鸡蛋和咖啡同样都面对这样的逆境。胡萝卜，它本来挺直健壮，可是进了开水里没一会儿就屈服了；鸡蛋，它是很脆弱的，只有一层薄薄的外壳保护自己，可是一旦进了开水里，很快就坚硬起来；而咖啡，它本来是粉末，可是一进了开水里很快就融化了，变成了一杯香浓可口的咖啡，人人都喜欢它。孩子，当你面对逆境时，你会怎样选择呢？"

是啊，当生活就像一锅开水，死亡、失败、失业、离婚、失恋等打击发生时，你是失去了强硬的性格变得软弱了呢？还是渐渐让原本脆弱的内心逐渐走向坚强了呢？还是你学会了融入这些逆境并最终改变了它，让自己和逆境结合在一起，共同散发出成功的香味呢？

幸福秘方

不要抱怨生活对我们不公平，不要为已经发生的事情常陷悔恨，不要轻易在挫折面前选择放弃。我们是一粒圆润的咖啡豆，就算粉身碎骨，就算开水淋头，可是到最后，那飘在空气中的醇厚浓香会让所有人知道，什么是从容，什么是坚持，什么是最美的价值。

耐心能够创造奇迹

/

耐心是水滴石穿，是绳锯木断；
耐心是岩缝中生长的小草，是沙漠中蜿蜒的细流；
耐心是守得云开见月明，是漫天风雨终得晴；
耐心是一棵藤蔓爬上高楼顶，是一只蜘蛛结成空中网。
耐心总是在我们身边创造着一个又一个奇迹。

/

我们都听过揠苗助长的故事，都嘲笑过故事里的农人因为急于见到成果，反而害死了田里的禾苗。可是，在追求成功和梦想的路上，我们有没有犯过这样的错误呢？我们是不是有那份耐心，在默默地坚持中等到了成功的到来呢？也许，我们也曾经在禾苗就要长高的时候，将它拔了出来？

一位名闻海内外的营销大师即将退休离开推销的舞台时，行业内和社会上对他闻名已久的仰慕者们都强烈要求他在市里最大的礼堂做一次告别演讲。

到了演讲这一天，整个礼堂座无虚席，甚至有很多人站在过道两旁，只为了听到这位大师的演讲。时间到了，当台上的帷幕拉开时，大家都惊呆了，因为就在舞台的正中间，支着一个结实的大铁架，中间悬挂着一颗巨大的铁球，旁边的桌子上放了一把大锤子。人们不明白这是怎么回事，都静静地等待着大师出场。

大师在掌声中走了出来，他邀请台下年轻力壮的小伙子上台帮个忙，于是两个结实健壮的年轻人很快走上了台。大师指着铁锤说："请你们用这把铁锤来撞击这颗吊着的铁球，尽量使铁球晃动起来。"一个年轻人上前拿起铁锤对着大铁球重重砸了一下，一声震耳欲聋的响声过后，铁球却纹丝不动，年轻人不服气，又使劲砸了好几次，直到他气喘吁吁，大铁球也还是没有晃动一下。另一个年轻人也上前尝试了一下，结果和前一个人一样，两个人只好摇了摇头自认失败，走下了台去。

台下的观众停止了为两个年轻人加油的喊声，渐渐安静下来，大家不明所以，都等着大师解释这代表了什么。可是大师却没有说话，只是从自己的兜里取出了一把拳头大的小锤子，对着大铁球敲了一下，发出一声清脆的响声，然后顿一下，又敲了一下。就这样，十几分钟过去了，大师还在一下一下、不紧不慢地敲着铁球，台下的人们渐渐失去了耐心，纷纷开始大声交谈，礼堂里一片喧哗。然而大师连头都不转一下，只是专心地一下一下继续敲着铁球，半个小时过后，台下已经有不耐烦的观众开始叫骂，说大师是专门骗人的，很多人甚至愤而离去了，原来拥挤的礼堂很快空出了大片座位。

台上的大师始终充耳不闻、漠不关心，只是保持着自己的节奏"叮""叮"地敲着，留下来的人们不再呼叫，只是奇怪地看着大师的举动，想知道他到底想做什么。

就在四十几分钟过后，坐在前排的一位女士忽然惊讶地大叫了起来：“快看！铁球动了！铁球动了！”整个礼堂里瞬间鸦雀无声，人人都目不转睛地盯着那颗巨大的铁球。果然，它正在以非常微弱的幅度缓缓摆动。大师依旧没有说话，也没有停顿，继续着自己缓慢的敲击。渐渐地，大铁球摆动的幅度越来越大，越来越高，使得支撑铁球的架子也发出了阵阵吱吱声。

人们都惊呆了，眼看着大铁球带着呼呼的风声在台上摆动起来，每个人都被它震动了，接着礼堂里响起了雷鸣般的掌声，人群报以阵阵欢呼和赞叹。大师停下了敲击，将小锤子装进了自己的口袋，然后走到麦克风前面，用充满威严和智慧的声音缓缓说出了自己在这场告别演讲中的唯一一句话：“在人生的路上，如果你连等待成功到来的耐心都没有，那么就只好把一生都用来等待失败。”

这位大师用他的行动向大家证明了一个生活中最真实不过的道理，那就是成功需要耐心，急于求成的人往往会遭遇欲速则不达的困境，只有耐心能将岁月中一点一滴的努力汇成一股巨大的力量，最终牵动生命的铁球。

有一年，美国的一家园艺和植物研究中心在报纸上登了一则告示，高价求购纯白色的金盏花。许多人看了这则告示都心动不已，纷纷四处寻找或者培育白色的金盏花，但是培育这种颜色的花实在是太难了，多年来没有一个人能做到。

20年后，就在人们早已忘记当年的那个告示时，这家研究中心意外地收到了一封针对当年那个告示的应征信，写信者的语气热情洋溢，充满了欢欣，信中还附上了一粒小小的金盏花种子。

原来这位成功培育出白色金盏花的应征者是一位古稀之年的老妇人，她从小热爱养花，20年前，她也看到了那则告示，然后就开始着手培育这种金盏花。她的方法很简单，就是种下很多普通的金盏花，然后从众多花中挑选出一朵颜色最浅的金盏花，精心收集好它的种子，第二年再种下去，大部分的金盏花颜色都会比前一年要浅一些，然后她就从中再选择一朵颜色最浅的做种子等待来年再种。

就这样，老妇人一年一年地照这种方法收集种子，种出的金盏花颜色越来越浅，渐渐从金黄变成了浅黄、乳黄。她的生活在这些年里发生了很多变故，丈夫去世了，女儿也远离自己，可是白色金盏花就像一盏灯一样在她心里闪耀着，她始终没有放弃，一年又一年耐心地播种、挑选和收种。

终于，在20年后的一个早晨，老妇人走进花园时，发现今年种下的金盏花终于开花了，那花朵不是乳白色，也不是浅黄色，而是非常晶莹圣洁的纯白色，一点杂色和瑕疵也没有！老妇人大喜过望，如过去的20年一样，小心地呵护着这些娇嫩的花朵，然后再次收集起它们的种子，写了一封信，寄给了研究中心。

于是，一个研究中心的专家们经过多年研究仍然无法解决的问题，就这样被一个矢志不移、耐心惊人的老妇人用20年的漫长时间解决了。

一粒普通的花种，谁都能种下它，但是只有用长年累月的耐心和心血培育，才会开出令人惊异的奇迹之花，造就这奇迹的，是不懈的追求，是永不放弃的向往，是无与伦比的耐心和等待。

幸福秘方

无论做什么事，都要心平气和地坚持下去，静静地等待成功到来，要相信我们的努力都是有用的，就算眼前我们看不到它的效果，但是做过的事绝不会凭空消失，它会在某处悄悄地为我们积蓄力量，等到那一天到来时，为我们发出精彩的奇迹之光。

价值在于你自身

/
一块金子就算掉进了粪坑里，也还是一块金子，
而一颗鱼目就算混进了珍珠中，也迟早会被捡出去扔掉。
我们的价值就在我们的心灵深处，在我们的个人经验中积淀下来，
在我们的努力中一步步提升，在我们睿智周密的思考中发出光芒。
/

当泥土撒到我们身上时，抖一抖就可以了；当巨浪砸到我们头上时，站直了就可以了。如果我们是一颗宝石，那么天空中一时乌云遮蔽又有什么关系呢？太阳迟早会出来的，它的光芒总会照在我们身上，映出我们的美好。

有一次，一位著名的演说家在市里做演说，大家纷纷慕名前去听讲。演说大厅里，在主持人简单的介绍过后，那位演说家微笑着走上台来，看了看大家，没有说话，而是从兜里取出了一张50美元的钞票。

演说家高举这张钞票，然后问会场里的人："你们谁想要这张50美元的钞票？"顿时，全会场的人都举起了手。演说家笑了，他把手里的美元用力揉搓了一番，再次拿起这张皱巴巴的钱对大家说："现在谁还想要它？"会场里大家相互看了看，纷纷再次举起了自己的手。

“那么这样呢？还有人想要吗？”演说家一边说，一边把这张美元丢在了地上，狠狠地踩了几脚，然后再次拿了起来，向着人群问道。现在这张美元不仅很皱，而且脏污不已，可是还是有不少人举起了手，表示自己想要。

演说家收起了钞票，微笑着对大家说：“这就是我今天演讲的内容，现在请允许我来总结一下自己演讲的要点。你们都看到了，不论我怎样蹂躏那张美元，都有不少人希望得到它，这是为什么呢？当然是因为美元的价值不在于外表是否又脏又皱，而在于这番蹂躏并没有使它贬值，它依旧可以换取价值50美元的东西。而我们的人生也是一样的，有的时候我们会被逆境困住，有的时候我们会被打倒在地，有的时候受到欺凌，有的时候受到排挤，但是无论发生了什么事，无论你穿了什么衣服、梳了什么发型，只要你还是你，在上帝的眼中，在机会和成功面前，你的价值都没有改变。我们生命的价值不在于我们的家庭、学历，也不在于我们的亲人、朋友，只在于我们自身——请大家记住这一点，我们每个人都是独特而珍贵的！”

是啊，如果你是一位歌唱家，那么就算身在牢狱中，也不影响你的歌声优美动人；如果你是一只猛虎，那么就算别人把你装扮成一只病狗，你的尖牙、利爪迟早也都能助你重振雄威。

一家企业面对社会招聘业务人员，在面试时，经理发现其中一位应聘者不仅有着丰富的经验和资历，而且成绩卓著。面对这样的应聘者，经理不由得感到疑惑，他很坦诚地表明了自己的看法，询问道："按照你的资历，你完全可以选择一家大公司，得到更好的职位，为什么要来我们这里当一个业务员呢？你要知道，不论你的条件多好，一名业务员的工资是有上限的，不会太高。"

经理本以为这样就可以结束了，没想到这位应聘者令人惊讶地回答说："我不需要太高的薪水，只要按照一名合格的业务员发工资给我就好了。"经理很惊讶，这就意味着他仅仅能得到他之前工作的一半薪水。

在询问原因的时候，经理才知道，原来此人之前在一家公司已经做到了主管的位置，薪水相当优厚，但是公司老板投资失利，损失了大笔资金，竟然就此失踪了，公司里大大小小几十人哭诉无门，只好另谋高就。他因为原先的工资很高，在几家公司上班之后，都觉得工资与自己的能力不符，换了几家公司都不满意。最后，他反省了自己的态度，决定从头开始，从最底层做起，相信只要自己做得好，迟早能得到重用。于是，他毅然选择到这家公司里来做一名普通的业务员。

经理点点头录用了他，果然，上班后这个人丝毫没有表现出优越感，他按时上下班，不论多简单的工作都认真完成，每天不辞辛苦出去跑业务，到了月底时，他的工作业绩远远超出了其他所有的业务员。于是两个月后，公司老板破天荒地提升了他的职位，增加了他的薪水。八个月后，当公司准备任命一位新主管时，他毫无异议地成了推荐对象，为这家公司创造了更出色的业绩。

我们常常听到身边有人抱怨说，老板给的钱太少，所以自己绝不会多做事，拿多少钱就干多少事才对。其实，这样说的人忘记了，老板也同样是这么想的，他也会根据你做了多少事，来决定给你多少钱。

幸福秘方

不要抱怨我们没有得到足够的赏识，我们的才华无人欣赏，不要为一时的打击和失败而灰心丧气甚至一蹶不振，因为我们始终是我们，我们的心没有变，我们的头脑还和以前一样灵活，我们的知识还在增长，我们的能力没有失去，而这些才是我们的价值所在。

谷底藏着一个机会

/

俗话说，“磨刀不误砍柴工”。
曾经有一个樵夫，为了加快工作进度不肯花时间去磨斧子，
结果越砍越累，越砍越慢。
我们在工作和生活中也是如此，总需要留出一些时间来磨磨我们的刀，
如果飞黄腾达的时候没时间，那么失意落魄的时候就是最好的机会了。

/

机会无处不在，就看你是不是能够找到它，当你身在井底，迫切需要有人拉一把，结果却被人从头上扔石头时，似乎是绝境，但只要你懂得避开，懂得利用，这些石头，就是一把拉你上去的手。

农夫有一头驴，一天，这头驴不小心掉进了一口井里，幸好井已经枯了，可还是很深。农夫找来了左邻右舍，想用绳子把驴拉上来，可是一直忙活了好几个小时都没有成功，驴一刻不停地在井底嚎叫。

第二天，农夫又请了几个人帮忙，可还是无功而返，最后只好放弃了，但是驴在井底叫个不停，吵得大家夜里不能入睡，于是农夫只好叫来儿子，两个人一起拿了铁锨铲土打算把驴埋了。驴眼见一铲一铲的泥土从头上落下来，叫得更加凄惨了，可是过了一会儿，它忽然不叫了，忙得满头大汗的农夫很好奇，探头一看，驴的位置竟然比

原来高了很多。原来，每当泥土落到它背上时，它就用力抖一抖，将泥土抖到地上，然后抬抬脚踩在土上，就这样，泥土越来越多，驴也站得越来越高！农夫见到这样的情景，不禁赞叹驴的聪明，心中也感到分外庆幸，赶忙加紧了铲土。不久以后，当泥土终于快要堆到井口时，驴扬扬自得地一跃身跳出了枯井，抖了抖身上的尘土，一跳一跳地跟着农夫回家了。

是啊，就像这头驴一样，有时我们也会身陷井中，眼看着四周的打击和泥土纷纷落在我们身上，可是只要我们不放弃，学会抖掉这些泥土，它们就会变成帮助我们走出井中的基石。

张文在大学里工作，这一年新学期开始时，学校里开了一门叫《证券投资方法与实践》的课程，可是没有老师，刚好她的丈夫就在证券公司上班，于是教务处托她丈夫介绍一位资深的专家来任教。

张文的丈夫毫不犹豫地推荐了杨老师，可是上课的第一天，就有人向教务处反映，那位杨老师以前是唱河北梆子的，怎么忽然就变成证券专家了？然后没过两天，又有人反映说，那位杨老师不是几年前在学校门口修鞋的鞋匠吗？怎么几年工夫就成学校的老师了？教务处得知后很重视，立即对张文说了学生们的反映，要求她解释一下杨老师到底是个什么人。她赶忙回去问她丈夫，她丈夫说："没错，20世纪70年代时杨老师的确在剧团唱过河北梆子，后来剧团解散了，他在你们学校门口修了一段时间的鞋。"

张文皱起了眉头："你这是给学校介绍了一个什么人啊，到底懂不懂证券？"丈夫严肃地说："当然，杨老师是我们全市唯一一个靠买卖股票积累了几百万资产的人，普通人不了解他，可是在证券行业里，提到他没人不知道，要上课，他绝对是最有资格的人。"

几天以后，杨老师应张文丈夫的邀请到他们家来吃饭，张文才对这位朴素的老人有了新的认识。原来，当年杨老师曾经和《宰相刘罗锅》的主角李保田是校友，两个人一起被招进了梆子剧团。杨老师说，那个年代，人人都前途不定，学校和剧团里很少有几个愿意学习的人，只有李保田和别人不一样，不论什么时候都拿着本书在读，所以1977年刚一恢复高考时，全团的人都报名参加考试希望考上中央戏剧学院，可是最后只有李保田一个人考上了。十几年以后，杨老师所在的剧团解散了，他没办法，只好去路边给人修鞋，那时李保田已经是闻名全国的演员了。他想起自己当年如果能像李保田一样学习，今天也不会落到这般田地，现在他不想错过人生的第二次低谷，于是一边修鞋，一边自学证券方面的知识。后来，他终于明白，股市和人生是一样的，低谷就是机会，绝不能错过。

说到证券，杨老师的脸上泛出红光来，他兴致勃勃地说："近20年来，有好几次股市大跌，股民们失去了信心以为随时会崩盘，可是我不这样想，我觉得这是个机会，就是在这几次最低潮的时候，我买进了不少股票，果然几年后成就了一番事业。"听到这番话，丈夫拿出了杨老师前段时间写的一本名叫《股市人生》的书给张文看，在序言中，张老师是这样写的：当股市跌到最低潮时，其实正是入市的最佳时机；而当人生落入谷底时，也是再次腾飞的机会。谁能在谷底积蓄力量，谁就能在未来得到回报。坐失良机一味等待、抱怨的人，只能在后悔中度过余生。

是啊，在意气风发为了成功而忙碌的时候，我们也许常常没有时间审视自己，于是在打击来临、落入谷底时，不妨将之看作一个难得的机会，一个让我们有时间思考，有时间积累能量的机会。

幸福秘方

在工作和生活面临困境时，千万不要将时间花在没有意义的自怨自艾上，而应该抓紧机会，尽快让自己的缺陷得到弥补，为自己充充电，加加劲，才能有足够的力量和信心面对下一次挑战和打击，乘着涌动的潮水，从低谷飞跃到浪尖。

走远的年龄，走不远的青春

/

在和朋友谈起过去时，你的心中是否会升起一阵阵惆怅，
感到青春逝去，再难挽回？
在某个早上揽镜自照的时候，你是否忽然有些惊慌，
因为眼角出现一丝虽然细小却触目惊心的皱纹？
是啊，从出生的那天起，我们就无法拒绝地一天天走向衰老，
可是要知道，走远的，只是我们的年龄，不是我们的青春。

/

年轻实在是充满了美好，可是难道没见过正当青春却死气沉沉的青年？你可以说青春美好却短暂，可是那白发苍苍却生机勃勃的老人脸上，洋溢着的难道不是青春的气息？

有一天，当雅婷在准备晚餐的时候，接到了一个老同学的电话，说要在月底举行高中同学的20年聚会，希望雅婷到时候能够去参加。

挂了电话后，雅婷静静地坐在沙发上发了会儿呆。原来，高中毕业已经20年了吗？想想当年那些情景，很多还都历历在目，可是时光真的这么快吗？一转眼竟然20年就过去了。她陷入了沉思，在这20年里，她到底干了些什么呢？记得母亲当年问过她20年以后会干什么，告诉她总有一天她会走到20年后的，可是她当时对这个问题不屑一顾，一笑了

之，然后就是这么简单的一个电话，让她突然清晰地意识到了时间的力量。

雅婷四下看了看自己的屋子，儿子的玩具满地都是，厨房还放着烧了一半的菜，丈夫还没下班回来，CD机上放着20世纪70年代的老歌……她忽然惊慌起来，对着镜子仔细地看了看自己，眼角果然有几丝淡淡的细纹，嘴边的法令纹比以前更深了，还有了微微的双下巴，脸上的毛孔也清晰可见，她心想，难道我真的老了吗？

离月底还有两周，两周的时间，她还能做什么呢？于是在接到那个电话的第二天起，她开始了晨跑，报了一个瑜伽班每天下班都去，希望能以最快的速度减掉自己腰上和腿上的赘肉，过度的锻炼让她下楼都有些困难。然后连着两个周末她几乎将整个城市的商场都走个遍，试图找到能让她显得更加年轻、漂亮的衣服，可是无论哪件衣服，似乎让她看起来仍然是30多岁的样子。而且在此期间她还举办了一个小型的家庭晚宴，邀请了一些朋友来参加，因为她想知道，到了这个年龄，自己到底有几个真正的朋友。

直到同学会就要到来的前一天晚上，当雅婷紧张兮兮地考虑到底要穿什么衣服梳什么发型才会看起来像20岁一样时，丈夫看着她几近疯狂的样子笑了笑，对她说："你还很年轻，一点儿也不老，而且你是个成功的妻子和母亲，也是个成功的女人，放轻松些吧。"雅婷摆了摆手正要答话，只见4岁的儿子从外面蹦蹦跳跳跑进屋来，亲热地搂住她的肩膀在她脸上重重亲了一下，然后侧着脸说：“妈妈，给我一个晚安吻吧。”在这一瞬间，她忽然放松了下来，看着丈夫的微笑和儿子明亮的眼睛，心中升起了一种难以言喻的幸福感和满足感，深深觉得，其实就算再过20年，又有什么呢？

并不是孩子的吻让雅婷恢复了信心，而是孩子的吻让雅婷知道，自己在逝去的岁月中得到了珍贵的收获。一切并没有结束，未来还将更加美好。

有一篇名叫《青春》的散文曾经风靡世界，直到现在，也仍然是日本诸多商界要人常常提及的作品。这篇文章的内容很短，仅仅400多字，却深深地影响了几代人，它的内容是这样的：

“青春不是年华，而是心境；青春不是桃面、丹唇、柔膝，而是深沉的意志，恢宏的想象，炙热的恋情；青春是生命的深泉在涌流。青春气贯长虹，勇锐盖过怯弱，进取压倒苟安。如此锐气，二十后生而有之，六旬男子则更多见。年岁有加，并非垂老，理想丢弃，方堕暮年。岁月悠悠，衰微只及肌肤；热忱抛却，颓废必致灵魂。忧烦，惶恐，丧失自信，定使心灵扭曲，意气如灰。无论年届花甲，抑或二八芳龄，心中皆有生命之欢乐，奇迹之诱惑，孩童般天真久盛不衰。人人心中皆有一台天线，只要你从天上人间接受美好、希望、欢乐、勇气和力量的信号，你就青春永驻，风华常存。一旦天线下降，锐气便被冰雪覆盖，玩世不恭、自暴自弃油然而生，即使年方二十，实已垂垂老矣；然则只要竖起天线，捕捉乐观信号，你就有望在八十高龄告别尘寰时仍觉年轻。”

这篇散文的作者名叫塞缪尔·厄尔曼，生于德国，后来迁居美国，他的一生很寻常，在70高龄的时候，写下了这篇《青春》。此文一经传出就受到追捧和喜爱，代代相传，有人将它灌成录音带销售，有人将它做成卡片揣在兜里随时朗读。

在“二战”期间，著名的麦克阿瑟将军将这篇文章镶好摆在自己的书桌上用以自勉。松下幸之助也曾说：“《青春》这篇文章是我的座右铭，20年来，始终与我朝夕相伴。”而一位来自欧洲的名人也赞同道：“不管是谁，年老的还是年轻的，只有读了《青春》，才能学会活得潇洒。”只因《青春》撩动了每个人的心弦，道出了青春的秘密，给了人们无限的希望和启迪。

幸福秘方

不必害怕老之将至，不必害怕青春不再，因为青春不是一段易逝的年龄，而是一颗火热天真的心。一个眼中永远有光彩，嘴角永远有微笑，心中永远有希望的人，将能快乐常驻，永葆青春。

寻找风雨中的阳光

/

当命运的风浪袭来时，坚持不放弃，终于等到阳光重现的人是值得敬佩的。
可是那些懂得欣赏风雨本身的美丽，能从战胜困难的过程中寻找到自己乐趣的人，
他的人生岂不是更加欢快明媚？
风雨大作的天空中虽然没有太阳，可是这并不能影响我们的心中充满温暖的阳光。

/

我们的路上也许有荆棘，可是荆棘丛中难道就没有玫瑰？我们的路上也许有荒漠，可是连绵的沙丘难道不壮观？我们的路上也许有风沙，可是风沙刺脸的感觉岂非一种新的体验？只要我们努力着，生命中的苦难就不会太多，而那些苦难中隐藏着的美，却是生命中难得的风景。

普雷斯25岁的时候失业了，他曾经到过巴黎、罗马、伊士坦布尔，常常失业和挨饿，可是在纽约这个充满了富贵和奢华的地方，失业带来的贫困异常明显。普雷斯不知道自己能做什么，他会讲英语，却不能用英语写作，他做过的最有前途的职业就是记者，可是那时他在巴黎。

几天来普雷斯为了躲避房东，一直在街上闲逛。这一天，当他走到42号街的时候，遇到一位高大的金发男子，他一眼就认出了，这是俄国著名的歌唱家夏里宾先生，在巴黎做记者的时候，他曾经有幸对夏里宾

先生做过一个简短的访问。普雷斯以为夏里宾早就忘记他了，可是对方看了看他，一眼就看出了他的处境，简单打了个招呼，接着淡淡地说：“你不忙吧？跟我一起走到百老汇旁边我的旅馆去，怎么样？”

普雷斯大吃一惊，那里距离这里足足有六十几条街，而且普雷斯已经走了整整一上午了，他回答说：“夏里宾先生，可是那还有几十个路口才能到达呢。”夏里宾扫了他一眼，坚定地说：“那么我们去6号街的射击游艺场看看去吧，那里离这里不过五六个路口罢了。”于是普雷斯点点头，两个人一边聊天，一边很快走到了射击场，在门口看到里面的几个练习者在学习打靶，好几次都没中。两人评论了一会儿，继续往前走。夏里宾说：“我想看看到底是些什么人每天在买票听戏，我们去卡纳奇大戏院看看去。”于是两个人又走过了十条街，到达了戏院门口，夏里宾在旁边仔细端详了一会儿来往的人群，和普雷斯聊起了自己对戏曲的看法，然后离开了。

“啊，现在我们就快到中央公园了，据说这个公园很有名，里面有一只很奇特的猩猩，我也想去见识一下。”夏里宾兴致勃勃地说。于是，不久后当他们从中央公园走出来时，离百老汇的街角已经只剩下几个路口了。夏里宾还曾经停在一家礼品店的橱窗外，指着一列小火车对普雷斯说：“这列火车我小时候也曾经有一个，这勾起了我很多童年的回忆。”普雷斯也想起了自己的童年，两个人相视一笑，继续往前走去。

当他们不知不觉走到百老汇路口时，天色已近黄昏。普雷斯感到很奇怪，今天自己走了这么多路，竟然没有觉得太过疲惫。在分手前，夏里宾认真地对普雷斯说：“今天我们走了很远的路，记住我给你的忠告，那就是不论未来你的目标有多远，担心都是没用的，不如把你的注意力集中在眼前你感兴趣的小事情上，这会使你的路走起来轻松很多。”

几十年过去了，夏里宾早已去世，可是早已事业有成的普雷斯却始终记得他对自己的忠告，始终对他心怀感激。

当我们和朋友高兴地谈天说地，一边聊天一边走路时，长路就会显得很短；当我们和爱人相互依偎、倾诉心事时，时间就会过得很快。任何事都是这样的，人生就像一段漫长的旅途，只有学会欣赏路边的风景，学会和旅伴谈论说笑，才能走得不知疲倦，走得兴致勃勃。

幸福秘方

笔直平顺的大道注定会平淡无奇，世界上最美的风景往往都藏在深山沟壑中，藏在曲折的小路深处。如果人生注定是顺境和逆境交织出的一本书，那么正是逆境的崎岖不平，才造就了这本书的智慧和内涵。一双聪明的眼睛，总能在逆境中找到人生的意义所在。

坚定成就了梦想

/
小时候学过这样的古文："蓬生麻中，不扶而直；白沙在涅，与之俱黑。"
说的是人与人之间的互相影响，好的影响固然可以让我们进步，
而坏的影响也会轻易将我们拉向歧路。
谁是意志最坚定的人，谁最不容易受影响，谁就会最终影响别人。
/

这一天，小何因为一点小错误被老板训斥了一顿，心中烦闷不已，可是没想到路过洗手间的时候，她听到几个平时对自己笑脸相迎的女孩在里面叽叽喳喳，说她不自量力，自取其辱。

中午休息的时候，小何一个人坐在单位旁边的一个小公园里，看着面前的喷泉发愣，越想越觉得自己的生活黯淡无光，毫无意义，身边的每个人都居心叵测，连谁是朋友谁是敌人也搞不清楚。忽然她看到一个小男孩坐在花坛边，看着自己发笑。她很奇怪，问道："你笑什么啊？"小男孩一脸顽皮地说："这个椅子早上刚刚刷过漆，我想看看你站起来时是个什么样子，哈哈。"

小何这才看见长椅旁边立着个小小的纸牌，写着"新刷油漆，小心避开"的字样。她见那小男孩一脸得意准备看自己的好戏，念头一转，

对小男孩说：“你看，那边飞来一只多漂亮的鸟！”就在小男孩一转头的工夫，小何迅速站起来将自己的外套脱了下来拿在手里，露出了里面浅蓝色的毛线衣，在阳光下分外鲜艳。小男孩失望地鼓起了嘴。

小何笑了笑，忽然想到单位里那些背后说自己坏话的人，不正想着要看自己的笑话吗？他们和这个小男孩岂不是一样的吗？难道我就要这样抱怨下去，任由他们得逞吗？不，绝不能这样！

于是她昂起头，回到了单位，向老板承认了自己的错误，保证以后绝不再犯，一定会做得更好。老板见她主动承认错误，满意地点了点头。从老板办公室里出来，迎面碰到了一个在洗手间里嘲笑自己的女孩，小何淡淡地对她微笑了一下，心中发誓一定要做得比她们都好，果然，一年以后，努力的小何得到了提升，做了办公室的副主任。

也许有时某些不快就像椅背上未干的油漆一样让你充满了一肚子不知如何发泄的闷气，其实只要脱掉外套，换一种心情，就能让原本等着嘲笑你的人失望而归，也能给自己一个崭新的开始。

幸福秘方

我们都希望永远快乐，我们努力工作追求成功，就是因为成功能让我们快乐。也许我们常常需要周旋在自己不喜欢的人和事中间，但是明智的人不会让那些人和事影响自己的心情和打算，因为他们只是我们路上的过客，因为他们只是很快便被风吹远的乌云，永远不能真的带走我们生命中的阳光。

身在谷底时，所有的路都是向上的

/
翻山越岭向着远方跋涉的人，总会有时登上峰顶，有时走进谷底。
一览众山小的峰顶风光固然令人欣喜流连，但是生活总是遵循盛极必衰的规则，
一旦身在山巅，接下来就不免要走下坡路，而当我们处在人生的谷底时，
抬头四望就会发现，所有的路都是向上的。
/

我们都知道，从考40分进步到考60分是相对容易做到的，但是从99分变成100分却很艰难，所以如果目前这张生活的答卷你只考了几十分甚至十几分都不要紧，这意味着，比起其他人，你拥有更多进步的机会。

巴拉斯的家庭非常贫困，她的父亲小时候因为小儿麻痹症瘸了一条腿，经常赌博酗酒，而母亲患有间歇性精神分裂症，每当发病时都会对巴拉斯又打又骂。因此，巴拉斯像个假小子一样整天在大街上闲逛，不仅常常和人打架，偶尔还会偷东西。

就在巴拉斯12岁那年，一个名叫威尔逊的跳高运动员，也就是她家的邻居，忽然提出让巴拉斯和自己到运动场去练练跳高。到了运动场上，巴拉斯看着面前的横杆始终不敢跳，她小声问道：“威尔逊先

生，像我这样的人，能成为一个跳高运动员吗？”威尔逊挑了挑眉反问：“你和别人有什么不同吗？为什么不能？”巴拉斯低下了头说：“您知道，我父亲瘸了腿，还是一个赌鬼和酒鬼，而我母亲精神不正常，我的家庭……”

威尔逊打断了她反问道：“你的家庭和你跳高的能力有关系吗？你父亲酗酒会导致你跳不高吗？”巴拉斯张大了嘴说不出话来。的确，家庭和自己跳高没什么关系，可是威尔逊是大家都敬重的人，而自己却是街上的小混混，她心里有种抹不去的自卑。威尔逊看着她涨红的脸，轻轻说：“孩子，没有人天生就什么都会，也没有人天生就是坏孩子，如果你不想继续当一个坏孩子，那么不好的家庭绝不会是你的障碍，它只会是你前进的动力。不信你可以试试这个横杆。”

威尔逊在巴拉斯面前竖立了1米的横杆，巴拉斯轻松地跳了过去，然后，当威尔逊将横杆拿下来以后，再让巴拉斯跳，她却最多只能跳到0.6米，再也跳不到1米的高度了。威尔逊对惊奇不已的巴拉斯认真地说：“你的家庭，就像这个横杆，如果没有它拦在你面前，你就没有足够的动力，永远跳不出你的最好水平。你信不信，其实就算我把横杆加到1.2米，你也是能跳过去的。”果然，几次深呼吸后，巴拉斯一下子跳过了1.2米的横杆。从此，她相信了威尔逊，跟随他开始了自己的跳高生涯。

通过威尔逊的介绍，巴拉斯认识了罗马尼亚的跳高冠军索特尔，在这位冠军的培养下，年仅14岁的巴拉斯就跳到了1.51米的高度。1958年，19岁的她打破了世界纪录，跳过了1.75米的横杆，开创了“巴拉斯时代”。

从1959年到1967年，巴拉斯共在140次比赛中获胜，十几次刷新了世界纪录，跳过了1.91米这一被称为“世界屋脊”的惊人高度，人们亲切地称她为“女飞鹰”。

是啊，当面前横亘着一根横杆的时候，我们就能跳得比平时更高。困难正如这横杆，有了它，我们才能发挥出自己最大的潜力，在成功的路上走得更远。

他，是一个普通人，出生的时候正遇到抗战胜利，父亲就为他取名为凌解放。年幼的凌解放一再让父亲失望，让老师们皱眉无语。这一切都是因为他的学习成绩简直差到了极点，几乎每年级都要留一次级，直到21岁的时候，高中才凑合毕业了。

毕业后凌解放就入伍了，在山西当了一个工程兵，每天都要戴着矿工帽，穿着水靴，深入到几百米以下的井里去挖煤，井底都是齐膝深的煤水，日日在井底摸爬滚打，让他觉得自己的人生也如这井底一般暗无天日。

想到自己可能就这样过一辈子，他不甘心。于是一从井里出来，他就扎进图书馆看书，不管什么书都看，连厚厚的《辞海》都看了一遍，人们都笑他，连他自己也不知道自己到底想干什么，能干什么。可是在那样的情况下，除了读书，他不知道自己还能怎么进步，只好继续拼命读下去。

读的书多了以后，他对古文产生了兴趣，有时在部队附近看到破庙残碑，就把它们都拓下来仔细研究，没人指点也没人可以探讨，他只好一边在图书馆里学古文，一边自己慢慢琢磨碑文的内容和意思。在几十篇碑文终于研究透了时，他发现自己的古文水平大大提高了，那些以前自己看不懂的古文书，现在可以很轻松地读下去了。

退伍后，他转到了地方工作，闲暇无事时，研究起了《红楼梦》，因为他的见解独到、理解深入，很快就成为红学会的一员。在一次红学研讨会上，专家们高谈阔论，从曹雪芹谈到了清朝的政治经济，最后谈起了康熙，有人无意间插了一句说，国内现在关于康熙皇帝的文学作品还是一片空白，令人遗憾。说话的人只是随便一说，他却听到了心里，就在这一天，他下定决心，要写一部关于康熙皇帝的历史小说。

此时，早些年在挖井时积累下来的古文功底，终于帮了他的大忙，让他很快就搜集了很多史料。接着，他开始废寝忘食地投入到创作中，盛夏酷热难当，他就泡在水桶里写，写作异常顺利。1986年底，他用二月河的笔名发表了长篇小说《康熙大帝》，引起了轰动。从此，他的创作热情一发不可收拾，就像早春二月的河流那样，开始解冻，滔滔奔腾而去。

从一个大龄留级生开始，在21岁的时候，二月河的人生走到了最低谷，可是正是那些年的努力，让他在中年时走向了成功的巅峰。有些人总说，他的成功实属巧合，可是二月河总是笑着摇头说：“不，我不这么认为，其实人生就像一口深底的锅，当你在锅底时，只要肯用力，不论朝哪个方向走，都能向上。”

二月河的话提醒我们，不论看待什么问题，换一个方向想就会有截然不同的答案：可以是最坏，也可以是走向更好；可以是绝境，也可以是希望的大道；可以是走投无路，也可以是开辟新路的机会。

幸福秘方

当生活面临困境，仿佛陷入谷底时，不必为此忧愁、烦恼，因为生活在让你走进深谷的时候，也给了你无数条向上走的路，你拥有了更多选择的机会，也拥有了更多思考的自由，这是一个重新开始、再创辉煌的好时机！

让快乐变成习惯

/
三棱镜可以将一缕微芒变幻成五彩霞光，万花筒可以把几片彩纸演绎为万种缤纷，
我们常常赞叹这些小玩具的美妙，其实，在它们身上，还有我们可以学习的地方，
那就是寻找美丽、创造欢乐的能力。
我们的心可以是一面普通的镜子，也可以是三棱镜，
可以是几张碎纸，也可以是万花筒，就看你如何选择。
/

要想在空白中找到色彩，在平凡中创造惊喜，首先要有一颗愿意去寻找快乐的心，先让我们的心充满了阳光，然后我们的生活才能充满阳光。

一天早上，小语搭出租车去郊区办事。上车不久，年轻的司机就转过头来问她爱听什么频道，小语说听音乐吧，司机就放了一支轻快的歌曲，自己跟着哼了起来。不一会儿，车子又堵在了路上，一步一步往前挪着，那位司机不仅没有抱怨，还跟着音乐摇头晃脑，一副自得其乐的样子。

小语忍不住好奇地问："看来您今天心情很好啊。"司机朝她一笑，露出了洁白的牙齿，说："我每天都这样，每天都心情好。""为什么这么高兴？"小语疑惑不解，"有很多司机说经济不好，收入太低，简直快活不下去了，难道你有妙招？"

司机哈哈一笑说："我老婆刚刚生了孩子，现在养孩子可真费钱啊，所以我本来每天开10个小时车的，现在改成了12个小时，比以前累一些。不过——"司机故作神秘地低声说，"我有个保持开心的小秘密，说出来，你可别笑我啊。"

小语越发好奇起来，也低声问："什么秘密？"他说："其实啊，我就是换个思路，想办法把平淡无聊的事情想成高兴的事而已。比如今天你坐我的车去郊区，我就想象成你花钱请我去看郊区风光，到时候你下车走了，我还可以抽根烟休息休息，顺便呼吸一下市区没有的新鲜空气。"

望着小语惊讶的眼神，他不无得意地继续说："事情很简单，前几天一对情侣要去海边看夕阳，到了地方，他们看他们的夕阳，我也在旁边的小摊子上吃了两串烤鱿鱼，一边吃一边也看了看夕阳，反正有人付钱请我去看的嘛，不看白不看，哈哈！还有再前天，有人要去南门市场买鱼，说那里的鱼好吃，去了我也顺便买了一条，回家一炖，果然好吃，那人还花钱坐车去买，我可是一分钱没花，还赚了钱的啊！"

这番话听得小语茅塞顿开，她觉得自己实在是太幸运了，一大早不仅得了个好心情，还学会了以后都有个好心情的法子。下车时，她对这位司机已经大有好感，于是要了他的名片，打算以后再走远路就坐他的车，刚刚拿到名片说再见，他的电话就响了起来，原来有位老顾客晚上要去机场，和他约好时间。

小语一边走进办事的院子，一边心里想：看来不止我一个人觉得坐这位司机的车舒服，他这样的态度，不但让他自己心情高兴，想必也带来了很多长久的生意。

快乐是一种习惯，也是一种能力。在人生低谷的时候，我们应该学会用特别的方法来看待问题，想方设法使工作看起来像游玩一样轻松快意，这时，你会发现自己的内心强大起来，更不容易被伤害，也更容易得到朋友，能抛开遍布天空的乌云留下的阴影，为自己创造一片阳光。

幸福秘方

生活常常充满了无聊的琐事，日复一日地上班、赶路、买菜做饭、洗澡睡觉，是不是让你觉得烦闷不已呢？其实，学会找到快乐也很简单，不妨将赶路想成运动健身，将做饭想成艺术创作，将上班想成不但免费、还可以挣钱的培训。只要换一种想法，我们的生活就能充满阳光。

第四章

我的幸福我做主

也许孩子的调皮、爱人的误解、同事的纠纷会影响我们片刻的心情；也许富贵的家庭、高昂的收入、漂亮的外表可以带给我们骄傲的资本，但是这些都不能决定我们是否幸福，能改变我们心情的，只有我们自己。幸福就在每个人的手心里，只有懂得这一点，能够牢牢握住它的人，才能创造自己的快乐人生。

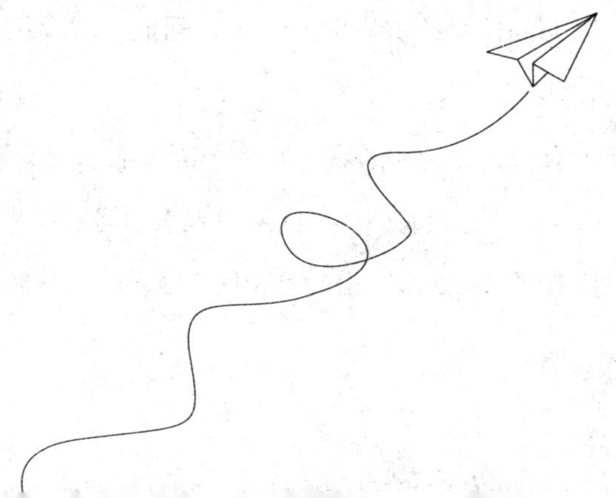

用欣赏的眼光看自己

世界上没有一朵花是无瑕的，可是花朵并不在意自己的瑕疵，仍旧在阳光下绽放着；
世界上也没有一个人是完美的，盯着自己的缺陷一味自怨自艾的人，内心总是黯淡的。
欣赏自己不代表自高自大、孤芳自赏，而是能够看到自己的优点，
也懂得发挥自己的长处，拥有一片属于自己的心灵花园。

早上出门前照镜子的时候，你是会多看看自己不太好看的眼睛呢，还是会多看看自己很优美的嘴呢？这是一件很小很小的事情，可是能为你这一整天揭开截然不同的序幕——学会快乐，就要学会多看看那些令人满意的地方。

有一个年轻人失业了，女朋友也离她而去，他觉得生活失去了希望，于是走到一条河边想要了断此生。河边有一位老人正在钓鱼，见到年轻人愁容满面呆呆看着河水，于是问道：“小伙子，你干吗这样闷闷不乐的啊？”

年轻人有气无力地回答说：“我一无所有，是个没有前途的穷光蛋，生活一点希望也没有。”老人笑了起来，问道：“你怎么会一无所有呢？让我来问你，如果我出20万和你交换，你变成60岁而我变成你的

年龄，你愿意吗？”

年轻人想了想，变成60岁的话自己岂不是少活了几十年，要钱有什么用，于是摇了摇头表示不愿意。老人继续问道：“那么如果我出20万买走你的健康，你愿意吗？”年轻人想也没想，直接说：“当然不愿意。”

“那么我要买走你的双手呢？”“不愿意！没有双手了我还能干什么？”“买你的双脚？”年轻人瞪大了眼睛，不满地看着老人说：“别再问这些没用的问题了，我什么都不会卖的，失去了手脚我活着还有什么意思！”

老人哈哈大笑，对不耐烦的年轻人说：“小伙子，你看，你很年轻，身体健康，有手有脚，而且也懂得这些东西的珍贵，怎么是一无所有呢？这世上最宝贵的东西你明明都拥有啊。”

年轻人愣住了，仔细想了想老人的话，终于醒悟了，一改悲观和绝望的表情，感谢老人对他的指点，迈着轻快的步伐离开了，决定去寻找自己的新生活。

是啊，也许我们没有高学历，可是我们有健康的身体；也许我们没有有钱的父母，可是我们有知心的爱人；也许我们脑子不够聪明，可是我们手脚足够灵巧；也许我们没有耐心不能坚持，可是我们有想象力和无限的创造力！

这一天，《芝加哥先驱论坛报》儿童版“你说我说”栏目的主编希勒·库斯特收到了一封信，这是一个名叫玛丽·班尼的小女孩写来的，她想问问，为什么自己帮妈妈烤好饼干然后端到桌子上，只得到了妈妈一句“你真是个好孩子”的简单夸奖，而弟弟戴维明明什么也没做，只会在旁边捣乱调皮，却能吃到松软可口的饼干？玛丽在信中发出了疑问：“上帝真的是公平的吗？如果他真的公平，那么为什么他常常会忘记像自己这样的好孩子呢？”

希勒看了来信，心里感到非常沉重。多年来，他一直在这一栏目做主编，几乎每周都会收到类似的来信，孩子们常常在问：“为什么上帝不惩罚那些坏人？为什么好人总是不能得到奖赏？”这样的信件已经有上千封了，可是希勒却始终不知道应该怎样回答那些孩子。

收到这封信后的那个周末，希勒去参加了一场婚礼。婚礼上，牧师主持新娘新郎互赠戒指时，这对新人也许是太过激动了，竟然忘记了区分左右手，将戒指都戴在了对方的右手上。牧师看到了，微笑着非常幽默地说：“哦，你们的右手已经很完美了，我想还是用戒指来装点一下左手吧。”现场的人都会心地笑了，而希勒听了这句话后，却如醍醐灌顶，他终于找到了回答孩子们那些问题的答案，那就是：右手不需要饰物，是因为它本身已经很完美了，因此，上帝让右手成为右手，就是对右手的一种奖赏，而上帝让好人成为好人，这本身也就是对好人的奖赏。

想明白这个道理的希勒终于解开了自己的心结，他非常兴奋，马上在报纸上给小姑娘玛丽回了一封信，题目是“上帝让你做了一个好孩子，就是对你的奖赏”。这封信刊登出来以后，在短短的几周内就被美国乃至欧洲的上千家报纸以及刊物转载，并且每年的儿童节时，都会再次刊登出来，以此告诉天真善良的孩子们：成为一个好孩子本身就是最大的奖赏。

是啊，就像美国总统罗斯福在家中遇盗后所说的一样："感谢上帝，做贼的是他不是我。"就算我们什么都没有，但是生而为一个懂得明辨是非善恶的人，难道不已经是一种珍贵的获得吗？

幸福秘方

每个人都是叶尖上的一颗小露珠，一生短暂易逝，当你总觉得别人都在闪闪发光辉映出千万个太阳，而自己却平淡透明毫无光彩时，其实只不过是你还没有找到合适的角度来看自己。也许就在你沮丧时，也有很多别的露珠正在惊叹你的美丽呢。

走出别人的光环

/
丑小鸭跟在鸭妈妈身后的时候，一心想要当一只普通的鸭子，
可是当它离开以后，才发现自己原来是一只天鹅。
是啊，我们身边总有些人那样成功、那样令人羡慕，
如果我们一直待在他们的光环下面，就会失去属于自己的生活和幸福。
/

每个人都有自己的世界，别人的成功和美好无论多美，都是别人的，只有走出那光环的笼罩，我们才能找到自己的路，发出自己的光。

洛依德是一个电影明星，他年轻英俊、潇洒倜傥。这一天，他开车到一家汽车检修店中，请店里的工人帮自己修理一下汽车出现的小问题，接待他的是一个年轻、漂亮的女工人。

女工人询问了汽车的问题，然后一丝不苟地开始了工作，她的双手灵活极了，技术也非常熟练，可是在整个修车过程中，她始终没有看洛依德一眼，也没有借机和他搭讪。洛依德很奇怪，他相信整个巴黎都知道自己的大名，难道这位女工人不认识自己？

“您平常看电影吗？”他禁不住问道。女工人一边干活，一边简单地回答道：“当然，我非常喜欢看电影。”洛依德没再说话，而女工

也很快修好了车。看得出来，她对修车非常在行。“您的车修好了，您可以开出去试一试。”女工人说完便转身要走开，洛依德忍不住喊住了她：“小姐，您愿意和我一起出去走走吗？”“对不起，先生，我还有工作要做。”女工人拒绝得很干脆。

洛依德不死心，继续劝说：“修理我的车也是您的工作，难道您不亲自开一下检查是否真的修好了？”女工人无奈，只好上了车，开出一段距离又返回店里，她看了看车说：“看来没什么问题了，我得继续工作了。”洛依德大惑不解，平时年轻姑娘们见了自己，无不兴奋喜悦，跟在自己身边问东问西，这个女工人却始终平淡如常，仿佛自己只是个路上的普通人。

他看着女工人走远的背影，喊道：“您既然喜欢看电影，难道不认识我吗？”女工人回过头来：“认识啊，您一下车，我就认出来您是这届的影帝洛依德先生。”“既然您认出了我，为什么始终表现得这样冷淡呢？”女工人淡淡地笑了：“不，不是这样的，我并没有冷淡，对每位客人我都是同样的态度，只不过您觉得我对您这样的大明星不够狂热罢了。可是您的成就虽然很大，我也有我自己的生活和工作，既然您是来修车的，您就是我的顾客，就算有一天您光辉不再变成了一个普通人，我还会这样接待您，这有什么不对吗？”

洛依德说不出话来，看着女工人走远的背影，沉默良久，然后充满敬意地道了声再见。离开的时候，他在心里默默地说：“谢谢您，是您让我认识到自己是多么浅薄。”

在这个充斥着各类名人的社会里，每天都有新的面孔受人追捧。我们也曾有过属于自己的偶像，可是不卑不亢的态度才符合有尊严的人生——我们承认他们的成就，可也不看低自己的价值。

幸福秘方

也许我们有一个聪明懂事的姐姐或者哥哥，也许我们有一个事业成功的父亲或者母亲，也许我们青梅竹马的伙伴如今已学业有成、富甲一方，可是我们永远不会变成他们，我们拥有自己独特的灵魂，只有从他们的光环里走出来，才能看清自己的价值。

金钱代表不了幸福

/

“人为财死，鸟为食亡。”
这句话生动地刻画出古往今来的人们为了追求金钱是怎样的不遗余力。
生活中，也不乏为了一份更高的工资夜以继日地拼命工作，
为了几个小钱争得面红耳赤的人。
其实，那些家财万贯一辈子也花不完的人，他们就幸福了吗？

/

金钱和幸福无关，感受幸福是一种能力。有的人拥有大把的金钱，脸上却写满了抱怨和不满；有的人生活在社会的最底层，即使只有一条老狗做伴却也悠闲自在、其乐融融。因此，在追求财富的时候，请不要忘记审视自己的内心，不要为了金钱错失生命中最珍贵的幸福。

当年，乔治还在柏克莱攻读博士学位时，有一位相当不错的朋友约翰也在那座城市。约翰已经结婚了，太太非常亲切和蔼，乔治常常去他家里做客。

那时约翰夫妇还在读书，收入微薄，可是他们的屋子温馨极了，两个人都喜欢陶瓷小玩偶，屋子里摆满了便宜却可爱的小瓷娃娃。乔治到他们家里去的时候，也常常会买一两个瓷娃娃带过去送给他们，他们总是非常开心。

乔治拿到博士学位后，就离开了那里。约翰的专业是有关传感器的，毕业后自己开了一家公司，用传感技术做一些防盗的器材。多年以后乔治去看约翰，到了约翰的办公室才发现，十几年来约翰的公司规模已经非常大了，是美国最大的安全系统公司，而约翰的身价已经超过4亿美金，几乎所有的汽车防盗系统都是他们公司的产品。

从公司回来，约翰请乔治到他们家里去坐坐。开车走了很远，一直到了纽约乡下的一座大庄园中，周围全是有钱人的房子。庄园四周并没有用墙围起来，可是不少地方立着牌子，上面写着：私人土地，闲人莫入。约翰告诉乔治，整座庄园都有3层红外线保护着，没有人可以随便闯进来，除非开飞机。

到了家里，约翰的太太还和当年一样和蔼，在门口微笑着迎接乔治，家里的装潢摆设优雅高贵，有不少中国明朝的瓷器，价格估计不菲，但是不如当年的瓷娃娃那样亲切可爱。约翰的女儿在市区上学，那一天天黑了还没有回来，夫妻俩都有点担心，乔治问怎么不打个电话问问，约翰苦笑着说："这孩子说厌恶有钱人的生活方式，不肯带手机，开的车也是一部旧的老爷车，经常抛锚。"

果然，到了晚上8点多，女儿打回电话来要约翰去接她，原来她的车子真的又坏了，现在在一户陌生人的家里休息。到了地方，他们看到那位陌生人是一个贫困的年轻人，住在一所破旧的小房子里，约翰的女儿笑着说："现在的人家里差不多都装了爸爸公司的安全系统，我根本走不进去，幸好找到了这所小房子，我想这房子肯定没装安全系统。果然，我走了进来，见到了这位善良的屋主，借用了他的电话。”

回到家里已经很晚了，晚饭在一张精致的长桌上进行，夫妻两个分别坐在两端，两个人离得很远，一位不苟言笑的仆人来回上菜。虽然饭菜很精美，餐具更是讲究，可是乔治心里却怀念起当年那个摆满瓷娃娃的小屋子，觉得还是那时候的饭菜更加好吃。到了睡觉时，约翰告诉乔治，夜里屋子的防盗系统会打开，没事最好不要出来走动，免得引响警报，有事可以给他打电话，让他解除系统，乔治点点头表示知道了。当约翰离开后，乔治不由得摇头叹了口气。

一年以后，《华尔街日报》上的一则消息引起了乔治的注意，约翰竟然将自己的公司和豪宅都卖掉了，自己留下一个零头，其余的钱成立了一个慈善基金，然后约翰就从商界消失了。

不久后，乔治收到了约翰的信，说他搬到了英国一个偏远的小镇，邀请乔治有空去做客。几年后，乔治去英国开会，约好了到约翰家去看看，下车后，约定的时间还没到，乔治就在小镇的街上闲逛，忽然见到一栋别致的房子，大大的落地窗里面摆满了各种各样的瓷娃娃。乔治心想这一定是一个旧货店，就推门进去，打算买两个瓷娃娃带给约翰夫妇，可是当乔治抬起头时，却赫然看到约翰在里面对着他微笑。原来，这不是一家店，而是约翰的家。

他们夫妇的招待一如既往地热情，谈话中，乔治问起为什么要卖了公司和房子搬到这个不起眼的地方来生活，约翰说：“这些年来，我越来越有钱，公司生意越来越好，可是我却觉得自己越来越像生活在一个监狱里，每次想起当年读书时候的生活，都很怀念。”夫妇俩相视一笑，约翰继续说：“这里的生活自由恬淡，我们在附近的学校教书，薪水也足够生活，平常出门都骑自行车，比以前真是惬意多了！”

乔治终于再次感受到当年约翰夫妇家中的温暖，离开的时候，约翰悄悄对他说，自己虽然捐出了几乎全部的财产，可是有一样东西，他是永远都不会捐出去的，乔治好奇地问是什么，约翰塞给他一张纸条，让他上了车再看。车开动后，看着约翰挥手的身影越来越远，乔治打开了纸条，只见上面写着：我的心灵。在回家的路上，乔治一直都在想：的确，这世上很多人什么都拥有，却失去了自己的心灵。

是啊，心才是最诚实、最重要的，当你从繁忙的工作中脱身，走在车水马龙的大街上，看着下班的人潮时，有没有那么一瞬间，觉得自己的忙碌是这样无足轻重，而自己的梦想和真正的愿望却因此越来越远了呢？

有两个墨西哥人来到美国，加入了淘金的人流，其中一个认为阿肯色河沿岸金子更多，另一个却决定去俄亥俄河寻找机会，于是二人在中途分道扬镳。

10年以后，去往俄亥俄河的那个人果然在那里发现了大量的金沙，他发了大财，建了一座码头，修了一条公路，将他落脚的地方，发展成为一个市镇，那里的商业和工业都得到长足发展，那个地方就是现在的匹兹堡市。

另一个去阿肯色河的人却没有那么幸运，自从两人分手后就再也没有传出任何消息，有的人说他早已回到了墨西哥，有的人说他已经死去多年了。

直到50年后的一天，一块重量达2.7千克的天然金块现身匹兹堡市引起了全世界的轰动，人们这才得知这个人的下落。事情开始于匹兹堡《新闻周刊》的一位记者对这块金子的跟踪报道。根据他的调查，这块巨大的天然金块“来源于阿肯色河沿岸，是一个年轻人偶然在自己房子后面的池塘里发现的。”而令人惊奇的是，据这位年轻人的祖父留下的日记，人们愕然发现，这块金子是被他祖父亲自丢进池塘里去的。

《新闻周刊》很快刊登出这位祖父的日记，其中最重要的一篇，也就是关于这块金子的一篇是这样写的：“昨天，我在溪水边又发现了一块天然的金子，比去年发现的那块还大。怎么办呢？要不要进城去卖掉它？可是，如果我卖掉它，那么成千上万的人都会朝这里涌过来，我和妻子亲手搭起来的木屋、我们辛辛苦苦开垦出的田地、我花了几年时间挖好的池塘就再也保不住了；我再也不能在傍晚时带着猎狗从树林里回来，点起火堆烤一串美味的山雀肉了；我也将失去这片甜蜜的树林和草原，失去天空和晚霞，失去上天赐给我的珍贵的自由和静逸。”

于是，这位祖父毅然把发现的金子又扔进了池塘里，这才有了50年后人们那惊讶的发现。

很多人都不肯相信这是一个真实的故事，其实，如果让我们在安宁幸福和金钱中选择的话，很多人会选择安宁幸福，但是如果让我们决定是否要扔掉那块金子的话，估计很少有人愿意选择扔掉。没错，这就是我们现在的生活，我们知道自己在追求幸福快乐，却总以为幸福就是那块金子，因而始终走不到真正的幸福身边。

幸福秘方

不要用金钱来衡量幸福，也不要把生活幸福的希望寄托在更多的钱上。那些一心以为当自己有了更大的房子、更好的汽车，将孩子送进最好的幼儿园以后，自己就会幸福的人，丢弃了原本在手中的幸福，一辈子都为了一个虚幻的假象而追逐着。我们，不做那样的人。

拒绝的勇气

/
对自己不愿意或者不能够做的事情，说“不”是一种勇气。
我们总觉得不好意思开口拒绝，怕扫了别人的兴，怕驳了别人的面子，
觉得人在社会上生存，不得不应付。
其实，“有所不为”不一定就会得罪人，懂得拒绝的人，
往往更能体现出品格的高贵和做人的原则，往往更能得到人们的尊敬。
/

每个人都有自己做人做事的原则，有些原则不能轻易更改，不论对方是什么身份，是什么地位，委曲求全只能让你成为沙堆中的一粒沙，而为了自己的原则说不的人，却能闪耀出宝石的光彩。

耶路撒冷有一家叫作“芬克斯”的酒吧，面积并不大，只有30多平方米，可是名声在外，美誉不断。

这家酒吧的主人名叫罗斯恰尔斯，是一个犹太人。有一天，他接到一个电话，对方很有礼貌，语气委婉地和他商量说：“我想明天到您的酒吧去坐坐，我有十几个随从，他们也将和我一起去，请问您届时是否可以谢绝其他客人？”罗斯恰尔斯没有任何犹豫，直接回答说：“对不起，您如果要来，我非常欢迎，可是我不能谢绝其他客人前来。”

打电话的人是美国的国务卿基辛格，他因为公务访问中东，在别

人的推荐下才打算去著名的芬克斯酒吧转转，可是被店主人拒绝了。于是他表明了自己的身份，再次询问说："我是最近来中东访问的美国国务卿基辛格，为了方便起见，希望您能考虑我的要求，一切损失我会承担。"然而罗斯恰尔斯依然保持着原来的态度："对不起，先生，您愿意到本店来是我的荣幸，但是我不能因为您的缘故，就将别的客人拒之门外，那是不可能的。"基辛格从来没遇到过如此对待，愤怒地挂掉了电话。

第二天黄昏时，罗斯恰尔斯又接到了基辛格的电话，对方首先为自己昨天的失礼诚恳地道歉，然后表示自己明天会和三个朋友一起前去，只需要预定一个桌子，不必影响别的客人。令基辛格惊讶的是，罗斯恰尔斯仍然拒绝了他的要求说："对不起，先生，明天是星期六，本店在星期六一向不营业。"

"可是明天是我在这里的最后一天，我马上就要回美国了，您不能破例一次吗？"罗斯恰尔斯的声音非常诚恳，也很抱歉："真的对不起，先生，我是一个犹太人，您知道，星期六对我们来说是一个神圣的日子，这一天我不能营业，否则是对我心目中的神的玷污。"

这就是著名的芬克斯酒吧和酒吧的老板罗斯恰尔斯，作为一个只有30多平方米的小酒吧，它竟然连续多年被美国《新闻周刊》列为世界上最好的15个酒吧之一，享有令人惊讶的盛誉，其中的原因，了解它历史的人，想必都能理解了。

拒绝常常被误认为是不友善的表现，但是有的时候它的价值却是难以估量的，它透露出人的自尊自重，也透露出人生的洒脱自由，就算受到一时的不欢迎和责难，可总有一天它会证明自己的意义。

李诚刚参加工作不到一个月，还没有发工资，刚好姑母路过这个城市来看他，这时他身上只有30块钱，原本是自己这几天的生活费，此时只好全部拿出来，陪姑母在街上逛了逛。

到了吃午饭的时候，李诚一心想找一个便宜点的小店吃点东西，可是姑母却希望到一家看起来华丽高雅的餐厅吃饭，李诚没有办法，只好硬着头皮跟姑母走了进去。坐下来以后，姑母询问李诚想要吃些什么，李诚心里想着点最便宜的菜，可是嘴里却不由自主地说：“随便什么都可以，您点吧。”看着姑母点了两个价格不菲的菜，他心里越发紧张起来，摸着兜里的30块钱，神不守舍地想着这该怎么办才好。这些钱肯定不够，怎么办呢?

因为担心，李诚连饭菜是什么味道都没吃出来，可是姑母仿佛没有看到李诚的坐立不安一样，不停地称赞菜做得非常美味。终于到结账的时候了，服务生拿着账单直接给了李诚，李诚满脸通红，手放在自己的兜里怎么也拿不出来。这时，姑母笑着接过账单付了钱，然后看着李诚的眼睛，认真地对他说：“这就是我来这里看你的目的，孩子，你的母亲一直很担心你，因为你从来也不懂得说‘不’。今天，从站在餐厅门口到点菜，我一直在等你说‘不’，可是你却一忍再忍，始终不肯说出来，这是为什么呢？孩子，你要知道，有的时候，只有说出这个‘不’字才是最好的选择，懂得拒绝，也是一种勇气和智慧。”

在力所不能及的时候，要趁早说“不”，否则不但自己陷于尴尬的境地，也不见得能换来别人的好感，说不定还会得到个“不自量力”的评价，岂不是吃力不讨好？

幸福秘方

生活中有很多应酬其实可以不去，有很多琐事其实可以不做，我们一定要为自己留下一片空间，为自己的愿望、自己的家人留下一片空间，那片天地是我们的幸福所在，不应该为任何事、任何人让步，在该拒绝的时候，勇敢地说“不”吧！

喜欢的才是最好的

《大学》中有句话说，“好而知其恶，恶而知其美者，天下鲜矣”。
的确，爱孩子的母亲从不觉得自己的孩子丑，
而见到一个讨厌的人你也不会欣赏他漂亮的新发型。
我们不喜欢的东西，事实上不见得它就不好；
可是另一方面，对于我们自己来说，只有自己真正喜欢的，才是最好的。

这一天，一个学生满脸怒气地走进了杰恩老师的办公室，对杰恩抱怨说：“班里那个比尔真是讨厌极了，做什么都喜欢和我比，而且喜欢讲话，让人听得快烦死了！”

杰恩笑了笑，这已经是这个学生第四次对自己抱怨比尔烦人了，于是他对学生说：“你喜不喜欢吃香蕉？”学生愣了一下，莫名其妙地回答说：“不喜欢，不过我喜欢吃苹果。”“那么你是不是觉得苹果比香蕉好呢？”“那当然了，苹果比香蕉好吃。”“那么，世界上有没有喜欢吃香蕉的人呢？”杰恩继续问道。学生越来越纳闷，但还是回答说：“当然有了，很多人都喜欢吃香蕉。”“那你是不是觉得喜欢吃香蕉的人都错了呢？”学生看着杰恩不说话，过了一会儿才说：“当然不是，谁都有自己喜欢吃和不喜欢吃的东西，没有什么对错的分别。”

杰恩笑了笑，又问道："你喜欢吃苹果，那么如果你的一位朋友到了你家里，你会请他吃吗？""会啊。""你不担心这个朋友其实不喜欢吃苹果吗？"听了这句话，学生不理解地看着杰恩："那很简单啊，先问问不就行了。"杰恩哈哈笑着对学生说："那就对了，你懂得很多。你不知道，有很多人都不明白这个道理，他们总是以为自己不喜欢的就一定是不好的，自己喜欢的别人也一定会认为是好的。比尔的事情，其实也是一样的。"

学生沉思了良久，终于明白了杰恩的意思，默默地离开了办公室。从此以后，杰恩再也没听到他抱怨比尔。

有些东西我们不喜欢，就觉得它一无是处；而有些东西我们喜欢，就觉得它好极了，以为谁都会喜欢。其实，不论面对什么人或事，我们心里都要明白：喜不喜欢和好不好并不是一回事。

这一天是苏珊近几年来最快活的一天。她在一个偏远的街区租下一间很小的阁楼，阁楼非常狭窄阴暗，可是当她坐在里面的时候，却满心幸福，然而这幸福只持续几个小时就结束了。

一直以来，苏珊都很羡慕自己的同学罗琳。罗琳的父亲是一位剪草坪的工人，家里并不富有，去年当苏珊到罗琳家里为她过生日的时候，发现罗琳住在房顶一间小小的阁楼里。过完生日以后，天已经很晚了，她们两个就挤在那间阁楼里，打开罗琳小小的衣柜，拿出她那些五彩缤纷的衣服一件一件试穿。罗琳是不久前才移民到美国的，她的衣服质量虽然都不怎么样，做工也很简单，但是样子都很特别，苏珊好奇极了，每一件都试穿了一下，房间里没有镜子，她们就彼此用眼睛来评价这件衣服的效果。

后来，苏珊发现罗琳还会自己配制香水，那是她跟她的母亲学到的本事，她配制的香水闻起来甜甜的。那一天，苏珊和罗琳玩到很晚才睡，躺下以后，苏珊忍不住想：罗琳多幸福啊，她在自己的家里生活，可以随便带自己的朋友回来尽情玩闹，多晚睡都可以，想笑多大声就笑多大声，想穿哪件衣服就穿哪件衣服，她的生活是多么自由自在啊。

苏珊想到了自己的生活，自从一年以前搬到了新房子里，不管她走到哪里，身边总是有人形影不离地跟着她，在房子里也总是有陌生的人出入和守护，她觉得自己就像生活在一座透明监狱里的囚犯一样，没有任何自由，每时每刻都被人监视着。有时候，她遇到好笑的事情大声笑起来时，马上就有人来告诉她，这很不合适，不符合她的身份；有时候她想像同学们一样穿一条蓝色的紧身牛仔裤，也很快就有人批评她这不可以；过生日的时候，她想邀请自己的同学们来玩闹一下，却被无情地拒绝了；就连她想一个人去看一场热闹的橄榄球比赛也是不能实现的。

这样的生活有什么意思呢？苏珊厌恶极了。于是，她逃出去了。她租下一间破旧的阁楼，她想：我总算可以像罗琳那样幸福快乐地生活了。她发出了欢快的笑声，忍不住在阁楼里跳了起来。可是，这难得的幸福只持续了短短几个小时，守卫们很快又找到了她，将她带回自己好不容易才逃出去的家里，那个家的名字叫白宫，而她——苏珊，是美国第38任总统杰拉尔德·福特的女儿。

“那是很好很好的，只是我不喜欢。”某部小说的结尾这样写道。是啊，有权有势的父母、高大华丽的房子是很好，可是如果你心里想要的其实只是几个简单的朋友、一点小小的自由，那么再华丽的房子也不会让你高兴。

幸福秘方

不要为了父母的主张、社会的潮流而轻易放弃自己的愿望：如果你爱的是一个天真的打工女，就不要选择那个聪明的白领丽人；如果你喜欢的是弹钢琴，就不要一门心思去考律师证。因为，无论是什么，只有你喜欢它，它对你来说才有价值，它才会让你感到发自内心的幸福。

抱怨不如改变

/
你身边是否有这样的人？
每天总是有很多不满的事情，大事小事都喜欢抱怨一番，
路上堵车要抱怨，天上下雨要抱怨，工作出错了要抱怨，就连饭菜不合口味也要抱怨。
其实，这些都是再小不过的事了，姑且不论值不值得的问题，
就算值得，可抱怨除了让人厌烦，对事情本身有什么帮助呢？
/

我们不能保证生活处处如意、一帆风顺，可是面对不如意，抱怨只能惹人讨厌，不如试着改变，想一想怎么才能让它不再发生，怎么才能改变现状，走出更好的路。

有一次，詹姆斯从苏黎世飞到纽约，邻座是一位投资商。随着交谈逐渐深入，詹姆斯得知他为一家规模不大的科技公司投入了大量资金，却始终得不到收益，这位商人谈到这件事，愤愤地抱怨说：“那科技公司的老板真是要把我气得吐血才肯罢休。”然后就一直对詹姆斯发牢骚说这件事是多么令人心烦，詹姆斯问他这件事已经烦扰他多久了，他说有好几个月了。

詹姆斯很惊讶，因为这位投资商是商界鼎鼎有名的富翁，资产有几千万美金，在瑞士有一栋令人艳羡的别墅庄园，他的妻子美丽贤惠，

还有三个活泼健康的孩子，可是他却抛开了所有这些事情，为一家小小的投资公司而烦恼了几个月。詹姆斯想了想，其实生活里这样的人挺多的，很多人很多事都很容易让人感到不满意，尤其是对方不懂得体谅别人反省自己错误的时候，更加令人烦恼。

于是詹姆斯讲了一个故事给这位富商，这是一个很古老的寓言：有一个船夫划船到河对面运送货物，天气很热还遇上逆风，船夫汗流浃背、疲惫不堪，他一心想着要赶紧划到对岸去休息一下，然后赶在天黑之前回到家里。

正在这时，前面过来了一条小船，顺风顺水，速度很快，直直地迎着自己的船驶了过来，眼看就要撞上了，对面船上的人却似乎没有看见前面有船一样，没有做出任何避让和转弯的行动。船夫生气极了，对着对面的小船大声叫骂起来："快点让开！你这个蠢瓜！再不让开就撞上来了！快点让开！"

可是对面小船上的人却毫无反应，仍旧飞速驶了过来。船夫急了，一边怒骂一边试图躲开，可是这时已经太迟了，两条船重重地相撞了，船夫差点被撞下船去。他对着对面的小船咒骂起来："你到底会不会划船！就这么直直撞到我的船上，难道你的脑子坏了不成？"当他一边骂一边仔细观察对面的小船时，才发现船上根本没有人，原来这是一条缆绳松了，顺流漂下来的空船！

讲完了这个故事，詹姆斯对着兀自想着故事含义的富商说道："也许造成你恼怒的，只是一条空船罢了，既然对方根本不会为自己的过错反省或者改变，你又何必为了他烦闷甚至失眠？其实你只是在不停地强化对方对你的伤害罢了。”

富商想了一会儿，转头对他说：“你说得没错，其实这些天来，我在责备自己的失误，是我用人不当，做出了错误的投资判断。”然后他笑了笑，看着詹姆斯说：“谢谢你，我想既然我知道这是个错误，就应该趁早结束这件事，卖掉那间公司重新开始。”

詹姆斯微笑了起来，在接下来的旅途里，他终于不用再听抱怨，而可以聊些轻松愉快的话题了。

面对别人犯下的错误，一味地沉浸在指责和愤怒中，只能使你一再错失挽回失误的机会，你可以选择再也不和犯下错误的人共事，但是面对已经发生了的事，切勿在抱怨中浪费时间。

幸福秘方

从现在开始，停止我们的抱怨吧，抱怨会赶走原本已经到来的机会，会浪费有限的时间，会使我们变得惹人厌烦，会使生命失去意义。我们没有时间为昨天路上的一个坑洼而烦恼，因为我们要忙着为明天铺路。

别让幸福在抱怨中溜走

/
曾经有一个小女孩喜欢吃鱼，却每次都抱怨说："为什么鱼要长这么多刺？"
妈妈因而批评她："鱼不是生来就为了让你吃的。"
生活中有这样抱怨的人其实很多，那为什么我们不能赞叹鱼肉的鲜美可口，
感谢世界上居然有鱼可以吃，而要盯着肉里的几根小刺呢？
/

大多数时候，为了一些琐事而抱怨不休的人总是没有朋友，这是非常自然的，我们都有亲近快乐、远离烦恼的本能，谁会愿意整天和一个让自己感到生活充满不幸的人在一起呢？

两年前，小丽和丈夫来到了深圳，在这个大城市里立下了脚。可是不知从什么时候开始，她发现丈夫和她说话越来越少，每天一回家就上网打游戏、聊天或者看电视，对于小丽一边做家务一边唠唠叨叨充耳不闻，好像没听见一样，既不回应，也不发表意见。

小丽心里开始慌张，难道丈夫已经不在乎自己了？曾经他们是公认的恩爱夫妻，可是现在却像陌生人一样，一天到晚说不了几句话，难道10年的婚姻，最后就是这个结果？

终于有一天，小丽实在忍不住了，对着专心看电视对自己的问话毫

不理睬的丈夫问道："你为什么变成这样了？我说话你总是假装没听见。"丈夫看着小丽，仿佛也憋了很久似的，非常坦白地说："我受不了你整天唠叨抱怨，自从来了深圳，你就像换了个人，没有一天不抱怨的。以前没房子你抱怨没房子，后来我们赚了钱买了这个房子，你又抱怨房子太小，离上班的地方太远。我每天上班也很累，可是一回到家，你只会对我唠叨，从来也不体谅一下我的感受，我觉得这种生活实在太没意思了。"

小丽愣住了，她回想了这两年来自己的行为，的确，她是一个什么事都喜欢说出来的人，一向心直口快，从内地来到深圳，生活环境和社会风气的改变都很大，她非常不适应，每次遇到邻里纠纷、同事不和甚至上班堵车等小事都要回来对丈夫抱怨一番。她心里其实并没有很认真地去想，现在回想起来，那些抱怨听在丈夫的耳朵里，无疑是在埋怨他没本事，挣不到钱。想起刚才自己说的话题，朋友在市中心买了100平方米的大房子，上班很近而且购物方便；再看看自己镜子中怨气冲天的脸，怪不得丈夫不爱搭理自己。原来，自己不知不觉已经变成惹人厌烦的样子了。

仔细想了一夜，小丽决定调整自己的心态，再也不埋怨生活中的那些小事了，每天回到家，总是有意让自己想一些高兴的事情，和丈夫谈论单位的趣事，或者商量一下要不要给卧室增添几件饰物等。果然，丈夫的态度越来越柔和，有时还会兴致勃勃地拉着她去逛商场，回来一起布置房间。没过多久，小丽发现这种有意的努力渐渐变成了习惯，镜子中的自己，渐渐从怨妇的形象中解脱出来，重新做回了当初那个明丽的小女人。

是啊，快乐的人就像一块磁铁，会吸引别人不由自主地靠近他，而满脸乌云的人，就像一堆垃圾，每个人都恨不能离得越远越好，家庭中是这样，社会上也是这样。

一天，爱因斯坦在街上遇到了一位老朋友，朋友看着他身上破旧的大衣说："爱因斯坦，我看你需要买一件新大衣了，你看你这件实在是太旧了，你不觉得丢人吗？"

爱因斯坦无所谓地耸了耸肩膀说："有什么必要吗？反正纽约也没几个人认识我。"

几年后，这位朋友再次在街上偶遇爱因斯坦，这时他已经成为世界知名的大人物了，可是仍旧穿着当年那件破旧的大衣，朋友忍不住再次劝说道："爱因斯坦，你确实应该去买一件新大衣了，这件太旧了。"

爱因斯坦依旧耸了耸肩膀回答说："有什么关系呢？反正纽约的人们已经都认识我了。"

当我们为了出门要穿什么衣服而大伤脑筋，为了买不起商场里那件漂亮的大衣而闷闷不乐时，不妨也像爱因斯坦这样豁达地笑一笑，去寻找生命中更加重要的东西。

有一位夫人，几年来一直对来家里做客的朋友抱怨对面邻居家的女主人实在是太懒了："你看，她每次洗衣服都洗不干净，上面老是留着那么多斑点。我真是不明白怎么有女人可以懒成这样。"直到有一天，一位朋友仔细看了看对面邻居晾出来的衣服，忽然转身找了一张纸，将这位夫人家里的窗户仔细擦了擦，把玻璃上的灰尘都擦掉了，然后笑着对夫人说："你看，这样是不是就干净了？"这位夫人愣住了，原来，这几年来，一直是自己家的窗户上有污点，而不是别人的衣服没洗干净。

西方有句经典的话：当你觉得别人都用带着针一样的眼睛看待你时，那是因为你看待别人的眼中有一根横梁。是啊，我们常常抱怨别人这里或者那里做得不好，可是反思一下，难道我们自己就做得那么好吗？

幸福秘方

幸福是窗外的一片风景，而斤斤计较的小抱怨，就像我们心灵窗户上的小污点，一点两点并不起眼也没有影响，可是当整个窗户上都布满污点时，目光落处都是灰色，你又怎么能看到外面其实春光正好呢？擦去那些抱怨吧，让幸福之光透进心房！

爱让幸福变得真实

/
托尔斯泰曾经说过：“幸福的家庭都是相似的，而不幸的家庭各有各的不幸。”
是啊，每个幸福家庭中都有相亲相爱、互相扶持的夫妻，
家庭就是两个人用心培育的一个花园，
就算有风雨，就算有害虫和杂草，也不能影响整个花园充满芬芳和艳丽。
/

在我们的生命中，爱人无疑是陪伴我们最久的人，家庭是我们一生中最重要的依靠和归宿，回到家中是否能感到安详快乐，决定了我们的整个人生是否幸福。

她是一个很贤惠的女人，从结婚的那一天起，每天努力操持家务，关心家里老小的起居饮食。

她每天总是天刚亮就起床了，然后买菜做早饭，收拾屋子，为丈夫和孩子准备好上班上学要带的东西，中午下午她总是变着花样做出可口的饭菜来，然后认真地把锅碗瓢盆都洗刷得干干净净。

到了晚上，当丈夫看电视，孩子也认真做作业的时候，她都会用一块抹布把所有的桌子、柜子、玻璃擦干净，然后再把地板拖了，一心要保证家里哪里都一尘不染，觉得这样才算是做到了一个好妻子的本分。

她的丈夫也是一个不错的男人，不抽烟不喝酒，每天起早贪黑地工作，准时上下班，一回来就会督促孩子做作业，每个月的工资都交给她来保管。

她总是想着，自己这样的生活应该算是很幸福了，但是她心里知道，她一点也不快乐，因为她觉得丈夫不理解自己，她也从他那里感受不到温馨和甜蜜。

她常常想，也许是自己做得不够好吧，于是她更加努力，把房间收拾得更加整洁，把饭菜做得更加好吃，可是他们的婚姻还是如同一潭死水一样安静却沉闷。

这一天，女人又用心地拖着地板时，正在看电视的丈夫忽然说：“老婆，这首歌很好听，来陪我听一会儿。”

她正想习惯性地拒绝说自己还没收拾完屋子呢，可是忽然如同电光火石一般，心里一下子惊醒了，就在这一刻，她忽然明白了自己为什么总是觉得婚姻并不幸福，那是因为丈夫需要的不是一个一尘不染的房子和一顿精致的晚餐，而是一个可以和他一起享受生活、陪伴在他身边的妻子。

于是她第一次放下了手里的拖把，静静地坐在丈夫身边，陪他听完了那首优美的歌曲。

当歌曲结束了，丈夫看着她微微一笑的时候，她终于明白了，干净整洁并不重要，在家庭和婚姻中，彼此陪伴、彼此需要才是最重要的事情。爱对方，就要明白对方真正需要的是什么，不能自己一厢情愿去付出，却不管这是不是对方想要的。

有的时候，我们需要做的仅仅是在爱人身边陪他听首歌，和他一起看场电影，一起逛街吃个冰激凌那么简单的事，不需要为了挣钱拼命努力，也不需要那么整洁干净，相爱相伴的感觉才是家庭中最美的事情。

男孩和女孩结婚不久，每天下了班，他们总是一起去买菜，然后回到家里做顿简单的饭菜，一边吃一边看电视。每次看电视的时候，男孩总是让女孩来挑台，她想看什么，他就陪她看什么，常常看到一半女孩正高兴的时候，却发现一旁的男孩已经睡着了。

每天买早点的时候，女孩总是问男孩想吃什么，男孩每次都笑着说什么都可以，你想吃什么就买什么。他们偶然也会一起出去到西餐厅吃饭或者喝杯咖啡，男孩也总是让女孩来挑，自己总是说随便，然后让女孩点两份自己喜欢吃的。

刚开始的时候，女孩觉得很满足，可是时间长了，她开始觉得不对劲。终于有一天，当他们在饭店吃饭时，女孩执拗地要男孩来决定今天吃什么，男孩依旧说随便，女孩生气起来："难道和我一起生活就这么没意思吗？你就没有自己想吃的东西，想去的地方吗？为什么每次都要让我来拿主意？"

男孩愣住了，过了良久，才慢慢说："不是，我当然有自己想吃的东西，想去的地方。可是我爱你，我总觉得你应该得到世界上最好的一切，然而我还没有能力，我答应了带你去旅行，可是两年了都无法实现，我想为你买一个大房子也买不起，我觉得嫁给我你已经很委屈了，所以日常生活中，我尽量满足你的每一个小小的愿望，不论你想吃什么，你想去哪里，只要我能做到的，都会尽力让你实现它。就像今晚一样，你想吃点什么呢？”

女孩愣愣地听着这番话，眼泪从笑着的嘴角上慢慢滑落下来。

是啊，在两个人的相处中，有时对方的做法看起来会让你觉得不可理解甚至生气，但是当你了解了就会知道，也许那才是一份真爱的表达。

幸福秘方

爱情是婚姻的基础，但是爱情有时并不能带来幸福的婚姻，因为家庭的花园不是有了种子就能够茂盛生长的，它需要精心呵护，需要随时浇灌。营造一个幸福的家庭其实很简单，只需要我们用心去听，去关注对方说了些什么、需要的是什么。

留出一段生命的距离

/

人们常说，距离产生美。

的确，远观一朵花时也许觉得它精致无瑕，可是仔细看了，才发现花瓣略有残缺；

和一个人做普通朋友时觉得他开朗坚强，可是一旦走得近了，就看出他其实粗心莽撞。

正因为有了距离，我们才会觉得世界很完美。

/

无论多亲密的朋友，适当的距离都能保持人与人之间的神秘感，让你显得更有魅力；面对普通人或者陌生人，合适的距离也能体现出你对别人的礼貌和尊重。无论是追求爱情、友情，还是日常交往的顺利，留出一段生命的距离都是智慧的选择。

还在读大学时，有一年老师带学生们去农场参观。到了果园里，看到果农正在施肥，令学生们奇怪的是，他总是在离果树将近两米的地方挖坑然后埋下肥料。孩子们纷纷询问，为什么不直接埋在果树下面？那样多直接省事啊。

果农呵呵笑了起来，对孩子们解释说："把肥料直接埋在果树根部的泥土里面会导致果树的根无法长大长深，这样整棵果树都会受到影响，长势不好。"

他们还是不理解："这是怎么回事呢？把肥料埋在根部，果树吸收养分岂不是更加容易？这样应该是有利于它的生长才对啊，怎么反而会长势不好？"

果农看了看果树，语气诙谐地说："果树和人一样，不能总是过着衣来伸手、饭来张口的生活，这样只会让它失去追求，逐渐堕落。"看着孩子们莫名其妙的样子，他继续解释说："你们想啊，如果把肥料直接埋在根下面，这些根不用继续生长就可以吸收到养分，那么它们还会继续努力向深处生长吗？我把肥料埋在远处，就是为了让果树有一段距离去追求，就是这段距离给了果树目标，让它有动力往更远更深的地方生长，才能长成一棵健壮的大树。"

说完，果农面对恍然大悟的孩子们笑着打趣说："孩子们，其实你们也是一样的啊！"

我们的人生也像果树一样，太接近自己的目标时反而会使我们失去前进的动力和过程中的快乐，正是距离带来了无限的憧憬和幻想，带来了努力奋斗的渴望，因而人生之路才会变得充实有意义。

很多年以前，田晓玉还是一名初中老师，可是一封信改变了她的人生。

那一天，邮递员送来一封信，信上没有署名和寄信人的地址，只写了田晓玉的地址和名字。看了信，她不由得皱起眉头，因为整封信的内容都是在说她是如何去误人子弟，写信的人给她起了一连串难听的绰号，将她称为教师里的败类、害群之马。

当时田晓玉刚参加工作两年多，只带过一个班级，从这字迹和说话的语气，让她很快断定，这一定是那个刚刚毕业，名叫张力的学生写的信。当初田晓玉曾多次在全班同学面前批评过他，现在想来，有那么两次自己的言辞的确有些过分了，难怪他一肚子的怨恨。

虽然知道这封信不过是张力的偏激之词，可田晓玉还是仔细地反省了自己的性格和那两年来的教学点滴，结果竟然觉得，也许自己真的不适合当老师。刚好不久之后朋友做生意拉她入伙，她便毅然辞职下海做起了生意。

几年以后，田晓玉的生意做得很有起色，拥有一家不算太小的企业。有一天，当田晓玉从公司门口经过时，意外见到了毕业很多年的张力，他正在等公交车，见到了田晓玉，就像弹簧一样一下子跳了起来，满脸通红地走过来，结结巴巴地说：“田老师……好久不见……您好。”

田晓玉笑着拍了拍他的肩膀说：“你这小子，毕业这么多年了一点儿消息也没有，从来也不给老师写个信什么的，太没良心了。”

张力低下头，低声说了几句对不起。随着老师的玩笑，他原先的紧张渐渐消失了，可能是以为老师并没有收到他的那封信，或者老师并不知道信是他写的，聊了一会儿后，就说要请晓玉吃饭。

吃饭过程中，田晓玉了解到张力大学毕业后还没有找到合适的工作，而且他的专业刚好是她的公司需要的，就笑着说："当初全班就数你脑子最灵了，要是你不嫌弃我公司小，就到这里来干吧，怎么样？"

张力听了激动不已，一个劲拉着老师的手说谢谢。

第二天，他就正式到田晓玉的公司来上班了，也许是出于对当年写信骂我的愧疚吧，他工作非常上心，成绩出色，在公司上上下下都得到了不少好评，田晓玉也越来越器重他，逐渐给他升了职，涨了不少工资。

那封信的事在她心里也早就淡去了，她知道那只是一个孩子的年轻冲动，算不了什么。

可是两年以后，在一次喝酒的时候，田晓玉开玩笑地对张力说："张力啊，你感谢我，其实我也要感谢你呢，当年要不是你提醒了我，说不定我直到现在也还在学校里误人子弟呢，哪能有现在的成就。"

田晓玉说的这些也是心里话，丝毫没有讽刺的意思，然而话音一落，她就看见张力的脸一下子涨红了，张大了嘴却没说话，待了半晌，找了个理由便离开了。

第二天，张力没有来上班，以后也没有出现，他就这样不告而别了。田晓玉一直不能谅解他，心想自己都原谅了他，他又何必耿耿于怀呢？

直到有一次田晓玉从报纸上看到这样一句话，才明白过来：人和人之间总是有一段距离的，就像一层窗户纸一样，透过这层纸，一切都很美好，可是一旦你把它捅破了，就会发现房间里到处都是灰尘。每个人心中都有一些隐藏着的秘密，我们可以将它留在心底，也可以选择心照不宣，但是一定不能说出来。

可惜当田晓玉看到这句话的时候已经太迟了，之后，她再也没有见到过张力，每次想起来，都觉得一阵遗憾。

是啊，很多事情埋藏在心里对大家都好，一旦说出来，就变成了不得不面对的事实，不得不解决的问题。谁都有生命中的伤疤和秘密，切勿因为自觉亲密无间就擅自越过那段距离揭开别人的内心，从而带来无法弥补的伤害。

幸福秘方

玫瑰是美丽的，可是当你试图摘下它，往往会刺伤手指——那是它保护自己的方式。我们也一样，不要对爱人的过去刨根问底，也不要对朋友的私事太过好奇，既然我们自己也有心底不愿意告诉别人的小秘密，为什么不能留给别人一段可以自由呼吸的距离呢？

放弃也是一种收获

/

种田的人不会心疼撒在地里的种子，因为如此才能长出更多庄稼；
种树的人不会为花朵凋谢而悲伤，因为如此才能结出丰硕的果实；
钓鱼的人将小鱼挂在钩上，才能引来大鱼上钩。
“鱼和熊掌不可兼得”，没有放弃，哪来更大的获得？

/

“舍得舍得，有舍才有得”，这句俗语中隐藏着几千年来人们从生活中总结出的智慧。我们的目的常常是收获什么，可是为了赢得这收获，首先便要学会放弃。

前段时间，在电视上看了一个娱乐节目，获益匪浅。

在节目中，主持人选取了若干名观众参加活动，活动的内容是数钞票。主持人给每位参与者都发了一大沓币种不同面值各异的钞票，让大家在三分钟内进行点算，时间到了时，谁数的钱最多，而且数目准确，那些钱就是谁的。

节目中有四位参与者，当主持人公布比赛规则时，大家显得异常激动，数钱是多么简单的事情，三分钟的时间，就算数不出几万来，能数几千也是一笔不小的收获啊。

计时开始后，场下的观众目不转睛地看着台上的四个人紧张地拿着手里的钞票埋头点算，现场充满了刺激和兴奋的气氛。在这过程中，主持人还会分别给几位参赛者出几道脑筋急转弯的题目，只有答对了的人才可以继续数下去，题目都很简单，目的在于搅乱参赛者的思维，让他忘记刚才点算出的结果。

三分钟很快过去了，每位参赛者手里都握着一沓钞票，还有一张纸，上面写着他们数出的这叠钱的数额。第一位是3875元，第二位是6378元，第三位是4331元，而第四位却只有1120元，听到第四位参赛者三分钟只数出了这么点钱，台下一片哄笑，大家都想，第四位参赛者脑子一定不好使，怎么才数了这么点钱。

紧接着，主持人当场开始验算这四位参赛者手中的钞票数额，正确的结果是：3865元、6298元、4326元、1120元。大家都愣住了，前面三位的数额虽然大，可是他们都数错了，而第四位参赛者得出了正确的数字，最终，他获胜了，得到了那1120元的奖金，而前面三位数错了的参赛者却白白忙活了三分钟。

主持人拿起话筒，微笑着对大家做了最后的解说：“从这个节目创办以来，所有参加比赛的人，从来没有一个人能数出超过1500元的钞票，钱越多，就越容易出错，因此那些一心想多数出一些钱来的人，总是会输，只有那些懂得适可而止的人才能赢，虽然他们手里的钱不多，不过比起白忙一场来说，还是聪明得多的选择，不是吗？”台下的观众面对这样令人惊讶的结果沉默了很久，然后渐渐醒悟过来，都站起来为第四位参赛者鼓掌。

我们小时候听过的狗熊掰苞米的故事，不也是同样的道理吗？一个劲儿地掰下更多来，却忘了自己根本拿不了那么多，一通忙活过后，其实怀里剩下的，还是那么一个而已，倒不如小心顾好自己手里这几个，说不定能多拿一些。

杨振宁从小就喜欢物理，一心想在实验物理方面做出成就。1943年，他留学美国，3年后进入了芝加哥大学，跟随费米教授攻读研究生，希望能写出一篇出色的实验物理论文。

当时，费米教授忙着在阿贡国家实验室里进行一项军事研究，杨振宁作为一个刚刚到美国学习的中国学生是不被允许进入阿贡实验室的，于是在费米教授的推荐下，杨振宁跟随芝加哥大学物理系的艾里逊教授进行实验研究，同时跟泰勒教授做一些理论方面的研究。

艾里逊教授的实验室中有一台40万电子伏特的加速器，在当时是非常先进的，可是杨振宁作为这个实验室里的6个研究生之一，他的实验进程却异常艰难。

在做实验的过程中多次发生爆炸事故，一年半以后，实验室里最流行的笑话就是：有爆炸的地方，一定就有杨振宁。而杨振宁自己，也不得不在接连的失败中承认，自己确实不善于动手，操作能力远远不如别人。

有一天，被称为美国氢弹之父的泰勒博士对跟着他进行理论学习的杨振宁说："看你的样子，最近的实验是不是很不顺利？"

杨振宁羞愧地低下头回答："是的，教授，很不顺利。"

泰勒博士诚恳地对他说："其实，你目前已经写了一篇有关理论的论文了，我觉得你似乎可以把这篇论文扩充一下，就作为博士论文，我愿意当你的导师，你为什么非要写实验方面的论文呢？"

听了这番话，杨振宁心里五味杂陈。他既觉得自己确实在做实验方面能力不足，可是就这样放弃又不甘心。

杨振宁的心愿是希望在实验方面有所建树，也为之努力了这么多年，想写出一篇成功的实验论文来达成自己的理想，如果要一下转向理论方面，就等于让自己放弃坚持了这么久的愿望，实在不是件容易的事情。于是他感谢了泰勒博士的关心，表示自己要考虑一下。

离开实验室后，杨振宁想起了自己小时候的事情。

有一次，他在手工课上用橡皮泥捏了一只小鸡回去向母亲炫耀，母亲却微笑着称赞说："好极了，这段藕实在是太像了。"

类似的往事在记忆中有很多很多，终于，他下定决心，既然自己确实动手能力不足，就不必在这方面继续浪费时间。

第二天，杨振宁接受了泰勒博士的建议，毅然放弃了实验论文的想法，把研究方向转向了理论方面。

1957年，他终于获得了成功，与李政道因共同提出"宇称不守恒理论”而获得了那一年的诺贝尔物理学奖。他在粒子物理学、统计力学和凝聚态物理等领域做出了里程碑性的贡献。

选择，本身就意味着要放弃另外一些东西。有时没有选择反而是更好的选择，没有退路反而是更好的出路。放弃坚持了很久的选择是很困难的，不然也不会有“割爱”这个词了，可是就算像割肉一样痛苦，我们也不得不拿出这样的勇气和胆识来——为了长远的利益和更好的未来。

幸福秘方

面对一点小小的损失不要悲伤，需要付出一些代价的时候也不必犹豫，因为失之东隅总会收之桑榆；选择众多的时候不要盲目追逐最多，幸运接踵而至的时候也不要妄想全部收入囊中，因为我们的精力有限，只有放弃小的，才能握住大的。

你的好奇让世界更美妙

/
蒙着面纱的女郎更容易让人觉得迷人，
前路未知的探险游戏也总是吸引大批年轻人热衷参与，
其实，生活的道理很平凡，人们对自己彻底明白的东西总是没有太多兴趣，
而对那些并不了解、掺入了想象的未解之谜却有着浓厚的兴致，
这是因为，我们都有一颗好奇的心。
/

把握住人们好奇的本性，懂得适当的遮掩比敞开更有吸引力、更能显得有深度，是使我们显得与众不同、内涵丰富的小窍门，也是创造新意，使生活充满乐趣的不二法门。

印度有一座加娜庙，庙里地方不大，可是绿树成荫、红墙碧瓦，景致非常优雅。

加娜庙的庙门很宽大，站在门口就能对庙里的景观一览无余，因此，来观光的游客总是在门口张望一下就离开了，很少真正走进庙里。由于游客越来越少，加娜庙终于在无奈之下关门了，在门上挂上了一把大锁。

不久之后，奇怪的事情发生了，当游人经过这里时，总是会对这个门上挂着大锁的庙感兴趣，想知道这扇门里面到底有什么，于是常常有

人站在窄窄的门缝外朝里窥探，而别的人看到这种情况，对庙里的情况就更加好奇起来，因此在门缝前面探视的人越来越多。

当地的和尚也想不通人们到底在看什么，他们也试着从门缝朝里看，可是门缝实在太窄了，目光几乎全被门口的几棵大树挡住了，只能在树枝的空隙里隐隐约约看到里面殿堂的影子、几小片普通的地砖和一个红色的墙角，这都是再常见不过的景致了。

但就是这普通的景色，游人们却常常乐此不疲地在门口张望，仿佛只要多看几回，就能看清楚里面到底有什么一样。一些游客的举动，吸引了越来越多的游客在门口探视。

和尚们仔细数了数每天到底有多少人会扒着门缝朝里面看，结果把所有人都惊呆了，因为一天到晚在门口窥探的人数远远超过过去庙门大开时一个月的游客数目，有时人太多了，人们甚至要排着队在门缝张望。

看到这个情况后，加娜庙的和尚们想出了办法，几天后，加娜庙重新开放了，只不过在原来宽大的门口里面，建了一座高大的照壁，把里面的景色堵得严严实实，经过这里的人们看到照壁，不知道里面有什么，纷纷选择购票进去观赏。

和尚们还故意选择了几个光线不是很好的房间在门上上了锁，房间里也放置了屏风之类的遮挡物，让人们窥探的时候不那么容易看清楚，只能模糊地看到一张老旧的僧床、一双旧鞋子或者几尊菩萨雕像等。可是人们越是看不清楚，越是要看，常常在一座普通的僧房门前拥挤了一大片人，一边低声议论一边睁大眼睛用力往里面看，就算什么也看不到，也要看。

后来，有一个远方的和尚到加娜庙里来落脚，这个和尚相貌很平常，学问也没什么出奇的地方，只不过有个习惯，就是不管说什么话，总是说了前半句就不说了，从来也不把一句话完整地说出来。时间长了，人们都传说这个和尚道行非常高深，法力无边、深不可测。

从那以后，加娜庙的香火一年比一年旺盛，前来烧香、求神、游览、观光的人络绎不绝，人们总是传说，加娜庙是一个神秘的地方，还有一个神秘的和尚。它就这样越来越兴盛，越来越出名……

世界上的事很多都是这样的，大门敞开着让人们一眼看穿了，就失去了吸引力，而适当地关上部分门，保持一点神秘的想象，让人们捉摸不透，就会觉得里面故事很多，从而体会到无穷的乐趣。

1980年，有一个叫迪特·威廉姆斯的英国人出版了一本儿童读物，题目为《化装舞会》。

在这本书里，迪特自己加入了一条小谜语，谜面是一些文字和几幅图画，而答案是一个地点，迪特声明说，他已经在这个地点埋下了一只价格昂贵而且精致美丽的纯金兔子。

这条谜语的目的是为了提高《化装舞会》的销量，果然，在它出版后短短的几个月内，英国几乎每个家庭都买了一本，数不清的孩子还有更多年龄和身份各异的人们都根据自己对这则谜语的理解纷纷加入了寻宝活动，人们在英国各地的城市和乡村中四处寻找探秘，这阵猜谜风在英国刮了两年之久。

直到最后，一位年迈的退休工程师在伦敦西北的一个小村里找到了这只纯金的兔子，这场探秘寻宝的活动才算有了结果。这时，迪特《化装舞会》的销售量超过了300万册，创造了非流行出版物销售的最高纪录。

4年以后，迪特再次策划了一个类似的小册子，只有30多页的内容，用充满幻想式的画面和文字讲述了一个养蜂者的故事，并且描述了四季更替的美好，书中所有的内容都是谜面，而谜底是这本书的名字。

1984年5月25日，这本没有书名的独特小册子在7个国家同时发行了。迪特声明：不论是哪个国家，何种肤色和性别、年龄的人，只要他能猜中书名，就可以获得一个镶嵌着珍贵宝石的金蜜蜂，但是读者不能将书名写出来，而要把自己的意思通过绘画、音乐以及任何或古老或先进的手段表达出来，迪特会通过读者寄来的实物猜测对方要表达的信息，然后将其写出来。到最后，将有一个被认为最有想象力的猜谜者获得那件价值连城的宝物，而揭示谜底的那天，迪特会从一个保险箱中取出密封着的盒子，盒子里面装着唯一一本写有书名的书和那个作为奖赏的金蜜蜂。

在这一宣传之下，不到一年的时间里这本没有名字的小册子就在世界各地流传开来，发行量超过了2000万册。最后到底是谁得到了那个奖品很少有人关心，因为到了这时，人们已经知道了，最后的胜利者并非获奖者，而是设计了这本书的迪特·威廉姆斯，他已经依靠这两本书的独特创意成了世界上最有名的富翁之一。

不论现实生活多么紧张，多么枯燥，我们的心始终是充满好奇的，总是会对新鲜的事情产生兴趣，懂得利用这一点的人，才能成为生活中最大的赢家。

幸福秘方

生活常常是平淡无奇的，可是我们可以把它变得不平淡，用一些小小的创意，引起人们的好奇心。你可以贴几条小谜语，可以做几个悬赏的小游戏，甚至可以捏着鼻子打电话喊一句："你猜我是谁？"一切都是很简单的，可它们都是幸福的小花，可以点缀我们的人生。

真正的仁慈

/
每个人对幸福的定义不同，所以心里的感受也不同。
这就像那句诗：你装饰了别人的窗子，别人装饰了你的梦。
也许你羡慕别人的生活的同时，别人也在羡慕你的生活。
/

在美国西部的一个城市，萨迪老人是一位远近闻名的慈善家。可是现在老人陷入了矛盾中。因为前不久她收到了慈善机构的一封来信，信上说想要老人捐出她在郊外的一片空地，慈善机构想在这里建一座孤儿院。老人正考虑以什么样的理由拒绝慈善机构的要求。虽然萨迪老人是一位慈善家，她经常给孤儿院等慈善机构捐献钱财或者衣物。但是，那块空地是她祖上留传下来的，并且她想过几年之后在那里养老。最后，老人决定还是拒绝慈善机构的要求。

做了这个决定之后，老人便前去告知慈善机构。由于老人一心只想着孤儿院的事情，竟然不知道天空已经快要下雨了。当老人刚走了一半路程的时候，就下起了大雨。老人没有带伞，就跑进一家商店避雨。可是大雨依旧没有停下来的迹象，于是老人打算冒雨前行了。就在她准备离开的那一刻，一个导购员把一把伞递给了她，自己则转身跑进了大雨里，老人感动地愣在那里，然后才继续朝慈善机构走去。

很快，老人就到了慈善机构。由于下雨，慈善机构的走廊里全是水，老人的鞋子也湿了。她感觉很不舒服，想要换一双拖鞋。可是她发现慈善机构的大厅里连放拖鞋的地方都没有。

老人心中很是懊恼，这时一双拖鞋递在她手里。她抬头一看，是慈善机构的义工，而这位义工则穿着白白的袜子站在湿地上。老人又一次感动了。老人突然感觉到自己平时的慈善根本不算什么，这些才是真正的慈善啊！因为他们把自己最需要的东西无条件地送给了别人！于是，她走进捐助办公室，郑重地说道：“我同意把我在郊外的空地捐出来，并且祝愿孤儿院早日建成。”

幸福秘方

真正的慈善是能把自己最需要的东西无偿地献给别人。因为给予别人一件东西并不难，难的是把你同样需要的东西拱手让给别人，这需要极大的爱心和仁慈，这种仁慈才是做人最大的美德。

“不做”中的幸福

/
我们总在追求，总在努力，
总在不停地“做”着，仿佛只有这样，
只有勇于行动才能实现幸福的人生。
然而也有一些人，他们常常会选择“不做”，
并且获得了“不做”中的快乐。
/

杨看着身边的朋友都准备买房子或者已经买房子做了房奴，每个月紧张地还贷奔波时，总是一脸疑惑：“干吗一定要买房子啊？人是活的，房子却是死的，它又不能跟着你走，不过是为我们的生活服务的，像你们这样，就变成人为房子服务了。”朋友们都无奈地笑笑，然而杨真的没有买房子。

她说她就是图个方便、舒服，贷款买房子太远了，也太贵了，所以刚刚结婚时，杨在自己和爱人的单位中间租了一个小公寓，小区比较幽静，两个人都骑车上班，只需要二十几分钟。后来杨怀孕了，准备生孩子时，就换了个房子，住在了自己单位附近，租了一楼一个带着小院子的两室一厅，每天只要走几分钟就到单位了。租金比原来贵一些，不过她笑着说：“这样我上下班方便，照顾孩子的母亲洗洗晒晒的也比较容

易进出，而且孩子每天在自己家的院子里就能晒到太阳。”

几年后，孩子要去幼儿园了，杨又搬到了一个小学的附属幼儿园旁边，租了教育小区的一间房子，每天孩子自己去学校，沿着草坪走到小区旁边就是，很安全，她也因此避免了每天接送孩子的奔波之苦。当朋友们问她难道租房子的租金不是很高吗？她摇摇头说：“和买一套类似的房子比起来，这只能算九牛一毛，而且我还可以随时换。”

后来车价下跌，大家纷纷去考驾照买车，可是因为没买房子，生活比朋友们都宽裕的杨却始终没什么动静，只是说她对汽车没兴趣，还说从经济角度考虑，她觉得打车更省事，而且她的房子总是活动的，单位很近，也不怎么需要车。

没几年股市疯涨，人人都钻进股市里指望发笔横财，可是杨只是站在旁边看新鲜，她说她也想暴富，可是觉得实在对那些数字没兴趣，所以在朋友们焦头烂额的时候，她却和丈夫四处旅行，读书写作。最后股市跌了，大家也没赚到多少钱，而这时杨写的小说出版了，稿酬有近10万，令朋友们大跌眼镜。

孩子上小学了，身边的朋友们为了让孩子考个好成绩把他们送进各种补习班和特长班，可是杨的儿子却什么班都不参加，一个人在院子里做木匠活，杨说儿子喜欢做手工，虽然经常搞得很脏，不过只要儿子喜欢就行了，结果小学没毕业呢，那孩子做出的小发明就在全国获了奖。

有时朋友们去杨家里做客，她很少到大型超市去买东西，只是在小区里的便利店里买自己需要的东西，她说那样可以避免被超市太花哨的货物搞花了眼，买回很多没必要的东西来。

前不久，杨又换了房子，租了一个老房子，有一个小小的院子，窗户很大，对着院子里的几盆花草。周末的下午朋友们最喜欢到她家里去坐坐，什么都不谈，只为了享受那一种没有自我的压力，没有奔波辛苦的安宁和放松。朋友们知道自己也可以做杨那样的人，但是“不做”的确是一种境界，不是谁都能实现。好在，杨的存在让我们知道，这世上还可以有这样一种生活方式，能够享受“不做”带来的幸福。

曾经有一个人劝说树下休息的农夫努力耕田赚更多的钱买大房子，然后就可以躺在树荫下看着白云悠闲度日，而农夫笑问你看我现在难道不是在树荫下悠闲地休息着吗？是啊，我们为之奔波忙碌的那些事，真的那么有必要吗？是否没有它们，我们也还是能一样生活呢？

当王欣见到那个一脸阳光的大男孩时，她怎么也不能相信，他是一家大型公司的总会计师。当她坐在他的车里，看着他轻松自在地在拥挤的车流中听着音乐哼唱时，总以为他要去旅游，而不是去迎接一天紧张繁忙的工作。

当王欣问起，他这么年轻就有了这番成就有什么秘诀时，他笑了笑，说：“很简单，我每天都会留给自己两个小时的空闲，不管多忙都不会忘记。”

然后他淡淡地讲述了自己一天的生活节奏：早上6点起床，喝杯水出去打打太极拳，然后回来给自己做一个煎鸡蛋和面包当早点，接着在阳台上读会儿书，不过更多时候，他不读书，只是静静地坐在阳台上看着日出东方，看着远处的云朵和飞过的几只鸽子，心里什么都不想，只是享受这份难得的清净。他说："早上是最安静的时候，那时我的心最放松，可以自在地和自己对话。这样，到了上班时间出门的时候，我的心情总是格外满足。"

离开这个懂得怎样生活的大男孩后，王欣把他的秘密分享给了大家。不久之后，听到这个秘密并且去效仿的人纷纷惊奇地告诉她：自己有听音乐读书的时间了，有看风景的兴致了，觉得心灵一下子充实起来了，又找回了自己……

这个幸福的秘诀其实并不是秘诀，我们的身体需要睡眠来得到休息，而我们的心灵也一样，偶然也需要在什么都不做的宁静中获得滋养。

幸福秘方

"做"是一种勇气和投入，而"不做"常常是一种智慧和审视。当又一次买房、炒股等潮流涌来时，在你加入大流跟着人们一起奔忙前，不妨先静下心来仔细思考一下，这番折腾是否真的有价值，是否真的能为生活带来更多幸福。

人生始终在旅途

/
人生是一段旅途，从呱呱坠地到离开人间，旅行途中布满荆棘。
有时还会有电闪雷鸣，让人望而却步。
然而，我们还是会背起行囊继续赶路，
这样的旅程，为的不是计较付出多少，代价是否值得，而是为了体验整个过程：
途中遇见的某个人，某处美丽风景，某道绚烂彩虹。
这种体验是人生旅途中最宝贵的财富。
/

人生始终在旅途上，为了生存，我们可能会吃苦；为了争取，我们可能会遭遇挫折，但是心灵始终有所依托，我们知道我们在努力前进，这就够了。因为努力，所有的挫折都显得渺小。

索菲亚·科波拉在第六十七届威尼斯电影节上获得了“金狮奖”，当评委会将“金狮奖”颁给她的那一刻，索菲亚的眼中闪烁着激动的泪光。

索菲亚出生于名门之家，父亲是执导赫赫有名的电影《教父》三部曲的大导演弗朗西斯·科波拉。大导演弗朗西斯一直有一个梦想，就是把自己的女儿打造成好莱坞的明日之星。当初在拍摄《教父》的时候，弗朗西斯就为刚刚出生的女儿安排了一个角色——电影结尾时那个接受洗礼的婴儿。

生长在电影之家的索菲亚虽然受到了家庭的熏陶，但耳濡目染并没有给她带来好的演技。

18岁那年，父亲给索菲亚在《教父3》中安排了一个角色，索菲亚却将这个角色演得一塌糊涂。影片播出后，对她的抨击铺天盖地，她演出的这个角色被公认为是这部电影的耻辱。她扮演的这个角色在剧情中死亡时，观众们高兴不已，都为她所扮演角色的死而欢呼。

就这样索菲亚的演员梦结束了。在很长的一段时间内，索菲亚四处漂泊。

她首先应聘到法国香奈儿公司，成为一名普普通通的接线员，因为前途渺茫，所以她辞了职；后来母亲又让她去学绘画，希望她能成为一位画家，但是索菲亚根本不是那块料，没学多久就中途辍学了；后来她对摄影有了兴趣又开始学摄影，但只能为一些杂志社拍摄些照片，离摄影大师的距离甚是遥远。

索菲亚茫然了，她也不知道自己接下来该干什么？还能干什么？忧郁、痛苦、挣扎……这期间一本小说改变了索菲亚的命运，颠覆了她原本的人生。

这本小说是美国作家杰弗里的《折翼天使》，被小说里的情节深深抓住了心的索菲亚，试着把这本小说改写为电影剧本。

父亲在得知女儿在改写小说时，向她发出了警告：这本小说的改编权已经出售了，她对小说进行任何改编都会侵犯版权。索菲亚冒着侵权的风险，不顾父亲的警告毅然决然地找到了拥有小说改编权的一位制片人。

当制片人看了索菲亚改编的剧本之后，大吃一惊，她的改编非常好，完全可以拍成电影。制片人当即决定放弃原先改编的剧本，临时改用索菲亚的作品，并且让索菲亚担任该片的导演。这部名叫《折翼天使》的电影上映后，观众好评如潮，索菲亚成为好莱坞最年轻的导演。

这个连演员都做不好的索菲亚，竟然奇迹般地成为一名优秀的导演，她的父亲也觉得不可思议。在弗朗西斯的眼里，一个人如果连一个简单的角色都演不好，那就更加不可能成为导演，索菲亚却打破了父亲惯常的思维。在他眼里那演技一般的女儿，不仅成了导演，而且成为获得“金狮奖”的大导演。

后来记者采访弗朗西斯时问道：“作为资深的导演，难道您以前没有发现索菲亚具有导演的潜能？”

弗朗西斯的表情很复杂，他想了半天，才说：“索菲亚3岁的时候，我和妻子在车子里吵架，突然后座上传来一个声音：‘CUT（停）’。你瞧，索菲亚这么小就知道用这个词了。”记者们听后，都哈哈大笑。

有很多成功是无法预料的，也没办法去设计，而很多成功恰好就在你不注意的地方。你走过了岔路口，走过了荆棘地，出现在你面前的便是成功。人生始终在旅途上，你我都是如此。

如果人是一辆车，那么挫折就是轮胎，压力便是动力。人到中年，大家喜欢在一起讨论关于成功的话题，很多人有遗憾，并不是因为受了多少挫折，而是因为压力不够。如果年轻的时候能够多一些压力，多一些负重，那么今天，他们大概就能成为自己口中“成功”的那类人吧。

其实，借口也好，理由也罢，想要成为一个卓越的人，势必要经历常人没有经历过的艰难困苦。我们也许经历过，但是困难面前，每个人的态度不同，结果就不同。成功从来没有限定时间，从现在开始努力，仍然可以有一番成就。

有一艘轮船卸了货，马上准备返航，恰巧这时遭遇大风暴，大家慌乱起来不知道如何是好。

老船长果断下令：“将船舱全部打开，立刻灌水！”

啊？水手们听到这里都吓呆了，这时候这么危险，怎么能灌水呢？不是给自己找麻烦吗？大家忧虑重重地问船长：“这不是自寻死路吗？往船舱里灌水，不是更加危险吗？”

这时候，老船长十分严肃地说：“你们见过枝干很粗的大树被暴风雨刮倒过吗？被刮倒的，都是那些没有根基的小树苗。”

于是，大家半信半疑地开始照做，虽然暴风雨很猛烈，但是出人意料的，随着货舱里的水位越来越高，货轮却越来越平稳了。船在波涛汹涌的海面上行驶着，大家都不再害怕暴风雨的袭击了。

船长再次告诉水手们：“要知道，一只空的木桶很容易被风吹倒，但是如果桶里装满了水，风就吹不倒了。船也是一样的道理，在负重的时候，最安全。而空船，恰恰是最危险的。”

船是这个道理，人生又何尝不是呢？那些心怀大志的人，都是因为有着巨大的压力，在自我调节以后，转化为强大的人生动力，才有所成就的。而那些空耗时光的人，就是空着的船，根本经不起暴风雨的洗礼。

有个人家里很穷，他父亲过世的时候，还是因为朋友的募捐，才顺利安葬。他父亲去世以后，母亲就在一个工厂里做杂役，一天要干十多个小时的活儿，还经常带一些工作回家做。这时候的他，刚读小学，同时还要照看4岁的妹妹。

迫于生活的压力，他不得不辍学了。

他从未气馁，帮着母亲撑起了整个家，他说以后他要当一个顶天立地的人。在20岁的时候，他自告奋勇参加教堂里举办的业余戏剧演出。他感觉自己很有演讲的天赋，母亲很支持他，母亲告诉他，你就是一只负重前行的货轮，有压力，才有动力。

后来，他找来很多关于演讲的学习资料，同时拜一个著名的演讲家为老师。短短几年时间，他在演讲界就已经小有名气了。

30岁的时候，他靠着自己的演讲才能战胜对手，成为纽约州的议员。他甚至都不知道这是怎么回事，可是他选择了一点点的努力，努力了解，努力掌握，努力做好，竭尽全力不让任何人失望。

再后来，他在好几个相关领域里成为专家，他从一个当地的小小政治家成为全国的名人。《纽约时报》里称呼他是“纽约最受欢迎的市民”。

他就是著名的政治家艾尔·史密斯。因为不断地努力，不断地前进，他四度当选纽约州州长。1918年，他成为民主党总统候选人，六所著名大学将荣誉学位赠给这个连小学都没有毕业的人。

他说：我的压力就是我成功的动力，恰恰是因为缺陷，我才要更加努力去弥补，并且做好。

他的一生一直与苦难同行，正是这些苦难造就了他的传奇人生。

幸福秘方

在各种意外和不幸的磨炼之后，我们拥有了百折不挠的勇气。虽然不幸曾经阻挡过我们前进的脚步，但是此刻的我们，更加成熟、更加稳健。人在旅途，总会有所收获，享受生命中的乐趣，命运的旅行从此神奇不断。

只要不认输，就有成功的机会

/
面对挫折，永远不要认输，永远不说放弃。
这是人可嘉的勇气、宝贵的毅力。
要坚信，世界上没有任何困难可以成为我们通往成功的绊脚石。
/

有两个年轻人相约一起去挖金矿。刚开始，他们都抱有坚定的信念，不挖出金子决不放弃。两个人夜以继日地挖，双手、双脚都磨出了血泡，却依然没有发现金子的踪迹。

其中一个人开始有些动摇了："哪有什么金子啊？这些天的辛苦全都白费了，不干了！"于是，他收拾行囊回家了。而另一个人继续埋头干活。

终于有一天，那个不认输的人在地下挖出了石油，开启了成功之门。而认输的那个人只能继续品尝失败的滋味。

失败不等于放弃，放弃却等于失败。在困境中坚持不认输，即使得不到想要的金子，也能找到同样金贵的石油。

马云说："我不知道什么叫成功，但我知道什么叫失败，那就是放弃，只要你不放弃，你就有希望，你就有成功的可能！"人只要坚持心中的梦想，以坚强的意志迎难而上，不在挫折面前认输，就有希望战胜挫折，超越自我，找到成功的机会。

虽然人生之路不会一帆风顺，但是只要我们不认输，一步步勇敢、坚毅地走下去，不抛弃，不放弃，总会有成功的那一天。

美国著名动画大师、企业家、导演、制片人、编剧、配音演员、卡通设计者，举世闻名的迪士尼公司创始人——沃尔特·迪士尼的成功源于他对绘画的坚持。

迪士尼在上学的时候，就对绘画和描写冒险生涯的小说特别入迷。成年后，酷爱绘画的他生活贫困，于是，到堪萨斯城的《明星》报社想找一份工作，他把自己的绘画作品拿给报社的主编看。然而，主编瞧了几眼便说他一点儿也没有绘画的才能而拒绝录用他。迪士尼只好离开。

这次失败并没有使迪士尼放弃对绘画的执着。不久，他终于找到一份装饰教会的绘画工作。但是，因为他的薪水很少，根本没钱租一间像样的工作室，只好把父亲的车库改装成自己的工作室。

即使在这样艰难的工作环境中，迪士尼也没有向命运低头。他把自己所经历的一切当成磨炼自己毅力的磨石，也正是在这个弥漫着汽油味和机油味的车库中，他一直坚持埋头创作。

一天，迪士尼正在工作室工作的时候，一只老鼠突然窜出来在工作室中跑来跑去。于是，他放下手头的工作，一直盯着那只老鼠看，并拿些面包屑丢给它吃。

渐渐地，那只老鼠竟然和迪士尼熟悉起来。后来，当迪士尼带着自己创作的一系列卡通绘本到好莱坞谋求发展的时候，遭遇了一次又一次的失败。虽然他身无分文，但他没有认输，没有放弃。有一天，当他思索自己的未来时，脑海中突然出现了在车库中跑来跑去的老鼠的形象。迪士尼立刻动手画出了那只老鼠可爱的模样——米老鼠由此诞生，迪士尼也由此敲开了成功的大门。

人生中无论遇到多大的困难，只要坚持不认输，也许一只老鼠也能成为你转败为胜的机会。

幸福秘方

通往成功的道路往往是曲折的、艰辛的、漫长的，眼前的失败只是成功的垫脚石，只要我们不认输，失败就不是定局。巴尔扎克曾在自己的手杖上刻下这样一句话："我粉碎了每一个障碍。"正是这种大无畏的勇气和坚持不认输的毅力，才使他在坎坷的人生路上开辟了一条不平凡的成功之路。

付出让我们幸福

/

我们总在说我们获得了什么、追寻着什么，
仿佛只有那些才是人生幸福的来源。
其实很多人不知道，付出也会让人感到幸福，
不仅是亲人爱人之间的付出，就算是在普通人甚至陌生人之间，
当你提供了一点不起眼的帮助，
却能看到对方满足的微笑时，那种快乐也很真实。

/

为别人做点什么，不是不切实际地要求每个人总是考虑别人而忽略自己，而是当你恰好遇到而又力所能及时，不要轻易地拒绝别人的要求。有时，付出一朵小花，比面对整个花园更能令人愉快。

当神父丹尼尔还在教堂的时候，每个星期天都会主持一次礼拜，每次他开始之前，总会有教友亲切地走上前来将一朵玫瑰花别在他的衣领上，久而久之，他将它当成一件理所当然的事。

可是有一件事情改变了他的看法。那是一个星期天，礼拜结束了，丹尼尔捧着《圣经》正打算离开的时候，一个小家伙走上前来抬头向他问道：“神父你好，这朵花您打算把它怎么样？”

丹尼尔低下头来，这是一个可爱的小男孩，看样子不到10岁。他看

着丹尼尔脸上茫然的神色，指了指他的衣领，丹尼尔恍然大悟："哦，为什么你会问这个问题呢？"

男孩说："因为我看到在礼拜开始的时候，你总会戴着玫瑰花，可是现在礼拜结束了，您是不是不需要它了？如果是这样的话，那么您能不能把它给我呢？"看着男孩天真的脸，丹尼尔笑着说："当然可以了，不过你要告诉我，你要这朵花做什么用？"男孩高兴地拍了拍手，解释道："是这样的，神父，去年我的爸爸妈妈离婚了，我就跟妈妈一起过，可是几个月以后她和另外一个人结婚了，那个男人不喜欢我，妈妈就把我送到了爸爸那里。但是没几天爸爸说他连自己都照顾不了，就将我送到了我的祖母这里，祖母对我非常好，她很爱我，我在祖母这里过上了最开心的生活，她比我的妈妈都好呢。我看到喜欢您的人都送给您花，我想让祖母知道我也爱她，所以要将这朵花送给她。"

丹尼尔看着这个可爱的男孩，没想到他竟然如此懂事，于是他蹲下身来，抱了抱这个可爱的孩子，并对他说："孩子，这是我听到过的最感人的故事，上帝也会喜欢你所做的事情的，可是仅仅这一朵花远远不够，你跟我来。"丹尼尔神父带着他来到教堂门口的空地上，这里有很多附近的人们送给教堂的鲜花，一束一束在风中摇摆着。他指着这些花说："孩子，你可以在这里挑一束你最喜欢的，我把它们送给你，你可以送给你的祖母，这样才能回报她对你的爱。"男孩子兴奋地捧起了一束花，对丹尼尔说道："神父，太谢谢您了，我本来只想要一朵花，却得到了一束花，这是多么美好的一天！”听了这句话，丹尼尔的心忍不住柔软起来，这句话多年以来一直深藏在他的心中，从未淡忘，提醒着他应该怎么做人，怎么做事。这个男孩为了报答祖母对自己的爱，希望献给她一朵花，这只是一个小小的心愿，而神父却从中感受到了人生的真谛——当你愿意为你爱的人献上一朵花时，你的心也一定会充满了花香。

在美国弗吉尼亚州北部的一条河边，一个老人站在寒夜里等待渡口的渡船，然而船总也不来，他想要徒步绕到远处的大桥上，可是在寒风中站得太久了，他的四肢冻得僵硬麻木，实在没有力气走那么远的路了。

正在这时，空无一人的小路上传来了一阵清脆的马蹄声，并且渐渐走近了，几个骑马的人慢慢地从老人身边经过。老人抬头看着这些骑手，打量着他们的表情，当其中最后一名骑手马上就要走过去的时候，老人忽然喊住了他，向他说道：“先生，您能否帮我一个忙，我想到远处的大桥边去，可是您也看到了，我现在的样子是很难走到那里的，您是否愿意让我和您共骑一段路呢？”

骑手停住了，看了看老人，然后点头回答：“不错，你上来吧！”可是老人几乎无法移动自己的身躯了，于是骑手跳下马来，将老人扶上了马背。他带着老人到了大桥边，并没有停下来而是一直走了好几英里，把老人驮过了桥，送到了他要去的地方。

就在他们马上要到达的时候，骑手忍不住好奇地问：“先生，我刚才看到你看着我前面的人一个个走过去，可是没有请求他们帮助，而我经过时你却留住了我，请我带你一段路，这是为什么呢？”

老人动作缓慢地下了马，看着骑手的眼睛说：“我在您脸上看到了明显的仁慈和不忍，我知道您一定会愿意帮助我的。”听完了这段话，骑手带着一点惭愧和感动说：“谢谢你，你对我的评价太高了，如果不是你这番话，我可能不会想到，最近我太忙碌了，已经很少想到要给予别人一些安慰和同情。”然后，骑手——也就是托马斯·杰弗逊总统对着老人扬了扬手，调转马头重新回到了去往白宫的路上。

也许有时为别人提供一些帮助对你来说太过琐碎和麻烦，你不觉得那有什么意义，可是你是否想过，对于那个需要帮助的人来说，你的举手之劳却是他最需要的。

幸福秘方

不要吝于付出，不要认为付出就真的是一种单纯的奉献而没有收获，因为有时你能收获感谢，有时你能收获爱，有时你能收获友好。最重要的是，你能收获自己内心的满足和宁静，帮助别人是释放自己心情最简单也最有益的途径。不信？你就去试试吧。

降低预期的效果

/

当你怀着寻找一颗星星的想法看向夜空却发现夜空中群星璀璨时，
当你以为自己将在林间捕捉一缕春风却意外遇到了整个春天时，
你的喜悦之情一定达到了极点，
因为你得到的远远多于你原先的计划——放低快乐的门槛，
它就会更多地投身在你的屋内。

/

美国电影《超人》的主演克里斯托弗·里夫因为这部电影而走红，可是没想到1995年5月的一天，这位电影明星在弗吉尼亚的一场马术比赛中遭遇了意外。当时，里夫所骑的马在跨越栏杆时忽然停住了，导致毫无防备的里夫从马前横飞了出去，然而他的手还缠在马缰上，没有来得及护住头，就这样，里夫的头部着地，颈椎受到了严重的损伤。

5天后，里夫在弗吉尼亚大学附属医院里醒了过来。面对不能动弹的里夫，医生告诉他，他能活下来已经很不容易了，而他的颈椎还要通过手术来连接，这个手术的危险性很大，里夫可能会死在手术台上。

这一天，里夫3岁的儿子威尔看着病床上的爸爸，对妈妈说："妈妈，爸爸的胳膊是不是不能动了？""是的，孩子，"妈妈说，"爸爸的胳膊不能动了。""那么爸爸的腿也不能动了吗？""是的，孩子，爸爸的腿也不能动了。”听到这段对话，里夫心如刀绞。

可是没想到，威尔很快又重新高兴了起来，说道：“可是妈妈，爸爸还能笑吧？是吗？他还可以微笑呢！”看着儿子充满微笑的脸庞，里夫忽然又有了信心：是啊，至少，我还可以微笑。于是他勇敢地接受了10天后的手术。

手术非常成功，里夫腰部以下仍然瘫痪着，但是他忍受这些疼痛坚持了下来，他继续从事自己喜欢的影视事业，导演了一部影片，建立了里夫基金。他每天都不间断地锻炼着自己，他相信，自己一定能够在50岁之前重新站起来。在他写的自传里，里夫将威尔的那句给了自己信心和力量的话郑重地写了下来：“爸爸还能微笑呢。”是的，不管我们失去了什么，至少，我们还可以微笑。

是啊，任何事都能换个角度想：腿虽然不能动了，但是还可以微笑，而且下半身也还有机会恢复，比起全身瘫痪，难道不是已经好得太多了吗？只要你不是奢望太多，就总会得到满足。

幸福秘方

知足者常乐，其实知足的办法很简单，那就是降低我们的预期，面对我们的事业、家庭和周围人的对待，不要总是怀着很高的期望，以为自己一定能得到最大最好的成就，因为世事不定，你希望的不一定能实现。就让我们带着最小的期望，来迎接意外的惊喜吧！

你的人生，不必如此辛苦

版式设计：蒋碧君

文字编辑：杨　静　陆泽铭

美术编辑：刘晓东

封面插图：舟蒲麦